C

Klaus Schröder

C

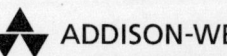 **ADDISON-WESLEY**

An imprint of Pearson Education

München • Boston • San Francisco • Harlow, England
Don Mills, Ontario • Sydney • Mexico City
Madrid • Amsterdam

Die Deutsche Bibliothek – CIP-Einheitsaufnahme

Ein Titeldatensatz für diese Publikation ist bei
Der Deutschen Bibliothek erhältlich

10 9 8 7 6 5 4 3 2 1

05 04 03 02 01

ISBN 3-8273-1758-4

© 2001 by Addison-Wesley Verlag,
ein Imprint der Pearson Education Deutschland GmbH
Martin-Kollar-Straße 10–12, D-81829 München/Germany
Alle Rechte vorbehalten

Einbandgestaltung: Vera Zimmermann, Mainz
Lektorat: Christina Gibbs, cgibbs@pearson.de
Korrektorart: Christine Depta, Freising
Herstellung: Anja Zygalakis, azygalakis@pearson.de
Satz und Layout: mediaService, Siegen (www.mediaproject.net)
Druck und Verarbeitung: Nørhaven, Viborg (DK)

Printed in Denmark

Für Brigitte, Gerhart und Hans-Jürgen, die in ihrer Jugend auf unserem elterlichen Bauernhof viele Opfer bringen mussten, während ich geschont wurde und das Abitur machen und studieren konnte

Inhaltsverzeichnis

Teil II – Take that!

Teil III – Go ahead!

Vorwort

Dieses Buch ist eine systematische Einführung in die C-Programmierung. Es beschreibt den ANSI-Sprachstandard von C und führt in die C-typischen Programmiertechniken ein.

Seit C zu der Programmiersprache der 3. Generation geworden ist, hat sich dementsprechend der Kreis der Interessenten an dieser Sprache vergrößert. Dieses Buch wendet sich an folgende Lesergruppen:

1. Programmieranfänger, die zunehmend im Rahmen beruflicher Qualifizierung in die Situation versetzt werden, C als erste Programmiersprache lernen zu müssen. Ihre Probleme und Bedürfnisse sind mir aus meiner beruflichen Tätigkeit bestens vertraut und werden in diesem Buch in besonderer Weise berücksichtigt.

2. Programmierfreaks, die Interesse und Spaß an einer Programmiersprache haben, mit der man alles machen kann.

3. Informatik-Studenten, die sich aus den höheren Gefilden der endlichen Automaten und Algorithmen in die Niederungen einer konkreten Programmiersprache hinabbegeben und sich auf die Schnelle die Programmiersprache C aneignen wollen. (Möglicherweise werden sie bei einigen Absätzen dieses Buches ein leichtes Gähnen nicht unterdrücken können ob der Ausführlichkeit der Erklärungen.)

4. Professionelle Programmierer, die mit allen Wassern gewaschen sind, aber C noch nicht richtig kennen gelernt haben. Die zwar C-Programme schreiben, indem sie nach dem Copy-Paste-Verfahren Anleihen in ähnlich aussehenden Programmen machen und sich hinterher wundern, dass ihre Programme laufen (oder auch nicht).

Letztere, wie auch die erwähnten Informatik-Studenten, werden sich vorwiegend im Stichwortverzeichnis bzw. im Referenzteil dieses Buches aufhalten und es als das benutzen, was es auch ist: ein praktisches Nachschlagewerk.

Vor allem aber ist es ein systematisch aufgebautes Lehrbuch, und dem Leser – vor allem dem Programmieranfänger – wird dringend empfohlen, es sich Kapitel für Kapitel zu erarbeiten. Dabei muss man nicht unbedingt das ganze Buch durchgearbeitet haben, um in der C-Programmierung tätig zu werden. Nicht umsonst ist das Buch in drei Teile geteilt. Der zweite Teil, der fortgeschrittene Programmiertechniken behandelt und z.T. sehr in die Tiefe geht könnte bei einem ersten „Lehrgang" durchaus ausgelassen werden.

Ziel dieses Buches ist u.a. auch, die Voraussetzungen dafür zu schaffen, dass der Leser sich folgenden weiterführenden Themen zuwenden kann:

1. Objektorientierte C++-Programmierung

2. WINDOWS-Programmierung

3. Systemprogrammierung

4. Generierung von Pro-C-Datenbankanwendungen

Außer einer Fülle praktischer Programmbeispiele wird fast jedes Kapitel durch eine Reihe von Trainingsaufgaben abgeschlossen, deren praktische Bearbeitung dem Leser empfohlen wird.

Alle Materialien, die aus Platzgründen nicht in dieses Buch aufgenommen werden konnten, stehen im Internet unter www.nittygritty.de zum Download bereit. Das sind einmal ergänzende Hintergrundinformationen:

1. Die Festkommazahlen

2. Die Gleitkommazahlen

3. Was ist strukturierte Programmierung?

Zweitens handelt es sich um einen großen Teil der zum Teil II des Buches gehörenden Kapitel der fortgeschrittenen C-Programmierung:

■ Dynamische Speicher- und Datenstrukturen,
■ Dateiverarbeitung II,
■ Die Kommandozeile und das Enviroment,
■ Funktionen mit einer variablen Anzahl an Argumenten.

Und drittens: Die Lösungen zu den Aufgaben.

Zum Zwecke der Hervorhebung werden in diesem Buch folgende Icons verwendet:

 Für Hinweise und typische Programmierfehler

 Für „Programmierer-Falle!" oder „Achtung! (Nota bene)"

Es dürfte sich von selbst verstehen, dass man eine Programmiersprache nicht ohne praktische Programmiermöglichkeit am Computer erlernen kann. Sollte ein C-Compiler fehlen, seien folgende Hinweise gegeben:

Stolze Besitzer des Betriebssystems LINUX verfügen automatisch über den Gnu-C-Compiler (gcc).

Der o.g. Gnu-C-Compiler ist in einer 32-Bit-Version auch für MS/DOS zu haben unter www.delorie.com/djgpp.

Ebenfalls eine 32-Bit-Version ihres C-/C++-Compilers (bcc55) für MS/DOS bietet Borland zum kostenlosen Download unter www.borland.com an.

TEIL 1

Nitty Gritty

START UP!

Ein erster Einstieg

1.1 C und die Generationen der Programmiersprachen

Die Programmiersprache C ist sowohl eine maschinennahe als auch eine höhere Programmiersprache (Sprache der 3. Generation), obwohl sie nicht problemorientiert ist.

Dieser komplexe Satz bedarf der Erläuterung:

Die ersten Programme auf Computern wurden in der Maschinensprache des jeweiligen Computers geschrieben (Programmiersprache der 1. Generation). Programme in Maschinensprache bestehen aus Folgen von Anweisungen, die meist aus mehreren hexadezimalen Ziffern (bei Byte-Maschinen) oder oktalen Ziffern (bei einigen Wortmaschinen) bestehen, die unmittelbar vom Prozessor des Rechners verstanden und in Aktionen umgesetzt werden können.

Ein entsprechender Programmierer muss die Zahlen-Codes der einzelnen Operationen kennen, die Programme sind aufgrund ihrer kryptischen Zahlenkolonnen schwer lesbar. Diese Schwierigkeit schuf das Bedürfnis nach neuen Programmiersprachen, die aus sog. mnemotechnischen Anweisungen bestehen. Das sind Anweisungen, die durch ihren Namen zum Ausdruck bringen, was die Operation macht, die durch eine Anweisung dieser Art bewirkt wird. Auf diese Weise entstanden die Assemblersprachen (Programmiersprachen der 2. Generation).

Es bedurfte dazu eines speziellen Übersetzungsprogramms, das die Assembler-Anweisungen in die Maschinenanweisungen des jeweiligen Rechners übersetzt, den sog. Assembler oder Assemblierer. (Dieses Übersetzungsprogramm musste natürlich selber in Maschinen-sprache formuliert worden sein.)

Es folgt logisch, dass es für jeden Prozessortyp eine eigene Assemblersprache geben muss, da ja auch die Maschinensprache vom jeweiligen Prozessor abhängt.

Mehrere Gesichtspunkte schufen den Bedarf nach Programmiersprachen der 3. Generation:

■ Es fiel auf, dass eine Reihe von Anweisungen zur Lösung einer bestimmten Teilaufgabe in vielen Programmen wiederholt programmiert werden musste. Man wünschte sich dafür eine einzige Anweisung, die mehrere Assembler-Anweisungen zusammenfaßt.

■ Die Anweisungen der neuen Sprachen sollten nicht mehr auf die Besonderheit des jeweiligen Prozessortyps Rücksicht nehmen, sondern für alle Rechner gleichlautend sein. Dazu musste für jeden Prozessortyp ein Übersetzungsprogramm, der sog. Compiler, geschrieben werden (natürlich in der Assemblersprache des Prozessors), der diese allgemeingültigen Anweisungen in die jeweilige Assembler- bzw. Maschinensprache übersetzt.

■ Die Programme gehörten verschiedenen Problemkreisen an, vorzugsweise kaufmännischen oder wissenschaftlich-technischen. Die neu entstehenden Sprachen sollten in ihrer Syntax und Semantik einem bestimmten Problemkreis Rechnung tragen (Problemorientierte Sprachen).

Exemplarisch für diese Sprachgeneration seien FORTRAN und COBOL erwähnt, die erste als wissenschaftlich-technische, die zweite als kaufmännisch orientierte Sprache.

Die zwei folgenden Anweisungsbeispiele verdeutlichen die Problemorientiertheit:

1. Die Berechnung einer quantentheoretischen Formel in FORTRAN:

```
E=H/(2.*PI)*(0.5+1./(EXP(H*F/(K*T))-1.))
```

Die folgenden COBOL-Anweisungen bedürfen wohl keines Kommentars:

```
MOVE ZERO TO SUMME
ADD UMSATZ TO SUMME
```

Der Vollständigkeit halber seien die weiteren Sprachgenerationen noch erwähnt:

Die Sprachen der 4. Generation werden auch als mengenorientierte Sprachen bezeichnet, und das sind vor allem Datenbankabfragesprachen, wie z.B. SQL.

Die Sprachen der 5. Generation, die sog. logischen und funktionalen Sprachen finden vorwiegend im Bereich Künstliche Intelligenz Anwendung (LISP, ...).

(Näheres zur Entwicklung der Programmiersprachen finden Sie u.a. bei Dworatschek [5].)

Die Programmiersprache C ist nicht ganz eindeutig in diese Übersicht einzuordnen. Einerseits ist sie sehr maschinennah. Sie erlaubt die Adressierung beliebiger Hauptspeicherbereiche sowie die Bitmanipulation von Speicherstellen. Nach Dworatschek [5] erlaubt C effiziente Assemblerprogrammierung.

Andererseits bietet C alle Annehmlichkeiten einer Hochsprache.

▮ C ist eine strukturierte Sprache, d.h. sie kennt Anweisungen, die die Konstruktion strukturierter Programmelemente wie Schleifen und Verzweigungen ermöglichen (s. Kapitel 4).

▮ C ist eine prozedurale Sprache. Sie unterstützt in starker Weise die Auslagerung von Teilproblemen in Unterprogramme in Form von Funktionen, an die Argumente übergeben werden und die nach getaner Arbeit einen Wert zurückliefern.

▮ C ist eine modulare Sprache, die die Kapselung von Funktionen samt den Daten, die durch die Funktionen verarbeitet werden, in Modulen (Programmdateien) erlaubt und favorisiert.

(Es gibt Zeitgenossen, die gehen soweit zu behaupten, dass alle C-Programmbeispiele, die Kernighan und Ritchie in ihrem Buch [1] aufführen, im Prinzip objektorientiert sind, obwohl der Schritt zur objektorientierten Programmierung ja eigentlich der von Bjarne Stroustrup entwickelten Spracherweiterung C++ vorbehalten ist. Aber auch Axel T. Schreiner beweist in seinem Buch [6], dass alle Prinzipien der OOP bereits mit ANSI-C verwirklicht werden können.)

C ist keine problemorientierte Sprache! Probleme der kaufmännischen wie der wissenschaftlich-technischen Welt wie auch der Systemprogrammierung lassen sich ohne große Probleme in C lösen. Verallgemeinernd gesprochen: C kann eigentlich alles!

Die geschichtliche Entwicklung der Sprache C soll hier nicht wiederholt werden. Sie finden sie z.B. bei Schreiner [7].

Was man aber wissen sollte:

- C wurde von Dennis M. Ritchie erfunden (1973).

- C wurde zur Implementierung des Betriebssystems UNIX auf einem Digital Equipment PDP-11-Rechner entwickelt. Durch die weitere Entwicklung wurde C so zur Haussprache von UNIX. Jede ausgelieferte UNIX-Version enthält mit Sicherheit einen C-Compiler.

- Die Sprache C wurde 1990 (mit einem Amendment 1995) von ISO und ANSI standardisiert. Die vorliegende Darstellung bezieht sich auf den ANSI-Standard.

1.2 Ein erstes C-Programm

In diesem ersten Kapitel soll ein nicht systematischer Einstieg in die Sprache C erfolgen, indem anhand von Programmbeispielen einige Anweisungen und andere Sprachmittel vorgestellt werden. Am Anfang steht das Programm, mit dem auch Kernighan und Ritchie ihr Produkt - selbstbewusst - das Licht der Welt erblicken ließen.

Hier ist es:

```
# include <stdio.h>
int main (void)
{
    printf ("Hello, world!\n");
    return 0;
}
```

Dieses Programm gibt auf den Bildschirm aus: Hello, world!. Sonst macht es nichts; dementsprechend kurz ist es. (Möglicherweise eine Überraschung für den COBOL-kundigen Leser!)

Die Erläuterung der einzelnen Zeilen nimmt viel mehr Raum ein als das, was das Programm macht:

Die Anweisung: `# include <stdio.h>` ist nicht einmal eine C-Anweisung! Jeder C-Compiler würde, bekäme er diese Zeile zu lesen, mit Fehlermeldungen reagieren. Der Witz ist: Er bekommt sie gar nicht zu sehen! Wenn man nämlich den C-Compiler aufruft, um ein C-Programm übersetzen zu lassen, dann ruft der zunächst einmal den Präprozessor zur Vorbearbeitung des Programmtextes auf. Alle Anweisungen, die mit `#` beginnen, sind Anweisungen für den Präprozessor. Die Anweisung `# include` ... bindet die angegebene Datei (`stdio.h`) in den Programmtext ein, die Anweisung selber wird entfernt! Da die `# include`-Anweisungen, mit denen Dateien in ein C-Programm eingebunden werden können, meistens am Kopf einer Programmdatei stehen, nennt man die eingebundenen Dateien Headerdateien. Eine Reihe von Headerdateien, darunter auch `stdio.h`, werden mit einem C-Compiler ausgeliefert, aber ein Programmierer kann auch eigene Headerdateien erstellen. Laut Konvention, aber nicht notwendigerweise, enden die Dateinamen mit .h.

Was steht drin in `stdio.h`? An die 400 Zeilen Text. Einige der Textzeilen sind C-Anweisungen, die für den C-Compiler interessant werden können, andere bestehen aus weiteren Präprozessor-Anweisungen. Letztere dienen möglicherweise der Ersetzung bestimmter Ausdrücke durch andere Ausdrücke. Der Präprozessor hat dabei von der Programmiersprache C keine Ahnung! Er ist ein sog. Makro-Prozessor, dessen Wirkung u.a. mit einem reinen Textverarbeitungsprogramm zu vergleichen ist.

Der Präprozessor wird im weiteren Verlauf mehr und mehr eine Rolle spielen, in Kapitel 10 wird er systematisch besprochen.

An dieser Stelle sei nur bemerkt, dass die Datei stdio.h wichtige Informationen für den Compiler über `printf()` enthält, womit wir "Hello, world!" auf den Bildschirm auszugeben gedenken.

Die Anweisung `# include <stdio.h>` gehört zu den häufigst benutzten Präprozessoranweisungen in C-Programmen!

Mit

```
int main (void)
{
   ....
}
```

wird eine Programmeinheit definiert, die man in C eine Funktion
nennt. Bisher tauchte der Begriff Funktion als die C-typische Form
von Unterprogrammen auf. Sie werden sehr schnell sehen, dass in C
programmieren heißt, Funktionen zu schreiben.

Funktionen erkennt man an den ()-Klammern hinter einem Funktionsnamen. Die Funktionsnamen sind willkürlich wählbar, es muss
aber in jedem C-Programm genau eine Funktion definiert werden, die
main heißt. Diese Funktion ist kein Unterprogramm, sondern das
Hauptprogramm!

Unser Programm besteht nur aus einer Funktion, der main()-Funk-
tion. Der Ausdruck void in den main-Klammern heißt soviel wie:
"leer". Anstelle von void könnten nämlich zwischen den Klammern
auch noch Variablen, sog. Parameter, definiert werden. Die Angabe
von void in den Funktionsklammern bedeutet dementsprechend,
dass diese main()- Funktion keine Parameter besitzt.

Die {}-Klammern kennzeichnen einen Block, der beliebig viele C-Anweisungen enthalten darf. Unsere main()-Funktion besteht aus einem Funktionsblock von 2 C-Anweisungen. Die erste,

```
printf ("Hello, world!\n");
```

bedeutet den Aufruf einer Funktion mit Namen printf. Dass eine
Funktion aufgerufen wird, erkennt der Compiler wieder an den run-
den Klammern. Hier wird eine Funktion aufgerufen, die jemand anderer an anderer Stelle definiert hat. Genauer gesagt, der Hersteller des
C-Compilers hat diese, wie auch zahlreiche andere Funktionen, definiert und als Bibliothek von Standardfunktionen dem Compiler hinzugefügt. Wichtig ist, dass printf eigentlich keine C-Anweisung ist,
sondern eine fremde Funktion, deren Programmcode zu unserem
Programm hinzugebunden werden muss!

Der Ausdruck: "Hello, world!\n", der zwischen den ()-Klammern
steht, wird als aktuelles Argument an die Funktion printf() über-

geben. `printf()` gibt gnadenlos alles auf den Bildschirm aus, was ihm als Argument übergeben wird.

Unser Argument steht in doppelten Anführungszeichen. Das kennzeichnet eine Zeichenketten- bzw. String-Konstante. Sie wird ausgegeben ohne die Anführungszeichen. Die Zeichenfolge \n stellt einen Spezialausdruck für ein Zeichen, nämlich das Zeilenendezeichen, dar und bewirkt einen Zeilenvorschub des Bildschirm-Cursors. Hervorzuheben ist der Abschluss der Anweisung durch ein Semikolon. In C müssen alle Anweisungen, denen nicht ein { }-Block folgt, durch ein Semikolon abgeschlossen werden!

Die letzte Anweisung des Funktionsblocks `return 0;` gibt den ganzzahligen Wert o an den Aufrufer dieser `main()`-Funktion zurück und beendet die Ausführung der Funktion. Wer aber ist der Aufrufer der `main()`-Funktion, also des Hauptprogramms? Das Betriebssystem, von dessen Kommandozeile ein Anwender dieses Programm zur Ausführung aufgerufen hat.

Nach Ablauf des Programms kann auf Betriebssystemebene mit `IF ERRORLEVEL ...` (unter MS/DOS) bzw. mit dem Spezialausdruck: `$?` oder anderen Techniken (unter der Bourne- oder Korn-Shell von UNIX) abgefragt werden, mit welchem Return-Code oder Exit-Code das Programm zu Ende ging. Der Wert o kennzeichnet per Konvention: Der Programmlauf verlief zufriedenstellend. Bei verschiedenen Programmlauffehlern werden andere Werte, größer als o, zurückgegeben. Die einzelnen Return-Codes: 1, 2, 3, ... können dann mit unterschiedlichen Fehlerarten identifiziert werden.

o ist eine Ganzzahl, oder wie man in C sagt, eine `int`-Konstante. `int` steht für integer = ganzzahlig.

Weil diese Funktion mit `return` einen `int`-Wert zurückgibt, musste die `main()`-Funktion als int-Funktion definiert werden! Der Compiler muss beim Lesen des Funktionskopfes bereits wissen, welcher Datentyp am Ende der Funktion zurückgegeben wird, weil er für diesen Returnwert einen Speicherbereich bereitstellen muss!

Ein wichtiger Punkt sollte schon hier erwähnt werden: Der C-Compiler unterscheidet zwischen Groß- und Kleinschreibung! Wenn Sie z.B. `RETURN` statt `return` schreiben, müssen Sie sich nicht über Fehlermeldungen des Compilers wundern!

1.3 Der C-Compiler

Nachdem das Programm in seinen Bestandteilen besprochen wurde, müssen wir uns jetzt um die praktische Frage kümmern, wie man ein solches Quellprogramm (engl.: Source), das aus C-Anweisungen besteht, erstellt und zu einem ausführbaren Programm macht.

Der Programmtext muss zunächst mit einem normalen Texteditor in Form einer ASCII-Datei gespeichert werden. Die meisten C-Compiler verlangen, dass der Dateiname mit .c endet.

Danach muss der Compiler unter Angabe der Quelldatei(en) aufgerufen werden, der dann ein ausführbares Programm erzeugt, das direkt zur Ausführung aufgerufen werden kann.

Zwei Beispiele:

I. BORLAND-C-Compiler unter dem Betriebssystem MS/DOS:

```
C:\> edit hello.c
    ...
    ...        (Erstellen des Quellprogramms und Abspeichern)
    ...
C:\> bcc hello.c
    ...
    ...        (Lauf des C-Compilers. Erzeugt: hello.exe)
    ...
C:\> hello    (Aufruf von hello.exe)
Hello, world!

C:\>
```

II. C-Compiler unter dem Betriebssystem UNIX:

```
$ vi hello.c
    ...
    ...    (Erstellen des Quellprogramms und Abspeichern)
    ...
$ cc hello.c
    ...
    ...    (Lauf des C-Compilers. Erzeugt: a.out)
    ...
$ a.out    (Aufruf von a.out)
Hello, world!
$
```

oder:

```
$ cc hello.c -ohello
    ...
    ... (Lauf des C-Compilers. Erzeugt: hello)
    ...
$ hello    (Aufruf von hello)
Hello, world!
$
```

(Moderne C-Compiler, wie z.B. der von BORLAND oder MICROSOFT, bieten darüber hinaus eine grafische Entwicklungsumgebung an, aus der heraus vom eingebauten Programmeditor bis zur Projektverwaltung alle Tools der Programmentwicklung durch jeweils einen Mausklick aktiviert werden können.)

Der Compilerlauf, so schnell er auch vor sich geht, beinhaltet den Aufruf einer Reihe von Programmen, wie man Abbildung 1.1 entnehmen kann:

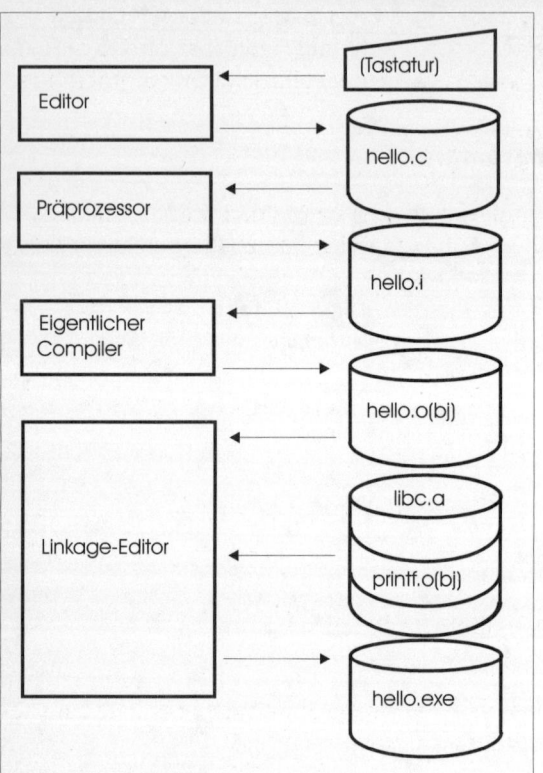

Bild 1.1: Erstellung eines ausführbaren Programms
(libc.a ist der Name der C-Standardbibliothek unter UNIX)

Dies ist eine vereinfachte Darstellung. Die meisten C-Compiler übersetzen den C-Quellcode zunächst in Assemblersprache. Das Assembler-Quellprogramm wird oftmals von einem Optimierer nachbearbeitet, um das Programm schneller oder speichersparender zu machen, bevor es dem Assembler zur Erzeugung der Objektdatei übergeben wird.

Der Linkage-Editor durchsucht u.a. den Objektcode nach unaufgelösten Referenzen (Funktionsaufrufen), sucht die entsprechenden Funktionen in den angebotenen Objektdateien und, wenn er sie dort nicht

findet, in der Standardbibliothek oder anderen angegebenen Bibliotheken. Wird er in einer Bibliothek fündig, kopiert er den Objektcode
(nur!) dieser Funktion heraus und bindet ihn zum Objektprogramm.

1.4 Weitere Programme

Nach diesem mehr praktischen Ausflug wenden wir uns einem zweiten C-Programm zu, das schon eher den Namen Programm verdient:

```
# include <stdio.h>

int main (void)          /* summe.c */
{
    int s,               /* Summen-Variable */
        i;               /* Zähler-Variable */
    s = 0;
    i = 1;
    while (i <= 100)     /* Schleifenkopf */
    {
        s = s + i;
        i = i + 1;
    }
    printf ("Summe von 1 bis 100 : %d\n", s);
    return 0;
}
```

Konzentrieren wir uns zunächst auf die Sprachelemente, die gegenüber dem vorherigen Programm für uns neu sind.

Der Ausdruck /* summe.c */ markiert einen Kommentar, der vom
Compiler ignoriert wird. Zu Dokumentationszwecken kann man beliebige Texte in den Programmcode einfügen, wenn sie zwischen /*
und */ stehen. Die Kommentare können an beliebiger Stelle stehen
und auch mehrere Zeilen umfassen. So hätte obiger Kommentar auch
aussehen können:

```
/* ------------------------------------- *
 *              summe.c                   *
 * ------------------------------------- */
```

Die Anweisung: int s, i; definiert zwei Variablen vom Datentyp int
(also ganzzahlig), die eine mit Namen s, die andere mit Namen i. Mit
s = 0; (Sprich: "s wird o") bekommt die Variable s den Wert o zugewiesen. Ebenso wird mit i = 1; die Variable i auf den Wert 1 gesetzt.

Danach folgt eine Schleife, eine von drei verschiedenen Formen, über die C verfügt.

Der Schleifenkopf `while (i <= 100)` enthält einen Vergleichsausdruck. Wenn er zutrifft, d.h. in unserem Fall, wenn der Inhalt der Variablen i kleiner als oder gleich 100 ist, dann wird der Schleifenkörper

```
{
    s = s + i;
    i = i + 1;
}
```

ausgeführt, der hier in Form eines Blocks dargestellt ist. Die erste Anweisung `s = s + i;` berechnet zunächst die Summe der Inhalte von s und i und weist dann das Berechnungsergebnis wieder an die Variable s zu. Das läuft darauf hinaus, dass die Variable s um den Inhalt von i erhöht wird. Ebenso wird mit `i = i + 1;` die Variable i mit 1 inkrementiert.

Nachdem der Schleifenkörper durchlaufen worden ist, wird erneut die Bedingung im Schleifenkopf geprüft. Solange i `<= 100` ist, wird dann wieder der Schleifenkörper ausgeführt. Nach genau 100 Schleifendurchläufen ist die Variable i beim Wert 101 angelangt, die Schleifenbedingung trifft nicht mehr zu und das Programm wird mit der ersten Anweisung hinter der Schleife fortgesetzt. Es ist leicht zu erkennen, dass die Variable s dann die Summe aller Zahlen von 1 bis 100 (also 5050) enthält.

Der nachfolgende `printf()`-Aufruf zeigt sich auch in neuem Gewand, er hat jetzt zwei Argumente, nämlich eine String-Konstante und, durch ein Komma getrennt, die Variable s!

Die Funktion `printf()` gehört zu einer Rarität unter den Standardfunktionen, sie erlaubt die Übergabe einer variablen Anzahl von Argumenten. Dahinter steckt eine Erweiterung des Funktionsbegriffs, die nicht selbstverständlich, in C aber möglich ist. Allerdings ist die Aufruftechnik einer solchen Funktion nicht ganz leicht verständlich, weshalb dieses Thema auf der Webseite zu finden ist.

Es sieht zunächst so aus, als würde `printf()` zuerst die String-Konstante und danach den Inhalt der Variablen s ausgeben. In Wirklichkeit erscheint auf dem Bildschirm:

```
Summe von 1 bis 100: 5050
```

Das in der String-Konstanten enthaltene Newline-Zeichen (\n) wird erst nach, und nicht vor dem Inhalt von s ausgegeben und die Zeichenfolge %d scheint überhaupt nicht ausgegeben worden zu sein! Was ist passiert?

printf() gibt alle Zeichen der String-Konstanten so aus wie sie da stehen, es sei denn, es findet das Sonderzeichen: %! Dieses Zeichen leitet eine Art Platzhalter ein, der hier aus %d besteht und durch das nächst folgende Argument (Inhalt der Variablen s) ersetzt wird. Wir wollen diesen Platzhalter Formatbeschreiber nennen.

Es gibt verschiedene printf()-Formatbeschreiber für die Ausgabe von Daten der verschiedensten Datentypen (s. Kapitel 2). Der hier verwendete, %d (d steht für decimal), wird benutzt, um eine int-Zahl in dezimaler Form auszugeben.

Festzuhalten ist: Die Funktion printf() muss mindestens ein Argument übergeben bekommen, und dieses erste Argument muss immer ein String (Zeichenkette) sein. Der String kann mehrere Formatbeschreiber enthalten, die immer mit % eingeleitet werden. Für jeden Formatbeschreiber muss es ein weiteres Argument geben, das an Stelle des Formatbeschreibers ausgegeben wird!

In einem weiteren Beispiel begegnet uns das gleiche Programm noch einmal, aber in einer anderen Form:

```
# include <stdio.h>

int sum (int, int); /*Deklaration der Funktion: sum ()*/
                    /* In ANSI-C: "Prototyp" genannt */

int main (void)     /* summe2.c */
{
   int s,
       i;
   s = 0;
   i = 1;
   while (i <= 100)
   {
      s = sum (s, i); /* Aufruf der Funktion: sum () */
      i = i + 1;
   }
   printf ("Summe von 1 bis 100 : %d\n", s);
   return 0;
```

```
}

/* ---- Definition der Funktion: sum () ---- */
int sum (int summe, int inc)
{
   summe = summe + inc;
   return summe;
}
```

Die Anweisung:

```
int sum (int, int);
```

sieht aus wie die Definition einer Funktion mit Namen `sum`, ist es aber nicht!

Wenn man diese Zeile mit dem Definitionskopf der Funktion `main()` vergleicht, fallen einem einige Unterschiede auf:

■ Die Funktions-Klammern sind nicht leer (also nicht: `void`).

■ In den Klammern werden offensichtlich zwei `int`-Variablen definiert, wobei man allerdings "vergessen" hat, die Variablennamen anzugeben.

■ Die ganze Anweisung wird durch Semikolon abgeschlossen!!!

Die letzte Bemerkung ist die wichtigste! Eine Anweisung, die aussieht wie der Definitionskopf einer Funktion, aber durch Semikolon abgeschlossen wird, ist "nur" eine Deklaration einer Funktion `sum()`.

Diese Deklaration bedeutet: Hier wird dem Compiler bekannt gemacht, dass im Programm eine Funktion verwendet wird, die `sum` heißt, den Datentyp `int` hat (also einen Returnwert vom Typ int zurückgibt), beim Aufruf zwei Argumente vom Typ `int` erwartet und irgendwo definiert sein muss!

Dass der Compiler auf die Information Wert legt, welchen Datentyp die Funktion hat, wurde bereits im Zusammenhang mit `main()` erwähnt. (Er muss wissen, was für ein Speicherbereich für den Returnwert der Funktion zu reservieren ist!)

Dass er auch Informationen über die Anzahl und den Datentyp der Argumente haben will, ist nicht ohne weiteres einzusehen. In der Tat gibt es diese Angaben bei einer Deklaration auch erst mit dem ANSI-

Standard der Sprache C. Nach dem alten, von Kernighan und Ritchie formulierten Sprachstandard sah die gleiche Deklaration so aus:

```
int sum ();        /* Deklaration der Funktion: sum () */
                   /* nach Kernighan & Ritchie        */
```

Der alte K&R-C-Compiler wollte gar nicht wissen, mit wie vielen Argumenten die Funktion aufgerufen werden muss, bzw. welchen Datentyp die einzelnen Argumente haben müssen. Er interessierte sich nur für den Datentyp des Returnwerts der Funktion. Folglich konnte man Funktionen mit einer falschen Anzahl an Argumenten, oder mit Argumenten eines falschen Datentyps aufrufen, ohne dass der Compiler das als Fehler vermerkte. Man merkte es frühestens beim Programmlauf.

Der ANSI-C-Compiler braucht aber gerade deshalb Informationen über die Argumente, weil er beim Aufruf dieser Funktion überprüfen will, ob die übergebenen Argumente, der Anzahl und dem Datentyp nach, dem Definitionskopf der Funktion entsprechen. Die Deklaration nach ANSI, die man speziell Prototyp nennt, ist nichts anderes als der Definitionskopf der Funktion, der aber durch ein Semikolon abgeschlossen wird! Ob Sie dabei die Namen der Argumente angeben oder nicht, ist egal. Der Prototyp von sum hätte auch so lauten können:

```
int sum (int summe, int inc);
```

(Die Überprüfung der Argumente beim Aufruf einer Funktion wurde den sehr viel strengeren Sicherheitskonzepten der Sprache C++ entnommen, die bei der Herausarbeitung des C-ANSI-Standards bereits einige Jahre existierte!)

Eine weitere Änderung unseres Programms fand statt im Schleifenkörper:

```
s = sum (s, i);    /* Aufruf der Funktion: sum () */
```

Das Berechnen der Summe von s und i wird der Funktion sum() überlassen: sum() wird aufgerufen, indem die Variablen s und i als aktuelle Argumente übergeben werden. Wir können nur hoffen, dass sum() die Summe aus den Inhalten von s und i berechnet und als Returnwert zurückgeben wird. Der Returnwert der Funktion, mit dem der Ausdruck: sum (s, i) bewertet wird, wird dann an die Variable s zugewiesen.

Der Einwand, die Berechnung der Summe zweier Zahlen extra in eine Funktion auszulagern bedeute, mit Kanonen auf Spatzen zu schießen, ist sicher berechtigt. Hier soll aber nur das Prinzip der Verwendung von Funktionen demonstriert werden.

Die eigentliche Definition der Funktion `sum()` folgt unmittelbar der Definition von `main()`. (Übrigens: Definitionen von Funktionen können in C nicht geschachtelt werden, anders als z.B. in PASCAL!)

Im Definitionskopf der Funktion

```
int sum (int summe, int inc)
```

müssen in den Klammern außer den Datentypen auch Variablennamen angegeben werden! `summe` und `inc` sind die sog. formalen Parameter der Funktion, an die beim Aufruf der Funktion die aktuellen Argumente s und i übergeben werden.

Die Art dieser Übergabe ist ein wichtiges Charakteristikum der Sprache C: Es werden beim Aufruf der Funktion zwei neue Variablen `summe` und `inc` definiert und mit dem Inhalt der aktuellen Argumente initialisiert. Mit anderen Worten: `summe` bzw. `inc` erhalten eine Kopie von s bzw. i! Was immer mit `summe` und `inc` in der Funktion angestellt wird, es hat keine Auswirkungen auf die Variablen s und i! Gerade deshalb muss das Ergebnis der Funktion als Returnwert zurückgegeben werden.

Diese Übergabetechnik, die man Call by Value (Aufruf durch Übergabe der Werte) nennt, kennt u.a. eine Alternative, die als Call by Reference " bezeichnet wird und in Programmiersprachen wie FORTRAN und COBOL zu Hause ist. Dort wären gleichlautende Variablen `summe` und `inc` nur Referenzen auf s und i! Alle Änderungen, die man im Unterprogramm mit `summe` und `inc` vornähme, wären zugleich Änderungen an s und i! (Wir werden später sehen, dass man so etwas wie Call by Reference auch in C konstruieren kann (s. Kapitel 6).)

Die Funktion berechnet die Summe aus `summe` und `inc` und weist das Ergebnis wieder an `summe` zu. Der Inhalt der Variablen `summe` wird als Returnwert zurückgegeben. Der Returnwert ist das einzige, das nach diesem Funktionsaufruf von der Funktion übrig bleibt (in einem temporären Speicherbereich!). Die Variablen `summe` und `inc`, die beim Aufruf der Funktion erst ins Leben treten, hauchen dasselbe am Ende der Funktion wieder aus. Sie existieren dann nicht mehr! Aber auch der Returnwert ist sehr kurzlebig. Deshalb muss er in der aufrufenden Funktion (also `main()`!) sofort nach der Rückkehr aus dem Funktionsaufruf einer Variablen zugewiesen werden. Wenn nicht, wird der dafür zur Verfügung gestellte Speicherplatz wieder für andere Zwecke verwendet.

Fassen wir noch einmal zusammen, in welchen verschiedenen Formen uns die Funktion `sum()` begegnet: Der Prototyp (1) der Funktion muss angegeben werden vor dem ersten Aufruf (2) der Funktion. Und die Definition (3) der Funktion kann dann irgendwann später erfolgen. Im Prinzip ist es egal, wo die Funktion `sum()` definiert wird. Das zeigen die beiden nachfolgenden Alternativen des gleichen Programms:

1. Alternative:

```
# include <stdio.h>

# define ENDZ 100 /* Präprozessor-Anweisungen */
# define START 1

/* ---- Definition der Funktion: sum () und
   zugleich Deklaration!!!                    */

int sum (int summe, int inc)
{
   summe += inc;   /* Erhöhungsoperator */
   return summe;
}

int main (void)          /* summe3.c */
{
   int s,
       i;
   s = 0;

   for (i = START ; i <= ENDZ ; i++) /* for-Schleife */
   {
      s = sum (s, i);
   }
   printf ("Summe von %d bis %d : %d\n", START, ENDZ, s);
   return 0;
}
```

Die wichtigste Änderung: Die Funktion `sum()` wird jetzt vor der `main()`-Funktion definiert! Dem Compiler ist die Reihenfolge, in der

Funktionen definiert werden, egal. Auch `main()` spielt dabei keine Sonderrolle!

Außerdem fällt auf, das der ursprünglich angegebene Prototyp für `sum()` jetzt entfallen ist. Da jetzt die Definition von `sum()` vor dem ersten Aufruf von `sum()` erfolgt, spielt der Definitionskopf eine Doppelrolle: Er stellt zugleich die Deklaration der Funktion dar!

Am Anfang des Programms lernen wir die neue Präprozessor-Anweisung `# define ENDZ 100` kennen.

Mit dieser Anweisung wird das Symbol `ENDZ` als Zeichenfolge 100 definiert. Diese Anweisung veranlasst den Präprozessor, überall im Programmtext vorkommende Symbole `ENDZ` durch 100 zu ersetzen. Wenn der eigentliche C-Compiler das Produkt des Präprozessors zu sehen bekommt, kommt kein `ENDZ` mehr vor, sondern nur noch 100! Ebenso wird START als 1 definiert.

Der Vorteil dieser symbolischen `define`-Konstanten liegt auf der Hand: Will man das Programm ändern, so dass es die Summe der Zahlen von 43 bis 298 berechnen soll, braucht man am Programmtext nur folgende Änderung vorzunehmen:

```
# define ENDZ 298
# define START 43
```

Man braucht also nicht das ganze Programm zu durchsuchen, wo überall der Start- und Endwert der Berechnung vorkommen, um sie in die neuen Werte zu ändern. Diese Aufgabe kann man getrost dem Präprozessor überlassen.

Im Funktionsblock von `sum()` wird ein neuer Operator benutzt:

```
summe += inc;  /* Erhöhungsoperator */
```

Die Wirkung dieses Operators `+=` ist die gleiche wie bei der Anweisung:

```
summe = summe + inc;
```

Sie wird intern nur schneller ausgeführt, weshalb man ihr den Vorzug geben sollte!

Ähnlich steht es mit dem Ausdruck: `i++` in der noch zu besprechenden neuen `for`-Schleife. Dieser Ausdruck ist in diesem Zusammenhang gleichbedeutend mit: $i = i + 1$. (Dass der hier verwendete Inkrementoperator ++ auch seine Tücken haben kann, erleben wir in Kapitel 3.)

Auch dieser neue Ausdruck ist dem alten unbedingt vorzuziehen. Man kann fast sagen: Die Anweisung: $i = i + 1$; tut einem richtigen C-Programmierer an den Augen weh!

Die neu vorgestellte for-Schleife:

```
for (i - START ; 1 <= ENDZ ; i++)
{
    s = sum (s, i);
}
```

hätte auch als while-Schleife geschrieben werden können:

```
i = START;
while (i <= ENDZ)
{
    s = sum (s, i);
    i++;
}
```

Sie brauchen nur zu wissen, dass beide Programmauszüge genau die gleiche Wirkung haben, um sich den Ablauf der for-Schleife klar zu machen. In Kapitel 4 wird die for-Schleife systematisch beschrieben.

2. Alternative:

```
/* Modul: sum.c */
/* ---- Definition der Funktion: sum ()        */

int sum (int summe, int inc)
{
    summe += inc;   /* Erhöhungsoperator */
    return summe;
}


/* Modul: summe4.c */
# include <stdio.h>

# define ENDZ 100 /* Präprozessor-Anweisungen */
# define START 1

/* ---- Prototyp der Funktion: sum ()        */
int sum (int summe, int inc);

int main (void)         /* summe4.c */
```

```
{
   int s,
       i;
   s = 0;

   for (i = START ; i <= ENDZ ; i++) /* for-Schleife */
   {
      s = sum (s, i);
   }
   printf ("Summe von %d bis %d : %d\n", START, ENDZ, s);
   return 0;
}
```

Hier haben wir die Definition der Funktionen sum() und main() auf verschiedene Programmdateien (Module) aufgeteilt. Das ist erstens in C möglich, zweitens liefert diese Möglichkeit überhaupt erst die programmtechnische Voraussetzung zur modularen Programmierung. (Dass dazu noch etwas mehr gehört, hoffe ich im Verlauf des Kapitels 8 zu vermitteln.)

Vorläufig braucht man nur zur Kenntnis zu nehmen: Dem C-Compiler ist es egal, auf wie viele Module die Funktionen eines Programms verteilt sind, man muss ihm nur mitteilen, welche Programmdateien ein Programm bilden.

Hier noch einmal die entsprechenden Compileraufrufe:

I. BORLAND-C-Compiler unter dem Betriebssystem MS/DOS:

```
C:\> bcc summe4.c sum.c
      ...
      ...       (Lauf des C-Compilers. Erzeugt: summe4.exe)
      ...
C:\>
```

II. C-Compiler unter dem Betriebssystem UNIX:

```
$ cc summe4.c sum.c -osumme4
      ...
      ...       (Lauf des C-Compilers. Erzeugt: summe4)
      ...
$
```

Ein Problem bei der modularen Aufteilung muss unbedingt genannt werden: Der eigentliche Compiler übersetzt jede einzelne Programmdatei für sich. Wenn er die Datei summe4.c übersetzt, weiß er nichts vom Inhalt der Datei sum.c und umgekehrt! Deshalb muss jetzt wieder in `summe4.c` ein Prototyp der Funktion `sum()` aufgenommen werden, weil dort die Funktion ja aufgerufen wird.

Wenn der Compiler alle angegebenen Quell-Programmdateien, jede einzeln für sich, übersetzt hat, ruft er den Linkage-Editor auf unter Übergabe der von ihm erzeugten Objekt-Dateien: `summe4.o(bj)` und `sum.o(bj)`. Der Linkage-Editor fügt dann den Objekt-Code der Funktionen aus allen Dateien (und ev. der Standardbibliothek) zu einer ausführbaren Programmdatei zusammen.

Des weiteren: Warum muss die Datei `summe4.c` die Präprozessor-Anweisung `# include <stdio.h>` enthalten? Weil diese Datei u.a. den Prototypen für die Standardfunktion `printf()` enthält, die ja in der `main()`- Funktion aufgerufen wird.

Warum braucht dieselbe include-Anweisung in `sum.c` nicht angegeben zu werden? Weil `printf()` bzw. andere Standardfunktionen dort gar nicht aufgerufen werden, bzw. weil nichts, was in `stdio.h` vorhanden ist, dort gebraucht wird!

1.5 Training

1. Erstellen Sie das oben besprochene Programm: `hello.c`. Informieren Sie sich über die Möglichkeiten Ihres C- Compilers, dieses Programm übersetzen und binden zu lassen! Starten Sie das Programm. Seien Sie sich bewusst, dass Sie soeben die Geburtsstunde einer genial konzipierten Programmiersprache nacherlebt haben!

2. a. Ändern Sie das im Text vorgestellte Programm: `summe3.c`, so dass auch die Zwischensummen ausgegeben werden. Compilieren und testen Sie das Programm.

2. b. Rufen Sie den Präprozessor auf: `cpp summe3.c` und sehen Sie in der Ergebnisdatei: `summe3.i` nach, was aus den define-Konstanten geworden ist. (Sollte der Aufruf von `cpp` nicht funktionieren, erkundigen Sie sich im Compilerhandbuch nach anderen Möglichkeiten, das Ergebnis des Präprozessorlaufs in Form einer Datei zu produzieren. (Unter UNIX z.B.: `cc -P ...`))

3. Erstellen Sie in der Programmdatei: `flist.c` die `main()`-Funktion für ein Programm, das folgende Ausgabe auf dem Bildschirm erzeugt:

Fakultätsberechnung

```
1! = 1
2! = 2
3! = 6
4! = 24
.  .  .
.  .  .
.  .  .
12! = ......
```

Der Ausdruck: n! (Sprich: "n Fakultät") ist eine mathematische Kurz-form für: 1 * 2 * 3 * ... * (n - 1) * n. Der C-Operator "*" wird für die Multiplikation zweier Zahlen verwendet!

Wählen Sie für die Fakultät keine int-Variable, sondern eine long-Variable! Der Datentyp `long` oder `long int` bedeutet eine doppelt lange int-Variable! Eine `long`-Konstante, z.B. für den Wert 12 wird in C durch `12L` formuliert!

Die Ausgabe soll mit `printf()` erfolgen! Für long-Daten kennt `printf()` den Formatbeschreiber: `%ld` ("long decimal")!

(Wenn Sie wollen, können Sie das Programm ändern, so dass Sie die Berechnungen bis 15! ausführen lassen. Stimmen die Ergebnisse noch?)

4. Schreiben Sie ein Programm (Programmdatei: `fahr.c`), das für alle Temperaturen von 0°F(ahrenheit) bis 300°F auch die entsprechenden Werte in °C(elsius) ausgibt. (Schrittweite: 20°F)

Die Umrechnungsformel lautet:

`°C = 5.0 / 9.0 * (°F - 32.0)`

Für die Division zweier Zahlen gibt es in C den Operator: `"/"`!

Benutzen Sie für den Anfangswert (0°F), den Endwert (300°F) und die Schrittweite (20°F) symbolische Namen mit Hilfe von Präprozessor-define-Anweisungen!

Beispiel für die Ausgabe:

```
°Fahrenheit   °Celsius
---------------------
        0        -17.8
       20         -6.7
        .            .
        .            .
        .            .
      280        137.8
      300        148.9
```

Benutzen Sie für die Variablen den Datentyp: float, denn es werden jetzt keine Ganzzahlen, sondern Dezimalzahlen mit Nachkommastellen verwendet! Beachten Sie, dass Sie dementsprechend mit den Konstanten 5.0 bzw. 9.0 arbeiten und nicht etwa mit 5 bzw. 9! (Zur Erklärung s. Kapitel 2!)

Benutzen Sie bei der Ausgabe der Datenzeilen mit printf() den Formatbeschreiber: %3.0f für den Fahrenheit-Wert und %5.1f für den Celsius-Wert! Welche Bedeutung könnten wohl die Zahlen 3 und 0 bzw. 5 und 1 haben?

Wenn die Ausgabe nicht so, wie oben dargestellt, aussieht, versuchen Sie es einmal mit den Formatbeschreibern: %7.0f und %13.1f! Besser?

(Diese Aufgabenstellung bezieht sich auf ein Beispielprogramm im Buch von Kernighan und Ritchie [1]).

Nitty Gritty • Start up!

2 Datentypen und die Ein-/Ausgabe

2.1 Variablen, Konstanten und Datentypen

In der Anweisung s = 0; ist s eine Variable und 0 eine Konstante.

Eine Variable bezeichnet einen Hauptspeicherbereich, in dem man zu unterschiedlichen Zeitpunkten beim Programmablauf unterschiedliche Werte speichern kann. Durch die obige Zuweisung wird der Wert 0 in der Variablen s gespeichert. Zu einem späteren Zeitpunkt kann mit s = 13; der Wert 13 in derselben Variablen gespeichert werden.

Jede Variable hat:

1. einen Namen, über den sie im Programm angesprochen werden kann;

2. eine bestimmte Speicherlänge;

3. ein bestimmtes internes Format, in dem der Wert gespeichert wird.

Die Speicherlänge und das interne Format bilden das, was man einen Datentyp nennt.

Alle diese drei Charakteristika müssen bei der Definition einer Variablen festgelegt werden.

Obige Variable s haben wir im vorigen Kapitel durch die Anweisung int s; definiert. Damit wurde festgelegt: Die Variable hat den Namen s, ihr Datentyp ist int (engl.: integer = ganzzahlig) und aus diesem Datentyp folgt automatisch eine feste Speicherlänge von 2 Byte unter 16-Bit-Betriebssystemen bzw. 4 Byte bei 32-Bit-Betriebssystemen. Die obige Definitionsanweisung veranlasst den C-Compiler, dafür zu sorgen, dass ein entsprechend langer Speicherbereich für die Variable s reserviert wird.

Im Gegensatz zu den Variablen handelt es sich bei den Konstanten, wie der Name schon sagt, um konstante Werte. 0 bleibt 0 und 13 bleibt 13. Der C-Compiler reserviert i.d.R. für Konstanten keinen besonderen Speicherbereich, sondern sie finden nach der Übersetzung durch den C-Compiler ihren Platz als sog. Direktoperanden der Maschinenbefehle. Ein Ausnahme bilden hier die Stringkonstanten, die weiter unten behandelt werden.

Auch Konstanten haben einen Datentyp und damit, innerhalb der Maschinenanweisung, in der sie auftauchen, eine feste Speicherlänge. Aber sie haben keinen Namen!

Alle Datentypen, die der C-Compiler bei Konstanten und Variablen kennt, lassen sich grundsätzlich auf zwei Formen zurückführen:

1. Ganzzahlige Datentypen, auch Festkommazahlen, Festpunktzahlen oder engl. Fixed Point Numbers genannt;

2. Dezimalzahlige Datentypen, d.h. Zahlen mit Nachkommastellen, auch Gleitkommazahlen, Gleitpunktzahlen oder engl. Floating Point Numbers genannt.

Die folgenden Abschnitte setzen eine Kenntnis sowohl der binären, oktalen und hexadezimalen Zahlensysteme wie auch des prinzipiellen Aufbaus von Festkommazahlen und Gleitkommazahlen voraus. Diese Kenntnis ist allerdings nur dann dringend erforderlich, wenn man die Bitmanipulationsoperatoren im Kapitel 3 oder bestimmte Probleme der Systemprogrammierung verstehen will. Wer sich dafür interessiert und in diesen zahlentheoretischen Grundlagen Nachholbedarf hat, kann sich im Internet unter *www.nitty-gritty.de* unter diesem Buchtitel die zwei Abschnitte Die Festkommazahlen und Die Gleitkommazahlen besorgen.

2.2 Die Konstanten der Sprache C

Die Sprache C verfügt über Konstanten folgender Datentypen:

int

Das sind ganzzahlige ("Integer-")Konstanten. Sie bestehen aus Folgen von Ziffern nach einem optionalen Vorzeichen.

`13, -1094, 0`

Ihre interne Darstellung ist betriebssystemsabhängig, z.B. 2 Byte unter MS/DOS, 4 Byte unter UNIX.

Die obigen Beispiele verwenden Dezimalziffern, man kann eine `int`-Konstante aber auch als oktale Zahl angeben. Sie muss dann mit einer führenden o beginnen und darf danach nur die Oktalziffern 0 - 7 verwenden.

`012 (= 10 dezimal)`

Ebenso kann man int-Konstanten als hexadezimale Zahlen angeben.

Sie müssen mit `0X` oder `0x` eingeleitet werden und dürfen alle hexadezimalen Ziffern 0 - 9 und A - F bzw. a - f nach sich ziehen.

`0xff (= 255 dezimal)`

long int oder long

Das sind doppelt lange `int`-Konstanten, die sich von normalen `int`-Konstanten dadurch unterscheiden, dass ihre Ziffernfolge mit einem L oder l abgeschlossen wird.

`13L, -1074l, 0L, -0x3FFFFF00L`

Ihre interne Darstellung besteht meist aus 4 Byte langen Festkommazahlen.

Zeichenkonstanten

Sie sind in Wirklichkeit `int`-Konstanten, die aber nicht durch eine Ziffernfolge angegeben werden, sondern durch ein in Hochkommata (Apostrophe) eingeschlossenes Zeichen. Ihr Zahlenwert ist dann gleich dem ASCII-Code des angegebenen Zeichens (oder gleich dem Zeichencode einer anderen, vom jeweiligen Computer verwendeten, Codetabelle).

`'A', 'm', '!'`

Ein Beispiel für die interne Darstellung einer Zeichenkonstante (unter MS/DOS im ASCII-Code) zeigt Abbildung 2.1.

`'A':` | `00` `41` | (hexadezimale Darstellung)

Bild 2.1: Interne Darstellung von Zeichenkonstanten

Möglich sind auch Zeichenkonstanten für Zeichen, die nicht auf der Tastatur als Tasten vorhanden sind:

Da ist einmal die Angabe des Fluchtsymbols `\` gefolgt vom oktalen ASCII-Code des darzustellenden Zeichens:

```
'\7'  (Signalton)
'\14' (Formfeed-Zeichen)
```

Oder auch die Angabe des Fluchtsymbols `\x` gefolgt vom hexadezimalen ASCII-Code des darzustellenden Zeichens:

```
'\x7' (Signalton)
'\xC' (Formfeed-Zeichen)
```

Darüber hinaus gibt es Spezialdarstellungen wie:

```
'\n'  (Newline-Zeichen, gleichbedeutend mit '\12')
'\f'  (Formfeed-Zeichen, gleichbedeutend mit '\14')
'\t'  (Tabulatorzeichen, gleichbedeutend mit '\11')
```

Stringkonstanten

Das sind Zeichenketten, die in Anführungszeichen eingeschlossen werden.

```
"Zeichensalat"
```

Interne Darstellung: Jedes Zeichen des Strings wird in einem Byte durch seinen ASCII-Code dargestellt. Am Ende des Strings wird automatisch ein Byte mit dem Zeichen `'\0'` (ASCII-Null) angefügt (s. Abbildung 2.2).

Z	e	i	c	h	e	n	s	a	l	a	t	\0

Bild 2.2: Interne Darstellung einer String-Konstanten

Oder in hexadezimaler ASCII-Code-Darstellung wie in Abbildung 2.3 dargestellt.

5A	65	69	63	68	65	6E	73	61	6C	61	74	00

Bild 2.3: Hexadezimale Darstellung einer Stringkonstanten

Die Stringkonstanten sind die einzigen Konstanten, die vom Compiler in einem eigenen Speicherbereich, dem sog. Konstantenbereich des Datensegments abgelegt werden. Im Programmzusammenhang wird eine Stringkonstante durch ihre Anfangsadresse im Hauptspeicher repräsentiert, d.h. nur die Anfangsadresse erscheint nach der Übersetzung durch den C-Compiler als Operand im jeweiligen Maschinenbefehl. Das Ende des Strings wird durch das abschließende '\0' erkannt.

In Stringkonstanten sind auch alle Fluchtsymboldarstellungen der Zeichenkonstanten verwendbar:

```
"\7Fehler!\n"
```

Der C-Compiler kennt eine spezielle Syntax, um eine lange Stringkonstante in mehrere Teile aufteilen zu können. Schreibt man in einem C-Programm z.B.:

```
printf ("Zei"    "le\n");
```

oder:

```
printf ("Zei"
        "le\n");
```

dann macht der C-Compiler daraus:

```
printf ("Zeile\n");
```

double

Das sind Dezimalzahlenkonstanten, die dezimale Nachkommastellen enthalten dürfen, wobei der Punkt (.) das dezimale Trennungszeichen darstellt. Auch Angaben für 10er-Potenzen sind durch das Symbol E bzw. e möglich.

```
3.141592, 0. (= 0.0), .5, -2.7e23 (= -2.7 * 10²³),
1E5 (= 1.0 * 10⁵)
```

Interne Darstellung: Meist 8 Byte lange Gleitkommazahlen.

Die folgenden Beispiele haben nach der IEEE-Norm ein Vorzeichen-Bit, einen 11 Bit langen Exponenten und eine 52 Bit lange Mantisse:

```
3.141592:
0 10000000000 1001001000011111110101111110010001011000000000001111010
-2.7e23:
1 10001001100 1100100101100101110101011010101000110101100001100110
```

float

Das sind meist 4 Byte lange Gleitkommazahlen, die sich syntaxmäßig von den double-Konstanten durch ein abschließendes F oder f unterscheiden.

1.305f, -5.39e-12F

long double

Sie unterscheiden sich syntaxmäßig von den double-Konstanten durch ein abschließendes L oder l und bestehen meist aus 10 Byte langen Gleitkommazahlen.

1.305L, -5.39e-1200l

2.3 Die Variablen der Sprache C und ihre Datentypen

Die Sprache C verfügt über Variablen folgender Datentypen:

2.3.1 Integrale Datentypen (Festkommazahlen)

Für die Länge der Datentypen int, short und long legt der ANSI-Standard lediglich fest:

sizeof(short) = sizeof(int) < sizeof(long)

oder:

sizeof(short) < sizeof(int) = sizeof(long)

Darin ist sizeof ein C-Operator, der die Speicherlänge (in Bytes) ermittelt (s. Kapitel 3). So gilt z.B. bei C-Compilern folgender Betriebssysteme:

Betriebssystem	sizeof(short)	sizeof(int)	sizeof(int)
16-Bit (MS/DOS)	2	2	4
32-Bit (UNIX)	2	4	4

Tabelle 2.1: Die Speicherlängen ganzzahliger Datentypen

int

Vorzeichenbehaftete Ganzzahlen

```
int wert, summe = 0;
```

Die interne Darstellung ist die gleiche wie bei `int`-Konstanten. Im höchstwertigen Bit wird das Vorzeichen gespeichert.

unsigned [int]:

```
unsigned int attrib;
```

Die Variable `attrib` kann nur nicht-negative Ganzzahlen speichern.

Interne Darstellung: wie int-Variablen, aber ohne Vorzeichen-Bit.

short [int]

Vorzeichenbehaftete Ganzzahlen (meist 2 Byte)

unsigned short [int]

Vorzeichenlose short-Zahlen

long [int]

Vorzeichenbehaftete Ganzzahlen (meist 4 Byte)

unsigned long [int]

Vorzeichenlose long-Zahlen

char

1 Byte lange vorzeichenbehaftete Ganzzahlen. Sie werden hauptsächlich zum Speichern von Einzelzeichen benutzt, können aber auch zum Speichern kleiner numerischer Werte dienen.

```
char c = 'A';
```

oder auch:

```
char c = 65;
```

unsigned char

Vorzeichenlose char-Variablen.

Warnung

Sowohl `char` als auch `unsigned char` sind grundsätzlich numerische Datentypen, mit denen man auch rechnen kann! Es gibt in C keine nicht-numerischen Datentypen!

```
char c = 'A';
```

```
putchar (c);        Ausgabe -----> A
c++;
putchar (c);        Ausgabe -----> B
```

(Anmerkung: `putchar (c)` gibt den Inhalt der Variablen c als Zeichen aus. (s.u.))

2.3.2 Gleitkomma-Datentypen

float

Meist 4 Byte lange Gleitkommazahl.

Interne Darstellung: 1 Vorzeichen-Bit + 8-Bit-Exponent + 23-Bit-Mantisse.

double

Doppelt genaue, meist 8 Byte lange Gleitkommazahl.

Interne Darstellung: wie bei double-Konstanten.

long double

Meist 10 Byte lange Gleitkommazahl mit einem 16 Bit langen Exponenten und mit 63 Bit für die Mantisse.

Zum Abschluss dieses Abschnitts werden die charakteristischen Abmessungen der verschiedenen Datentypen in Tabelle 2.2 zusammengefasst.

Datentyp	Speicherlänge	Wertebereich
char	1 Byte	-128 - +127
unsigned char		0 - 255
short [int]	2 Byte	-32768 - +32767
unsigned short [int]		0 - 65535
int	2 oder 4 Byte	wie bei short
unsigned int		bzw. long
long [int]	4 Byte	-2147483648 - +2147483647
unsigned long [int]		0 - +4294967295
float	4 Byte 8 Bit Exponent 23 Bit Mantisse	$3.4 * 10^{-38} - 3.4 * 10^{38}$

Datentyp	Speicherlänge	Wertebereich
double	8 Byte 11 Bit Exponent 52 Bit Mantisse	$1.7 * 10^{-308} - 1.7 * 10^{308}$
long double	10 Byte 16 Bit Exponent 63 Bit Mantisse	$3.4 * 10^{-4932} - 1.1 * 10^{4932}$

Tabelle 2.2: Speicherlängen und Wertebereiche der C-Datentypen

2.4 Ein-/Ausgabe-Routinen in C

Um die Inhalte von Variablen der verschiedenen Datentypen auf die Standardausgabe (d.i. normalerweise der Bildschirm) auszugeben, kann man sich der C-Standardfunktion `printf()` bedienen.

`printf()` ist eine außergewöhnliche Funktion, man kann ihr eine beliebige Anzahl an Argumenten übergeben (s. Webseite, www.Nitty-Gritty.de). Das erste Argument muss immer eine Zeichenkette sein, die dann von `printf()` ausgegeben wird.

Enthält diese Formatzeichenkette aber Formatbeschreiber, so werden diese vor der Ausgabe ersetzt durch eine druckaufbereitete Form des jeweils nächsten Arguments. Die Druckaufbereitung besteht in einer Konvertierung des Arguments aus seiner internen Darstellung in eine darstellbare Zeichendarstellung. (s. Abbildung 2.4)

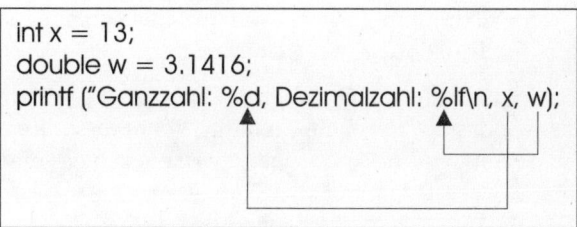

Bild 2.4: printf(): Zuordnung der Argumente zu den Formatbeschreibern

Ausgabe: Ganzzahl: 13, Dezimalzahl: 3.141600

printf() beginnt zunächst sein erstes Argument, die Stringkonstante, Zeichen für Zeichen auszugeben. Bei Erreichen des Formatbeschreibers %d passiert Folgendes:

1. printf() greift auf das nächste Argument, die Variable x zu,

2. interpretiert deren Inhalt als int-Zahl (wegen %d),

3. konvertiert den Festkommazahlen-Inhalt von x in die dezimale Ziffernfolge 13 und

4. gibt diese Ziffernfolge anstelle von %d aus.

Danach wird der folgende Text ", Dezimalzahl: " ausgegeben. Bei Erreichen des Formatbeschreibers %lf (lf steht für "long float" und bedeutet: "double"!) sucht printf() das nächste Zusatzargument, in diesem Fall die Variable w. Es wiederholen sich die Schritte 1. bis 4., nur dass jetzt der 8 Byte lange Gleitkommazahlen-Inhalt von w in eine Ziffernfolge (mit standardmäßig sechs Nachkommastellen) umgewandelt wird.

Machen Sie sich klar, dass printf() beliebige computerinterne Datenformate immer in Zeichenketten verwandelt. Der Inhalt der Variablen x ist im Hauptspeicher in der Form 000D gespeichert (bei 2 Byte langen int-Zahlen), während der Anwender zu sehen bekommt: 13. Alles was, durch printf() oder andere Funktionen, auf dem Bildschirm erscheint, ist Zeichenkette!

Wichtig bei der Benutzung von printf() ist, dass jeder Formatbeschreiber die datentypmäßige Interpretation der Zusatzargumente bestimmt. Man kann sich im Anhang 20.2 über die verschiedenen Formatbeschreiber der Funktion printf() informieren.

Für den umgekehrten Vorgang, die Eingabe von Daten über die Standardeingabe (das ist normalerweise die Tastatur), kennt die C-Standardbibliothek die Funktion scanf(), in gewissem Sinne eine Zwillingsschwester von printf().

Alles, was ein Anwender über die Tastatur eintippt, ist Zeichenkette!

Soll ein Zahlenwert in die int-Variable x eingelesen werden, muss eine eingegebene Zeichenkette wie z.B. "124" in die interne Festkomma-Darstellung von x, nämlich 007C, konvertiert werden.

Die Syntax von `scanf()` ist ähnlich der von `printf()`, mit dem wesentlichen Unterschied, dass die Variablen, in die Daten eingelesen werden sollen, mit dem Operator & versehen werden müssen! Die Bedeutung dieses Adressoperators wird erst in Kapitel 6 erklärt, vorläufig muss man einfach zur Kenntnis nehmen, dass bei Verwendung von `scanf()` jede Variable, in die eingelesen werden soll, mit & versehen werden muss.

```
int x;
double z;
printf ("Eingabe einer Ganzzahl"
        "und einer Dezimalzahl: ");
scanf ("%d%lf", &x, &z);
printf ("Eingegeben wurde: %d und %lf\n", x, z);
```

Ein Programmlauf könnte so aussehen:

```
Eingabe einer Ganzzahl und einer Dezimalzahl: 124 3.5
Eingegeben wurde: 124 und 3.500000
```

oder auch:

```
Eingabe einer Ganzzahl und einer Dezimalzahl: 124
3.5
Eingegeben wurde: 124 und 3.500000
```

Der Anwender muss die Angaben für die zwei Zahlen bei der Eingabe auf jeden Fall trennen, sei es durch ein Blank, ein Tab-Zeichen oder durch ein Newline!

Die Funktion `scanf()` hat ihre Eigentümlichkeiten, so wird nicht immer ein eine Eingabe abschließendes Newline aus dem Tastaturpuffer entfernt, was zu Störungen nachfolgender Eingabeoperationen führen kann. Aus diesem Grunde schreiben wir uns im Kapitel 5 eigene Funktionen zur Eingabe!

(Manche C-Programmierer helfen sich dadurch, dass sie jedem `scanf()`-Aufruf die Anweisung: `fflush (stdin);` voranstellen; dieser Funktionsaufruf entfernt alle ggf. noch vorhandenen Zeichen aus dem Tastaturpuffer.)

2.5 Ein-/Ausgabe von Einzelzeichen

Dafür stehen standardmäßig `getchar()` und `putchar()` zur Verfügung, die meist als Präprozessor-Makros implementiert sind. (Bei vielen UNIX-C-Compilern existieren sie zusätzlich als Funktionen der Standardbibliothek).

Ein Aufruf von `getchar()` liefert ein eingegebenes Zeichen als Returnwert. Bei Ende der Eingabe (⌷Strg⌷+⌷Z⌷ oder ⌷F6⌷ bei MS/DOS, ⌷Strg⌷ +⌷D⌷ bei UNIX) gibt `getchar()` EOF zurück, das mit der Präprozessoranweisung # define bei den meisten C-Compilern als `int`-Konstante -1 definiert ist.

Um mit diesem speziellen `int`-Wert kompatibel zu sein, liefert `getchar()` alle Zeichen als `int`-Wert und nicht als `char`-Wert, wie man eigentlich erwarten würde!

Auch `putchar()` erwartet dementsprechend das auszugebende Zeichen als int-Wert!

Ein Beispiel:

```
int c;
char ch;
c = getchar ();          <----- Eingabe von A
if (c == EOF)
{
   printf ("Ende der Eingabe\n");
}
else
{
   ch = c;
   ch++;
   c = ch;
   putchar (c);          Ausgabe -----> B
}
```

Der `getchar()`-Aufruf liefert das eingegebene Zeichen (in diesem Fall: A) als Returnwert, der der `int`-Variablen c zugewiesen wird. Die Abfrage, ob danach in c der Wert EOF (also -1) steht, ist in diesem Fall nicht wahr, also werden die Anweisungen des else-Zweigs ausgeführt. Die Zuweisung von c an die `char`-Variable ch verkürzt den Zahlenwert um das höherwertige Byte, das aber nur aus 00 besteht. Der Zeichencode des Zeichens A (nämlich 41) passt in die 1 Byte lange char-Variable, so dass nichts an Information verloren ging. Nach der Erhöhung von ch um 1 ist dort der Wert 42 gespeichert. An die int-Variable c zugewiesen wird das zu 0042, und `putchar()` interpretiert diesen Wert wieder als Zeichencode und gibt das entsprechende Zeichen (nämlich B) aus.

Diese Operationen sollten zeigen, dass man zur Ein- und Ausgabe von Zeichen eigentlich mit dem Datentyp `char` auskommt. Allein der spezielle Returnwert `EOF` (die `int`-Zahl -1) von `getchar()` erzwingt, dass auch alle anderen Zeichen als int-Wert von `getchar()` geliefert werden. Die Preisfrage, warum man denn unbedingt einen int-Wert als Eingabeendekennzeichen gewählt hat, wird in Kapitel 8 erläutert.

2.6 Training

1. Erstellen Sie in der Programmdatei: `datatype.c` eine `main()`-Funktion, die die Länge aller Datentypen anzeigt! Eine Ausgabezeile könnte z.B. so aussehen:

```
Länge von short: 2 Bytes
```

Anleitung: Verwenden Sie den Operator: `sizeof()`!

```
sizeof(datentyp) oder: sizeof(variable)
```

`sizeof` liefert die Länge übrigens als `unsigned int`! Wählen Sie den Formatbeschreiber %u bei der Ausgabe mit `printf()`!

2. Nach der speziellen Relativitätsteorie hat ein Körper keine feste Masse, sondern die Masse wächst bei zunehmender Relativgeschwindigkeit gegenüber einem Beobachter. Diese Erscheinung wird erst deutlich spürbar, wenn sich die Relativgeschwindigkeit der Lichtgeschwindigkeit nähert.

Berechnen Sie für eine "Ruhemasse" m0 von 1 kg deren "bewegte Masse" m bei Geschwindigkeiten nahe der Lichtgeschwindigkeit und zeigen Sie jeweils Geschwindigkeit und bewegte Masse an!

Die Lichtgeschwindigkeit ist: $c = 3e8 \ [m/s]$.

Als Folge von Geschwindigkeiten nehmen Sie: 0.90 * c, 0.91 * c, 0.92 * c, ... 0.99 * c

Die bewegte Masse m berechnet sich aus der Ruhemasse mo nach der Formel:

```
m = m0 / sqrt (1 - (v / c) * (v / c))
```

Darin ist v die aktuelle Geschwindigkeit.

Die Standardfunktion: sqrt() berechnet die Quadratwurzel. Um sie zu verwenden, muss die Headerdatei: math.h eingebunden werden.

(Programmdatei: bewmass.c)

Eine ganze Klasse von Problemen der EDV lässt sich durch zeichenweises Lesen und Verarbeiten lösen. Die Sprache C bietet mit getchar() und putchar() die Instrumente dafür. (Was nicht jede Programmiersprache von sich behaupten kann!) Die folgenden Aufgaben gehören zu dieser Klasse von Problemen:

3. Erstellen Sie in der Programmdatei: crypt.c die main-Funktion für ein Programm, das beliebig viele Zeichen von der Standardeingabe einliest und jedes gelesene Zeichen folgendermaßen behandelt:

1. Ist das gelesene Zeichen (c) ein druckbares Zeichen, d.h. gilt die Bedingung: $32 < c < 127$, ist der Ausdruck: $159 - c$ als Zeichen auf der Standardausgabe anzuzeigen.

2. Im anderen Fall ist das Zeichen so, wie es gelesen wurde, wieder auszugeben.

Auf diese Weise werden alle eingegebenen druckbaren Zeichen verschlüsselt.

Testen Sie das Programm durch Eingabe von der Tastatur! Geben Sie auch eine bereits verschlüsselt angezeigte Zeile wieder ein. Was passiert?

Sie können auch auf Betriebssystemebene dafür sorgen, dass die Standardeingabe mit einer Textdatei verbunden wird, ihr Programm also nicht von der Tastatur liest, sondern eine Datei verarbeitet.

Aufruf für eine Textdatei mit Namen brief (sowohl MS/DOS als auch UNIX):

```
crypt <brief >brief.cry
```

und danach:

```
type brief.cry    (MS/DOS)
```

oder:

```
cat brief.cry    (UNIX)
```

Was sehen Sie, wenn Sie danach: `crypt <brief.cry` aufrufen?

Übrigens, `crypt` ist – wie auch die nachfolgenden Programme – auch als Filterkommando verwendbar:

```
dir |crypt >dir.doc  (MS/DOS)
```

oder:

```
ls |crypt >ls.doc  (UNIX)
```

(Tipp: Verschlüsseln Sie als Erstes alle Ihre als Text-Dateien gespeicherten Liebesbriefe!)

4. Erstellen Sie ein Programm (Programmdatei: `upper.c`), das beliebig viele Zeichen von der Standardeingabe einliest und danach wieder auf der Standardausgabe anzeigt. Dabei sollen aber alle Kleinbuchstaben als entsprechende Großbuchstaben ausgegeben werden!

Anleitung: Bei allen Codetabellen besteht ein fester Abstand zwischen Klein- und Großbuchstaben. Beim ASCII-Code beträgt er 32.

Um codeunabhängig zu sein, kann man den C-Ausdruck aus folgendem Beispiel verwenden:

```
int c = 'm';
c -= 'a' - 'A';
putchar (c);  -----> M
```

5. Erstellen Sie das Programm für die umgekehrte Fragestellung wie in 4. (Programmdatei: `lower.c`)

6. Erstellen Sie ein Programm, das beliebig viele Zeichen von der Standardeingabe liest und für jedes gelesene Zeichen den hexadezimalen Zeichencode ausgibt.

In jeder Zeile sollen aber nur max. 16 Zeichencodes angezeigt werden!

Verwenden Sie für die Ausgabe `printf()` mit dem Formatbeschreiber: `%2.2X`! (Programmdatei: `hexdump.c`)

Testen Sie: `type brief |hexdump |more`

Hinweis

Wenn jetzt ein MS/DOS-Programmierer meint, er könne sich mit diesem Programm einen Hexdump einer Binärdatei anzeigen lassen, so irrt er. Sobald getchar() das Zeichen mit dem ASCII-Code 26 liest (wovon es in einer Binärdatei möglicherweise viele gibt), erkennt es ein Eingabeende und beendet sich, obwohl die Datei noch gar nicht bis zum Ende gelesen wurde. Die Lösung dieses Problems erfolgt im Kapitel 14.

Gestandene UNIX-Anwender kennen Probleme dieser Art gar nicht. Sie würden aber auch bei einer entsprechenden Aufgabenstellung eher auf bewährte Kommandos wie od -x zurückgreifen.

7. Erstellen Sie in der Programmdatei cat.c eine main()-Funktion, die beliebig viele Zeichen von der Standardeingabe (Tastatur) mit getchar() einliest und sofort wieder mit putchar() anzeigt! Das Programm soll durch Eingabe von <Strg>z bzw. <Strg>d beendet werden können.

Glauben Sie nicht, dass dieses Programm nicht nützlich sei! Immerhin könnten Sie mit dem Aufruf

```
cat <ifile >ofile
```

die Datei ifile in die Datei ofile kopieren, oder DOS-Anwender könnten mit

```
cat >prn
```

ihre Schreibmaschine starten.

Der Name wurde nach dem gleichnamigen UNIX-Kommando gewählt, daß aber noch viel mehr Fähigkeiten hat als unser cat-Programm. Wir werden das cat-Kommando im weiteren Verlauf weiterentwickeln, so dass es sehr nahe an die Mächtigkeit des UNIX-Kommandos herankommt (auch unter MS/DOS!).

8. Testen Sie folgendes Programm und vollziehen Sie die Wirkung der verschiedenen Formatbeschreiber nach (s. 16.1)!

```
# include <stdio.h>

int main (void)
{
```

```
    int l = 1234;
    printf (":%d:\n", l);
    printf (":%5d:\n", l);
    printf (":%.3d:\n", l);
    printf (":%5.3d:\n", l);
    printf (":%-d:\n", l);
    printf (":%-5d:\n", l);
    printf (":%-.3d:\n", l);
    printf (":%-5.3d:\n", l);
    printf ("#%s#\n", "1234567890");
    printf ("#%5s#\n", "1234567890");
    printf ("#%5.5s#\n", "1234567890");
    printf ("#%-5.5s#\n", "1234567890");
    printf ("#%.5s#\n", "1234567890");
    printf ("#%15.15s#\n", "1234567890");
    printf ("#%-15.15s#\n", "1234567890");
    printf ("#%.15s#\n", "1234567890");
    return 0;
}
```

9. Erstellen Sie ein Programm, das berechnet und ausgibt, wie viele verschiedene Lotto-Reihen ausgefüllt werden müssen, damit man bei einer Ziehung garantiert 6 Richtige hat! Die Formel für diese Anzahl lautet:

49! / (43! * 6!)

Nach Herauskürzen aller Zahlen des Nenners bleibt übrig:

11 * 3 * 23 * 47 * 8 * 49

Die Hauptaufgabe besteht darin, den Datentyp für diese Zahlen richtig zu wählen, denn das obige Produkt stellt eine sehr große Zahl dar. Die Zahl soll aber auch hundertprozentig genau ausgegeben werden!

3 Operatoren und Ausdrücke

3.1 Die reservierten Wörter in C

Die Sprache C kennt nur wenige Anweisungen, nach ANSI genau 32:

```
auto      double   int        struct
break     else     long       switch
case      enum     register   typedef
char      extern   return     union
const     float    short      unsigned
continue  for      signed     void
default   goto     sizeof     volatile
do        if       static     while
```

`sizeof` ist in Wirklichkeit keine Anweisung, sondern ein Operator. Er ist in diese Übersicht nur aufgenommen worden, weil er mit den Anweisungen zu den reservierten Wörtern der Sprache C gehört.

Eine große Zahl obiger Anweisungen dient nur der Definition von Variablen bzw. Datentypen:

```
auto   double   int        struct
                long
       enum     register   typedef
char   extern              union
const  float    short      unsigned
                signed      void
                            volatile
                static
```

Als Anweisungen im herkömmlichen Sinne bleiben dann nur übrig:

```
break    else        switch
case
         return
         for
default  goto
do       if          while
```

Die Anzahl der Anweisungen wird noch geringer, wenn man bedenkt, dass Wörter wie `switch`, `case`, `default` nur Bestandteile einer einzigen Anweisung sind!

Die Anweisungen werden in Kapitel 4 behandelt.

Es könnte der Verdacht aufkommen, dass man mit einer solchen Sprache nicht viel programmieren kann. Weit gefehlt!

Über so wenige Anweisungen die Sprache C auch verfügt, um so mehr Operatoren weist sie dafür auf.

3.2 Die Operatoren

Tabelle 3.1 enthält alle C-Operatoren.

Priorität	Operator	Typ	Zusammenfassung
1	() [] . ->	primär	von links her
2	+ - ~ ! * & ++ -- sizeof (typ)	unär	von rechts her
3	* / %	binär	von links her
4	+ -	"	"
5	<< >>	"	"
6	< > <= >=	"	"
7	== !=	"	"
8	&	"	"
9	^	"	"
10	|	"	"
11	&&	"	"
12	||	"	"
13	? :	ternär	von rechts her
14	= *= /= %= += -= <<= >>= &= ^= |=	binär	von rechts her
15	,	binär	von links her

Tabelle 3.1: Die Operatoren der Sprache C

Die **Prioritätsstufe** gibt an, in welcher Reihenfolge Operatoren ausgewertet werden, wenn mehrere Operatoren in einem Ausdruck enthalten sind.

4 + 2 * 3 ist gleichbedeutend mit:

`4 + (2 * 3)` und wird bewertet mit:

`10`

Der Operator `*` (Stufe 3) hat Vorrang vor `+` (Stufe 4).

Der **Operatortyp**:

primär: Diese Operatoren haben absoluten Vorrang vor allen anderen;

unär: Diese Operatoren verfügen über nur einen Operanden;

binär: Diese Operatoren verfügen über zwei Operanden;

ternär: Dieser Operator verfügt über drei Operanden.

Einige Operatorzeichen haben doppelte Bedeutung, kommen also in der Tabelle 3.1 an zwei verschiedenen Stellen vor.

`a - -b`

Dieser Ausdruck wird bewertet mit:

`a - (-b)`

Der unäre Operator: `-` in `(-b)` hat nur einen Operanden, nämlich: `b` (Vorzeichen-Minus, Stufe 2). Der binäre Operator: `-` in `a - (...)` hat zwei Operanden, nämlich `a` und `(...)` (Subtraktions-Minus, Stufe 4)

Zusammenfassung: Gibt an, in welcher Reihenfolge Operatoren gleicher Prioritätsstufe innerhalb eines Ausdrucks ausgewertet werden.

In `7 * 3 % 5` stehen die Operatoren `*` und `%` beide auf Stufe 3, sie werden von links her zusammengefasst, also: `(7 * 3) % 5`. Ebenso in `7 % 3 * 5`, nämlich: `(7 % 3) * 5`.

In `++*p` stehen die Operatoren `++` und `*` beide auf Stufe 2, sie werden von rechts her zusammengefasst, also: `++(*p)`. Ebenso in `*++p`, nämlich: `*(++p)`.

Ausdrücke werden in C aus Operatoren und ihren Operanden gebildet.

Alle Ausdrücke (mit Ausnahme von typenlosen Funktionsaufrufen) werden "bewertet", d.h. nach ihrer Auswertung mit einem Wert versehen. Der Ausdruck: `2 + 3` wird z.B. mit `5` bewertet.

Komplizierte Ausdrücke werden nach den Prioritäts- und Zusammen-
fassungsregeln der Operatoren bewertet. Die Reihenfolge der Einzel-
bewertungen kann unter Verwendung des Klammerungsoperators:
() geändert werden.

So wird 2 * 3 + 5 mit (2 * 3) + 5, also mit 11 bewertet, während 2
* (3 + 5) den Wert: 16 liefert.

Folgendes Beispiel zeigt, wie weit die Bewertung in C geht:

```
int a = 3;
a = 3 + 4;
1. Bewertungsschritt:    (a) = (3) + (4);
   (Bewertet mit:)        3     3     4
2. Bewertungsschritt:    (a) = ((3) + (4));
   (Bewertet mit:)                  7
3. Bewertungsschritt:    (a) = ((3) + (4));
   (Zuweisung:)           7
4. Bewertungsschritt:    ((a) = ((3) + (4)));
   (Bewertet mit:)                 7
```

Der 4. Bewertungsschritt bedeutet, dass der gesamte Zuweisungsausdruck noch einmal mit dem zugewiesenen Wert 7 bewertet wird,
auch wenn dieser letzte Bewertungswert nicht mehr weiter verwendet wird (was er aber durchaus könnte, z.B. in: x = a = 3 + 4; oder
in: printf ("%d\n", a = 3 + 4);!)

Nachfolgend werden die Operatoren (mit Ausnahme von: ., ->,
*(unär), &(unär), die später eingeführt werden) systematisch behan-
delt.

3.2.1 Arithmetische Operatoren

* Multiplikation, / Division, % Modulo-Operation (Stufe 3)

+ Addition, - Subtraktion   (**Stufe** 4)

Die Operanden dieser Operatoren können von beliebigem Datentyp
sein, mit folgenden Ausnahmen:

1. Der Modulo-Operator % darf nur auf integrale (ganzzahlige) Operanden angewendet werden.

2. Für die später zu behandelnden Pointer (Zeiger-Variablen) sind
   nur die Operatoren + und - (mit gewissen Einschränkungen) definiert.

Der Modulo-Operator % bedarf vielleicht einer Erläuterung. Unter einem Modulo-Wert versteht man den Rest, der bei einer ganzzahligen (!) Division übrigbleibt.

Am besten erinnert man sich an seine Grundschulzeit:

`13 / 5 = 2 Rest 3`

Der Rest-Wert: 3 ist der Modulo-Wert. Der C-Ausdruck: `13 % 5` wird also mit 3 bewertet!

Oftmals ist gerade ein Modulo-Wert 0 von Interesse, z.B. in:

```
int jahr = 1997;
if (jahr % 4 == 0)
   printf ("%d: Schaltjahr\n", jahr);
else
   printf ("%d: Kein Schaltjahr\n", jahr);
```

Die übrigen vier arithmetischen Operatoren entsprechen den gleichnamigen mathematischen Operationen. Hier ist erwähnenswert, dass die Prioritätsstufen mit den mathematischen Regeln übereinstimmen (Punktrechnung geht vor Strichrechnung).

Ein Problem taucht dann auf, wenn zwei Operanden von verschiedenem Datentyp sind. Z.B. in: `3.5 * 2` ist der erste Operand vom Typ double und der zweite vom Typ int.

In diesem Fall wird der int-Operand **2** in double: **2.0** umgewandelt, die Operation ausgeführt und das Ergebnis mit dem double-Wert: **7.0** bewertet.

Allgemein sieht der ANSI-Standard folgende Umwandlungsregeln vor, wenn Operanden verschiedenen Datentyps verknüpft werden sollen:

1. Bei unterschiedlicher Größe wird der kleinere Typ in den größeren umgewandelt.

2. Ein unsigned-Datentyp wird dabei als größer als der entsprechende signed-Datentyp betrachtet.

3. Alle char- und short-Operanden werden immer in int umgewandelt.

Manche Compiler-Hersteller haben ihre eigenen impliziten Umwandlungsregeln.

Übungen zu arithmetischen Operatoren:

```
3 * 7 % 4 + 3.5    (Lösung: 4.5)
3 + 2 * 4 + 2      (Lösung: 13)
3 + 2 * (4 + 2)    (Lösung: 15)
```

3.2.2 Relationale Operatoren

```
< (kleiner)    > (größer)           (Stufe 6)
<= (kleiner oder gleich)   >= (größer oder gleich)
== (gleich)!= (ungleich)            (Stufe 7)
```

Beim Vergleich zweier Operanden mit einem dieser Operatoren dürfen verschiedene Datentypen aufeinander treffen. Es gelten die gleichen impliziten Typumwandlungsregeln wie bei den arithmetischen Operatoren.

Der Bewertungswert eines solchen Ausdrucks ist immer einer der beiden int-Werte:

1 (logisch wahr)

0 (logisch unwahr)

```
3 <= 4      (Bewertung mit: 1 (logisch wahr))
3 >= 4      (Bewertung mit: 0 (logisch unwahr))
int x;
x = 7 % 5 > 3;
printf ("%d\n", x);      Ausgabe: 0
```

Vergleichsausdrücke werden in der Regel in Verzweigungen oder in Schleifen verwendet.

```
if (7 % 5 > 3) (Bewertung: 0, logisch unwahr)
   printf ("O.K.\n");
else
   printf ("Not O.K.\n"); Ausgabe: Not O.K.
```

Ein häufig gemachter Programmierfehler steckt in folgendem Programmauszug:

```
int x = 7;
if (x = 3)
    x = 1;
else
    x = 17;
printf ("%d\n", x);      Ausgabe: 1!!!
```

Der Programmierer meinte

```
int x = 7;
if (x == 3)
    x = 1;
else
    x = 17;
printf ("%d\n", x);      Ausgabe: 17!!!
```

Erkennen Sie den Unterschied? (Die genauere Erklärung der Wirkung von if (x = 3) wird in Kapitel 4 gegeben.)

3.2.3 Zuweisungs-Operatoren

++ (Inkrement) -- (Dekrement)   (Stufe 2)

= (Zuweisung)   (Stufe 14)

+= -= *= /= %=   (Zuweisungskombinationen)

<<= >>= &= ^= |=

Alle Operatoren dieser Gruppe haben die Besonderheit, dass sie von rechts her zusammengefasst werden!

In der einfachen Zuweisung: x = 7; geschieht zweierlei:

1. Die Konstante 7 wird der Variablen x zugewiesen, besser dargestellt durch: x <--- 7 (Das Gleichheitszeichen als Zuweisungsoperator hat also eine einseitige Richtung und ist nicht mit dem mathematischen Gleichheitszeichen zu verwechseln!)

2. Der gesamte Ausdruck: x = 7 wird bewertet mit dem zugewiesenen Wert, also 7.

Die unter 2. genannte Eigenschaft ermöglicht Mehrfachzuweisungen, z.B.:

```
int x, y;
y = x = 5;
```

1. Bewertungsschritt: x <--- 5

2. Bewertungsschritt: (x = 5) wird mit 5 bewertet

3. Bewertungsschritt: (y <--- (x = 5), also 5)

4. Bewertungsschritt: (y = 5) wird mit 5 bewertet

Allgemein gilt:

Links von = muss eine Variable stehen.

Rechts von = kann ein beliebiger Ausdruck stehen.

Die Variable links von = wird auch **L-Wert** genannt. Zur Zeit erscheint es so, als wäre L-Wert nur ein Synonym für Variable. Das Entscheidende ist aber, dass ein L-Wert einen Speicherbereich bezeichnet, dem ein Wert zugewiesen werden kann.

So ist unmittelbar einsichtig, dass 7 = y kein gültiger C-Ausdruck sein kann, da man der Konstanten 7 nicht den Inhalt der Variablen y zuweisen kann. Man sagt: 7 ist kein L-Wert! Auch a + 3 = 7; ist ungültig, da a + 3 kein L-Wert ist!

Später, wenn wir uns mit Pointern beschäftigen (Kapitel 6), werden wir Ausdrücke kennen lernen, die L-Werte sind. Erst dann bekommt der Begriff seine Bedeutung.

Im allgemeinen Ausdruck: variable = ausdruck können variable und ausdruck einen unterschiedlichen Datentyp haben. Im Gegensatz zu Ausdrücken mit arithmetischen Operatoren gilt hier folgende implizite Typumwandlungsregel:

Mit welchem Datentyp ausdruck auch immer bewertet werden mag, bei der Zuweisung an variable wird der zugewiesene Wert immer in den Datentyp von variable umgewandelt!

```
double x = 3.5;
int z;
z = 3 * x;
printf ("%d\n", z);       ---> 10
printf ("%lf\n", 3 * x);  ---> 10.5
x = z;
printf ("%lf\n", x);      ---> 10.0
```

Außer dem einfachen Zuweisungsoperator gibt es die Kombinationen aus einem arithmetischen mit dem Zuweisungsoperator. Als Beispiel nehmen wir den Operator +=:

```
int z = 3;
z += 5;              ist gleichbedeutend mit: z = z + 5;
printf ("%d\n", z); Ausgabe: 8
```

Die Variable z wird also um den zweiten Operanden (5) erhöht!

Eine entsprechende Bedeutung haben die anderen Operatoren:

```
z -= 5;    bedeutet: z = z - 5;
z *= 5;    bedeutet: z = z * 5;
z /= 5;    bedeutet: z = z / 5;
z %= 5;    bedeutet: z = z % 5;

z <<= 5;   bedeutet: z = z << 5;
z >>= 5;   bedeutet: z = z >> 5;
z &= 5;    bedeutet: z = z & 5;
z ^= 5;    bedeutet: z = z ^ 5;
z |= 5;    bedeutet: z = z | 5;
```

(Die letzte Gruppe von fünf Zuweisungsoperatoren enthält eine Kombination mit den Bitmanipulationsoperatoren, die später besprochen werden.)

Für alle kombinierten Zuweisungsoperatoren gelten die Regeln, die für die einfache Zuweisung genannt wurden:

(a) Mehrfachzuweisungen werden von rechts nach links abgearbeitet, z.B.:

```
int z = 3,
    y = 8;
z += y -= 2;
printf ("%d : %d\n", y, z); ---> 6 : 9
```

(b) Für jeden Zuweisungsoperator in einem komplexen Ausdruck gilt, dass links vom Zuweisungsoperator ein L-Wert, sprich eine Variable stehen muss! Ungültig ist demnach: z += 2 -= y;

(c) Jeder Zuweisungsausdruck ist 1. mit einer Zuweisungsoperation und 2. mit einer Bewertung des ganzen Zuweisungsausdrucks verbunden.

Der Inkrement- und Dekrementoperator

Die Unterscheidung zwischen der Operation, die ein Operator bewirkt, und dem Wert, mit dem der Ausdruck bewertet wird, wird von allergrößter Bedeutung bei dem jetzt zu besprechenden Inkrement- bzw. Dekrementoperator ++ bzw. - -!

Zunächst ist die Sache ganz einfach. In folgendem Programmauszug:

```
int x = 3;
x++;
printf ("%d\n", x);      Ausgabe: 4
++x;
printf ("%d\n", x);      Ausgabe: 5
```

bedeutet der Ausdruck: x++ dasselbe wie x += 1. Das gleiche gilt auch für den Ausdruck: ++x. Der Inkrementausdruck erhöht die Variable also immer um 1.

Man könnte fragen, warum es zwei Schreibweisen gibt: x++ (Postfix-Schreibweise) und ++x (Präfix-Schreibweise). In genau dieser Frage liegt der springende Punkt: Obwohl der Ausdruck in beiden Schreibweisen dieselbe Operation bewirkt (Erhöhung um 1), unterscheiden sich die Schreibweisen im Wert, mit dem der jeweilige Ausdruck bewertet (!) wird.

Folgendes Beispiel demonstriert diesen Sachverhalt:

```
int x = 3,
    z;
z = ++x;
printf ("%d - %d\n", x, z);      ---> 4 - 4
z = x++;
printf ("%d - %d\n", x, z);      ---> 5 - 4
```

Dieses Beispiel zeigt: Im Ausdruck: ++x

1. wird x um 1 erhöht, danach

2. der Ausdruck mit dem Inhalt von x bewertet

Im Ausdruck: x++

1. wird der Ausdruck mit x bewertet, danach

2. x um 1 erhöht

Mit anderen Worten: In der Postfix-Schreibweise wird der Ausdruck x++ mit dem alten Wert von x bewertet, bevor x um 1 erhöht wird!

Der gleiche Sachverhalt liegt beim Dekrement-Operator `--` vor, nur dass die Operation, die `--x` bzw. `x--` zugrunde liegt, in `x -=1` besteht. Der Bewertungswert wird wieder genauso unterschieden – je nach Postfix- oder Präfix-Schreibweise - wie beim Inkrement- Operator.

Inkrement- und Dekrement-Operatoren haben einen internen Vorteil gegenüber den Operatoren `+=1`, bzw `-=1`. Sie sind schneller, was sich in der Laufzeit eines Programms evtl. erheblich bemerkbar machen kann.

Eine Anwendung findet der Inkrement-Operator in folgendem Demonstrationsbeispiel:

```
int x = 1;
while (x <= 5)
   printf ("%d ", x++);
printf ("\n");
Ausgabe: 1 2 3 4 5
```

So beliebt diese zwei Operatoren bei C-Programmierern auch sein mögen, mit ihnen sind leider unschöne Erscheinungen verbunden, die man allgemein als **Seiteneffekte** bezeichnet.

Welcher Wert wird von folgendem Programmauszug ausgegeben?

```
int x = 3,
    z;
z = x++ + ++x;
printf ("%d\n", z);
```

Wer auf 7 tippt, kann genauso richtig oder falsch liegen wie jemand, der auf 8 tippt.

Das Problem ist: `x++` wird bewertet mit 3 und erhöht danach x auf 4. Was aber heißt: danach? Ist x bereits 4, wenn der Ausdruck `++x` bewertet wird, oder muss `++x` noch vom alten x-Wert 3 ausgehen?

Der jeweilige C-Compiler kann diese Frage ganz unterschiedlich beantworten. Der ANSI-Standard hat in dieser Frage keine Richtlinie festgelegt.

Die praktische Konsequenz, um diese Seiteneffekte zu vermeiden, liegt in folgender Programmierregel:

Nitty Gritty • Start up!

> **Hinweis** Kommt in einem komplexen Ausdruck ein Postfix-Operator für eine Variable vor, dann sollte diese Variable nicht ein zweites Mal in diesem Ausdruck vorkommen!

In obigem Beispiel ließen sich Seiteneffekte so vermeiden:

```
int x = 3,
    z;
z = x++;
z += ++x;
printf ("%d\n", z);
```

Man hat allerdings jetzt die Ausgabe 8.

Noch eine wichtige Bemerkung: Im Ausdruck ++x oder x++ muss x natürlich ein L-Wert sein, denn es liegt dem ja die Zuweisungsoperation x = x + 1 zugrunde. Aber der Ausdruck ++x bzw. x++ selber ist kein L-Wert.

Ungültig sind daher folgende Ausdrücke:

```
x++ = 5;
++x +=3;
++x++;
```

3.2.4 Logische Operatoren

Die logischen Operatoren && (Logisches UND, Stufe 11) und || (Logisches ODER, Stufe 12) sind binäre Operatoren, die ihre Operanden als wahr bewerten, wenn sie ungleich 0 und als unwahr, wenn sie gleich 0 sind.

Der logische Operator ! (Logische Verneinung, Stufe 2) ist unär. Auch er bewertet seinen Operanden nach dem gleichen Verfahren wie && und ||.

Der Ergebniswert einer logischen Verknüpfung mit einem dieser Operatoren ergibt sich aus der Wahrheitstabelle (Tabelle 3.2).

op1	op2	op1 && op2	op1 || op2	! op1
wahr	wahr	wahr	wahr	unwahr
wahr	unwahr	unwahr	wahr	unwahr
unwahr	wahr	unwahr	wahr	wahr
unwahr	unwahr	unwahr	unwahr	wahr

Tabelle 3.1: Wahrheitstabelle der logischen Operatoren

(op1 steht für Operand 1, entsprechend op2. Beide Operanden stehen für Ausdrücke, die bei Bewertung mit ungleich o nach obiger Regel als wahr und bei Bewertung mit gleich o als unwahr interpretiert werden.)

Der Ergebniswert ist immer 1, wenn wahr oder 0, wenn unwahr!

Obwohl diese Operatoren am häufigsten in Verzweigungen (if) oder Schleifen (while, for) angewendet werden, können sie doch in beliebigen Ausdrücken vorkommen.

```
int x = 19;
printf ("%d\n", x);      Ausgabe: 19
printf ("%d\n",! x);    Ausgabe: 0
printf ("%d\n",!! x);   Ausgabe: 1
                        (doppelte Verneinung!)
```

(Bei der letzten Anweisung ist zu berücksichtigen, dass ! ein Operator der Stufe 2 ist, also von rechts her zusammengefasst wird. Der Ausdruck: !!x wird also mit !(!x) bewertet!)

```
int x = 19;
int y;
y = x && x < 10;  wahr && unwahr: unwahr, also 0
printf ("%d\n", y);              Ausgabe: 0
if (y)
   printf ("O.K.\n");
else
   printf ("Not O.K.\n");        Ausgabe: Not O.K.
int j = 1997;
while ((j % 4 || j % 100 == 0) && j % 400)
   j++;
printf ("%d: Ein Schaltjahr!\n", j);
              Ausgabe: 2000: Ein Schaltjahr!
```

Warnung

Achtung! In komplexen logischen Ausdrücken werden die Teilausdrücke nur soweit bewertet, bis das logische Gesamtergebnis feststeht! Es kann also vorkommen, dass Teilausdrücke nicht bewertet werden.

```
int x = 4,
    y = 17,
    z;
z = x > 5 && (y = 8);
printf ("%d : %d : %d\n", x, y, z);
        Ausgabe: 4 : 17 : 0
```

Man beachte: Die Bedingung x > 5 ist unwahr (also 0). Da ein logisches UND (&&) folgt, steht das Gesamtergebnis, nämlich unwahr, schon fest. Die Bewertung des zweiten Teilausdrucks (y = 8) unterbleibt, d.h. die Zuweisung (y = 8) wird auch nicht ausgeführt und y behält seinen Wert 17!

```
int x = 4,
    y = 17,
    z;
z = x < 5 && (y = 8);
printf ("%d : %d : %d\n", x, y, z);
        Ausgabe: 4 : 8 : 1
```

Hier ist die Bedingung x < 5 wahr, der &&-Operator prüft also auch noch den zweiten Ausdruck (y = 8) durch Bewertung, er könnte ja noch unwahr und damit der gesamte Ausdruck unwahr sein.

```
int x = 4,
    y = 17,
    z;
z = x > 5 || (y = 8);
printf ("%d : %d : %d\n", x, y, z);
        Ausgabe: 4 : 8 : 1
```

Hier ist x > 5 unwahr, das Gesamtergebnis steht aber noch nicht fest, denn das logische ODER hängt jetzt noch vom zweiten Ausdruck ab. Die Bewertung der Zuweisung ergibt 8, also wahr, und der Gesamtausdruck ist wegen des Operators || wahr, also 1.

3.2.5 Bitmanipulationsoperatoren

Die Sprache C verfügt über Operatoren, die in Speicherbereichen integralen Datentyps einzelne Bits abfragen oder manipulieren können.

Entsprechend den logischen Operatoren gibt es das Bit-UND (&, Stufe 8) und das Bit-ODER (|, Stufe 10).

Darüber hinaus erlaubt das Bit-XOR (^, Stufe 9) eine exklusive ODER-Verknüpung einzelner Bits und das Bit-Komplement (~, Stufe 2) das Kippen aller Bits.

Weiterhin ermöglichen die Operatoren shift-right (>>) und shift-left (<<, beide Stufe 5), ganze Bitmuster um eine bestimmte Zahl an Bitpositionen nach rechts oder links zu verschieben.

Für alle diese Operatoren (bis auf das Bit-Komplement) gibt es auch die entsprechenden Kombinationen mit dem Zuweisungsoperator, also:

&=, ^=, |=, >>= und <<= (Stufe 14, Zusammenfassung von rechts her).

Um sich die Wirkung von Bit-Operatoren klarzumachen, muss man sich vorstellen, dass die Operanden eines entsprechenden Ausdrucks aus Spelcherbereichen von mehreren Bits bestehen, also z.B. long-Variablen bestehen aus 32 Bits, unsigned-char-Variablen aus 8 Bits.

Nach alter IBM-Konvention werden die einzelnen Bits von rechts, mit 0 beginnend, durchnumeriert, wie z.B. in Abbildung 3.1.

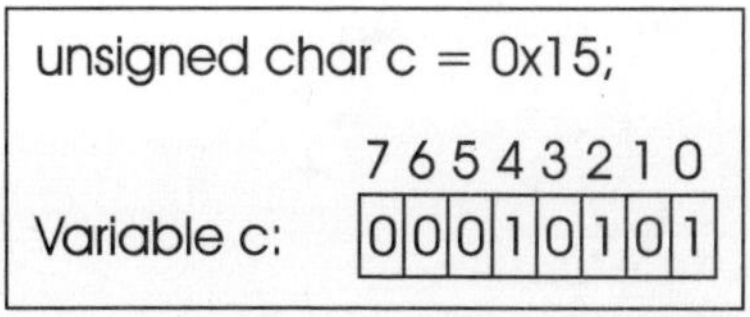

```
unsigned char c = 0x15;

                7 6 5 4 3 2 1 0
Variable c:    0 0 0 1 0 1 0 1
```

Bild 3.1: Bitnumerierung nach IBM-Konvention

Die Bit-Operatoren verknüpfen jetzt bei beiden Operanden alle Bits paarweise miteinander, bzw. beim unären Operator ~ wird jedes Bit einzeln manipuliert.

Die Wirkung der ersten vier Bit-Operatoren wird wieder an einer Wahrheitstabelle (Tabelle 3.3) demonstriert:

B1	B2	B1 & B2	B1	B2	B1 ^ B2	~ B1
1	1	1	1	0	0
1	0	0	1	1	0
0	1	0	1	1	1
0	0	0	0	0	1

Tabelle 3.2: Wahrheitstabelle der Bit-Operatoren

(B1 und B2 stehen für: Bit des 1. und des 2. Operanden.)

```
unsigned char x = 0x37,
              y = 0x2A,
              z;
z = x & y;
printf ("%X : %d\n", z, z);    Ausgabe: 22 : 34
```

Zur Demonstration werden in Abbildung 3.2 die beiden Bitmuster von x und y übereinander geschrieben und dann bitweise verknüpft:

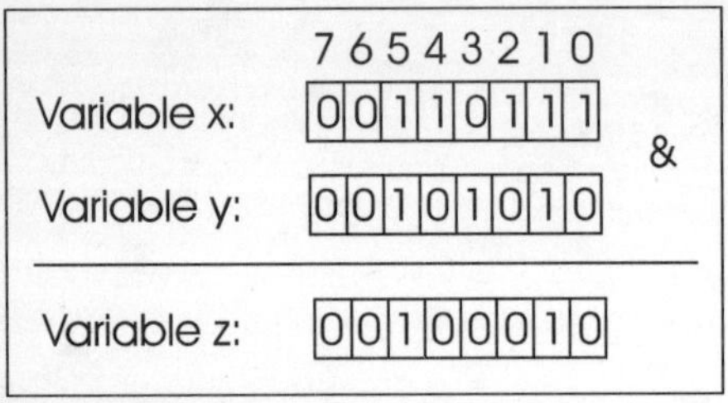

Bild 3.2: Bit-AND (&)

Es bleibt dem Leser überlassen, durch Aufzeichnen der Bit-Muster die nachfolgenden Beispiele zu verifizieren:

```
unsigned char x = 0x37,
              y = 0x2A,
              z;
z = x | y;
printf ("%X : %d\n", z, z);    Ausgabe: 3F : 63

z = x ^ y;
printf ("%X : %d\n", z, z);    Ausgabe: 1D : 29

z = ~x;
printf ("%X : %d\n", z, z);    Ausgabe: C8 : 200
```

Welche praktische Anwendung finden die Bit-Operatoren?

Mit einem Wort, sie werden überall dort gebraucht, wo Informationen in einzelnen Bits gespeichert sind. Das ist vor allem in der Systemprogrammierung der Fall, wofür sie jetzt auch einige Beispiele finden.

Die einfachste praktische Anwendung der Bit-Operatoren ist das **Testen, ob ein bestimmtes Bit gesetzt ist**. Dazu wird Bit-AND benutzt.

Unter dem Betriebssystem MS/DOS gibt es für jede Datei einen Directory-Eintrag. In diesem Eintrag findet man das sog. Attribut-Byte, das die Attribute der Datei bitweise verschlüsselt enthält. Wenn das 2. Bit (oder Bit Nr. 1 nach IBM-Konvention) gesetzt ist (d.h. auf 1 gesetzt ist), dann handelt es sich um eine versteckte Datei (Hidden File).

Im folgenden Beispiel geht es nicht darum, wie man an das Attribut-Byte einer Datei kommt, sondern nur um den Test, ob es sich um eine versteckte Datei handelt.

```
unsigned char attrib,
            mask = 0x2; /* In mask ist nur 1 (!) Bit gesetzt! */
attrib = ...... ;          /* Hier wird das Attribut-Byte besorgt */

if (attrib & mask)
   printf ("Versteckte Datei\n");
else
   printf ("Sichtbare Datei\n");
```

Ist das Bit für versteckte Datei gesetzt, ergibt attrib & mask den Wert 2, also einen Wert ungleich 0. Die if-Bedingung ist dann wahr und es wird ausgegeben: Versteckte Datei.

Im andern Fall ergibt attrib & mask den Wert 0, also unwahr, und es wird ausgegeben: Sichtbare Datei.

Die Bit-Darstellung in Abbildung 3.3 behandelt den Fall einer sichtbaren Datei:

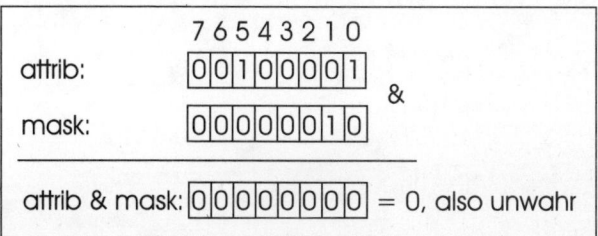

Bild 3.3: Test auf „versteckte Datei"

Hinweis: Durch Änderung des Werts für mask lassen sich so alle Attribute der Datei abfragen (Tabelle 3.4).

mask	Dateiattribut
0x1	Nur-Lese-Attribut (Read only)
0x2	Versteckte Datei (Hidden File)
0x4	Systemdatei
0x8	Directory-Eintrag für Label
0x10	Unterverzeichnis
0x20	Archivierungs-Bit

Tabelle 3.3: Bit-Masken für MS/DOS-Dateiattribute

Die nachfolgenden Anwendungen benutzen Bit-Operatoren in Kombination mit der Zuweisung:

Löschen von Bits: Operator &=

Im Attribut-Byte einer MS/DOS-Datei ist das Read-only- und das Archivierungs-Bit zu löschen (s. Abbildung 3.4).

```
unsigned char attrib = 0x27,
              mask = 0xDE;
/* Die zu löschenden Bits sind in dieser Maske
   auf 0 gesetzt! */
attrib &= mask;
```

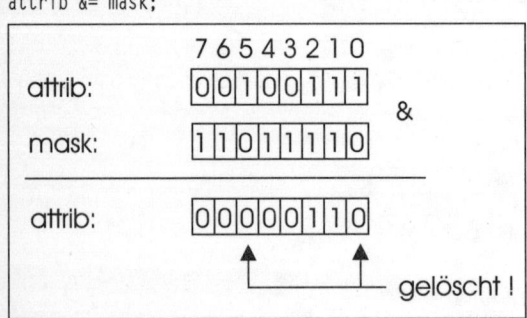

Bild 3.4: Löschen von Bits

Machen Sie sich klar, dass auch folgender Programmauszug zum Ziel geführt hätte:

```
unsigned char attrib = 0x27,
```

```
        mask = 0x21;   /* Die zu löschenden Bits sind in
                          dieser Maske auf 1 gesetzt! */
attrib &= ~mask;
```

Setzen von Bits: Operator |=

Das Read-Only- und das Hidden-Bit sind im Attribut-Byte zu setzen
(s. Abbildung 3.5).

```
unsigned char attrib = 0x20,
              mask = 0x3;
/* Die zu setzenden Bits sind in dieser Maske
   auf 1 gesetzt! */
attrib |= mask;
```

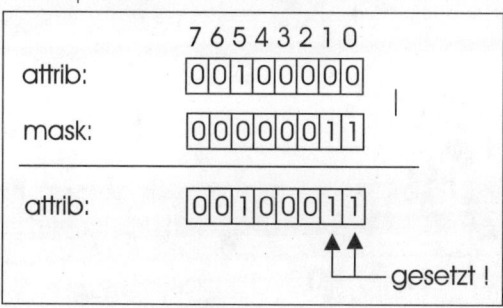

Bild 3.5: Setzen von Bits

Kippen von Bits: Operator ^=

Das Read-Only- und das Hidden-Bit sind im Attribut-Byte zu löschen
oder zu setzen, je nachdem ob sie vorher gesetzt waren oder nicht (s.
Abbildung 3.6).

```
unsigned char attrib = 0x22,
              mask = 0x3;
/* Die zu setzenden Bits sind in dieser Maske
   auf 1 gesetzt! */
attrib ^= mask;
```

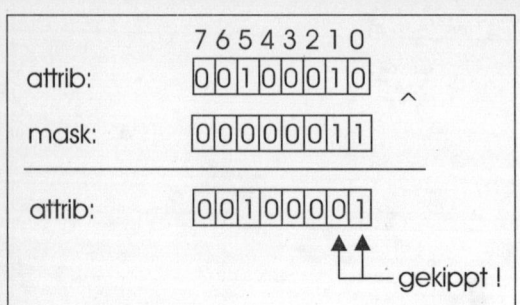

Bild 3.6: Kippen von Bits

Die Shift-Operatoren

Im Ausdruck: x >> n (Shift right) wird das Bitmuster der integralen Variablen um n Bitstellen nach rechts verschoben.

Wenn x ein vorzeichenloser (unsigned) Datentyp ist, werden von links n Bit-Nullen nachgeschoben (**Logisches Shift**), beim vorzeichenbehafteten Datentyp werden n Bits mit dem Inhalt des Vorzeichen-Bits (also 1 oder 0, je nachdem, was vorher im Vorzeichen-Bit drin stand) nachgeschoben (**Arithmetisches Shift**).

Hinweis Beim arithmetischen Shift right bleibt das Vorzeichen der Zahl erhalten. In beiden Fällen fallen die n am weitesten rechts stehenden Bits heraus.

Im Ausdruck: x << n (Shift left) wird das Bitmuster der integralen Variablen um n Bitstellen nach links verschoben.

Von rechts werden n Nullen nachgeschoben, die n am weitesten links stehenden Bits fallen heraus.

x wie auch n kann ein beliebiger intergraler Ausdruck (auch Variable) sein, dessen Wert aber nicht die Anzahl Bits übersteigen darf, aus denen x besteht! Ein Beispiel:

```
short x = 0xFFA7,
      y;
unsigned short ux = 0xFFA7;

y = ux >> 4;          /* Operation 1 */
```

```
printf ("%X\n", y);    Ausgabe: 0FFA

y = x >> 4;            /* Operation 2 */
printf ("%X\n", y);    Ausgabe: FFFA

x = 0x7FA7;
y = x << 8;            /* Operation 3 */
printf ("%X\n", y);    Ausgabe: A700
```

In Abbildung 3.7 findet man die Bitmuster-Darstellung für Operation 1:

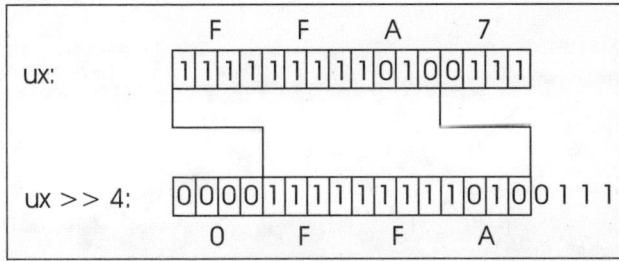

Bild 3.7: „shift right" (unsigned)

und in Abbildung 3.8 die für Operation 2:

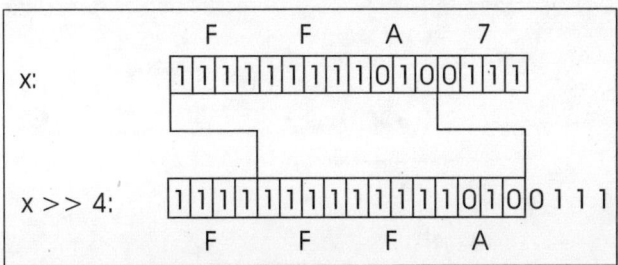

Bild 3.8: „shift right" (signed)

Achtung! Das Vorzeichen-Bit enthält - in diesem Zahlenbeispiel - eine 1, also wird von links viermal eine 1 nachgeschoben.

Die Abbildung 3.9 zeigt die Operation 3:

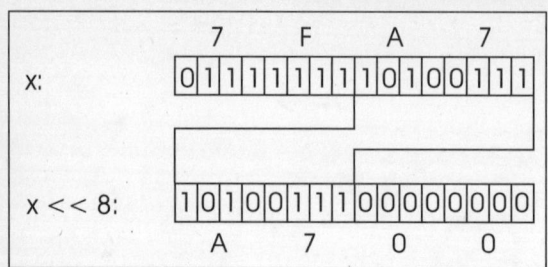

Bild 3.9: „shift left"

 Die Shift-Operationen haben folgende mathematische Bedeutung:

■ x >> n hat die gleiche Wirkung wie: x (ganzzahlig!) dividiert durch 2^n

■ x >> n hat die gleiche Wirkung wie: x multipliziert mit 2^n

3.2.6 Die restlichen Operatoren

Arithmetischer Komplement-Operator: - (Vorzeichen-Minus, unär, Stufe 2)

Kann auf alle vorzeichenbehafteten (signed) Datentypen angewendet werden. Er dreht das Vorzeichen um.

```
int x = -7;          /* Anwendung auf eine int-
                        Konstante! */
printf ("%d\n", -x); /* Anwendung auf eine int-
                        Variable. Ausgabe: 7 */
```

Aus Vollständigkeitsgründen wurde in ANSI-C auch der Operator + für ein positives Vorzeichen eingeführt, das aber kein Mensch wirklich braucht.

Die bedingte Bewertung: (Einziger ternärer Operator, Stufe 13)

```
bedingung ? ausdruck1 : ausdruck2
```

Wirkung: Ergibt die Bewertung von bedingung logisch wahr, dann wird danach ausdruck1 bewertet, sonst ausdruck2.

In gewissem Sinne stellt eine bedingte Bewertung die Kurzform einer Verzweigung (if/else) dar.

```
int x = 137,
    y;
y = x % 2 == 0 ? x / 2 : x / 2 + 1;
printf ("%d\n", y);      Ausgabe: 69

x % 2 == 0 ? (y = x / 2) : (y = x / 2 + 1);
printf ("%d\n", y);      Ausgabe: 69

printf ("%d\n", x % 2 == 0? x / 2 : x / 2 + 1);
                         Ausgabe: 69
```

Da 137 nicht ohne Rest durch 2 teilbar ist, wird der 2. Ausdruck: x / 2 + 1 bewertet.

Man beachte die Vielfältigkeit in der Anwendung dieses Operators. In der 1. Form steht er auf der rechten Seite einer Zuweisung, in der 2. bildet er selber eine Anweisung und enthält in jedem seiner zwei Ausdrücke eine Zuweisung.

In der 3. schließlich wird der bewertete Operatorausdruck direkt als Argument an die Funktion printf () übergeben!

Wichtig sind in der 2. Form die Klammern um die Zuweisungen!

Der sizeof()-Operator: (unär, Stufe 2)

```
sizeof(ausdruck) oder: sizeof ausdruck
```

Wirkung: Wird bewertet mit dem Speicherbedarf von ausdruck in Bytes (Anzahl der Bytes als unsigned-int-Konstante). ausdruck kann ein beliebiger, nicht typenloser, Ausdruck oder ein Datentyp sein.

Auf die Klammern kann verzichtet werden, wenn der Operand nur aus einem Token besteht und nicht ein Datentyp ist.

```
int x = 137;
printf ("%u\n", sizeof x);          Ausgabe: 2
printf ("%u\n", sizeof 15L);        Ausgabe: 4
printf ("%u\n", sizeof(x * 1.5));   Ausgabe: 8
printf ("%u\n", sizeof(int));       Ausgabe: 2
```

(Die Ausgabe erfolgte unter MS/DOS. Unter UNIX hätte die erste und letzte Ausgabe 4 gelautet.)

Der cast-Operator: (unär, Stufe 2)

```
(typ)ausdruck
```

Wirkung: Wandelt den Bewertungswert von ausdruck explizit in den durch typ angegebenen Datentyp um.

```
double x = 3.5;
int y = 7,
    z;
z = (int)x * y;
printf ("%d\n", z);    Ausgabe: 21
```

Man beachte die hohe Priorität des cast-Operators (Stufe 2!). Zunächst wird (int)x mit der int-Zahl 3 bewertet. Erst danach wird 3 mit der int-Zahl 7 multipliziert.

```
double z = 3.26;
printf ("%.1lf\n", (double)(int)(10. *
                (z + 0.05)) / 10.);
Ausgabe: 3.3
```

Man beachte, dass der cast-Operator, der hier in Form von (double)(int) doppelt auftritt, von rechts her zusammengefasst wird (Stufe 2!). Zuerst wird

```
(z + 0.05)                        bewertet mit 3.31, dann
(10. * (z + 0.05))                   "    "   33.1   "
(int)(10. * (z + 0.05))              "    "   33     "
(double)(int)(10. * (z + 0.05))      "    "   33.0   "
(double)(int)(10. * (z + 0.05)) / 10. "   "   3.3
```

Vielleicht ist Ihnen an dieser Stelle bereits aufgefallen, dass durch den hier verwendeten Ausdruck eine Rundung der Zahl 3.26 in der ersten Nachkommastelle erfolgt. Dieser Ausdruck funktioniert übrigens auch korrekt nach den mathematischen Rundungsregeln z.B. bei der Zahl: 3.24!

(Ein Hinweis noch: Der Formatbeschreiber: %.1lf rundet bei der Ausgabe selber! Insofern ist der komplizierte Rundungsausdruck in diesem Fall überflüssig. Das ändert sich aber sofort, wenn Sie den gerundeten Wert in einer anderen double-Variablen speichern wollen.)

Der Sequenzoperator: , (binär, Stufe 15)

```
ausdruck1, ausdruck2
```

Wirkung: Zuerst wird ausdruck1 bewertet, danach ausdruck2. Aber: Der gesamte Ausdruck wird mit ausdruck2 bewertet!

Bei mehrfacher Anwendung: `ausdr 1,ausdr 2, ...., ausdr n` wird der Gesamtausdruck mit dem Bewertungswert von `ausdr n` bewertet!

Diese Tatsache muss unbedingt beachtet werden, vor allem weil es C-Programmierer gibt, die Sequenzen von Ausdrücken mit Vorliebe als Schleifenbedingung einsetzen, wie im folgenden Beispiel:

```
int x = 1,
    y = 2,
    z = 3;
while ((--x, --y, --z) > 0)
    printf ("%d, %d, %d\n", x, y, z);
printf ("Nach der Schleife: %d, %d, %d\n", x, y, z);

Ausgabe: 0, 1, 2
         -1, 0, 1
         Nach der Schleife: -2, -1, 0
```

Machen Sie sich klar, dass nur die Bewertung von `--z` bei der Bewertung der Schleifenbedingung eine Rolle spielt!

Die zusätzliche Klammerung in der Schleifenbedingung hätte sogar wegfallen können, und auch folgender Schleifenkopf hätte die gleiche Wirkung:

```
while (--x > 0, --y > 0, --z > 0)
```

Die noch verbleibenden Operatoren: `[]`, `.`, `->`,`*`(unär) und `&`(unär) werden später im Kapitel 5 und 6 besprochen.

3.3 Training

1. Erstellen Sie in der Programmdatei `schaltj.c` eine `main()`- Funktion, die alle Jahre zwischen 1900 und 2000 ausgibt, die Schaltjahre sind!

Nach dem Gregorianischen Kalender (eingeführt ab 1583, europaweit übernommen ab 1752) ist ein Jahr dann ein Schaltjahr, wenn es durch 4 aber nicht durch 100, oder wenn es durch 400 teilbar ist.

2. Was gibt folgender Programmauszug aus?

```
int z = 12;
printf ("%d\n", z++);
printf ("%d\n", ++z);
```

```
printf ("%d\n", z++);
printf ("%d\n", z /= 5);
```

(a) Lösen Sie die Aufgabe zunächst rein theoretisch!

(b) Ist folgende zusätzliche Anweisung gültig?

```
printf ("%d\n", ++z /= 2);
```

Wenn ja, was wird ausgegeben? Wenn nein, warum nicht?

(c) Machen Sie aus dem Programmauszug eine vollständige main()-Funktion, testen Sie das Programm und überprüfen Sie Ihre theoretische Vorhersage!

3. Schreiben Sie in der Programmdatei rotright.c die Funktion rotright(), die einen Speicherbereich um eine bestimmte Anzahl Bits "rotiert", d.h. das Bitmuster des Speicherbereichs wird nach rechts geschiftet und alle Bits, die rechts herausfallen, sollen von links wieder in den Speicherbereich hinein geschoben werden.

```
Argumente: 1. Der Speicherbereich (Unsigned-int-Variable)
           2. Anzahl Bits (int)
Returnwert: Der verschobene Speicherbereich (unsigned int)
```

Erstellen Sie in derselben Programmdatei eine main()- Funktion, die rotright() mit Beispieldaten aufruft und das Ergebnis auf der Standardausgabe (in hexadezimaler Form) anzeigt.

4. Erstellen Sie in der Programmdatei zahlen.c eine main()- Funktion, die die Zahlen von 1 bis 100 in folgender Form ausgibt:

```
 1   2   3   4   5   6   7   8   9  10
11  12  13  14  15  16  17  18  19  20
21  22  23  24  25  26  27  28  29  30
31  32  33  34  35  36  37  38  39  40
41  42  43  44  45  46  47  48  49  50
51  52  53  54  55  56  57  58  59  60
61  62  63  64  65  66  67  68  69  70
71  72  73  74  75  76  77  78  79  80
81  82  83  84  85  86  87  88  89  90
91  92  93  94  95  96  97  98  99 100
```

Jede Zahl soll entweder von einem Newline-Zeichen oder einem Blank gefolgt werden, je nachdem, ob die Zahl durch 10 teilbar ist oder nicht! Verwenden Sie dazu die bedingte Bewertung!

Benutzen Sie für jede Zahl den Formatbeschreiber %3d.

4 Steuerungsanweisungen

4.1 Programmsprünge

In einem C-Programmabschnitt, der aus mehreren Anweisungen besteht, werden i. d. R. die Anweisungen von der ersten bis zur letzten sequentiell abgearbeitet.

Da die programmtechnische Lösung von Problemen aber oftmals die mehrfache Wiederholung von Anweisungen (Schleifen) oder die alternative Ausführung eines von zwei oder mehreren Blöcken von Anweisungen (Verzweigungen) erfordert, gibt es in jeder Programmiersprache Anweisungen, die es ermöglichen, den Programmablauf an einer anderen Stelle fortzusetzen.

Die einfachste Anweisung zur Änderung des Programmablaufs, die es auch in C gibt, ist der **unbedingte Sprung**:

```
goto label
```

Dabei ist label eine Sprungadresse, die in Form von

```
label:
```

eine Anweisung irgendwo im Programm bildet. Ein Beispiel:

```
int i = 1,
    s = 0;
start:
if (i > 100)
    goto ende
s += i++;
goto start
ende:
printf ("Summe: %d\n", s);
```

Der Programmteil zwischen den Anweisungen start: und ende: wird hundertmal durchlaufen, da die Anweisung goto start den Programmablauf immer wieder bei start: beginnen lässt. Erst wenn i > 100 ist, wird zum Label ende: verzweigt und das Ergebnis ausgegeben.

(Sie haben sicher erkannt, dass hier die Summe der Ganzzahlen von 1 bis 100 berechnet wird.)

In obigem Programmabschnitt finden Sie eine strukturierte Anwendung der goto-Anweisung, d.h. durch die zwei goto-Anweisungen wird erreicht, dass ein bestimmter Abschnitt von Anweisungen - "sauber" - mehrfach durchlaufen wird (eine sog. Schleife).

Leider ermöglicht die goto-Anweisung auch wilde Sprünge kreuz und quer durchs Programm, das dann - mit Recht - als Spaghetti-Programm verschrien wird!

Es ist kein Fehler, wenn Sie die Existenz der goto-Anweisung in C vergessen, da es strukturierte Alternativen gibt, die jetzt besprochen werden sollen. Mit anderen Worten, wenn ein C-Programmierer glaubt, nicht ohne goto auskommen zu können, dann hat er ein unstrukturiertes Programm geschrieben!

Für diejenigen Leser, denen der Begriff **strukturierte Programmierung** neu ist, steht ein Abschnitt Was ist strukturierte Programmierung? unter *www.nitty-gritty.de* zur Verfügung, in dem sowohl die auch in diesem Buch verwendeten Symbole von Nassi-Shneiderman vorgestellt als auch anhand eines Beispiels die strukturierte Programmentwicklung gezeigt wird.

Für alle Strukturelemente existieren in der Sprache C entsprechende Steuerungsanweisungen.

4.2 Die Steuerungsanweisungen der Sprache C

4.2.1 Schleifen

while (kopfgesteuert)

```
while (bed)
    anw
```

In dieser Syntaxdarstellung bedeuten:

bed: ein beliebiger bewertbarer Ausdruck, dessen Wert als logischer Wert interpretiert wird. (!=0 bedeutet: wahr, == 0 bedeutet: unwahr) Die Schleifenbedingung ist eine Laufbedingung!

anw: Anweisung, kann sein:

1. Leeranweisung (;)

2. eine elementare C-Anweisung (mit ; abgeschlossen)

3. Block von mehreren Anweisungen ({ ... })

Ein Beispiel für eine Schleife mit einer Leeranweisung:

```
int x = 4;
while (++x < 7)

   ;

printf ("%d\n", x);   Ausgabe: 7
```

Ein Beispiel für eine Schleife mit einer elementaren C-Anweisung:

```
int x = 4;
while (x < 7)
   ++x;
printf ("%d\n", x);     Ausgabe: 7
```

Ein Beispiel für eine Schleife mit einem Anweisungsblock:

```
int x = 4;
while (x < 7)
{
   ++x;
   printf ("%d:", x);    Ausgabe: 5:6:7:
}
```

Ein Beispiel für eine Endlosschleife:

```
while (1)
   printf ("Otto\n");
```

Die Programmausgabe ist:

```
Otto
Otto
 ...
```

Die Laufbedingung ist immer 1, also wahr, das Programm gibt sehr viele Ottos aus, bis Sie es mit einer Interrupt-Taste abbrechen.

do...while (fußgesteuert)

```
do
   anw
while (bed);
```

Nitty Gritty • Start up!

Das bei der `while`-Schleife für `bed` und `anw` Gesagte gilt auch hier.

Wichtig ist folgender Hinweis: Die fußgesteuerte Schleife in C verlangt eine Laufbedingung und nicht, wie das entsprechende Struktogrammelement, eine Abbruchbedingung!

Wenn Sie also das Struktogramm aus Abbildung 4.1 in C umsetzen wollen, müssen Sie schreiben:

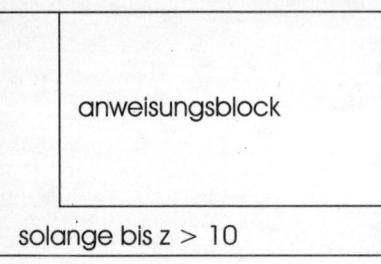

Bild 4.1: Abbruchbedingung in der fußgesteuerten Schleife

```
do
{
    .
    . (anweisungsblock)
    .
} while (! (z > 10) );
```

oder:

```
do
{
    .
    . (anweisungsblock)
    .
} while (z <= 10);
```

Machen Sie sich klar, dass eine fußgesteuerte `do-while`-Schleife mindestens einmal durchlaufen wird, während eine kopfgesteuerte `while`-Schleife eventuell überhaupt nicht durchlaufen wird, wenn nämlich die Schleifenbedingung schon am Anfang unwahr ist!

for

```
for ([init] ; [bed] ; [incr])
    anw
```

Das bei der while-Schleife für bed und anw Gesagte gilt auch hier.

init: Initialisierungsausdruck (beliebiger Ausdruck)

incr: Inkrementausdruck (beliebiger Ausdruck)

Alle mit [] geklammerten, optionalen Angaben können auch fehlen!

Abbildung 4.2 zeigt das Struktogramm für diese Schleife.

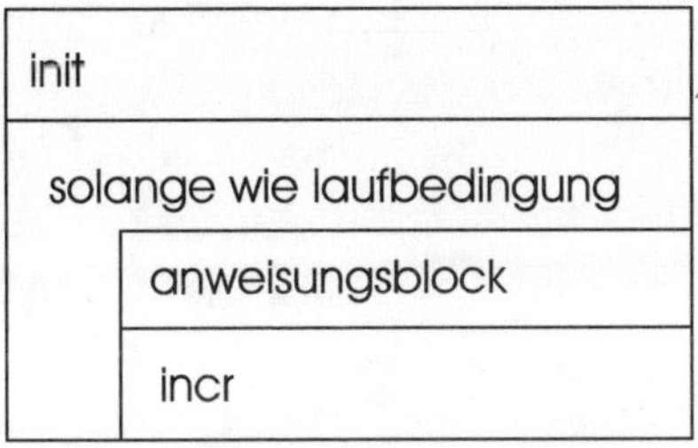

Bild 4.2: for-Schleife im Struktogramm

Der Ablauf dieser Schleife beginnt mit der einmaligen Bewertung des Initialisierungsausdrucks init. Dann wird die Laufbedingung bewertet. Ist sie wahr, wird der Schleifenkörper durchlaufen und danach der Inkrementausdruck bewertet. Dann kommt wieder die Laufbedingung an die Reihe usw.

Ein Beispiel (Eine wirkliche Zählschleife):

```
int i;
for (i = 1 ; i <= 100 ; ++i)
   printf ("%d\n", i);
```

Diese Schleife gibt alle Zahlen von 1 bis 100, jede in einer Zeile, aus.

Auch in anderen Programmiersprachen gibt es spezielle Anweisungen für Zählschleifen (DO-LOOP in FORTRAN, PERFORM ... VARYING ... in COBOL).

Die C-Variante unterscheidet sich davon dadurch, dass sie nicht einfach nur eine Zählschleife ist. Sondern für init, bed und incr sind beliebige Ausdrücke zugelassen. So ist auch folgendes Beispiel keineswegs ungewöhnlich, wenn auch unschön:

```
int c,
    n;
for (n = 0, c = getchar () ; c!= EOF ; c = getchar ())
    n++;
printf ("%d Zeichen gelesen\n", n);
```

Das erste Lesen eines Zeichens von der Standardeingabe erfolgt hier im Initialisierungsausdruck ebenso wie die Zuweisung n = 0. Das Lesen des 2., 3., ... Zeichens erfolgt im Inkrementausdruck. Bei Eingabeende wird die Schleife verlassen und ausgegeben, wie viele Zeichen gelesen wurden.

Diese Allgemeinverwendbarkeit der for-Schleife macht sie zur beliebtesten Schleife der C-Programmierer.

So sollten Sie sich nicht wundern über folgendes Beispiel:

```
int x = 4;
for ( ; ++x < 7 ; )
    ;
printf ("%d\n", x);       Ausgabe: 7
```

Natürlich könnte man dafür auch die while-Schleife verwenden, und in der Tat wurde sie Ihnen unter dem Thema: while-Schleife dort auch als 1. Beispiel vorgeführt.

Aber nicht nur Initialisierungs- und Inkrementausdruck können fehlen, es geht auch ohne Laufbedingung! Dann wird als Defaultwert für die Laufbedingung 1 (also wahr) angenommen.

Auch das folgende Beispiel dürfte Ihnen bekannt vorkommen:

```
for ( ; ; )
    printf ("Otto\n");
```

4.2.2 Alternativen

if (Verzweigung)

```
if (bed)
    anw 1
[else    ]
[   anw 2]
```

Nach Prüfung der Bedingung bed wird, wenn Sie wahr ergibt, die Anweisung oder der Anweisungsblock anw1 aus geführt, sonst anw2.

Hat eine Verzweigung einen leeren Nein-Zweig, kann der else-Teil entfallen. Ist aber der Ja-Zweig einer Verzweigung leer, so muss er in Form einer Leeranweisung ; angegeben werden!

Ein if-else-Konstrukt stellt - wie übrigens auch jedes der anderen hier beschriebenen Konstrukte - selber wieder eine Anweisung dar!

Deshalb kann anw 1 oder anw 2 selber wieder aus jeweils einer Verzweigung (oder Schleife) bestehen. Auf diese Weise sind geschachtelte Verzweigungen möglich!

Hinweis

Ein praktischer Hinweis ist erfahrungsgemäß notwendig: Bestehen anw 1 bzw. anw 2 jeweils aus mehreren Anweisungen, müssen sie in Blockklammern { ... } eingefasst werden.

Das folgende Beispiel zeigt einen der häufigsten Programmierfehler:

Warnung

```
if (x > 0)
    y++;
    z--;
else       <--- Fehlermeldung des Compilers!
    z++;
```

Die Fehlermeldung des Compilers lautet etwa: else kommt unerwartet. Was ist passiert? Der Programmierer meinte eigentlich folgendes Programm:

```
if (x > 0)
{
    y++;
    z--;
}
else
    z++;
```

Da er die geschweiften Klammern vergessen hat, hat der Compiler interpretiert:

```
if (x > 0)
    y++;
```

ist eine Verzweigung ohne else-Zweig, da die darauf folgende Anweisung nicht else sondern z--; heißt. Die Anweisung z--; wurde nach der Verzweigung ausgeführt und zwar unabhängig davon, ob x

> o ist oder nicht. Und dann taucht plötzlich ein `else` auf, zu dem es aber kein `if` gibt.

Dieser Fehler ist noch schnell erkennbar, da der Compiler ihn benennt. Keine Compilermeldung bekommen Sie hingegen bei folgendem Programm:

```
if (x > 0)
    y++;
    z--;
printf ("%d:%d\n", y, z);
```

Es liegt der gleiche Fehler vor, nämlich `z--;` gehört nicht zum `if`-Zweig, sondern wird vom Compiler als Anweisung hinter einer `else`-zweiglosen Verzweigung betrachtet. Die Einrückung der Anweisung nützt überhaupt nichts, der Compiler überliest alle führenden Blanks! Sie merken nur an einer eventuell fehlerhaften Ausgabe, dass mit Ihrem Programm etwas nicht stimmt.

Können Sie sich vorstellen, dass Sie sich auf der Suche nach dem logischen Fehler in Ihrem Programm drei Tage lang die Augen wund sehen? Alles schon dagewesen!

Ein Problem aus Kapitel 3 bleibt noch zu besprechen: Wir hatten dort in einem versehentlich fehlerhaften Programm:

```
if (x = 3)
    x = 1;
else
    x = 17;
```

Der Fehler bestand in der Zuweisung: $x = 3$, gemeint war: $x == 3$. Der Compiler gibt keine Fehlermeldung aus, allerhöchstens eine Warnung. Die Anweisung `if(x = 3)` ist nämlich eine durchaus gültige C-Anweisung, die unter Umständen auch Sinn machen kann.

Was passiert? Zunächst wird an die Variable x der Wert 3 zugewiesen. Außerdem wird der Ausdruck x = 3 mit dem zugewiesenen Wert 3 bewertet. Dieser Bewertungswert 3 wird von der `if`-Anweisung als logisch wahr interpretiert, denn jeder Wert ungleich o ist für `if` wahr. Es bedeutet aber in diesem Programmzusammenhang, dass immer der `if`-Zweig durchlaufen wird, niemals der `else`-Zweig! Wenn man wirklich `if (x = 3)` gemeint hätte, wäre die ganze Verzweigung unsinnig und könnte vollkommen durch die Anweisung: `x = 1;` ersetzt werden!

switch

```
switch (iausdr)
{
   case iconst 1:
     [anw]
          .
case iconst 2:
     [anw]
          .
case ....
          .
[ default:]
[     anw   ]
[      .   ]
}
```

`iausdr` ist ein beliebiger, integraler, bewertbarer Ausdruck.

`iconst1, iconst2, ...` sind integrale Konstantenausdrücke!

Die Wirkung eines `switch` beginnt mit der Bewertung von `iausdr`. Der Bewertungswert von iausdr wird dann nacheinander mit den case-Marken `inconst 1, iconst 2, ...` auf Gleichheit verglichen. Trifft bei einer Marke der Vergleich zu, werden alle Anweisungen ab dieser Marke bis zum Ende des ganzen `switch` abgearbeitet. Trifft keine der case-Marken zu, werden die Anweisungen ab der default-Marke, wenn vorhanden, ausgeführt, wenn nicht, wird überhaupt keine Anweisung des `switch` ausgeführt. Die default-Marke muss, wenn überhaupt vorhanden, hinter allen case-Marken stehen! Zwischen zwei case-Marken können beliebig viele oder auch keine Anweisungen vorhanden sein. Ein Beispiel:

```
int c;
c = getchar ();
switch (c)
{
   case 'A':
   case 'B':
   case 'C':
      c = c + 'a' -'A';
   default:
      putchar (c);
}
```

Gibt ein Anwender beim `getchar()`-Aufruf das Zeichen: B ein, dann ist case 'B': sozusagen die Einsprungsmarke zu allen nachfolgenden Anweisungen:

1. `c = c + 'a' - 'A';` Hierdurch wird das Zeichen B in einen Kleinbuchstaben umgewandelt

2. `putchar (c);` Hier wird ausgegeben: b

Das gleiche Verhalten liegt vor, wenn der Anwender das Zeichen A oder C eingibt. Es wird dann ausgegeben: a bzw. c. Gibt er aber M ein, wird nur der `default`-Zweig durchlaufen und es wird ausgegeben: M!

Eine `switch`-Anweisung hat also immer nur einen Einsprungspunkt, der aber einer der verschiedenen Marken sein kann. Der Austrittspunkt aus dem `switch` ist aber, wenn man nicht besondere Anweisungen benutzt (s.u.) - immer am Ende des `switch`-Körpers!

Gerade diese letzte Bemerkung weist darauf hin, dass die `switch`-Anweisung in dieser Form noch nicht die C-Entsprechung für das oben beschriebene Case-Konstrukt ist, denn dort wird immer nur genau ein Case-Zweig durchlaufen und nicht mehrere nacheinander!

Man kann das `switch` aber sehr leicht zu einem echten Case-Konstrukt machen. Man muss nur jeden Case-Zweig mit der Anweisung: `break`; beenden. Diese Anweisung hat in einem `switch` die Wirkung, sofort hinter das Ende der ganzen `switch`-Anweisung zu springen.

switch als echtes CASE-Konstrukt

```
switch (iausdr)
{
    case iconst1:
      [anw]
        .
      break;
    case iconst2:
      [anw]
        .
      break;
    case ....

        .
 [ default:]
 [    anw ]
 [    .   ]
```

```
[     .    ]
}
```

Bei allen C-Steuerungsstrukturen (außer `switch`) müssen { }-Klam-
mern gesetzt werden, wenn ein Zweig oder ein Schleifenkörper aus
mehr als einer Anweisung besteht.

Bei der Verzweigung haben wir ausführlich die Quelle von Fehlern besprochen, die durch fehlende { }-Klammern entstehen können. Die
gleiche Fehlerquelle gibt es auch bei allen Schleifen. Er tritt oft dann
auf, wenn in einem Programm ein Zweig oder Schleifenkörper durch
nachträgliche Änderung von einer auf zwei Anweisungen aufgestockt
wird und man dann vergisst, die jetzt notwendig gewordenen { }-
Klammern hinzuzufügen.

Vorsichtige C-Programmierer fassen deshalb grundsätzlich alle
Zweige und Schleifenkörper in { }-Klammern ein, auch wenn sie nur
eine Anweisung enthalten. Gegen eine solche Vorgehensweise ist
nichts einzuwenden!

Sollten Sie aber den Ehrgeiz haben, die Benutzung von { }-Klammern
auf das Nötigste zu beschränken, dürfte die nachfolgende Bemerkung für Sie interessant sein:

Jede der oben aufgeführten Steuerungsstrukturen stellt selber wiederum jeweils nur eine Anweisung dar! Im nachfolgenden Beispiel
sind deshalb keine { }-Klammern nötig:

```
if (i % 2 == 0)
    for (k = 0 ; k < 10 ; ++k)
        s += k;
else
    if (i < 10)
        s = i;
    else
        do
            s += i--;
        while (i >= 10);
```

So stellt z.B.

```
for (k = 0 ; k < 10 ; ++k)
    s += k;
```

die eine Anweisung dar, die den Ja-Zweig der äußersten `if`-Anwei-
sung bildet.

(Suchen Sie nicht nach einem Sinn in diesem Programmauszug!)

4.3 Probleme bei der Umsetzung von Struktogrammen in C-Programme

1. Ein Problem wurde bereits bei der fußgesteuerten Schleife besprochen: Die Abbruchbedingung im Struktogramm muss durch logische Negation in eine Laufbedingung der entsprechen do-while-Schleife umgewandelt werden.

Sei j z.B. eine int-Variable, die eine Jahreszahl enthält. Dann lautet die Bedingung dafür, dass j ein Schaltjahr ist:

```
j % 4 == 0 && j % 100 || j % 400 == 0
```

Heißt im Struktogramm die Abbruchbedingung im Fuß einer Schleife:

```
solange bis j ein Schaltjahr ist,
```

so muss die do-while-Schleife mit der entsprechenden Laufbedingung formuliert werden:

```
do
{
  j++;
} while (! (j % 4 == 0 && j % 100 || j % 400 == 0) );
```

Hier wird der logische Negations-Operator: ! verwendet. Man kann aber auch die innere Klammer auflösen, indem man sie mit ! ausmultipliziert. Dabei muss dann aber die Verneinung auf alle Bestandteile der Klammer angewendet werden, insbesondere auf jeden Vergleichsausdruck und jeden logischen Operator ! Aus == wird bei der logischen Verneinung !=, aus < wird >=, aus <= wird >, ebenso: Aus && wird ||, aus || wird && und eine Verneinung von ! hebt sich auf.

Ein 1. Schritt der Umwandlung könnte so aussehen:

```
do
{
  j++;
} while (! ((j % 4 == 0 && j % 100) || j % 400 == 0) );
```

Hier ist etwas zusätzlich geklammert worden, was eigentlich nicht geklammert zu werden braucht, denn && hat sowieso Vorrang vor ||. Aber: Diese implizit bereits vorhandene Klammerung muss erhalten bleiben, wenn sich durch Negation && in || umwandelt!

Der 2. Schritt führt dann zu:

```
do
{
  j++;
} while ( (j % 4!= 0 || j % 100 == 0) && j % 400!= 0 );
```

Oder in der etwas kürzeren Schreibweise:

```
do
{
  j++;
} while ( (j % 4 || j % 100 == 0) && j % 400 );
```

Es kann nicht schaden, sich nach der rein formalen Umwandlung die Bedingung in der letzten bzw. vorletzten Form konkret auf Plausibilität anzusehen.

Machen Sie am besten einen Schreibtischtest, indem Sie vor die Schleife

```
a) int j = 1994;
b) int j = 1998;
```

setzen. Vergessen Sie nicht, dass die Schleife verlassen werden soll, wenn j ein Schaltjahr erreicht, und dass 1996 und 2000 Schaltjahre sind!

2. Eine typische Leseschleife enthält ein erstes Lesen (Vorlesen) vor der Schleife und ein Nachlesen am Ende des Schleifenkörpers. In Abbildung 4.3 ist ein Struktogramm für zeichenweises Lesen dargestellt.

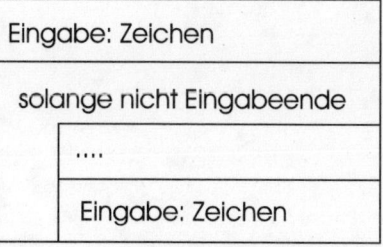

Bild 4.3: Leseschleife im Struktogramm

Ein entsprechendes C-Programm könnte so aussehen:

```
int c;
c = getchar ();
while (c!= EOF)
{
   ...
   ...
   c = getchar ();
}
```

Es ist eine 1:1-Übersetzung des Struktogramms. Diese Lösung ist durchaus richtig und es ist nichts dagegen einzuwenden!

Sie werden aber in vielen C-Programmen eine andere Lösung vorfinden:

```
int c;
while ((c = getchar ())!= EOF)
{
   ...
   ...
}
```

Hier wird nur an einer Stelle im Programm gelesen. Machen Sie sich klar, dass der Ablauf des Programms keinen Unterschied zur ersten Lösung macht! Aber das Vorlesen und das Nachlesen fallen hier, und zwar im Schleifenkopf, zusammen. Das ist in C möglich, weil hier im Schleifenkopf beliebig bewertbare Ausdrücke in der kompliziertesten Kombination zugelassen sind. Es ist nicht möglich in anderen konventionellen Hochsprachen wie etwa FORTRAN und COBOL.

Machen Sie sich klar, dass das Struktogramm zu dieser 2. Lösung trotzdem genauso aussieht wie oben angegeben! Oder wollen Sie etwa so formulieren wie in Abbildung 4.4?

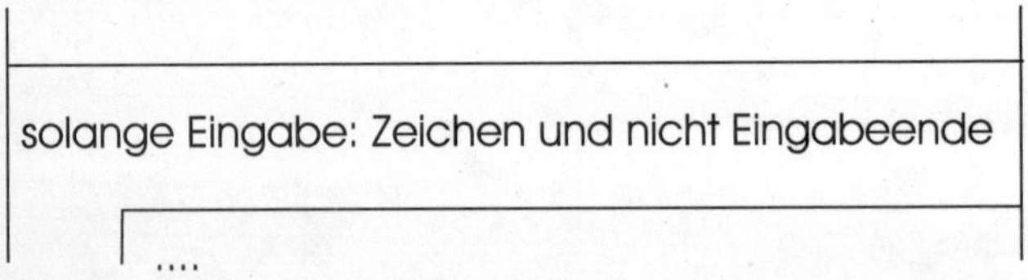

solange Eingabe: Zeichen und nicht Eingabeende

....

Bild 4.4: Unmögliche Schleifenbedingung im Struktogramm

Übrigens: Nicht immer kann das Vor- und Nachlesen im Schleifenkopf zusammenfallen. So z.B. in der Trainingsaufgabe 2 dieses Kapitels! Dort findet das Nachlesen an verschiedenen Stellen im Schleifenkörper, und nicht nur immer am Ende statt. Dementsprechend muss auch das Vorlesen vor der Schleife erfolgen!

3. In C-Programmen findet man häufig Schleifen folgender Art:

```
while (x < 100)
{
    ... (anw 1)
    if (z == 5)
        break;
    z++;
    ... (anw 2)
}
```

Die Anweisung break, die schon im switch Verwendung fand, ist auch innerhalb einer jeden der drei Schleifenformen anwendbar und hat dort folgende Wirkung: Die Schleife wird abgebrochen und der Programmlauf wird unmittelbar hinter der Schleife fortgesetzt. Eine break-Anweisung in einer inneren von mehreren geschachtelten Schleifen verlässt nur die innere!

Während die break-Anweisung beim switch benutzt wurde, um ein strukturiertes Programmelement, nämlich ein Case-Konstrukt, zu konstruieren, kann man bei der Anwendung von break in einer Schleife wirklich nicht von strukturierter Programmierung sprechen. Es wird Ihnen nicht gelingen, zum obigen Programm ein Struktogramm zu zeichnen!

Die strukturierte Programmierung fordert, dass jedes Strukturelement (Schleife / Verzweigung) genau einen Eingang am Beginn des Elements und genau einen Ausgang am Ende des Elements besitzt. Die oben dargestellte Schleife besitzt aber zwei Ausgänge, einmal im Schleifenkopf (wie es sein sollte), andererseits in der Verzweigung, mitten im Schleifenkörper.

Man kann versuchen, sie in eine strukturierte Form zu überführen:

```
while (z!= 5 && x < 100)
{
    ... (anw 1)
    z++;
    ... (anw 2)
}
```

Die Verzweigungsbedingung ist jetzt (in negierter Form) in den Schleifenkopf übernommen worden. Wenn diese Lösung mit der 1. Version in der Wirkung identisch sein soll, setzt sie allerdings voraus, dass die Variable z im nicht weiter ausgeführten Teil des Schleifenkörpers (anw 1) nicht verändert wird!

Nehmen wir aber genau diesen Fall an, z.B.:

```
while (x < 100)
{
   z /= 2;
   if (z == 5)
      break;
   z++;
   ... (anw 2)
}
```

dann wird eine strukturierte Lösung schon etwas komplizierter:

```
z /= 2;
while (z!= 5 && x < 100)
{
   z++;
   ... (anw 2)
   z /= 2;
}
```

Hier wird nicht nur die Schleifenbedingung komplexer, eine Anweisung (im ungünstigen Fall eine ganze Gruppe von Anweisungen) muss verdoppelt werden! Genau das war aber für Kernighan und Ritchie [1] der Grund, die break-Anweisung einzuführen und ihre Berechtigung zu verteidigen.

Natürlich muss man feststellen: Wer sein Programm strukturiert entwickelt (mit einem Struktogramm oder einem anderen strukturierten Darstellungsmittel), wird niemals auf eine Schleife mit break kommen!

Den Programmen, die aber z.B. mit Pseudocode entwickelt wurden und in denen Sie break-Anweisungen vorfinden, sollten Sie mit Nachsicht begegnen. Ein break in einer Schleife macht das Programm noch lange nicht zu einem Spaghetti-Programm. Das break ist bei weitem nicht so unstrukturiert wie die goto-Anweisung.

4. Das soeben zur `break`-Anweisung Gesagte gilt in gleicher Weise für die Anweisung `continue;`.

Diese Anweisung kann nur in Schleifen benutzt werden. Sie bewirkt, dass der Schleifenkörper abgebrochen wird und mit dem nächsten Schleifendurchlauf begonnen wird. Bei einer `for`-Schleife bedeutet das, dass unmittelbar nach dem Abbruch des Schleifenkörpers zunächst der Inkrementausdruck bewertet wird und danach die Schleifenbedingung usw. Ein Beispiel:

```
int i,
    s = 0;
for (i = 1 ; i <= 100 ; ++i)
{
    if (i % 2 == 0) /* Wenn geradzahlig ... */
        continue;   /* ... nächster Schleifendurchlauf */
    s += i;
}
printf ("Summe der ungeraden Zahlen: %d\n", s);
```

Ist der Inhalt der Variablen `i` geradzahlig, wird sofort mit `++i` und `i <=100` der nächste Schleifendurchlauf eingeleitet. Aufsummiert wird `i` also nur, wenn `i` ungeradzahlig ist!

In diesem Fall (aber nicht in jedem!) fällt der Übergang zu einer voll strukturierten Lösung leicht:

```
int i,
    s = 0;
for (i = 1 ; i <= 100 ; ++i)
{
    if (i % 2)   /* Wenn ungeradzahlig ... */
        s += i;  /* ... aufsummieren!     */
}
printf ("Summe der ungeraden Zahlen: %d\n", s);
```

4.4 Training

1. Besorgen Sie sich den Absatz Was ist strukturierte Programmierung? aus dem Internet (*www.nitty-gritty.de*) und sehen Sie sich die Struktogrammentwicklung für das Programm odd an! Ändern Sie das Programm odd, so dass es sich folgendermaßen verhält:

```
C:\> odd
Berechnung der Summe ungerader Zahlen
```

4

Nitty Gritty • Start up!

```
Zahl (größer als 1): 13
Die Summe der ungeraden Zahlen von 1 bis 13: 49

Zahl (größer als 1): -4
Fehler: Zahl muss größer als 0 sein!

Zahl (größer als 1): 10
Die Summe der ungeraden Zahlen von 1 bis 10: 25

Zahl (größer als 1): <Strg>z
        Ende des Programms
C:\>
```

Bei Eingabe einer Zahl < 1 soll also obige Fehlermeldung ausgegeben werden!

Anleitung: Gehen Sie aus von dem in diesem Kapitel entwickelten Struktogramm und überlegen Sie, an welcher Stelle diese Änderung einzubauen ist.

Machen Sie dann ein vollständig neues Struktogramm! Sie werden übrigens sehen, dass Sie es leichter haben, wenn Sie von der Struktogrammversion mit dem Unterprogramm-Aufruf ausgehen. (Wo muss die Änderung eingebaut werden, im Unterprogramm oder im Steuerteil?) Erstellen Sie nach Ihrem Struktogramm das C-Programm!

2. Erstellen Sie ein Programm (Programmdatei `blankcut.c`), das beliebig viele Zeichen von der Standardeingabe einliest und danach wieder auf der Standardausgabe anzeigt. Dabei sollen aber alle Folgen von Blanks als nur ein Blank ausgegeben werden!

Achtung! Unterschätzen Sie die Logik dieses Programms nicht! Machen Sie erst ein paar beispielhafte Eingaben auf dem Papier, überlegen Sie sich die Vorgehensweise und erstellen Sie danach ein Struktogramm.

Codieren Sie das C-Programm nach dem Struktogramm!

3. Erstellen Sie in der Programmdatei `morsen.c` eine `main()`- Funktion, die beliebig viele Zeichen einliest und jedes Zeichen, nach dem Morsealphabet verschlüsselt, wieder ausgibt.

Als Eingabezeichen sind nur erlaubt: Großbuchstaben, Ziffern, Blanks, Tab-Zeichen und Newline-Zeichen. Die letzten drei sind so, wie sie eingelesen wurden, auch wieder auszugeben, die ersten beiden sind als Morsezeichen, gefolgt von einem Blank, auszugeben.

Das Morsealphabet:

A .-	J .---	S ...	1 .----
B -...	K -.-	T -	2 ..---
C -.-.	L .-..	U ..-	3 ...--
D -..	M --	V ...-	4 ....-
E .	N -.	W .--	5 .....
F ..-.	O ---	X -..-	6 -....
G --.	P .--.	Y -.--	7 --...
H	Q --.-	Z --..	8 ---..
I ..	R .-.	0 -----	9 ----.

Benutzen Sie ein `switch` für die einzelnen Zeichen!

Warnung! Diese Aufgabe ist eine Fleißarbeit! Wir werden später elegantere Methoden kennen lernen, um dieses Programm mit weniger Schreibaufwand zu erstellen! (Kapitel 5 und 6)

4. Was gibt folgender Programmauszug aus?

```
int s,
    i;
for (i = 1, s = 0 ; i <= 10 ; ++i)
{
   if (i % 2)
     continue;
   s += i;
}
printf ("%d\n", s);
```

1. Machen Sie einen Schreibtischtest!

2. Wandeln Sie den Programmauszug in eine streng strukturierte Lösung um (also ohne `continue`!).

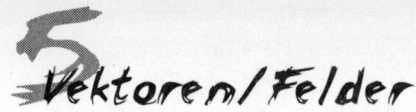

Im Trainingsteil des Kapitels 2 haben wir uns mit Programmen beschäftigt, die einen Strom von Einzelzeichen verarbeiteten. Zum Speichern der Zeichen wurde gerade einmal eine einzige Variable verwendet. Das war möglich, weil jedes eingegebene Zeichen sofort verarbeitet wurde (umgewandelt, ausgegeben, ...) und die Variable danach sofort für das nächste Zeichen zur Verfügung stand.

Natürlich gibt es Probleme, bei denen mehrere Werte gleichzeitig in verschiedenen Speicherbereichen (Variablen) gespeichert sein müssen. Man denke, als Beispiel, nur an folgende Aufgabenstellung: Eine ganze Textzeile ist einzulesen und anschließend rückwärts wieder auszugeben.

(Auch diese Aufgabe wäre übrigens mit der Definition einer einzigen int-Variablen möglich. Zur Problematik einer solchen rekursiven Lösung s. Kapitel 9!)

Eine Lösung bestünde darin, so viele Variablen zu definieren, wie eine Eingabezeile Zeichen enthalten kann. Also:

```
int c1,
    c2,
    ...
    ...;
if ((c1 = getchar ()) == '\n')
    goto ende;
if ((c2 = getchar ()) == '\n')
    goto ende;
    ...
ende:
```

Es ist klar: Je länger die Eingabezeile sein kann, um so umfangreicher wird der Programmcode (abgesehen von dem hässlichen goto). Aber das ist noch nicht alles! Mit welcher Variablen beginnt man mit der rückwärtigen Ausgabe der Zeichen?

Auch dieses Problem wäre irgendwie lösbar, doch mindestens ebenso umfangreich wie der bisher skizzierte Programmteil.

Um die gestellte Aufgabe zu lösen, gibt es in C - wie auch in den anderen Programmiersprachen - **Vektoren** und **Felder** (auch **Tabellen oder Arrays genannt**).

5.1 Vektoren (Eindimensionale Felder)

Vektoren sind Datenaggregate, bestehend aus mehreren Elementen ein und desselben Datentyps. Alle Elemente des Vektors stehen zusammenhängend im Speicher, jedes Element ist durch einen ganzzahligen **Index** adressierbar und dann wie eine ganz normale Variable (L-Wert) verwendbar.

Ein Beispiel für einen int-Vektor:

```
int z = 4;
int vek[5];     /* Definition mit 5 int-Elementen */
vek[0] = 13;    /* Zuweisung von 13 an das 1. (!) Element */
printf ("%d\n", vek[0]);        /* Ausgabe: 13 */
vek[z] = 3;     /* Letztes Element (!) wird 3 */
vek[z / 2] = vek[z] + 1;        /* Das 3. Element wird 4 */
```

Mit der zweiten Anweisung wird ein Vektor von 5 int-Elementen definiert, deren Elemente mit ganzzahligen Indizes, bei 0 beginnend, angesprochen werden können.

Hier wird also der noch nicht behandelte Operator: [] (Stufe 1!) benutzt.

Die interne Speicherdarstellung sieht dann so aus wie in Abbildung 5.1.

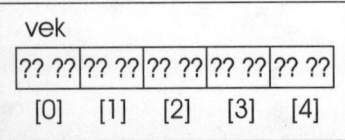

Bild 5.1: Interne Darstellung von vek nach der Definition

Jedes Element ist so lang wie eine int-Variable. (In der Darstellung wurde 2 Byte Länge angenommen, wie bei C-Compilern unter MS/

DOS üblich, unter UNIX wären es 4.) Die Inhalte der einzelnen Elemente sind zunächst undefiniert!

Dass der fortlaufende Index bei 0 beginnt, und nicht bei 1 wie in anderen Programmiersprachen, hat seine einfache Begründung: Der Index stellt den Abstand eines Elements vom Anfang des Vektors, gemessen in int-Einheiten, dar. (Diese Tatsache wird bei der Behandlung der Pointer eine große Rolle spielen (s. Kapitel 6)!)

In `vek[0] = 13;` wird dem Element mit dem Abstand 0 von der Anfangsadresse des Vektors, also dem 1. Element, der Wert 13 zugewiesen. Wir haben jetzt (in hexadezimaler Schreibweise) die in Abbildung 5.2 gezeigten Verhältnisse.

vek				
00 0D	?? ??	?? ??	?? ??	?? ??
[0]	[1]	[2]	[3]	[4]

Bild 5.2: Auswirkung von vek[0] = 13;

Ebenso lässt sich der Inhalt dieses Elements ausgeben mit:

```
printf ("%d\n", vek[0]);
```

Hier wird natürlich der Formatbeschreiber `%d` verwendet, denn das Vektorelement ist vom Typ `int`.

Mit vek[z] = 3; haben wir die Speicherbelegung von Abbildung 5.3.

vek				
00 0D	?? ??	?? ??	?? ??	00 03
[0]	[1]	[2]	[3]	[4]

Bild 5.3: Auswirkung von vek[z] = 3;

Diese Anweisung demonstriert, dass bei der Adressierung eines Vektorelements als Index auch eine Variable verwendet werden kann. (Das geht aber nicht bei der Definitionsanweisung! (s.u.))

Nitty Gritty • Start up!

Dementsprechend darf als Index auch ein komplexer Ausdruck stehen:

```
vek[z / 2] = vek[z] + 1;
```

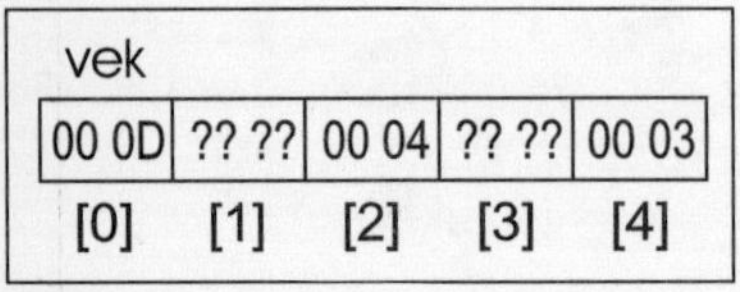

vek				
00 0D	?? ??	00 04	?? ??	00 03
[0]	[1]	[2]	[3]	[4]

Bild 5.4: Auswirkung von vek[z/2]=vek[z]+1;

Abbildung 5.4 zeigt: Hier wird dem 3. Element der um 1 erhöhte Wert des letzten Elements zugewiesen.

Diese Anweisung demonstriert noch einmal: Überall, wo eine normale Variable stehen kann, darf auch ein Vektorelement verwendet werden!

Möglich (aber nicht ratsam) wäre in C auch folgende Anweisung:

```
vek[5] = 24;
```

Die Speicherdarstellung sähe dann so aus wie in Abbildung 5.5.

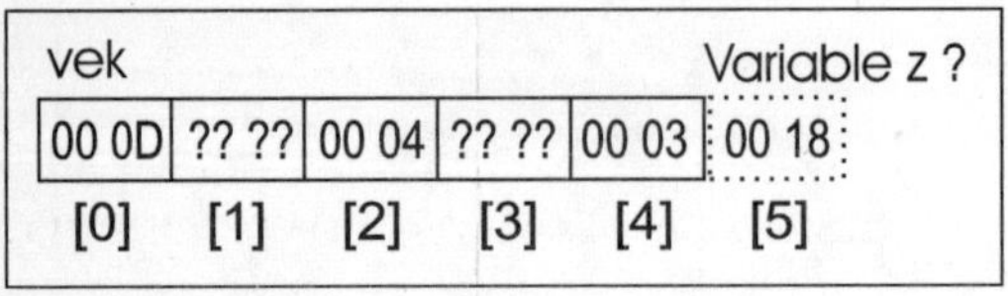

vek					Variable z ?
00 0D	?? ??	00 04	?? ??	00 03	00 18
[0]	[1]	[2]	[3]	[4]	[5]

Bild 5.5: Zugriff auf vek[5]

Sie würden damit auf einen Speicherbereich zugreifen, der nicht zu dem für den Vektor reservierten Speicherbereich gehört. (Sehr wahrscheinlich würden Sie damit die Variable z überschreiben, denn die meisten C-Compiler legen die Variablen in der Reihenfolge ihrer Definition von höheren zu niedrigeren Adressen an!)

Im Gegensatz zu anderen Programmiersprachen, in denen ein solch unerlaubter Zugriff als Fehler behandelt wird, ist in C der Programmierer selber für die Einhaltung der Grenzen des definierten Vektors verantwortlich!

Übrigens ist in C auch folgender, unerlaubter, Zugriff möglich:

```
vek[-1] = 11;
```

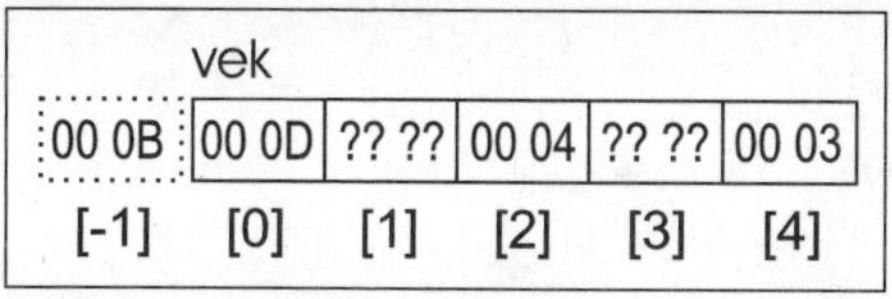

```
            vek
┌─────┬─────┬─────┬─────┬─────┬─────┐
:00 0B:00 0D ?? ?? 00 04 ?? ?? 00 03
└─────┴─────┴─────┴─────┴─────┴─────┘
 [-1]  [0]   [1]   [2]   [3]   [4]
```

Bild 5.6: Zugriff auf vek[-1]

Auch hier (Abbildung 5.6) wird außerhalb des definierten Speicherbereichs zugegriffen! (Ein Ausdruck mit negativem Index kann trotzdem eine sinnvolle Angelegenheit sein, wie wir später bei der Behandlung der Pointer (Kapitel 6) erfahren werden.)

Die Verallgemeinerung unserer bisherigen Erfahrung mit Vektoren lässt sich so zusammenfassen:

I. Ein Vektor mit Namen vname und anz Elementen vom Datentyp typ wird definiert durch:

```
typ vname[anz];
```

Darin

1. wird vname nach den Regeln der C-Variablennamen gebildet;

2. ist für typ jeder elementare Datentyp und darüber hinaus auch jeder - später zu besprechende - selbstdefinierte Datentyp erlaubt;

3. darf die Anzahl der Elemente anz nur aus einem positiven, integralen Konstantenausdruck (!) bestehen.

Danach ist folgende Definition nicht erlaubt:

```
int anz = 5;
int vek[anz]; /* Fehler! anz darf keine Variable sein! */
```

Erlaubt dagegen ist:

```
int vek[2 * 3 - 1]; /* Reiner Konstanten-Ausdruck */
```

II. Ein Element eines so definierten Vektors kann dann im Programm an beliebiger Stelle einer Variablen verwendet werden, und zwar in der Form:

5

Nitty Gritty • Start up!

vname[ind]

(Wichtig noch einmal die Feststellung: Ein solcher Ausdruck stellt einen L-Wert dar, d.h. man kann ihm einen Wert zuweisen!)

Auch für diesen Zweck wird der primäre Klammer-Operator [ ] verwendet. Darin ist ind ein beliebiger integraler (auch Variablen-)Ausdruck, der nicht negativ sein sollte.

Gerade diese letzte Tatsache erlaubt es jetzt, das Eingangsproblem dieses Kapitels zu lösen: Eingabe einer Textzeile und anschließende rückwärtige Ausgabe:

```
char zeile[80 + 1];
int i,
    c;
for (i = 0 ; i < 80 && (c = getchar ())!= '\n' && c!= EOF ; ++i)
    zeile[i] = c;
zeile[i] = '\0';
for (--i ; i >= 0 ; --i)
    putchar (zeile[i]);
putchar ('\n');
```

Wir haben in diesem Beispiel einen Vektor zeile vom Datentyp char, da ein char-Element ausreicht, um ein Zeichen zu speichern. Dass jedes Zeichen zunächst mit getchar() in eine int-Variable c eingelesen wird, liegt wieder daran, dass der Anwender auch die Eingabeende-Tastenkombination eingeben könnte und dann ja EOF, also die int-Zahl -1 geliefert wird.

Die int-Variable i wird als Index zur Adressierung der einzelnen Vektorelemente verwendet. Sie läuft in der ersten Schleife von 0 bis maximal 79.

Die Schleife wird abgebrochen, spätestens wenn i 80 wird oder bei einem kleineren Wert von i, wenn der Anwender vorher schon ein Newline eingegeben hat.

Jedes in c eingelesene Zeichen wird sukzessiv in einem anderen Element von Zeile gespeichert. Auf diese Weise können maximal 80 Zeichen eingelesen und in den Vektor zeile übertragen werden.

Zwei Fragen ergeben sich:

▮ Was passiert mit dem eingegebenen Newline-Zeichen?

▮ Warum maximal nur 80 Zeichen und nicht 81 (Größe des Vektors)?

Zu (a): Das Newline wird zwar in c eingelesen, aber nicht in einem Element des Vektors gespeichert. Das ist dann sinnvoll, wenn man in zeile nur den reinen Text und nicht das Zeilenendezeichen speichern will (was meistens der Fall ist). Die Funktionen der C-Standardbibliothek verhalten sich übrigens unterschiedlich in dieser Frage (s.u.: Unterschied von gets() und fgets().

Zu (b): Die erste Anweisung hinter der Schleife: zeile[i]='\0'; weist dem 1. Element hinter dem zuletzt eingegebenen Textzeichen das Stringendekennzeichen '\0' zu. Wir kennen dieses Zeichen (ASCII-Null) bereits von den Stringkonstanten (s. Kapitel 2), wo es automatisch am Ende eines Strings gespeichert wird. Hier, wo wir mit zeile ja einen variablen Speicherbereich haben, müssen wir das Ende des Strings selber markieren.

Dreierlei geht daraus hervor:

1. Es gibt in C keinen Datentyp für Stringvariablen. Stattdessen definiert man dafür einen genügend großen char-Vektor. Jedes Zeichen des Strings wird in jeweils einem Element dieses Vektors gespeichert.

2. Der Beginn des Strings steht im 1. Element des Vektors (also zeile[0]), das Ende muss durch Speicherung von ASCII-Null hinter dem letzten Zeichen markiert werden.

3. Die Größe eines zu definierenden char-Vektors richtet sich nach der maximalen Anzahl zu speichernder Zeichen plus einem Element für das Stringendekennzeichen ('\0'). (In unserem 81 Zeichen großen Vektor zeile können also maximal 80 Zeichen gespeichert werden!)

Machen Sie sich klar, dass der eingegebene String nicht 80 Zeichen lang sein muss, sondern auch kürzer sein kann. Andererseits könnte der eingegebene Text aber auch länger als 80 Zeichen sein, dann werden aber nur 80 Zeichen gelesen und gespeichert, die restlichen Zeichen verbleiben im Tastaturpuffer und könnten später gelesen oder auch weggeworfen werden.

Gibt ein Anwender beispielsweise den String: "Otto" ein, sieht das Speicherabbild von zeile wie in Abbildung 5.7 aus.

5

Nitty Gritty • Start up!

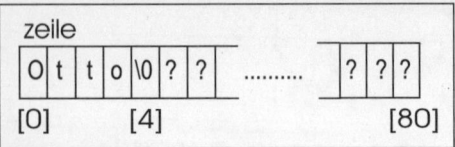

Bild 5.7: Eingabe von „Otto" in den Vektor zeile

Die zweite Schleife in unserem Programm beginnt mit der Ausgabe der Einzelzeichen mit dem letzten Zeichen vor '\0' und zählt den Index wieder herunter bis einschließlich 0.

Bei obigem Textbeispiel würde dadurch auf dem Bildschirm erscheinen:

```
ott0
```

Die praktische Bedeutung des Stringendekennzeichens wird erst wirklich klar, wenn man den eingegebenen String nicht in rückwärtiger, sondern in natürlicher Reihenfolge ausgibt. Das würde erreicht durch folgende Schleife:

```
for (i = 0 ; zeile[i]!= '\0' ; ++i)
   putchar (zeile[i]);
putchar ('\n');                    Ausgabe: Otto
```

Hier wird die Abfrage auf '\0' benutzt, um nur den gespeicherten String, und kein Zeichen zuviel, auszugeben.

Nebenbei bemerkt bietet putchar() die Möglichkeit zu einer kompakteren Form der Schleife:

```
for (i = 0 ; putchar (zeile[i])!= '\0' ; ++i)
   ;
putchar ('\n');
```

Das ist möglich, weil putchar() das Zeichen, das ihm als Argument übergeben wird, nicht nur ausgibt, sondern auch sozusagen "als Returnwert" zurückgibt. Diese Formulierung ist nicht ganz korrekt. Man müsste richtiger sagen: Der putchar()-Aufruf wird mit dem auszugebenden Zeichen bewertet. Denn putchar() ist keine Funktion sondern ein Makro! (s. Kapitel 10)

Allerdings gibt es einen Unterschied zwischen den beiden Formen der Schleife: In der zweiten Form wird '\0' auch ausgegeben! Das ist aber höchstens unschön. Ein Problem ist es nicht, da die Ausgabe des Zeichens `'\0'` auf dem Bildschirm nichts bewirkt!

Wir haben also gesehen, wie Vektoren in C eingesetzt werden, um Stringvariablen zu ersetzen. Wo immer Zeichenketten verarbeitet werden, müssen entsprechende `char`-Vektoren definiert werden. Man sollte aber darüber nicht vergessen, dass Vektoren in allen möglichen Problembereichen gebraucht werden und deshalb in C Vektoren von jedem Datentyp definiert werden können.

Als weiteres Beispiel soll deshalb die Sortierung eines `double`-Vektors vorgeführt werden.

5.2 Sortierung eines Vektors

Zum Sortieren soll ein einfacher Algorithmus verwendet werden. Es werden jeweils zwei benachbarte Zahlen miteinander verglichen. Ist die erste größer als die zweite, werden beide ausgetauscht.

Zur Programmentwicklung zeichnen wir uns die Sortiervorgänge für ein kleines Zahlenbeispiel auf:

Zu sortierende Zahlen (in ihrer in einem Vektor abgelegten Reihenfolge):

```
              13.8     4.1   101.25    -8.9    27.4
1. Vergleich:  4.1    13.8   101.25    -8.9    27.4
2. Vergleich:  4.1    13.8   101.25    -8.9    27.4
3. Vergleich:  4.1    13.8    -8.9   101.25    27.4
4. Vergleich:  4.1    13.8    -8.9    27.4  |101.25
```

Nach diesem 1. Sortierdurchgang kann man noch nicht behaupten, dass alle Zahlen sortiert wären. Aber als Ergebnis kann man festhalten, dass die größte Zahl jetzt das letzte Element einnimmt, also dort steht, wo es hingehört.

Es folgt ein zweiter Sortierdurchgang, aber nur mit den ersten vier Elementen:

```
              4.1    13.8    -8.9    27.4  |101.25
1. Vergleich:  4.1    13.8    -8.9    27.4  |101.25
2. Vergleich:  4.1    -8.9    13.8    27.4  |101.25
3. Vergleich:  4.1    -8.9    13.8  | 27.4   101.25
```

Die größte der vier Zahlen, nämlich 27.4, steht jetzt hinten an ihrem Platz und kann wieder von den weiteren Sortierdurchgängen ausgeschlossen werden.

Der dritte Sortierdurchgang:

```
               4.1    -8.9    13.8  | 27.4   101.25
1. Vergleich:  -8.9    4.1    13.8  | 27.4   101.25
2. Vergleich:  -8.9    4.1  | 13.8    27.4   101.25
```

Eigentlich sind die Zahlen jetzt schon korrekt sortiert, aber nur zufällig, aufgrund der ausgewählten Zahlen. Bei anderer Zahlenwahl müsste jetzt noch ein vierter Sortierdurchgang folgen:

```
               -8.9    4.1  | 13.8    27.4   101.25
1. Vergleich:  -8.9  | 4.1    13.8    27.4   101.25
```

Jetzt sind wir am Ziel, alle Zahlen sind aufsteigend sortiert! Wir sollten das Ergebnis dieses Verfahrens folgendermaßen festhalten:

```
Wir hatten 5 Zahlen zu sortieren!
Wir brauchten dazu 4 (= 5 - 1) Sortierduchgänge!
Im 1. Sortierduchgang fanden 4 (= 5 - 1) Vergleiche statt!
Im 2. Sortierduchgang fanden 3 (= 5 - 2) Vergleiche statt!
Im 3. Sortierduchgang fanden 2 (= 5 - 3) Vergleiche statt!
Im 4. Sortierduchgang fand 1 (= 5 - 4) Vergleich statt!
```

Man kann diese Gesetzmäßigkeit leicht auf eine beliebige Anzahl n von Zahlen übertragen:

```
Bei der Sortierung von n Elementen braucht man n - 1 Sortierdurchgänge. Der
k. Sortierduchgang umfaßt n - k Vergleiche.
```

Wenn man die obige Aufzeichnung der Vergleichsoperationen betrachtet, so erkennt man, dass das ganze Programm zunächst aus einer Schleife besteht, nämlich die Wiederholung von Sortierdurchgängen.

Jeder Sortierdurchgang ist aber wiederum eine Schleife, weil er aus einer Wiederholung von Vergleichen besteht. Der Vergleich selber ist eine Verzweigung. So ergibt sich für die Programmlogik das Struktogramm in Abbildung 5.8.

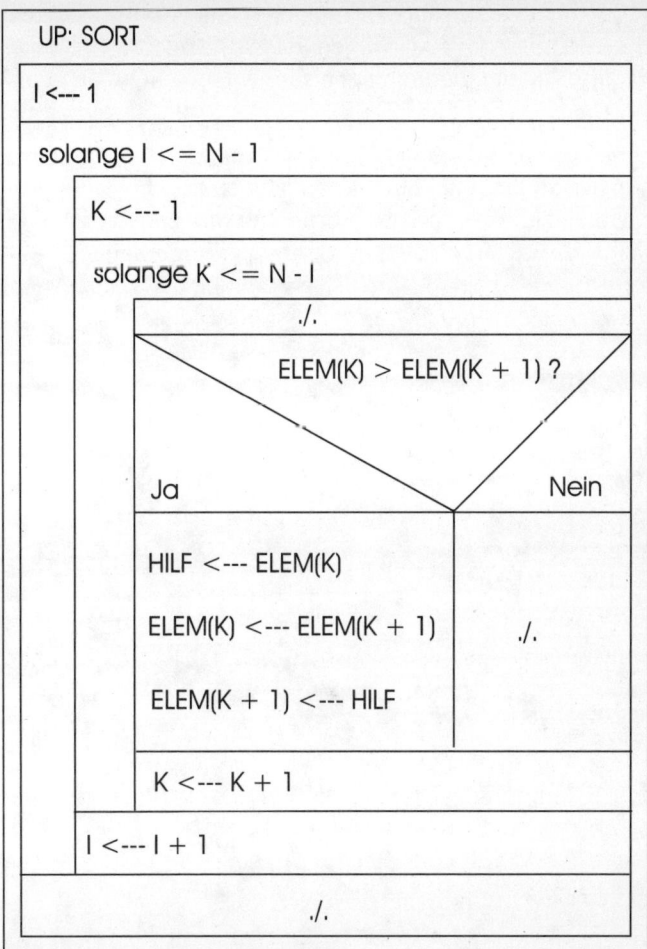

UP: SORT
I <--- 1
solange I <= N - 1

K <--- 1

solange K <= N - I

./.

ELEM(K) > ELEM(K + 1) ?

Ja   Nein

HILF <--- ELEM(K)	
ELEM(K) <--- ELEM(K + 1)	./.
ELEM(K + 1) <--- HILF	

K <--- K + 1

I <--- I + 1

./.

Bild 5.8: Sortieren im Struktogramm

Das Struktogramm beschreibt in Form eines Unterprogramms nur den reinen Sortiervorgang. Es könnte auch in C als eigenständige Funktion geschrieben werden, das aus einem Hauptprogramm (`main()`) heraus aufgerufen wird.

`ELEM(1)` bezeichnet hier das 1. Vektorelement. Bei der Umsetzung in C muss man natürlich berücksichtigen, dass es dort etwa `elem[0]` heißt. Auch die Schleifenbedingungen sind entsprechend anzupassen.

Im Folgenden eine erste Version des entsprechenden C-Programms, das - über das Struktogramm hinaus - anfänglich beliebig viele Dezimalzahlen einliest und sie nach der Sortierung wieder ausgibt:

```c
# include <stdio.h>
# define MAX 100

int main (void)
{
    double elem[MAX]; /* Zahlenvektor */
    double hilf;      /* Hilfsvariable zum Tauschen */
    int i, /* Zähler der Sortierdurchgänge */
        k, /* Zähler der Vergleiche */
        n; /* Tatsächlich eingegebene Anzahl Dezimalzahlen */
    /* --------------- Eingabe der Zahlen: --------------- */
    printf ("1. Dezimalzahl: ");
    for (i = 0 ; i < MAX && scanf ("%lf", &elem[i])!= EOF ; ++i)
        printf ("%d. Dezimalzahl: ", i + 2);

    n = i; /* Sichern der Anzahl wirklich eingegebener Zahlen */
    /* ------------------ Sortierung ------------------------ */
    for (i = 0 ; i < n - 1 ; ++i) /* Sortierdurchgangsschleife */
        for (k = 0 ; k < n - (i + 1) ; ++k) /* Vergleichsschleife */
            if (elem[k] > elem[k + 1])
            {
                hilf = elem[k];            /* Drei Anweisungen zum */
                elem[k] = elem[k + 1]; /* Tauschen             */
                elem[k + 1] = hilf;
            }
    /* -------------- Ausgabe der sortierten Zahlen: ------ */
    for (i = 0 ; i < n ; ++i)
        printf ("%lf\n", elem[i]);
    return 0;
}
```

Sollten Ihnen die Bedingungen der Sortierdurchgangs- und Vergleichsschleife Kopfschmerzen bereiten, empfiehlt es sich, anhand dieses C-Programms und obigen Datenbeispiels einen Schreibtischtest durchzuführen.

Den hier verwendeten Sortieralgorithmus nennt man übrigens **Bubble-Sort**, weil bei jedem Sortierduchgang die jeweils größte Zahl -

wie eine Blase - aufsteigt. Es gibt eine ausgefeilte Theorie der Sortieralgorithmen, unter denen der Bubble-Sort - insbesondere bei großen Datenmengen - eher als "lahme Ente" anzusehen ist. Wir brauchen uns hier nicht mit den verschiedenen Algorithmen zu beschäftigen, bietet C doch in seiner Standardbibliothek die Funktion `qsort()` an, mit der Sie beliebige Daten nach beliebigen Kriterien sortieren können, und zwar nach dem **Quick-Sort-Algorithmus**, einem der schnellsten! (s. Kapitel 9)

Wer sich dennoch mit dem interessanten Thema Sortieralgorithmen beschäftigen möchte, sei auf [2] und [3] verwiesen.

Zwei Fragen zum Thema Vektoren sind noch abzuhandeln: Wie werden Vektoren mit Anfangswerten initialisiert, und wie werden Vektoren als Argumente an Funktionen übergeben?

5.3 Initialisierung von Vektoren

Nach dem ANSI-Standard kann jeder Vektor bei der Definition sofort mit Anfangswerten initialisiert werden. Nach dem alten Kernighan & Ritchie-Standard ging das nur bei globalen und static-Vektoren (s. Speicherklassen, Kapitel 7).

int vek[5] = { 13, -4, 9 };

Hier wird ein `int`-Vektor mit 5 Elementen definiert, dessen erste drei Elemente die Anfangswerte: 13, -4 und 9 zugewiesen bekommen. Die letzten zwei Elemente werden automatisch mit 0 initialisiert! Das interne Speicherbild zeigt Abbildung 5.9.

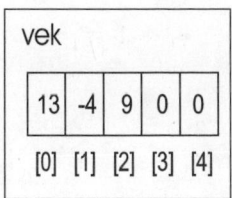

Bild 5.9: Initialisierung von vek

Es können höchstens so viele Elemente initialisiert werden, wie der Vektor besitzt.

Werden alle Elemente eines Vektors initialisiert, darf man die Anzahl Elemente bei der Definition sogar weglassen! Die Anweisung

```
int vek[] = { 13, -4, 9, 108, 25 };
```

ist also gleichbedeutend mit:

```
int vek[5] = { 13, -4, 9, 108, 25 };
```

Diese Art der Initialisierung, also die Initialisierungswerte als Aufzählung in { }-Klammern anzugeben, gibt es bei Vektoren aller Datentypen. Sie ist aber nur unmittelbar bei der Definition erlaubt! Ungültig ist demnach:

```
int vek[5];
vek = { 13, -4, 9, 108, 25 };      /* Ungültig!!! */
```

Wurde es versäumt, einen Vektor bei seiner Definition zu initialisieren, können nachträglich Werte nur durch Einzelzuweisungen an die Einzelelemente des Vektors erfolgen:

```
int vek[5];
vek[0] = 13;
vek[1] = -4;
    .....
```

Für einen char-Vektor könnte eine Initialisierung so aussehen:

```
char zeile[] = { 'O', 't', 't', 'o', '\0' };
```

Dieser Vektor enthält fünf Elemente, denn er wird mit fünf Zeichen initialisiert. Das Stringendekennzeichen '\0' muss dabei ausdrücklich angegeben werden.

Eine solche Definitionsanweisung einzutippen, macht schon einige Mühe, vor allem wenn der Text etwas länger sein sollte. Deshalb gibt es in C eine alternative Schreibweise - aber nur bei char-Vektoren! - in der die Initialisierungswerte in Form einer Stringkonstanten angegeben werden dürfen.

Obige Anweisung ist identisch mit:

```
char zeile[] = "Otto";
```

Auch hier wird ein Vektor mit fünf Elementen definiert, das abschließende '\0' ist implizit in der Stringkonstanten enthalten!

5.4 Übergabe von Vektoren als Argumente an Funktionen

Soll ein ganzer Vektor als Argument an eine Funktion übergeben werden, wird der Name des Vektors (ohne []-Klammern) übergeben. In der Funktion selber wird dafür als Parameter ein Vektor mit leeren []-Klammern definiert!

```
# include <stdio.h>
void set (int vek[], int n)
{
    int i;
    for (i = 0 ; i < n ; ++i)
        vek[i] = i + 1;
}
int main (void)
{
    int i;
    int zahlen[5];
    set (zahlen, 5);
    for (i = 0 ; i < 5 ; ++i)
        printf ("%d ", zahlen[i]);
    putchar ('\n');
    return 0;
}
```

Beim Programmlauf wird ausgegeben: 1 2 3 4 5. Der Vektor zahlen wird bei Aufruf der Funktion set() als Argument übergeben an vek, der dort als Vektor ohne Anzahl der Elemente definiert ist. Außerdem wird als 2. Argument die Anzahl Elemente von zahlen an n übergeben, sozusagen als Information, wie groß der übergebene Vektor ist.

In der Funktion set() wird jedem Element des Vektors eine der Zahlen 1, 2, 3... zugewiesen.

Nach Rückkehr aus der Funktion set() werden in der main()-Funktion die Elemente des Vektors ausgegeben.

Unsinnig wäre es zu schreiben:

```
void set (int vek[5], int n)
```

obwohl der Compiler es durchgehen lässt. Allerdings ingoriert er die Angabe: 5!

In der Liste der formalen Parameter einer Funktion sollte ein Vektor nur mit leeren []-Klammern vorkommen! Das hat seinen praktischen

Grund darin, dass man die Funktion `set()` vielleicht auch einmal mit einem Vektor aufrufen möchte, der 12 oder 25 Elemente hat.

Gerade aus diesem Grunde ist es in den meisten Fällen auch notwendig, als zweites Argument die Anzahl der Elemente mit zu übergeben.

Vielleicht ist dem Leser an dieser Stelle dennoch aufgefallen, dass der Autor ein wenig gemogelt hat.

Aus Kapitel 1 wissen wir, dass bei der Übergabe eines Arguments an eine Funktion dort eine Kopie angelegt wird (Call by value). Demnach müsste der Vektor `vek` eine vollständige Kopie des Vektors `zahlen` sein. Wenn ich dann den Elementen von `vek` Werte zuweise, dürften die Elemente von `zahlen` dadurch noch lange keine Werte bekommen haben.

Und trotzdem ist es so! Bei der Übergabe von Vektoren scheinen andere Techniken der Argumentübergabe vorzuliegen, als bei einfachen Variablen.

Wir müssen mit der Enträtselung dieses "Mysteriums" warten, bis wir die Pointer besprochen haben (Kapitel 6). Dann werden alle offenen Fragen diesbezüglich restlos aufgeklärt.

Als Anwendungen von Vektoren wollen wir uns jetzt mit einigen nützlichen Funktionen beschäftigen. Unser Eingangsproblem bestand u.a. aus dem Teilproblem, einen String in einen `char`-Vektor einzulesen. Wir lösten es durch eine zeichenweise Eingabeschleife. Wenn man bedenkt, wie oft in einem Programm ein String einzulesen ist, wird man es als mühsam empfinden, jedesmal dafür eine Schleife zu programmieren. Am einfachsten, man schreibt dafür einmalig eine Funktion, die dann immer nur aufgerufen zu werden braucht.

Nun gibt es allerdings bereits einige fertige Standardfunktionen für diesen Zweck. Abgesehen von `scanf()` sind dies `gets()` und `fgets()`. Wir werden uns mit der unterschiedlichen Wirkung beider Funktionen beschäftigen, um zu dem Schluss zu kommen, dass es doch günstiger ist, eine eigene Funktion zum Einlesen eines Strings zu schreiben.

Hier in Beispielform, wie man mit `gets()` bzw. `fgets()` einen String einliest:

```
char zeile[80 + 1];
```

```
gets (zeile);
...
fgets (zeile, 81, stdin);
```

Die Funktion `gets()` bekommt als Argument den Vektor `zeile` über-
geben und liest einen Eingabestring in ihn ein. Ein eingegebenes
Newline wird nicht gespeichert, sondern durch ein `'\0'` ersetzt. Der
String ist also ordnungsgemäß abgeschlossen!

Die Funktion `fgets()` macht es ähnlich. Sie erwartet aber drei Argumente. Das erste Argument ist der Vektor, in den einzulesen ist, und
das zweite die Information, wie groß der Vektor ist.

Das dritte, `stdin`, steht für die Standardeingabe; ein Hinweis darauf,
dass `fgets()` auch Zeilen aus Dateien lesen kann (s. Kapitel 14). Das
Symbol `stdin` ist in der Headerdatei `stdio.h` definiert, welche deshalb auch unbedingt eingebunden worden sein muss! Im Unterschied zu `gets()` speichert `fgets()` ein eingegebenes Newline-
Zeichen im Vektor (!) und hängt ein `'\0'` an!

Vorteile und Nachteile beider Funktionen liegen auf der Hand:
`gets()` ist sehr einfach aufzurufen. Dass es das Newline-Zeichen
nicht speichert, wird in den meisten Fällen als wohltuend empfunden, da es einem ja nur auf den eigentlichen String ankommt.

Es hat den großen Nachteil, dass es nicht wissen kann, wie groß der
übergebene Vektor ist. Wenn ein Anwender, der ja auch nicht wissen
muss, wie groß der Vektor ist, zu viele Zeichen eingibt, wird der String
gnadenlos über das Ende des Vektors hinaus gespeichert! Man wird
`gets()` also nur verwenden, wenn man sicher ist, dass der übergebene Vektor für alle wahrscheinlichen Eingaben eines Anwenders
groß genug ist (Hoffe und sei unverzagt!).

`fgets()` behebt diesen Fehler und scheint deshalb ideal zu sein. In
den meisten Fällen wird es aber als störend empfunden, dass das
eingegebene Newline im Vektor gespeichert wird. Wenn man z.B. mit
mehreren `fgets()`-Aufrufen mehrere einzelne Strings einliest, die
hinterher in einer Zeile ausgegeben werden sollen, hat man einige
Probleme, die man nur mit einigem Aufwand lösen kann.

Aus diesem Grunde scheint es angeraten (und für einen C-Programmierer ist es die ganz natürliche Konsequenz aus dieser Notlage),

eine eigene Funktion zu schreiben. In leichter Abänderung einer Anregung von Kernighan & Ritchie [1] wollen wir diese Funktion `getline()` nennen. Hier ist sie:

```
/*------------------ getline.c ----------------*/
# include <stdio.h>
int getline (char s[], int lim)
{
    int i,
        c;
/* Zeichenweises Einlesen. Abbruch bei Ueberschreiten
   der Grenze des char-Vektors, bei Eingabe von
   <Strg>Z oder <Return>                        */
    for (i = 0 ; i < lim - 1 && (c = getchar())!= EOF
        && c!= '\n' ; ++i)
        s[i] = c;
    s[i] = '\0'; /* Abschluss der Zeichenkette mit
                    ASCII-NULL    */
    fflush (stdin); /* Bereinigung des Tastaturpuffers */
    if (i==0 && c==EOF) /* Wenn EOF als 1. Zeichen
                          eingegeben ....... */
        i = EOF;        /* Returnwert: EOF */
    return i; /* Sonst Returnwert: Anzahl gelesener
                 Zeichen */
}
/*-------------------------------------------------------*/
```

Diese Funktion bekommt den Vektor und seine Größe als Argument übergeben.

Die for-Schleife, die zeichenweise in die Vektorelemente einliest, haben wir oben schon einmal verwendet. Hier ist nur die Abfrage auf EOF hinzugekommen. Eine Eingabezeile kann also entweder mit Newline oder auch mit <Strg>z (MS/DOS) bzw. <Strg>d (UNIX) beendet werden. Die Eingabe wird aber auch beendet bei Erreichen des Vektorendes! Damit ist der Mangel der gets()-Funktion behoben.

Aber auch das Newline-Zeichen wird nicht im Vektor gespeichert, damit vermeiden wir den Mangel der fgets()-Funktion.

Darüber hinaus wird der String sauber mit '\0' abgeschlossen. Der Funktionsaufruf: fflush (stdin); bewirkt, dass der Tastaturpuffer geleert wird. Sollte also ein Anwender zu viele Zeichen eingeben, die nicht alle in den Vektor passen, werden die überzähligen Zeichen verworfen.

Anders ausgedrückt: Wenn Sie die Anweisung: `fflush (stdin);` weglließen, verblieben die überzähligen Zeichen im Tastaturpuffer und würden bei einem weiteren `getline()`-Aufruf gelesen werden. Man kann sich aussuchen, was man haben möchte. Unsere Lösung dürfte für die meisten String-Eingabeprobleme die angemessenere sein.

Die letzte Anmerkung betrifft den Returnwert. Ein `getline()`-Aufruf liefert die Anzahl eingegebener Zeichen als Returnwert zurück. Das ist immer eine Zahl >= 0. Sie ist == 0, wenn ein Anwender nur Newline eingibt. Besteht die Eingabe aber nur aus `<Strg>z` (MS/DOS) bzw. `<Strg>d` (UNIX), dann ist der Returnwert `EOF` (== -1), also ein Wert < 0.

Man muss sich an dieser Stelle noch einmal klar machen: Die Funktion `getline()` bewirkt zweierlei:

1. Sie speichert einen eingegebenen String in einem übergebenen Vektor.

2. Sie liefert als Returnwert die Information, wie viele Zeichen eingegeben wurden. Dementsprechend hat die Funktion den Datentyp int.

Der Returnwert der `getline()`-Funktion kann zur Steuerung von Schleifen benutzt werden. So könnte z.B. in einer `main()`-Funktion stehen:

```
char zeile[80 + 1];
while (getline (zeile, 81) >= 0)
    ....
```

Die Schleife wird erst dann abgebrochen, wenn der Anwender die Eingabe `<Strg>z` bzw. `<Strg>d` macht. Leerzeilen (also nur Newline) führen nicht zum Abbruch!

Anders in folgendem Beispiel:

```
char zeile[80 + 1];
while (getline (zeile, 81) > 0)
    ....
```

Bereits die erste Eingabe einer Leerzeile führt zum Abbruch der Schleife!

5

Nitty Gritty • Start up!

Auch für eine Prüfschleife kann der Returnwert von `getline()` ausgenutzt werden:

```c
char name[20];
int n;
...
printf ("Name: ");
while ((n = getline (name, 20)) <= 0)
{
   switch (n)
   {
      case 0:
         fprintf (stderr,
                  "Ein Name muss angegeben werden!\n");
         fprintf (stderr,
                  "Wiederholen Sie die Eingabe!\n");
         break;
      default:
         fprintf (stderr, "Programmabbruch!\n");
         exit (1);
   }
   printf ("Name: ");
}
....
```

Der case-Zweig: o behandelt den Fall, dass nur Newline eingegeben wurde, für den default-Zweig bleibt dann nur der Wert -1 übrig, d.h. Eingabe von <Strg>z bzw. <Strg>d., also EOF.

Die Fehlermeldungen werden hier nicht mit `printf()`, sondern mit `fprintf(stderr,...)` ausgegeben. Die Standardfunktion `fprintf()` ist allgemeiner als `printf()`, sie kann formatierte Ausgaben in beliebige Dateien vornehmen. `stderr` ist wieder in `stdio.h` definiert, und zwar als die "Datei": **Standardfehlerausgabe**. Wenn ein Programm gestartet wird unter Umlenkung der Standardausgabe in eine Datei, ist die Standardfehlerausgabe nach wie vor mit dem Bildschirm verbunden. Die Fehlermeldungen, die mit `fprintf (stderr,...)` ausgegeben werden, sind also auf dem Bildschirm sichtbar und erregen die Aufmerksamkeit des Anwenders, auch wenn alle "normalen" Ausgaben auf die Standardausgabe in einer Datei verschwinden sollten! (Unter UNIX ist es übrigens möglich, auch die Standardfehlerausgabe, getrennt von der Standardausgabe, in eine Datei umzulenken!)

Gewöhnen Sie sich an, Fehlermeldungen grundsätzlich nach `stderr` zu schicken!

Der Systemaufruf: `exit()` beendet ein Programm (unter UNIX: beendet einen **Prozess**!).

Die obige Prüfschleife wird also erst dann beendet, wenn der Anwender sich bequemt hat, einen Namen einzugeben, oder wenn er durch Eingabe von EOF signalisiert hat, dass er keine Lust mehr auf das ganze Programm hat.

Wie wir gesehen haben, ist die Funktion `getline()` doch ganz brauchbar für die tägliche Arbeit des C-Programmierers, ähnlich wie `printf()` und andere Standardfunktionen. Im Gegensatz zu den Standardfunktionen müsste man aber den Programmcode von `getline()` zu jedem Programm hinzu binden, das `getline()` aufruft. Wenn man das nicht immer machen will, muss man zwei Maßnahmen ergreifen:

1. Der übersetzte Objectcode von `getline()` muss in eine private Funktionsbibliothek überführt werden.

2. Der C-Compiler (genauer: Der Linkage-Editor) muss dressiert werden, dass er automatisch nicht nur die Standardbibliothek sondern auch diese private Bibliothek nach unaufgelösten Referenzen durchsucht. Wie man das macht, erfahren Sie in Kapitel 8.

Als weiterer Anwendungsfall für (`char`-)Vektoren soll eine Funktion geschrieben werden, die Ziffernfolgen (also Strings!) in die `int`-Zahlen umwandelt, die durch die Ziffernfolgen dargestellt werden. Sollte Ihnen die Problemstellung nicht einleuchten, machen Sie sich klar, dass

```
printf ("%d\n", 13);
```

die interne Darstellung der `int`-Zahl 13 in eine Folge von Ziffern umwandelt und ausgibt.

Während die `int`-Konstante im Speicher durch 00 0D dargestellt wird, ist die Speicherdarstellung der Ziffernfolge: 31 33 (ASCII-Code). Umgekehrt, bei

```
int n;
scanf ("%d", &n);
```

gibt der Anwender eine Ganzzahl in Form von Einzelziffern ein, die von `scanf()` in eine `int`-Zahl umgewandelt und als solche in n gespeichert werden muss.

Gerade diese letzte Operation soll durch eine Funktion bewerkstelligt werden, wie folgendes Beispiel zeigt:

```
char s[] = "-27";
int n;
n = asctoint (s);
++n;
printf ("%s\n", n);      Ausgabe: -26
```

(In diesem Fall ist die Ziffernfolge noch durch ein `'\0'` abgeschlossen, was wir für diese Aufgabe auch voraussetzen wollen.)

Die Funktion `asctoint()` könnte folgendermaßen geschrieben werden:

```
int asctoint (char s[])
{
    inz z = 0,    /* Summenfeld für die zu liefernde
                     int-Zahl */
       f = 1,    /* Faktor für ein Vorzeichen */
       i;        /* Zähler */
    /* Schleife zum Überlesen von führenden
       "White-Characters" */
    for (i = 0 ; s[i] == ' ' || s[i] == '\t' ; ++i)
       ;
    /* Wenn Vorzeichen-Minus .... */
    if (s[i] == '-')
    {
       f = -1;   /* Faktor korrigieren */
       i++;      /* Vorzeichen überspringen */
    }
    /* Solange Ziffern vorkommen .... */
    for ( ; s[i] >= '0' && s[i] <= '9' ; ++i)
       z = 10 * z + (s[i] - '0');
    return f * z; /* Rückgabe der int-Zahl */
}
```

Die Funktion `asctoint()` soll auch dann noch ihre Arbeit machen, wenn der Ziffernstring mit führenden Blanks oder Tab-Zeichen beginnt. Ein Minus-Vorzeichen darf vorhanden sein und wird als Faktor -1 festgehalten, ansonsten ist f = 1 laut Initialisierung. Die Bedingung der Ziffernschleife setzt voraus, dass in der internen Codetabelle des Rechners die Ziffernzeichen von 'o' bis '9' einen zusammenhängenden Bereich bilden, was beim ASCII- und EBCDIC-Code der Fall ist.

Erläutert werden muss der Schleifenkörper: Der Ausdruck `s[i] - '0'` stellt den Zahlenwert der in `s[i]` gespeicherten Ziffer dar. Machen Sie sich das z.B. an der Ziffer '4' (Abbildung 5.10: Umwandlung einer Ziffer in ihren Wert) klar.

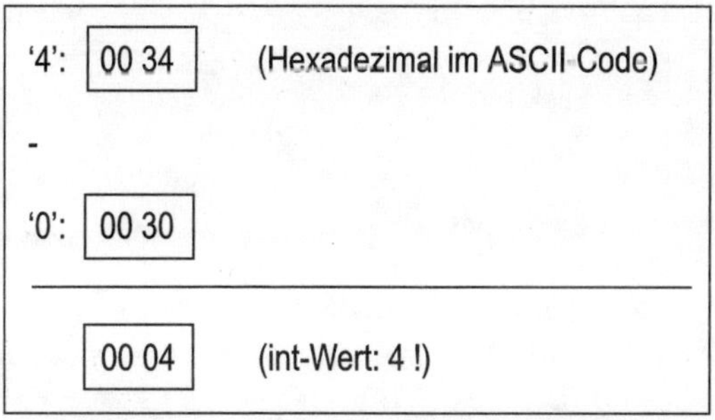

```
'4':  00 34      (Hexadezimal im ASCII-Code)

-

'0':  00 30
      _____

      00 04      (int-Wert: 4 !)
```

Bild 5.10: Umwandlung einer Ziffer in ihren Wert

Der Ausdruck `z = 10 * z + (s[i] - '0');` addiert diesen Wert auf das Zehnfache dessen, was bereits in z vorher gespeichert wurde. Dadurch wird die Stellenwertigkeit der einzelnen Ziffern berücksichtigt.

Am besten macht man einen Schreibtischtest z.B. für folgenden Aufruf: `asctoint ("-2149")`.

f	i	s[i]	s[i] – '0'	z
1				0
-1	0	'0'		0
	1	'2'	2	2
	2	'1'	1	21
	3	'4'	4	214
	4	'9'	9	2149
	5	'\0'		

Tabelle 5.1: Schreibtischtest für asctoint("-2149");

Der Returnwert ist: (-1) * 2149 = -2149

Beim Zeichen '\0' wird die Schleife verlassen, weil es sich nicht um eine Ziffer handelt.

Grundsätzlich wird die Schleife verlassen, wenn ein beliebiges Zeichen im String vorkommt, das keine Ziffer ist. Damit sind auch Blanks zwischen den Ziffern nicht erlaubt und führen zu einem vorzeitigen Abbruch der Umwandlung.

So wundern Sie sich nicht über folgende Ergebnisse:

```
printf ("%d\n", asctoint ("12 34"));    Ausgabe: 12
printf ("%d\n", asctoint ("1 000"));    Ausgabe: 1
printf ("%d\n", asctoint ("-14E37"));   Ausgabe: -14
```

Im Gegensatz zur Funktion `getline()` brauchen Sie `asctoint()` nicht zu erstellen und Ihrer privaten Bibliothek zuzuführen. Sie existiert bereits als Standardfunktion und hat als solche allerdings den Namen `atoi()`! Ihr Prototyp befindet sich in der Headerdatei `stdlib.h`, die dementsprechend eingebunden werden sollte.

Eine ähnliche Standardfunktion, nämlich `atof()`, wandelt Ziffernfolgen in `double`-Zahlen um, also z.B.:

```
# include <stdio.h>
# include <stdlib.h>

....
char ds[] = "-3.5";
printf ("%lf\n", atof (ds) + 1.0);    Ausgabe: -2.500000
```

Da diese Funktion den Datentyp `double` besitzt, muss unbedingt `stdlib.h` eingebunden werden, da sonst der Compiler beim Aufruf der Funktion annimmt, es handele sich um eine `int`-Funktion. Es wird dann auch nur ein `int`-Speicherbereich für den Returnwert zur Verfügung gestellt, was das Ergebnis der Arbeit von `atof()` verfälscht zurückliefert. Auch in diesem Fall kommt es häufig vor, dass ein Programmierer wegen falscher Zahlenausgaben stundenlang nach dem logischen Fehler in seinem Programm sucht, bis er merkt, dass er `# include <stdlib.h>` vergessen hat!

Der Programm-Code der Funktion atof() ist beschrieben bei Kernighan & Ritchie [1].

Mit den beiden Standardfunktionen atoi() und atof() sind wir in der Lage, zwei weitere nützliche Funktionen zu schreiben, um von der Standardeingabe eine Ganzzahl bzw. eine Dezimalzahl einzulesen.

```
# include <stdlib.h>
int get_int (void) /* Einlesen einer Ganzzahl */
{
    char s[20];
    getline (s, 20);
    return atoi (s);
}
```

```
# include <stdlib.h>
double get_double (void) /* Einlesen einer Dezimalzahl */
{
    char s[50];
    getline (s, 50);
    return atof (s);
}
```

Natürlich hätte man diese Aufgabe auch durch scanf() erledigen lassen können. (s. Kapitel 2 zu den typischen scanf-Problemen.)

Die Funktionen get_int() und get_double() sind zwei weitere Kandidaten für eine private Funktionsbibliothek!

Und noch eine Anwendung für char-Vektoren, die - in ähnlicher Form - auch als Standardfunktion vorliegt:

```
void strcpy (char s[], char t[])
{
    int i;
  for (i = 0 ; (s[i] = t[i])!= '\0' ; ++i)

  ;

}
```

So kurz diese Funktion auch ist, sie führt eine häufig benutzte Stringoperation aus: Sie kopiert ihr zweites Argument, den char-Vektor t in das erste Argument, den char-Vektor s. Sie macht das zeichenweise, durch Zuweisung. Wichtig ist zu erkennen, dass auch das t abschließende '\0' noch mit nach s kopiert wird und erst dann die Schleife abgebrochen wird.

Die Funktion hat den Datentyp `void`, weil sie keinen Returnwert zurückgibt. (Darin unterscheidet sie sich von der gleichnamigen Standardfunktion!)

5.5 Mehrdimensionale Felder (Arrays)

Ein mehrdimensionaler Array ist ein Daten-Aggregat, bestehend aus zusammenhängenden Elementen gleichen Datentyps, die über 2, 3, 4, ... Indizes angesprochen werden können.

Die oben behandelten Vektoren stellen also einen Spezialfall der Arrays dar, nämlich den eines eindimensionalen Arrays!

Als Beispiel sollen hier zweidimensionale Arrays behandelt werden, die man auch - der Mathematik folgend - **Matrizen** nennt. (Die Behandlung höher-dimensionaler Arrays ergibt sich folgerichtig daraus!)

Folgende Anweisung definiert eine Matrix mit 2 x 3 = 6 int-Elementen:

```
int matrix[2][3];
```

Der Compiler findet in dieser Anweisung zweimal den `[]`-Operator. Dieser Operator steht auf Stufe 1 und wird bei mehrmaligem Auftreten von links her zusammengefasst.

Der Compiler liest also zunächst: `matrix[2]` und stellt fest: `matrix` ist zunächst ein Vektor mit 2 Elementen. Danach liest er die Klammer `[3]` und interpretiert: Jedes der zwei Elemente des Vektors `matrix` ist wiederum ein Vektor von 3 `int`-Elementen. (Das Schlüsselwort `int` wird zwar als Erstes gelesen, legt aber den Datentyp jedes einzelnen Elements fest, wenn der Ausdruck insgesamt bewertet ist!)

Die interne Speicherdarstellung dieser Matrix könnte man also so wie in Abbildung 5.11 zeichnen.

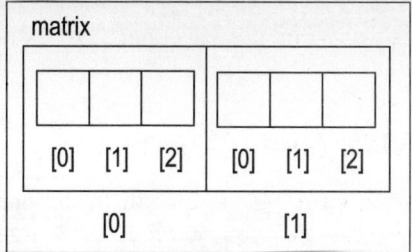

Bild 5.11: Speicherabbild von matrix

oder auch wie in Abbildung 5.12: Lineares Speicherabbild von matrix.

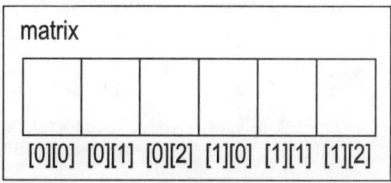

Bild 5.12: Lineares Speicherabbild von matrix

(Der Einfachheit halber sind hier die einzelnen Bytes eines `int`-Elements nicht mehr markiert worden!)

Wenn man eine Matrix definiert, schwebt einem oftmals ein anderes Abbild vor, eben ein zweidimensionales. Es kann Sie niemand daran hindern, die obige Matrix entsprechend aufzuzeichnen (s. Abbildung 5.13.

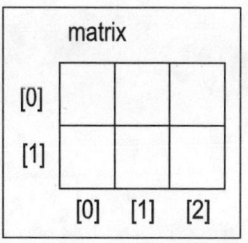

Bild 5.13: Zweidimensionale Darstellung von matrix

Wichtig ist nur:

1. Die natürliche Reihenfolge der Elemente ist so wie in der ersten Darstellung.

2. Jedes Element der Matrix muss unter Angabe von 2 Indizes adressiert werden.

Man könnte eine solche Matrix durch folgenden Programmauszug mit `int`-Werten belegen:

```
int matrix[2][3];
int i,
    k,
    z = 0;
for (i = 0 ; i < 2 ; ++i)
    for (k = 0 ; k < 3 ; ++k)
        matrix[i][k] = ++z;
```

Versuchen Sie nachzuvollziehen, dass die Matrix dann den in Abbildung 5.14 gezeigten Inhalt hat,

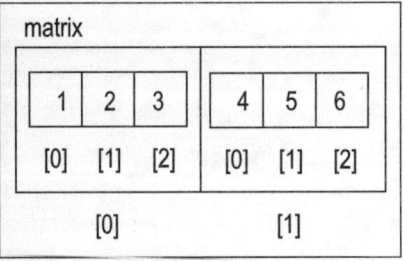

Bild 5.14: Belegung der Elemente von matrix

oder den von Abbildung 5.15,

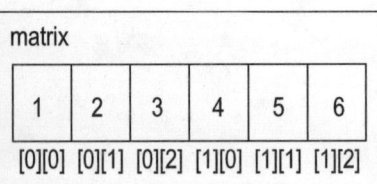

Bild 5.15: Lineare Darstellung

oder wie in Abbildung 5.16

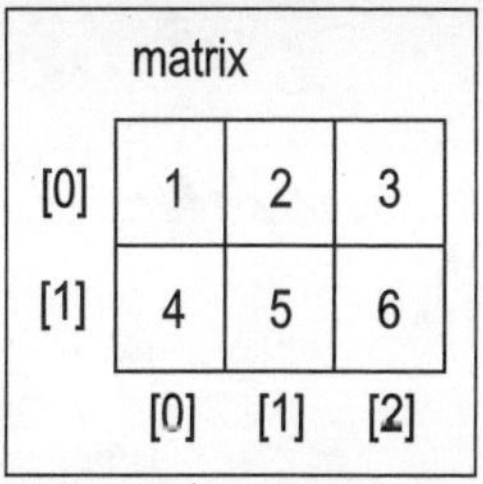

matrix			
[0]	1	2	3
[1]	4	5	6
	[0]	[1]	[2]

Bild 5.16: Zweidimensionale Darstellung

und dass der nachfolgende Programmauszug

```
for (k = 0 ; k < 3 ; ++k)
   for (i = 0 ; i < 2 ; ++i)
      printf ("%d:", matrix[i][k]);
```

folgende Ausgabe erzeugt:

```
1:4:2:5:3:6:
```

Ein gern benutztes Beispiel für eine Anwendung von Matrizen ist der Berufsstand des Vertreters. Um die Monatsumsätze der 17 Vertreter einer Firma im Laufe eines Jahres zu speichern, würde man definieren:

```
float umsatz[17][12];
```

Dabei steht der erste Index für je einen Vertreter, der zweite für je einen Monat des Jahres.

Aber die Arbeitgeber von Vertretern sind nicht die Einzigen, die ein Interesse von mehrdimensionalen Arrays haben. Eine viel wichtigere Rolle spielen Sie in der Zunft der Mathematiker und Physiker. Wenn so ein Mathematiker seine Matrix in eine inverse, transponierte, adjungierte oder sonstwie verjuxte Form bringen will, hat er das Bedürfnis nach entsprechenden Unterprogrammen (sprich: "C-Funktionen"). Und in der Tat werden Funktions-Bibliotheken dieser Art angeboten.

Wir wollen uns jetzt aber nicht in die Gefilde der höheren Mathematik begeben, was man aber wissen sollte, ist die - schon bei den Vektoren behandelte - Frage: Wie wird eine Matrix an eine Funktion übergeben?

Nitty Gritty • Start up!

Ganz einfach: Wie bei Vektoren, durch Angabe des nackten Namens der Matrix. Aber auch hier muss eine zusätzliche Information über die Größe der Matrix übergeben werden.

Schreiben wir unsere Funktion set() noch einmal, aber diesmal für Matrizen, so könnte in einer main()-Funktion folgender Aufruf stehen:

```
int matrix[2][3];
set (matrix, 2);
```

Die Funktion selber könnte so definiert sein:

```
void set (int m[][3], int n)
{
   int i,
       k,
       z = 0;
   for (i = 0 ; i < n ; ++i)
      for (k = 0 ; k < 3 ; ++k)
         m[i][k] = ++z;
}
```

Dieser Definitionskopf kommt etwas überraschend. Möglicherweise hat man als Funktionskopf erwartet:

```
void set (int m[][], int n, int m) /* Ungültig! */
```

So etwas ist aber in C nicht erlaubt! Im Grunde liegt es daran, dass eine Matrix ein Vektor von Vektoren ist und dass die Funktion wissen muss, was für ein Vektor von wie großen Vektoren vorliegt. Genauer versteht man aber auch das erst wieder, wenn man Pointer kennt.

Merken sollte man sich folgende Regel:

Wird eine Matrix an eine Funktion übergeben, dann muss bei der Definition der entsprechenden Matrix im Funktionskopf die erste []-Klammer leer bleiben, die zweite sollte die gleiche Anzahl haben wie die übergebene Matrix. Die Dimensionierung der ersten []-Klammer ist als zusätzliches Argument an die Funktion zu übergeben.

Allgemein gilt für einen n-dimensionalen Array:

Wird ein Array an eine Funktion übergeben, dann muss bei der Definition des entsprechenden Arrays im Funktionskopf die erste []-Klammer leer bleiben, alle weiteren sollten die gleiche Anzahl haben wie der übergebene Array. Die Dimensionierung der ersten []-Klammer ist als zusätzliches Argument an die Funktion zu übergeben.

Was jetzt noch zu besprechen bleibt, ist die Initialisierung einer Matrix. Ein Beispiel:

```
int matrix[2][3] = { { 13, -4, 195 }, { 25, 37, 2 } };
```

Mit anderen Worten, die Initialisierungsliste einer Matrix besteht aus einer in { } gesetzten Aufzählung von Initialisierungslisten für die einzelnen Vektoren, aus denen die Matrix besteht.

Entsprechend weiter geschachtelt sähe die Initialisierungsliste eines 3-, 4- ... dimensionalen Arrays aus.

Bei einer Matrix vom Datentyp char sähe die alternative String-Schreibweise dann so aus:

```
char menue[][20] =
    {
        "Eingabe",
        "Ausgabe",
        "Programmende"
    };
```

Man beachte, dass - ähnlich wie bei Vektoren - die erste []-Klammer auch bei der Definition leer bleiben kann, wenn die Matrix sofort initialisiert wird. Aus der Anzahl der Initialisierungsstrings entnimmt der Compiler, dass folgende Matrix zu definieren ist:

```
char menue[3][20];
```

Dieses Beispiel ist sehr beliebt bei Dialogprogrammen, wenn ein Menü von Programmdiensten angezeigt werden soll. Es hat nur einen Nachteil: Es verschwendet u.U. viel Speicherplatz, wenn die Strings der Menüpunkte unterschiedlich lang sind.

Wir werden im nächsten Kapitel sehen, wie man das gleiche Problem platzsparender und schöner lösen kann.

5.6 Training

1. Gegeben sei folgendes Programm:

```
# include <stdio.h>
int main (void)
```

```
{
   int vek[] = { 98, 13, 24, -20, 18 };
   int tab[5];
   int i;
   tab[0] = 3;
   tab[1] = 1;
   tab[2] = 4;
   tab[3] = 2;
   tab[4] = 0;
   for (i = 0 ; i < 5 ; ++i)
      printf ("%d\n", vek[tab[i]]);
   return 0;
}
```

Was wird ausgegeben?

2. Lässt sich die vorgestellte Standardfunktion strcpy(), die den Inhalt eines char-Vektors in einen anderen kopiert, übertragen auf das Kopieren eines double-Vektors in einen anderen, indem man nur den Datentyp char in double umwandelt?

Wenn ja, schreiben Sie die Funktion (Name: doubcpy()) und testen Sie sie durch entsprechende Aufrufe aus einer main()- Funktion!

Wenn nein, warum nicht? Welche Änderungen müssten gemacht werden?

3. Schreiben Sie die C-Funktion stringlen(), der ein char-Vektor übergeben wird und die die Länge des in dem Vektor gespeicherten Strings als Returnwert zurückgibt. Diese Länge ist definiert als die Anzahl der Zeichen vor dem '\0'!

 Hinweis

Auch diese Funktion gibt es als Standardfunktion unter dem Namen strlen(), Prototyp in der Headerdatei string.h.

4. Jon Bentley [4] beschreibt in seinem höchst cleveren Buch Programming Pearls, wie er von einem Programmierer um Hilfe gebeten wurde bei der Aufgabe, maximal 27000 positive Ganzzahlen möglichst schnell im Hauptspeicher zu sortieren. Die größte der Zahlen betrug gerade 27000. Keine der Zahlen konnte mehrfach vorkommen. Das Hauptproblem bestand darin, dass der zur Verfügung stehende Hauptspeicherplatz nicht ausreichte, um einen Vektor von 27000 unsigned-int-Elementen aufzunehmen, wohl aber einen Vektor mit 27000 / 8 = 3375 Elementen.

Bentley schlug dem Programmierer folgende Lösung vor: Es ist ein Vektor von 3375 unsigned-char-Elementen zu definieren.

Alle Zahlen sind einzulesen, jede einzelne ist nach folgendem Verfahren zu speichern: Die 3375 unsigned-char-Elemente bestehen aus $3375 * 8 = 27000$ Bits. Alle diese Bits sollen am Anfang auf 0 gesetzt sein. Ist die zu speichernde Zahl jetzt z.B. 1034, so wird das 1034. Bit auf 1 gesetzt usw. Wenn alle Zahlen auf diese Weise gespeichert sind, hat man im ganzen Vektor ein Bit-Muster, in dem jedes auf 1 gesetzte Bit durch seine Bit-Position eine Zahl repräsentiert. Man braucht jetzt nur alle Bit-Positionen abzufragen, ob das entsprechende Bit auf 1 gesetzt ist, wenn ja, gibt man die Bit-Position als Zahl aus.

Es dürfte sich hier um den schnellsten Sortier-Algorithmus aller Zeiten handeln!

Anleitung: Definieren Sie einen 3375 Elemente großen unsigned-char-Vektor, und zwar global! D.h. die Definitionsanweisung des Vektors steht außerhalb jeder Funktion, möglichst am Anfang der Programmdatei.

Das hat zwei Vorteile:

1. Alle Funktionen der Programmdatei dürfen auf diesen Vektor zugreifen, ohne dass er innerhalb der Funktionen definiert werden müsste oder als Argument an die Funktionen übergeben werden müsste!

2. Globale Daten werden automatisch mit 0 initialisiert, d.h. auch alle Bits des Vektors sind anfänglich auf 0 gesetzt! (Nähere Informationen über globale Variablen im Kapitel 7.)

Schreiben Sie eine Funktion set(), an die die zu speichernde Zahl übergeben wird. Sorgen Sie in der Funktion dafür, dass das der Zahl entsprechende Bit auf 1 gesetzt wird (mit Bit-Operatoren, s. Kapitel 3).

Schreiben Sie eine Funktion out(), der ein Index in den Vektor übergeben wird, der für alle 8 Bits dieses Vektorelements prüft, ob es gesetzt ist und - wenn ja - die Bit-Position als Zahl ausgibt!

Schreiben Sie eine `main()`-Funktion, die beliebig häufig eine positive Ganzzahl einliest (mit `scanf()` oder `get_int ()`) und jede eingelesene Zahl mit `set()` speichert!

Danach übergeben Sie in einer Zählschleife nacheinander alle 3375 Indizes des Vektors an die Funktion `out()`!

6.1 Einfache Pointer

Nach den zahlreichen Vertröstungen aus dem vorigen Kapitel steht jetzt endlich die Frage zur Klärung an: Was sind Pointer (Zeiger)? Die Antwort ist zunächst einmal ganz einfach:

Pointer sind Variablen, in denen die Speicheradressen anderer Variablen gespeichert werden können.

Wir nähern uns also der Frage, indem wir uns zunächst einmal mit den Speicheradressen von Variablen und anderen L-Werten beschäftigen. Ausgangspunkt unserer Überlegungen ist die Tatsache, dass jedes Programm zur Ausführung in den Hauptspeicher des Rechners geladen werden muss.

Der Hauptspeicher erscheint als ein langes Band von Speicherstellen (Bytes bei Byte-Rechnern), die von der ersten bis zur letzten, bei 0 beginnend, durchnummeriert sind, wie die Häuser mit ihren Hausnummern in einer Straße.

(Es wird dabei abgesehen von den Besonderheiten des Betriebssystems MS/DOS, das unter Berücksichtigung der Architektur des INTEL-Prozessors intern eine sog. segmentierte Adressierung betreibt. Unter Vernachlässigung dieser Besonderheit wird hier von einer linearen Adressierung ausgegangen!)

Es gibt in C den unären Operator & (Stufe 2), der die Anfangsadresse eines L-Werts im Speicher ermittelt. Wir haben diesen Operator bereits im Kapitel 2 bei der Standardfunktion scanf() kennen gelernt.

Hier eine kleine Demonstration, wie man die Inhalte und die Adressen einiger Variablen auf dem Bildschirm anzeigen kann:

```
int x = 13;
double z = 3.5;
char s[] = "Text";
```

```
printf ("Adresse und Inhalt von x: %p: %d\n", &x, x);
printf ("Adresse und Inhalt von z: %p: %lf\n", &z, z);
printf ("Adresse und Inhalt von s: %p: %s\n", &s[0], s);
```

Der Programmlauf (unter MS/DOS) ergibt:

```
Adresse und Inhalt von x: FFF4: 13
Adresse und Inhalt von z: FFEC: 3.500000
Adresse und Inhalt von s: FFE6: Text
```

(Sollte der hier verwendete Formatbeschreiber zur Ausgabe von Adressen %p der printf()-Funktion auf Ihrem C-Compiler nicht bekannt sein, kann man auch %X verwenden!)

Der Ausdruck &x wird mit der Anfangsadresse der Variablen x bewertet. Da unter MS/DOS int-Variablen 2 Bytes lang sind, belegt die Variable x also die zwei Bytes mit den Adressen FFF4 und FFF5.

Entsprechend belegt die Variable z die 8 Bytes von FFEC bis einschließlich FFF3 und der Vektor s die 5 (!) Bytes von FFE6 bis einschließlich FFEA.

Soweit befriedigt der Adressoperator & also zunächst einmal unser Wissensbedürfnis, als er uns zu ermitteln erlaubt, wo die Variablen, die wir definiert haben, eigentlich im Speicher stehen.

Zweierlei geht aber aus dem Programmlauf hervor:

Wenn man die Anfangsadressen der Variablen vergleicht mit der Reihenfolge, in der die Variablen definiert wurden, so stellt man fest, dass die Variablen offenbar von höheren zu niederen Adressen im Speicher angelegt werden. Eine Technik, die bei vielen C-Compilern bzw. Betriebssystemen, aber nicht notwendigerweise bei allen, verwendet wird.

Zwischen dem vom Vektor s und der Variablen z belegten Speicher findet man (bei Adresse FFEB) ein sog. Lack-Byte, das von keiner Variablen benutzt wird. Es kommt dadurch zustande, dass der Compiler jede Variable auf den Beginn eines Maschinenworts (bei MS/DOS = 16 Bits = 2 Bytes) legt. Diese Wortkantenausrichtung erleichtert dem Prozessor den Zugriff auf die Hauptspeicherbereiche. Aber diese internen Adressierungsregeln muss man nicht unbedingt kennen, wenn man in C mit Adressen und Pointern umgehen will!

Als Nächstes lernen wir jetzt unsere erste Pointervariable kennen:

```
int z = 13;
int * ip;
ip = &z;
```

Während z eine normale `int`-Variable mit Inhalt 13 ist, handelt es sich bei `ip` um eine Pointervariable. Man sagt, `ip` habe den Datentyp `int *` (Sprich: "Pointer auf int").

Da Pointer-Variablen zum Speichern von Adressen da sind, wird mit `ip = &z;` dem Pointer `ip` die Anfangsadresse der Variablen z zugewiesen. Das Speicherabbild in Abbildung 6.1 verdeutlicht den Zusammenhang:

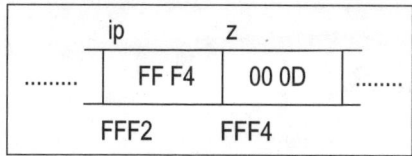

Bild 6.1: Speicherabbild von ip und z

Die Variable z beginnt hier an der Anfangsadresse FFF4 im Hauptspeicher und hat als Inhalt den hexadezimal dargestellten Zahlenwert D (dezimal: 13).

Die Pointervariable `ip` beginnt hier, zufällig, an der Adresse FFF2 und hat als Inhalt FFF4, also die Anfangsadresse von z! Man sagt auch: "`ip` zeigt auf z"! (Daher der Name Pointer!) Diesen Sachverhalt kennzeichnen wir in Zukunft so wie in Abbildung 6.2 dargestellt.

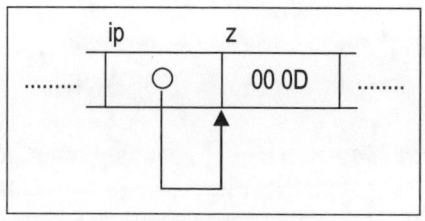

Bild 6.2: Typische Pointerdarstellung

Das hat den Vorteil, dass man sich nicht immer konkrete Speicheradressen ausdenken muss.

Noch einmal: Der Pointer ip und die Variable z, auf die ip zeigt, müssen nicht notwendigerweise zusammenhängend im Speicher stehen, wie man fälschlicherweise der Darstellung entnehmen könnte! Besser wäre deshalb die Zeichnung aus Abbildung 6.3.

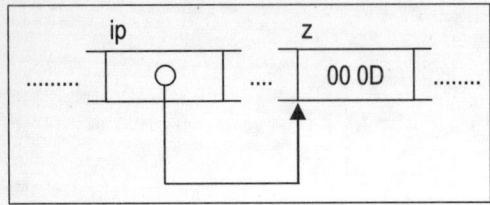

Bild 6.3: ip zeigt auf z

Wichtig ist nur: ip enthält als Inhalt die Anfangsadresse von z, egal, wo die Variable z in Bezug auf ip im Speicher steht!

Es stellt sich natürlich sofort die Frage nach dem Nutzen von Pointern. Eine vollends befriedigende Anwort wird sich frühestens am Ende dieses Kapitels einstellen. Als Nächstes lässt sich aber zeigen, wie man mit Hilfe des Pointers ip auf den Inhalt der Variablen z zugreifen kann:

```
int z = 13;
int * ip;
ip = &z;
printf ("Adresse von z: %p\n", &z);    ---> FFF4
printf ("Adresse von z: %p\n", ip);     ---> FFF4
printf ("Inhalt von z: %d\n", z);       ---> 13
printf ("Inhalt von z: %d\n", *ip);     ---> 13
```

In der letzten Anweisung haben wir im Ausdruck *ip wieder den unären Operator * (Stufe 2), der uns auch schon bei der Definition des Pointers (int * ip;) begegnete.

In dieser letzten Anweisung ist der Ausdruck *ip folgendermaßen zu interpretieren: Gehe im Hauptspeicher an die Adresse, die in ip enthalten ist und bewerte den Speicherinhalt ab dieser Adresse als int-Wert (weil ip ein Pointer auf int ist!).

Man nennt den unären Operator * den Verweisoperator, weil er auf den Inhalt an einer Adresse verweist!

Von daher ist klar, dass der Ausdruck *ip mit dem gleichen Wert bewertet wird wie der Ausdruck z, denn beide bezeichnen den Inhalt
desselben Speicherbereichs.

Voraussetzung ist aber, dass vorher ip auf die Anfangsadresse von z
gesetzt wurde! Das nachfolgende Beispiel demonstriert, dass ip
nacheinander auf verschiedene int-Variablen zeigen kann:

```
int z = 13,
    y = 24;
int * ip;
ip = &z;
printf ("Inhalt von z: %d\n", z);        ---> 13
printf ("Inhalt von z: %d\n", *ip);      ---> 13
ip = &y;
printf ("Inhalt von y: %d\n", y);        ---> 24
printf ("Inhalt von y: %d\n", *ip);      ---> 24
```

Nachdem ip auf die Anfangsadresse von y gesetzt wurde, wird mit
*ip natürlich der Inhalt von y bezeichnet!

An dieser Stelle müssen wir noch einmal zur Definition unseres Pointers ip zurückkehren. Wie ist der Ausdruck int * ip; zu interpretieren? Bei int z; ist der Fall eindeutig: z ist eine Variable vom Datentyp
int. Jetzt könnte man sagen: In int (* ip); hat die Variable ip einen solchen Datentyp, so dass sein Inhalt (Anwendung des Verweis-
operators) einen int-Wert ergibt. Daraus folgt: ip ist ein Pointer auf
eine int-Variable! Die in dem Ausdruck int (* ip); gesetzte bzw. ge-
dachte Klammer bringt leider die vom Compiler tatsächlich vorge-
nommene Bewertung nicht richtig zum Ausdruck. Richtiger müsste
die Zusammenfassung (int *) ip; heißen, und der Ausdruck (int
*) wird uns noch oft als Datentyp Pointer auf int begegnen!

Diese Betrachtungen stellen keine Haarspalterei dar! Erfahrungsgemäß hat ein C-Anfänger große Schwierigkeiten, zwei, in der Wirkung
identische, Programmauszüge zu verstehen:

```
int z = 13;
int * ip;
ip = &z;
printf ("%d\n", *ip)
```

und:

```
int z = 13;
int * ip = &z;
```

```
printf ("%d\n", *ip)
```

Den ersten Auszug kennen wir schon, im zweiten wird ip als Pointer auf int definiert und sofort mit der Anfangsadresse von z initialisiert. Aber Achtung: ip (vom Datentyp (int *)) wird mit &z initialisiert, nicht * ip! Das wäre ja auch falsch, denn nur die Pointervariable selber kann mit einer Adresse initialisiert werden! Mit anderen Worten: Entweder heißt es

```
int * ip = &z; (wie im zweiten Programmauszug)
```

oder

```
int * ip;
ip = &z;       (wie im ersten Programmauszug).
```

Ein weiteres Problem, das gerade bei C-Anfängern (aber mitunter auch bei Profis) einen häufig gemachten Laufzeitfehler hervorruft:

```
int z = 13;
int * ip;
*ip = 24;
```

Der Verlauf des weiteren Programms kann Sie sehr schnell zum Staunen bringen ob der Ergebnisse, zumindest unter MS/DOS. Unter UNIX führt ein solches Programm mit ziemlicher Wahrscheinlichkeit zum Programmabbruch und der alarmierenden Fehlermeldung: Bus error, core dumped. Was ist passiert?

Es wurde dem int-Speicherbereich, auf den ip zeigt, durch die Anweisung *ip = 24; der Wert 24 zugewiesen. Aber auf welchen int-Speicherbereich zeigt ip? ip wurde zwar als Pointer auf int definiert, aber nirgendwo mit der Anfangsadresse einer int-Variablen initialisiert! Die Pointervariable ip enthält einen Zufallswert (vielleicht den Inhalt einer Variablen eines früheren Programmlaufs!).

Mit *ip = 24; wird dann an dieser Zufallsadresse der Wert 24 gespeichert. Unter UNIX könnte diese Adresse außerhalb des, dem Prozess zugeteilten, Adressraums liegen, was zum Abbruch des Prozesses durch den UNIX-Kern führt. Bei MS/DOS gibt es diese Sicherheit nicht. Dort könnten Sie einen wichtigen Speicherbereich des Betriebssystems oder Ihres eigenen Programms überschreiben, was verheerende Folgen haben kann!

Daraus folgt die wichtige Programmierregel:

Jedem Pointer ist die Anfangsadresse eines definierten Speicherbereichs zuzuweisen, bevor der Verweisoperator auf diesen Pointer angewandt werden kann!

Bisher haben wir uns nur mit einem Pointer auf `int` beschäftigt. Man kann in C aber Pointer auf alle möglichen Datentypen, auch selbstdefinierte Datentypen (s. Kapitel 11), definieren. Ein paar Beispiele:

```
short sx = 17;
long lx = 134L;
unsigned char uc = 0x41;
short * sp = &sx;
long * lp = &lx;
unsigned char * ucp = &uc;
printf ("%d\n", * sp);    ---> 17
printf ("%ld\n", * lp);   ---> 134
printf ("%u\n", * ucp);   ---> 65 (dezimale Form von 0x41)
```

6.2 Pointer und Vektoren. Pointerarithmetik

Man könnte sich die Frage stellen: Warum gibt es in C nicht einfach den Datentyp Pointer, sondern Pointer auf `int`, Pointer auf `long`, ... usw.? Immerhin sind alle Pointer gleich lang, nämlich so groß, um eine Speicheradresse aufnehmen zu können.

Eine Antwort auf die Frage kennen wir schon. Der Ausdruck (`*pointer`) greift auf einen Speicherinhalt zu, und es muss feststehen, ob auf einen `int`-, `long`- ... Speicherbereich zugegriffen werden soll!

Aber auch für eine weitere Operation, die sog. Pointerarithmetik hat die Datentypabhängigkeit der Pointer Konsequenzen. Diese Pointerarithmetik soll jetzt im Zusammenhang mit Vektoren erläutert werden, die einige Rätsel der Vektoren auflösen wird.

Gegeben sei folgendes Beispiel:

```
int tab[5] = { 13, 4, 128, 97, -9 };
int * ip = &tab[0];
```

Hier wird ein `int`-Vektor `tab` mit fünf Elementen definiert, die auch alle sofort initialisiert werden. Außerdem ein `int`-Pointer, der mit der Anfangsadresse des ersten Vektorelements von `tab` initialisiert wird.

Zunächst eine verkürzende Schreibweise: Statt

```
int * ip = &tab[0];
```
kann man auch schreiben:
```
int * ip = tab;
```
Der reine Name eines Vektors (ohne Indexoperator `[]`) ist identisch mit der Anfangsadresse des ersten Elements des Vektors!

Das Speicherabbild lässt sich gemäß Abbildung 6.4 darstellen.

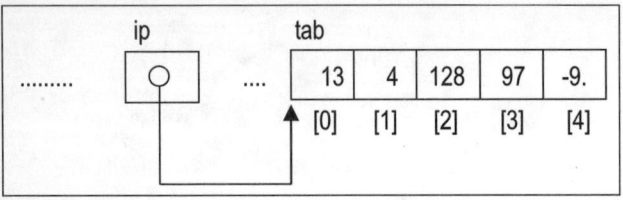

Bild 6.4: ip zeigt auf tab

(Auf die hexadezimale Darstellung der Inhalte wurde der Einfachheit halber verzichtet!)

Wir haben verallgemeinernd wieder angenommen, dass ip und tab nicht zusammenhängend im Speicher stehen müssen, obwohl sie das wahrscheinlich tun. Ganz wichtig aber ist jetzt, dass alle fünf Elemente des Vektors tab einen zusammenhängenden Speicherplatz belegen! Denn so ist ein Vektor ja gerade definiert: Ein zusammenhängender Speicherbereich gleichartiger Elemente!

Die Anweisung `printf ("%d\n", *ip);` gibt die Zahl 13 aus, denn ip zeigt auf die Anfangsadresse des ersten Elements und *ip greift auf den Inhalt des ersten Elements zu!

Für die Pointervariable ip sind jetzt - in beschränktem Maße - Rechenoperationen erlaubt, z.B.:
```
++ip;
```
Nach unserer Kenntnis des Inkrementoperators bedeutet das, dass der Inhalt von ip "um 1" inkrementiert wird, die Frage ist nur: "Um 1 was?" Der Inhalt von ip ist ja eine Adresse, man könnte dementsprechend annehmen, dass die Adresse um 1 Byte erhöht wird. Das ist leider falsch! Hier kommt der Datentyp, auf den der Pointer zeigt, zur

Wirkung: Da ip ein Pointer auf int ist, bedeutet ++ip, dass der Inhalt um die Länge einer int-Einheit erhöht wird. Wäre ip ein Pointer auf double, bedeutete ++ip die Erhöhung der gespeicherten Adresse um die Länge eines double-Werts!

Unsere Operation ++ip; führt also bei der gegebenen Initialisierung zu den in Abbildung 6.5 dargestellten Verhältnissen.

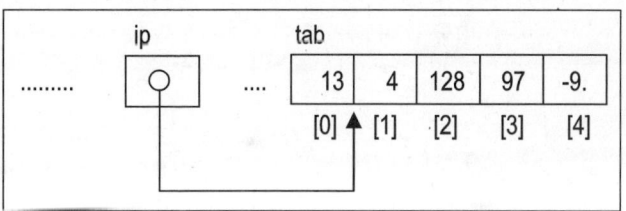

Bild 6.5: Abbildung 6.5: ip nach der ersten Inkrementierung

ip zeigt jetzt auf das zweite Element des Vektors tab, und mit der Anweisung printf ("%d\n", *ip); würde der Wert 4 ausgegeben! Wenn wir aber statt dessen die Operation ip += 3; ausgeführt hätten, ergäbe sich Abbildung 6.6.

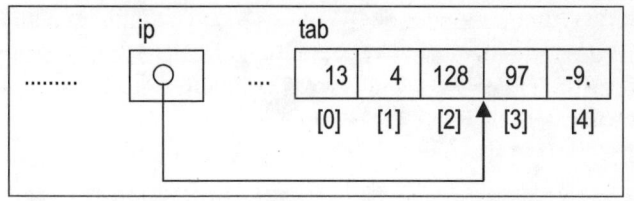

Bild 6.6: Abbildung 6.6: ip nach der zweiten Veränderung

Man ahnt jetzt schon, welcher wichtige Zusammenhang zwischen einem Vektor eines bestimmten Datentyps und einem Pointer auf denselben Datentyp existiert: Mit einem Pointer kann man sukzessive alle Elemente eines Vektors abarbeiten, man muss nur jeweils den Pointerinhalt erhöhen.

Man braucht aber den Pointer gar nicht bleibend zu erhöhen, natürlich lassen sich auch einfache, temporäre Rechenausdrücke bilden, ohne dass die Pointervariable selber verändert wird, wie in folgendem Beispiel:

```
int tab[5] = { 13, 4, 128, 97, -9 };
int * ip = tab;
printf ("%d\n", tab[1]);            ---> 4
printf ("%d\n", *(ip + 1));         ---> 4
printf ("%d\n", tab[3]);            ---> 97
printf ("%d\n", *(ip + 3));         ---> 97
```

Im zweiten `printf()`-Aufruf bezeichnet (ip + 1) die Adresse des zweiten Elements und der Ausdruck *(ip + 1) den Inhalt dieses Elements!

Wie man sieht, und der Programmlauf zeigt es, wird *(ip + 1) mit demselben Speicherbereich bewertet wie tab[1]. Das Gleiche gilt für die Ausdrücke *(ip + 3) und tab[3]! In beiden Ausdrücken taucht dieselbe Zahl auf und es wird dadurch dasselbe Vektorelement bewertet!

Diese Analogie zwischen Pointerausdrücken und indizierten Vektorausdrücken geht noch viel weiter, als man vermutet.

Betrachten wir den Ausdruck tab[3]. Der erste Teil des Ausdrucks, nämlich tab, stellt, wie wir inzwischen wissen, in Kurzform die Anfangsadresse des Vektors dar. Die Frage ist: Welchen Datentyp hat eigentlich der Ausdruck tab, oder der Ausdruck &tab[0], mit dem er ja identisch ist? Da er die Anfangsadresse eines int-Speicherbereichs repräsentiert, hat er denselben Datentyp wie die Variable, der man ihn zuweisen könnte, also Pointer auf int (int *)! Wenn der Ausdruck tab aber den Datentyp (int *) hat, dann muss folgender Ausdruck:

tab + 3

mit einer Adresse, 3 int-Einheiten hinter der Anfangsadresse des Vektors, und

*(tab + 3)

mit dem Inhalt dieses Speicherbereichs bewertet werden.

Wir sehen also, statt tab[3] kann man mit gutem Grund auch den Pointerausdruck *(tab + 3) verwenden, obwohl tab doch gar keine Pointervariable, sondern ein Vektorname ist! Damit wird auch restlos verständlich, wieso die Indizes bei Vektoren in C bei 0 beginnen, sie sind ja nichts anderes als der Abstand vom Anfang des Vektors.

Die Analogie zwischen Pointer- und indizierten Vektorausdrücken geht aber noch weiter: Ebenso ist `ip[3]` als gültige Entsprechung zu `*(ip + 3)` möglich, obwohl `ip` doch gar kein Vektor, sondern eine Pointervariable ist!

Mit anderen Worten: Unter den folgenden Voraussetzungen

```
int tab[5] = { 13, 4, 128, 97, -9 };
int * ip = tab;
```

sind folgende vier Ausdrücke völlig gleichbedeutend und werden mit demselben Speicherbereich bewertet:

```
tab[3] <---> *(tab + 3) <---> *(ip + 3) <---> ip[3]
```

In der Verarbeitungsweise des C-Compilers kommt diese Analogie so zum Tragen: Der Compiler ersetzt generell jeden indizierten Vektorausdruck durch den entsprechenden Pointerausdruck. (Für den AS-SEMBLER-kundigen Leser sicher keine Überraschung.)

Aber gerade deshalb ist es für den Compiler auch keine Hürde, mit dem Ausdruck `3[tab]` fertig zu werden. Hier liegt kein Druckfehler vor, Sie können Ihren Augen ruhig trauen! Der Compiler wandelt nämlich um:

```
3[tab] ---> *(3 + tab) ---> *(tab + 3),
```

und das ist wieder dasselbe wie `tab[3]`!

(Offensichtlich ist `3 + tab` dasselbe wie `tab + 3`, die Mathematiker würden sagen: Bezüglich der Addition eines Pointers und eines integralen Werts gilt das Kommutativgesetz.)

Die fast völlige Analogie zwischen Vektor- und Pointerausdrücken hat eine Grenze: `ip` ist in dem obigen Beispiel eine Pointervariable (die Betonung liegt auf Variable), während `tab` die konstante Anfangsadresse des Vektors darstellt, wie auch jeder mit dem Adressoperator gebildete Ausdruck wie `&tab[3]` eine Konstante darstellt.

Die oben benutzte Anweisung: `++ip;` lässt sich deshalb nicht mit `tab` machen, d.h. `++tab;` ist unter obigen Voraussetzungen ungültig!

Systematisch zusammengefasst lässt sich festhalten:

■ Der Adressoperator `&`, der nur auf Variablen bzw. L-Werte anwendbar ist, liefert selber eine konstante Adresse.

Nitty Gritty • Start up!

■ Der Verweisoperator * kann auf beliebige Adressausdrücke (Datentyp: Pointer auf ...) angewendet werden und bezeichnet dann einen L-Wert!

Gerade diese letzte Feststellung sollte noch demonstriert werden:

```
int tab[5] = { 13, 4, 128, 97, -9 };
int * ip = tab;
*(ip + 3) = 105;
printf ("%d\n", tab[3]);          ---> 105
```

Durch *(ip + 3) = 105; wird dem 4. Element des Vektors ein neuer Wert, nämlich 105, zugewiesen, der den alten Wert 97 überschreibt. Das ist möglich, weil *(ip + 3) einen L-Wert bezeichnet, genauso wie der entsprechende Ausdruck tab[3] oder *(tab + 3), während (tab + 3) einen konstanten Adressausdruck bezeichnet!

Was die Pointerarithmetik angeht, d.h. die Möglichkeit, mit Pointern zu rechnen, so kann man von einem Pointerausdruck z.B. auch eine int-Zahl subtrahieren, wie folgender Programmauszug zeigt:

```
int tab[5] = { 13, 4, 128, 97, -9 };
int * ip = tab;
ip += 3;
printf ("%d\n", *ip);   ---> 97
printf ("%d\n", *(ip - 2));    ---> 4
```

Generell sind in der Pointerarithmetik folgende Ausdrücke möglich:

■ pointer + iausdr ---> pointer

■ pointer - iausdr ---> pointer

■ pointer - pointer ---> iwert

Darin bedeutet:

pointer: Ein beliebiger Pointer-(Adress-)Ausdruck

iausdr: Ein integraler Ausdruck (auch long ist z.B. möglich!)

iwert: Ein int-Wert

Die letzte dieser drei Formeln ist noch genauer zu erklären:

```
int tab[5] = { 13, 4, 128, 97, -9 };
int * ip = tab;
ip += 3;
printf ("%d\n", ip - tab);        ---> 3
printf ("%d\n", tab[ip - tab]);  ---> 97
```

6

Der Ausdruck `ip - tab` liefert die Differenz zwischen `ip` und `tab`, aber nicht gemessen in Bytes, sondern in `int`-Einheiten, also: 3! In `tab[ip - tab]` wird dieser Wert 3 wieder als Index für den Vektor `tab` verwendet!

Übrigens wird jetzt auch verständlich, wieso negative Indizes durchaus vernünftig sein können, wie folgendes Beispiel zeigt:

```
int tab[5] = { 13, 4, 128, 97, -9 };
int * ip = tab;
ip += 3;
printf ("%d\n", ip[-1]);          ---> 128
```

Der Ausdruck `ip[-1]` wird vom Compiler umgewandelt in `*(ip - 1)`! Das Speicherabbild zeigt Abbildung 6.7.

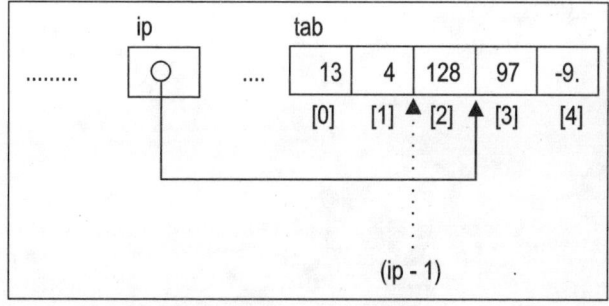

Bild 6.7: Zugriff über Rechenausdrücke mit ip

Die Verwendung negativer Indizes sollte aber logischerweise nur mit Pointervariablen stattfinden und auch nur unter der Voraussetzung, dass der Pointer nicht auf den Anfang des Vektors zeigt!

6.3 Pointer auf verschiedene Datentypen

Es geht jetzt darum, wie sich verschiedene Pointer, die auf Speicherbereiche unterschiedlichen Datentyps zeigen, zueinander verhalten. Im Bereich der elementaren Datentypen ist die Zuweisung einer Variablen an eine andere eines anderen Datentyps unproblematisch, wie in diesem Beispiel:

```
int x = 15;
double w;
```

Nitty Gritty • Start up!

```
w = x;
```

Bei der Zuweisung `w = x;` wird der `int`-Inhalt 15 der Variablen x in den Datentyp `double`, also in den Wert 15.0, implizit umgewandelt und anschließend in w gespeichert.

Bei der Zuweisung z.B. eines Pointers auf `int` an einen Pointer auf `unsigned char` sollte die Situation eigentlich noch viel unproblematischer sein, da ja eine Speicheradresse – ohne Umwandlung seines Werts – nur an eine andere Pointervariable übertragen wird. Adresse bleibt Adresse, könnte man meinen.

Der C-Compiler verhält sich aber bei Pointerzuweisungen sehr viel kritischer. Er behält ständig im Auge, dass Adressen nur dazu benutzt werden, um auf die dort befindlichen Speicherbereiche eines bestimmten Datentyps zuzugreifen. Deshalb bedenkt er folgenden Programmauszug mit einer Warnung:

```
int z = 25,
    * ip = &z;
unsigned char * ucp;
printf ("%d\n", *ip);      ---> 25
ucp = ip; /* "Warning: Suspicious pointer conversion" */
```

Der Inhalt des `int`-Pointers ip, also die Anfangsadresse von z, wird an ucp, einen Pointer auf `unsigned char`, zugewiesen, was die Warnung des Compilers hervorruft. Diese Warnung wird eigentlich aus Sorge um den Programmierer ausgegeben, um ihn darauf hinzuweisen, dass der mit dem Ausdruck *ucp nicht auf den ganzen `int`-Speicherbereich der Variablen z zugreifen kann.

Trotzdem kann es bewusste Absicht des Programmierers sein, einen Speicherbereich einmal anders zu interpretieren, als er bei seiner Definition gedacht war. Um in einem solchen Fall den C-Compiler von vornherein zu beruhigen und ihm die erklärte Absicht mitzuteilen, kann man den Castoperator (`unsigned char *`) verwenden:

```
int z = 25,
    * ip = &z;
unsigned char * ucp;
printf ("%d\n", *ip);      ---> 25
ucp = (unsigned char *)ip; /* Keine Warnung! */
printf ("%u\n", *ucp);     ---> 25
ucp++;
printf ("%u\n", *ucp);     ---> 0
```

Jetzt verzichtet der Compiler auf die Warnung.

Also: Ein Pointer wird an einen anderen Pointer unterschiedlichen Datentyps unter expliziter Typumwandlung mittels eines Castoperators zugewiesen!

Von dieser Regel gibt es zwei Ausnahmen, die gleich erklärt werden.

Vorher sollte man sich die Auswirkungen dieser Pointerzuweisung ansehen. Der Ausdruck `*ucp` wird jetzt nur mit einem `unsigned`-`char`-Speicherinhalt bewertet (also nur 1 Byte!), durch die Operation `++ucp;` setzt man dann den Pointer auf das nächste Byte unserer `int`-Variablen z. Auf diese Weise lassen sich also alle Bytes eines längeren Speicherbereichs einzeln anzeigen!

Hier könnte der aufmerksame Leser überrascht sein, zeigt doch der obige Programmlauf, dass das höherwertige Byte den Wert 25 und das niederwertige den Wert 0 enthält, obwohl man doch das genaue Gegenteil erwarten müsste!

Zur Erklärung muss man erwähnen, dass obiges Programm (unter MS/DOS) auf einem Rechner mit INTEL-Prozessor lief. Der INTEL-Prozessor hat die Besonderheit, dass er die Bytes aller zusammenhängenden Speicherbereiche wie `int`-, `long`-, `double`-Variablen in rückwärtiger Reihenfolge speichert. Das hängt mit der Art und Weise zusammen, wie dieser Prozessor solche Speicherbereiche verarbeitet.

Ein `int`-Inhalt 00 19 (hexadezimaler Wert von 25) wird auf einem INTEL-Rechner in der Form 19 00 gespeichert. Trotzdem wird in korrekter Weise mit dem Speicherbereich gerechnet, so dass ein C-Programmierer sich i.A. nicht für diese **INTEL-Konvention** zu interessieren braucht! Sie muss eigentlich nur bei einem kleinem Kreis hardwarenaher Probleme berücksichtigt werden!

Nun zu den zwei Ausnahmen vom Casting bei Pointerzuweisungen. Eine Compiler-Warnung bekommen Sie nicht, wenn 1. die zugewiesene Adresse in Form einer Direktadresse (also z.B. `int`-Konstanten) angegeben wird und 2., wenn ein Pointer auf `void` zugewiesen oder wenn an einen Pointer auf `void` zugewiesen wird! Folgender Programmauszug demonstriert das:

```
int z = 25,
    * ip = &z;
unsigned char * ucp;
void * p;                    /* Pointer auf void */
ucp = ip;        /* Warning: Suspicious pointer conversion */
ucp = (unsigned char *)ip;  /* Keine Warnung! */
ucp = 0x0;                   /* Keine Warnung! */
p = ip;                      /* Keine Warnung! */
ucp = p;                     /* Keine Warnung! */
```

Zu 1.: Mit `ucp = 0x0;` wird die Speicheradresse 0 zugewiesen. Unter dem Betriebssystem MS/DOS könnte man nun (wenn man das Programm mit dem Speichermodell `large` übersetzt) mit dem Ausdruck `*ucp` auf das erste Byte der Interrupt-Vektoren zugreifen. Unter UNIX wäre ein solcher Zugriff, zumindest für einen unprivilegierten Prozess, nicht erlaubt!

Die Direkt-Adressierung von Speicherbereichen spielt eigentlich nur in der hardwarenahen Programmierung eine Rolle, z.B. wenn auf einem IBM-PC zur schnelleren Bildschirmausgabe direkt in den Bildschirmspeicher geschrieben werden soll und dazu ein Pointer auf die Anfangsadresse des Bildschirmspeichers gesetzt wird.

Gerade weil die Direkt-Adressierung ansonsten keine Rolle spielt, hat man – per Konvention – eine bestimmte Adresse, nämlich 0, zum Erkennungszeichen für Ungültige Adresse erklärt und dafür in `stdio.h` die `define`-Konstante NULL definiert. Enthält also eine Pointervariable den Wert NULL, so bedeutet es: Dieser Pointer enthält keine gültige Adresse und man sollte nicht mit dem Verweisoperator auf den Speicherinhalt an dieser Adresse zugreifen! (Diese Verwendung von NULL wird uns noch sehr oft begegnen!)

Zu 2.: Das reservierte Wort `void` ist uns bisher nur in der Form `int main (void)` begegnet und bedeutete dort, dass die Parameterliste der `main()`-Funktion leer ist.

Darüber hinaus gibt es aber Funktionen vom Typ `void`, z.B.:

```
void func (int x)
{
    printf ("%d\n", x);
}
```

Hier bedeutet `void`: Die Funktion `func()` hat keinen Datentyp, weil sie nämlich auch keinen Returnwert zurückgibt! Diese `void`-Funktionen in C entsprechen den Prozeduren in PASCAL bzw. den Subroutinen in FORTRAN. Sie machen irgendetwas, aber geben keinen Funktionswert zurück!

Das Wort void scheint also immer irgendwie so etwas wie "Nichts" zu bedeuten.

Es gibt in C keine Variablen vom Typ void! (Was für Variablen sollten das auch sein?) Wohl aber gibt es Pointer auf void, also Variablen vom Typ void *! Diese Variablen sind in der Lage, Adressen beliebiger Speicherbereiche aufzunehmen. Sie sind sog. typenlose Pointer. Bei Zuweisungen, an denen Pointer auf void, entweder links oder rechts vom Zuweisungsoperator, teilnehmen, braucht kein Cast-Operator verwendet zu werden. (s. obiges Programmbeispiel!)

Nur: Man darf auf diese Pointer nicht den Verweisoperator * anwenden!

Pointer auf void werden deshalb immer dann verwendet, wenn eine Speicheradresse gespeichert werden soll, von der (noch) nicht bekannt ist, von welchem Objekt sie die Anfangsadresse darstellt. (Eine Anwendung finden wir im Kapitel 9 bei der Behandlung der Standardfunktion qsort().)

An dieser Stelle sollte man zunächst innehalten und die erworbenen Pointer-Kenntnisse durch ein kleines Training vertiefen. Erfahrungsgemäß ist man überfordert, wenn man sich alle Themen dieses Kapitels in einem Durchgang anzueignen versucht! Pointer und der Umgang mit ihnen sind doch in starkem Maße gewöhnungsbedürftig, deshalb die Empfehlung: Bearbeiten Sie als Nächstes die Trainingsaufgabe 1, bevor Sie im Text fortfahren.

6.4 Pointer als Funktions-Parameter

Das Problem, um das es hier geht, soll erläutert werden anhand eines Programms, das leider nicht das macht, was es machen soll, also anhand eines "falschen" Programms:

```
/* tausch.c: "Falsche" Version */
# include <stdio.h>
void tausch (int x, int y)
{
```

```
    int h;
    h = x;
    x = y;
    y = h;
}
int main (void)
{
    int a = 27,
        b = 14;
    tausch (a, b);
    printf ("%d:%d\n", a, b);
    return 0;
}
```

Die void-Funktion tausch() bekommt 2 Ganzzahlen an die Parameter x und y übergeben und tauscht ihre Inhalte mit Hilfe der Variablen h aus.

In der main()-Funktion werden die dort definierten und initialisierten Variablen a und b an die Funktion tausch() übergeben. Nach diesem Funktionsaufruf, werden die Inhalte von a und b angezeigt. Zur Überraschung des Programmierers sieht er beim Programmlauf auf dem Bildschirm 27:14 und nicht 14:27, wie er programmiert zu haben glaubte.

Was ist passiert? Der hier gemachte Fehler dürfte nach dem, was wir schon über Funktionsaufrufe kennen gelernt haben, erklärbar sein. Wenn bei Aufruf von tausch() die Variablen a und b als aktuelle Argumente übergeben werden, so werden sie an die Funktionsparameter x und y übergeben. D.h. x und y erhalten eine Kopie von a und b (Call by Value, s. Kapitel 1). Die Funktion tausch() macht dann ihre Arbeit, nämlich Austauschen, mit x und y und nicht mit a und b!

Nach Rückkehr aus der Funktion tausch() sind die in der main()-Funktion definierten Variablen a und b von den Tauschoperationen völlig unberührt und enthalten immer noch ihre originalen Initialisierungswerte!

Nach dem, was wir in diesem Kapitel über Pointer erfahren haben, lässt sich vielleicht verstehen, wieso folgendes Programm die Sache richtig macht:

```
/* tausch.c: "Richtige" Version */
# include <stdio.h>
void tausch (int * x, int * y)
```

```
{
    int h;
    h = *x;
    *x = *y;
    *y = h;
}
int main (void)
{
    int a = 27,
        b = 14;
    tausch (&a, &b);
    printf ("%d:%d\n", a, b);
    return 0;
}
```

Jetzt werden beim Aufruf von tausch() die Anfangsadressen von a
und b übergeben, und zwar an die Pointer x und y! D.h. die Pointer x
und y zeigen auf die Variablen a und b der main()-Funktion, obwohl
letztere in der Funktion tausch() unter ihrem Namen gar nicht bekannt sind! Mit *x und *y werden in tausch() in Wirklichkeit die Inhalte von a und b getauscht! Der Programmierer kann aufatmen,
beim Programmlauf bekommt er jetzt 14:27 zu sehen.

Es lohnt sich, anhand von tausch() einen Augenblick beim Funkti-
onsbegriff zu verweilen.

Eigentlich ist in der Programmierung der Zweck eines Funktionsun-
terprogramms, einige übergebene Daten zu verarbeiten und als Ergebnis genau einen Funktionswert zu liefern. Der ganze Zweck einer
Funktion konzentriert sich auf diesen einen Funktionswert (so z.B.
bei den Function-Unterprogrammen in FORTRAN, dort ist sogar das
Verändern der Parameter verboten!). Hier haben wir jetzt mit
tausch() eine Funktion, die nicht einmal einen Returnwert liefert.
Und trotzdem kommt etwas zurück, tausch() "hinterlässt" sogar
zwei (veränderte) Werte!

In dieser Form, als void-Funktion, ist tausch() eigentlich kein typi-
sches Funktionsunterprogramm, sondern eher das, was man in PAS-
CAL eine Prozedur nennt. Eine Prozedur liefert keinen Returnwert,
sondern erlaubt es, mehrere übergebene Argumente zu verändern!
Die dabei verwendete Übergabetechnik kann man eigentlich nicht
mehr mit Call by Value bezeichnen, sie entspricht eigentlich mehr der
Technik Call by Reference, denn hier werden nicht mehr Speicherin-

6

halte an die Parameter einer Funktion übergeben, sondern Adressen von Speicherbereichen!

Eine typische Prozedur lässt sich in C in reiner Form also als eine void-Funktion verwirklichen. Natürlich gibt es aber auch Mischformen aus Funktion und Prozedur, die C-Standardbibliothek ist voll davon, und auch die von uns geschriebene Funktion getline() ist im Wesentlichen eine Prozedur, wie wir jetzt sehen werden.

Betrachten wir zunächst folgenden getline()-Aufruf:

```
char zeile[80];
getline (zeile, 80);
```

Hier fällt auf, dass der Returnwert von getline(), die Anzahl eingegebener Zeichen, gar nicht verwendet wird. Und in der Tat hätten wir getline() auch als void-Funktion schreiben können, denn die Anzahl eingegebener Zeichen als Returnwert ist ja nur ein zusätzliches Abfallprodukt. Die wesentliche Aufgabe dieser Funktion ist aber, eine Anzahl Zeichen von der Standardeingabe einzulesen und jedes Zeichen in einem Element des Vektors zeile zu speichern!

Bei der Definition der Funktion wurde angemerkt, dass der Autor bei der Erklärung der Argumentübergabe etwas gemogelt hat, und zwar beim ersten Argument. Jetzt sind wir in der Lage, diese Unklarheit zu beseitigen.

Das 1. Argument, zeile, stellt die Anfangsadresse des Vektors dar, und man hätte auch aufrufen können:

```
getline (&zeile[0], 80);
```

Nach allem, was wir jetzt über Pointer wissen, muss dieses Argument an einen Pointer auf char übergeben werden, wir hätten also den Funktionskopf von getline() so formulieren müssen:

```
int getline (char * s, int lim)
```

statt

```
int getline (char s[], int lim).
```

Der Ausdruck char s[] ist nur eine alternative Schreibweise für char * s, und der Compiler nimmt auch diese Umwandlung vor. Es war also nicht richtig zu sagen: "Es wird der Vektor zeile übergeben", sondern es wird nur seine Anfangsadresse an einen Pointer übergeben.

Dementsprechend ließe sich die ganze Definition von `getline()` in Pointerform formulieren:

```
/*---------------- getline.c ------------------------*/
# include <stdio.h>

int getline (char * s, int lim)
{
   int i,
       c;

/* Zeichenweises Einlesen. Abbruch bei Ueberschreiten
   der Grenze des char-Vektors, bei Eingabe von
   <Strg>Z oder <Return> */

   for (i = 0 ; i < lim - 1 && (c = getchar())!= EOF
       && c!= '\n' ; ++i)
     *(s + i) = c;

   *(s + i) = '\0';       /* Abschluss der Zeichenkette
                             mit ASCII-NULL   */

   fflush (stdin);        /* Bereinigung des
                             Tastaturpuffers */

   if (i==0 && c==EOF)    /* Wenn EOF als 1. Zeichen
                             eingegeben .......  */
     i = EOF;             /* Returnwert: EOF     */
   return i;              /* Sonst Returnwert: Anzahl
                             gelesener Zeichen  */
}
```

Man hätte auch eine Mischform verwenden können, nämlich den formalen Parameter s als Pointer definieren und trotzdem in der Funktion die indizierte Vektorschreibweise s[i] verwenden können. (Was in der Praxis auch sehr häufig gemacht wird!)

Wichtig ist nur, dass beim Aufruf von `getline()` eine Anfangsadresse an einen Pointer übergeben wird, egal ob die Definition des ersten Parameters `char s[]` oder `char * s` lautet. Und das erklärt auch, dass der Aufruf von `getline()` die Veränderung so vieler Elemente von `zeile` bewirkt, obwohl sie doch als Funktion nur einen Returnwert zurückgeben kann.

Man kann darüber rätseln, warum die Schreibweise `char s[]` überhaupt in C eingeführt wurde, da sie ja durch das Pointerkonzept eigentlich überflüssig ist. Vielleicht als Hilfsmittel für den C-Anfänger,

6

Nitty Gritty • Start up!

der noch nicht zu den Pointern vorgedrungen ist? Wahrscheinlicher ist, dass eine zu anderen Programmiersprachen kompatible Form der Übergabe von Vektoren geschaffen werden sollte (s. z.B. FORTRAN).

Auf diese Weise könnte man auch andere Funktionen, wie z.B. asctoint() aus Kapitel 5 in eine Pointerschreibweise umformulieren.

Hier soll die, ebenfalls in Kapitel 5 vorgestellte, Standardfunktion strcpy() noch einmal definiert werden, und zwar in zweierlei Hinsicht in neuem Gewand:

```
char * strcpy (char * s, char * t)
{
    int i;
    for (i = 0 ; (*(s + i) = *(t + i))!= '\0' ; ++i)
        ;
    return s;
}
```

1. Als formale Parameter sind jetzt Pointer auf char definiert worden, und es wird auch mit Pointerausdrücken auf die einzelnen Elemente der beiden übergebenen Vektoren zugegriffen.

2. Die Funktion hat jetzt nicht mehr den Datentyp void, sondern Pointer auf char (char *)! Es wird dementsprechend auch, wieder als zusätzliches Abfallprodukt, das erste Argument, also die Anfangsadresse des ersten übergebenen Vektors, als Returnwert zurückgegeben (Datentyp: char *). Das hat folgenden Zweck: Bisher (als void-Funktion) musste man etwa formulieren:

```
strcpy (zeile, string);
printf ("%s\n", zeile);
```

Jetzt darf man daraus eine Anweisung machen:

```
printf ("%s\n", strcpy (zeile, string));
```

Durch den geschachtelten Funktionsaufruf wird erreicht, dass zunächst strcpy() aufgerufen wird, das string nach zeile kopiert. Der Returnwert von strcpy(), nämlich zeile, wird nach dem Kopieren direkt an printf() übergeben, und der kopierte String wird angezeigt.

Nach diesem Verfahren arbeiten viele Standardfunktionen, vor allem aus dem Bereich der Stringverarbeitung (s. Kapitel 12).

6.5 Vektoren von Pointern

So wie es möglich ist, double-, int- oder char-Vektoren zu definieren, sollte auch die Definiton von Vektoren von Pointern möglich sein. Nehmen wir folgendes Beispiel:

```
long lvek[5] = { 13L, -5L, 24L, 198L, 17L };
long * lvp[5]; /* Vektor von 5 long-Pointern */
lvp[0] = &lvek[1];
lvp[1] = &lvek[0];
lvp[2] = &lvek[4];
lvp[3] = &lvek[2];
lvp[4] = &lvek[3];
```

An dieser Stelle sollte man sich klarmachen, wie die reine Definitionsanweisung long lvek[5]; vom Compiler bewertet wird:

1. lvek ist ein Vektor mit 5 Elementen.

2. Jedes dieser 5 Elemente hat den Datentyp long.

Entsprechend ist die zweite Definition zu interpretieren, wobei aber die Vorrangigkeit der []-Klammern (Stufe 1) vor dem *-Operator (Stufe 2) zu berücksichtigen ist:

1. lvp ist ein Vektor mit 5 Elementen.

2. Jedes dieser 5 Elemente hat den Datentyp long *, also Pointer auf long.

Durch die nachfolgenden Zuweisungen erhält jedes Element des Pointervektors die Anfangsadresse jeweils eines Elements des long-Vektors. Damit ergibt sich das Speicherabbild von Abbildung 6.8.

6

Nitty Gritty • Start up!

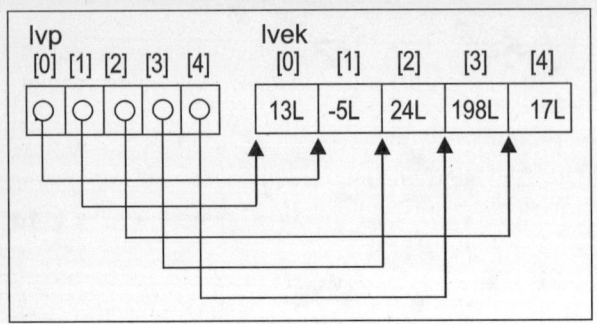

Bild 6.8: Speicherabbild von lvp und lvek

Jedes Element von `lvp` stellt eine `long`-Pointervariable dar und ist initialisiert mit der Anfangsadresse einer `long`-Variablen, nämlich eines Elements des `long`-Vektors `lvek`. Die einzelnen Elemente von `lvp` könnten auch mit den Anfangsadressen einzelner `long`-Variablen initialisiert werden, man braucht dazu nicht unbedingt einen `long`-Vektor. Ebenso dürfte klar sein, dass nicht jedes Element von `lvp` unbedingt auf das entsprechende Element von `lvek` zeigen muss, was in unserem Beispiel ja auch nicht der Fall ist.

Vielleicht ist bereits der Zweck der merkwürdigen "Verpointerung" des Vektors `lvek` erkannt worden, wenn nicht, mache man ihn sich an der Ausgabe des nachfolgenden, erweiterten Programmauszugs klar:

```
long lvek[5] = { 13L, -5L, 24L, 198L, 17L };
long * lvp[5]; /* Vektor von 5 long-Pointern */
int i;

lvp[0] = &lvek[1];
lvp[1] = &lvek[0];
lvp[2] = &lvek[4];
lvp[3] = &lvek[2];
lvp[4] = &lvek[3];

for (i = 0 ; i < 5 ; ++i)
   printf ("%ld:", lvek[i]); ---> 13:-5:24:198:17:
putchar ('\n');

for (i = 0 ; i < 5 ; ++i)
   printf ("%ld:", *lvp[i]); ---> -5:13:17:24:198:
```

```
putchar ('\n');
```

Während die erste Schleife, in der `lvek[i]` verwendet wird, die gespeicherten Zahlen in ihrer natürlichen Speicherreihenfolge anzeigt, gibt die zweite Schleife, die `*lvp[i]` benutzt, die Zahlen in sortierter Reihenfolge aus. Das liegt natürlich daran, dass die Elemente von `lvp` gerade so mit den Elementen von `lvek` initialisiert wurden, dass man einen sortierten Zugriff auf `lvek` hat. (Man vergleiche Trainingsaufgabe 1 aus Kapitel 5!)

Entsprechend könnte man auch einen zweiten Vektor von `long`-Pointern definieren, der so mit den Elementen von `lvek` initialisiert wird, dass man etwa über einen absteigend sortierten Zugriff auf `lvek` verfügt.

Dieser Gesichtspunkt bildet eine wichtige Anwendung von Pointervektoren: Man definiert einen Vektor eines bestimmten Datentyps, der mit den zu verarbeitenden Daten initialisiert wird. Für jedes gewünschte Sortierkriterium definiert man dann jeweils einen Vektor von Pointern auf diesen Datentyp, der, entsprechend dem Sortierkriterium, mit den Elementen des Grundvektors initialisiert wird. Je nach gewünschter Sortierreihenfolge benutzt man dann den einen oder anderen Pointervektor zum Zugriff auf die Daten. (Sobald wir Strukturen kennen lernen (s. Kapitel 11), wird diese Anwendung noch interessanter!)

Eine zweite Anwendung von Pointervektoren wird häufig bei Strings verwendet (und kann auch nur dort verwendet werden!). Betrachten wir noch einmal folgendes Beispiel aus dem vorigen Kapitel:

```
char menue[][20] =
    {
        "Eingabe",
        "Ausgabe",
        "Programmende"
    };
```

Das entsprechende Speicherabbild zeigt Abbildung 6.9.

menue																			
[0] E	i	n	g	a	b	e	\0	\0	\0	\0	\0	\0	\0	\0	\0	\0	\0	\0	\0
[1] A	u	s	g	a	b	e	\0	\0	\0	\0	\0	\0	\0	\0	\0	\0	\0	\0	\0
[2] P	r	o	g	r	a	m	m	e	n	d	e	\0	\0	\0	\0	\0	\0	\0	\0

[0] [1] [2] [3] [4] [5] [6] [7] [8] [9]........   [19]

Bild 6.9: menue als zweidimensionaler Array

Hier wurde mit menue ein zweidimensionaler char-Array verwendet,
um drei Strings zu speichern. Die Länge einer Zeile wurde mit 20 Zeichen festgelegt, weil der Programmierer keine Lust hatte, den längs-
ten der Strings zeichenweise abzuzählen (13 hätte gereicht!). Aber
auch bei einer minimalen Dimensionierung des Arrays wäre bei den
ersten beiden Zeilen Speicherplatz verschwendet worden. Hier bieten die Pointervektoren Abhilfe:

```
char * menue[] =
    {
        "Eingabe",
        "Ausgabe",
        "Programmende"
    };
```

Was hier definiert wird, ist ein Vektor von 3 char-Pointern, der im
Speicher nur 3 * Pointerlänge Bytes belegt! Jedes Element von menue
wird mit der Anfangsadresse jeweils einer Stringkonstanten initialisiert. Die Stringkonstanten werden übrigens vom Compiler in einem
besonderen Speicherbereich, dem sog. Datensegment, abgelegt,
und zwar ohne irgendwelche Lücken! Daraus ergibt sich das Speicherabbild aus Abbildung 6.10.

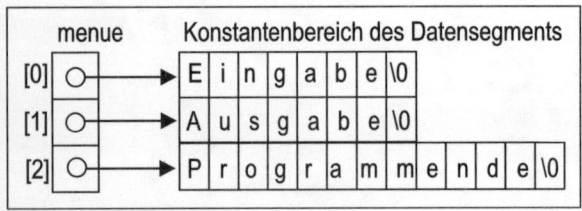

Bild 6.10: menue als Pointervektor

(Aus drucktechnischen Gründen wurden die einzelnen Speicherstellen nicht linear hintereinander dargestellt!)

Wichtig ist, dass die Stringkonstanten auch bei der ersten Array-Version ihren Platz im Datensegment belegen! Während aber beim Array für menue 3 * 20 = 60 Bytes benötigt werden, kommt der Pointervektor, wenn man einmal eine Pointerlänge von 2 bzw. 4 Bytes annimmt, mit 3 * 2 = 6 bzw. 3 * 4 = 12 Bytes aus!

Einen Nachteil hat die Pointervektor-Variante aber: Hüten Sie sich, die Strings, auf die die Elemente von menue zeigen, zu überschreiben! Sie würden damit Konstanten verändern, was verheerende Folgen haben kann!

Folgendes Programm macht gerade das Verbotene und liefert merkwürdige Ergebnisse:

```
# include <stdio.h>
# include <string.h>

int main (void)
{

    char * menue[] =
        {
            "Eingabe",
            "Ausgabe",
            "Programmende"
        };
    strcpy (menue[0], "Eingabemöglichkeit");
    printf ("%s\n", menue[1]);      ---> öglichkeit
    printf ("%s\n", menue[2]);      ---> it
    printf ("%s\n", menue[2] + 3); ---> grammende
    return 0;
}
```

Das Ergebnis ist nicht überraschend, wenn man sich die mit strcpy() bewirkten Veränderungen im Speicherabbild (Abbildung 6.11) einzeichnet:

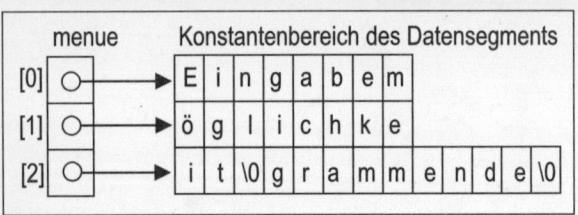

Bild 6.11: Unerlaubtes Überschreiben von Stringkonstanten

Daraus folgt die Programmierregel:

Wenn Vektoren von `char`-Pointern unmittelbar mit den Anfangsadressen von String-Konstanten initialisiert werden, sollte niemals schreibend auf die Strings zugegriffen werden! Ist aber ein schreibender Zugriff vom Problem her erforderlich, so muss man dafür die Variante des `char`-Arrays verwenden!

Trotz dieser Einschränkung finden die `char`-Pointervektoren breite Anwendung, wenn nämlich die von ihnen verwalteten Strings nur angezeigt werden sollen (nur lesender Zugriff!).

6.6 Pointer auf Pointer

Wir haben bei der Behandlung von Pointern und Vektoren gesehen, dass man einen Vektor auch mit Hilfe eines Pointers verarbeiten kann. Für einen `int`-Vektor wird ein `int`-Pointer benötigt, für einen `long`-Vektor ein `long`-Pointer usw. Allgemein kann man sagen: Für die Verarbeitung eines Vektors, dessen Elemente den Datentyp `typ` haben, kann man einen Pointer vom Datentyp (`typ *`) verwenden.

Übertragen wir diesen abstrakten Mechanismus auf Pointervektoren, dann muss man zunächst einmal feststellen: `typ` ist jetzt (`int *`), (`long *`) usw. Wenn ich einen Pointer zur Verarbeitung eines entsprechenden Vektors definiere, muss er den Datentyp Pointer auf (`int *`), Pointer auf (`long *`) usw. haben, oder verbal: Pointer auf Pointer auf `int`, Pointer auf Pointer auf `long` usw.

Als Beispiel nehmen wir wieder unser long-Programm:

```
long lvek[5] = { 13L, -5L, 24L, 198L, 17L };
```

```
long * lvp[5]; /* Vektor von 5 long-Pointern */
long ** lvpp = lvp; /* Pointer auf Pointer auf long */
int i;

lvp[0] = &lvek[1];
lvp[1] = &lvek[0];
lvp[2] = &lvek[4];
lvp[3] = &lvek[2];
lvp[4] = &lvek[3];

for (i = 0 ; i < 5 ; ++i)
    printf ("%ld:", **(lvpp + i)); ---> -5:13:17:24:198:
putchar ('\n');
```

lvpp ist ein Pointer auf Pointer auf long, der sofort mit der Anfangsadresse des Vektors lvp initialisiert wird.

Machen Sie sich anhand der alternativen Schreibweise

```
long ** lvpp = &lvp[0];
```

klar, womit lvpp initialisiert wird: Mit der Anfangsadresse des ersten
Elements von lvp, was ja wiederum ein Pointer auf long ist! Die An-
fangsadresse dieses Elements hat dann den Datentyp Pointer auf
Pointer auf long, weshalb man sie auch an lvpp zuweisen kann.

Die Speicherdarstellung zeigt Abbildung 6.12.

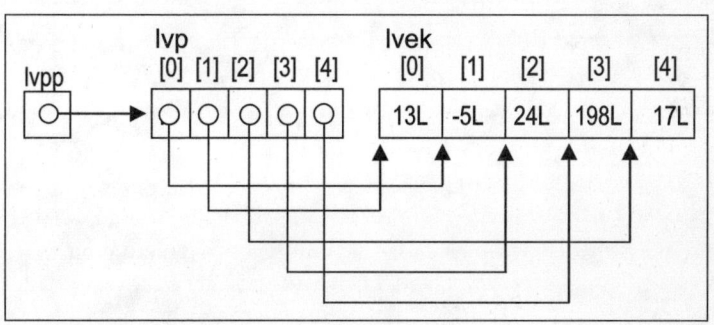

Bild 6.12: lvpp zeigt auf den Pointervektor lvp

Man kann jetzt mit lvpp sowohl den Vektor lvp, als auch den Vektor
lvek verarbeiten. Machen wir uns zunächst klar, dass der Ausdruck
*lvpp identisch ist mit lvp[0], genauso wie lvpp identisch ist mit
&lvp[0] oder, was das Gleiche ist, mit lvp + 0!

Ebenso wird `*(lvpp + 1)` mit demselben Inhalt bewertet wie `lvp[1]`! Natürlich kann man dafür auch wieder schreiben: `lvpp[1]`, obwohl `lvpp` ja gar kein Vektor ist, sondern eine einfache Pointervariable (s.o. Analogie von Pointer- und indizierten Vektorausdrücken)! Der Inhalt, mit dem `*(lvpp + 1)` (und auch `lvp[1]`) bewertet wird, ist aber eine Adresse! In diesem Fall `&lvek[0]`! Um den Inhalt von `lvek[0]` auszugeben, muss man eine zweifache Indirektion verwenden:

```
printf ("%ld\n", **(lvpp + 1)); ---> 13
```

Bauen wir einmal die Bewertung des Ausdrucks `**(lvpp + 1)` schrittweise auf:

- `lvpp` wird bewertet mit `&lvp[0]`, Datentyp: `long **`
- `lvpp + 1` wird bewertet mit `&lvp[1]`, Datentyp: `long **`
- `*(lvpp + 1)` wird bewertet mit `lvp[1]` = `&lvek[0]`, Datentyp: `long *`
- `**(lvpp + 1)` wird bewertet mit `lvek[0]`, Datentyp: `long`, Wert: 13

Auf diese Weise lässt sich die Ausgabe der `for`-Schleife des Programmauszugs nachvollziehen. Eine gute Übung stellen auch die folgenden drei Anweisungen dar:

```
printf ("%ld\n", *(*(lvpp + 1) + 2)); ---> 24
```

- `lvpp` wird bewertet mit `&lvp[0]`, Datentyp: `long **`
- `lvpp + 1` wird bewertet mit `&lvp[1]`, Datentyp: `long **`
- `*(lvpp + 1)` wird bewertet mit `lvp[1]` = `&lvek[0]`, Datentyp: `long *`
- `*(lvpp + 1) + 2` wird bewertet mit `&lvek[2]`, Datentyp: `long *` (Aber nur, weil `lvek` ein Vektor ist! Würden die Elemente von `lvp` auf die Anfangsadressen einzelner `long`-Variablen zeigen, die nicht zusammenhängend im Speicher stehen, würde dieser Ausdruck mit der Anfangsadresse eines undefinierten Speicherbereichs bewertet!)
- `*(*(lvpp + 1) + 2)` wird bewertet mit `lvek[2]`, Datentyp: `long`, Wert: 24

```
printf ("%ld\n", *(*(lvpp + 3) + 1)); ---> 198
```

- 1. `lvpp` wird bewertet mit `&lvp[0]`, Datentyp: `long **`
- 2. `lvpp + 3` wird bewertet mit `&lvp[3]`, Datentyp: `long **`

- **3.** `*(lvpp + 3)` wird bewertet mit `lvp[3]` = `&lvek[2]`, Datentyp: `long *`

- **4.** `*(lvpp + 3)` + 1 wird bewertet mit `&lvek[3]`, Datentyp: `long *`

- **5.** `*(*(lvpp + 3) + 1)` wird bewertet mit `lvek[3]`, Datentyp: `long`, Wert: 198

`printf ("%ld\n", **(lvpp + 3) + 1); ---> 25`

- **1.** `lvpp` wird bewertet mit `&lvp[0]`, Datentyp: `long **`

- **2.** `lvpp + 3` wird bewertet mit `&lvp[3]`, Datentyp: `long **`

- **3.** `*(lvpp + 3)` wird bewertet mit `lvp[3]` = `&lvek[2]`, Datentyp: `long *`

- **4.** `**(lvpp + 3)` wird bewertet mit `lvek[2]`, Datentyp: `long`, Wert: 24

- **5.** `**(lvpp + 3)` + 1 wird bewertet mit `lvek[2]` + 1, Datentyp: `long`, Wert: 25

6.7 Pointer auf Pointer als Funktions-Parameter

Das nächste Problem ist: Wie wird ein Vektor von Pointern an eine Funktion übergeben? Ein Programm, das unseren `long`-Pointervektor an eine Funktion `set()` übergibt, könnte so formuliert werden:

```
void set (long * p[], int n)    /* Definition von set () */
{
   int i;
   for (i = 0 ; i < n ; ++i)
      * p[i] = i + 1;
}
int main (void)
{
   long lvek[5] = { 13L, -5L, 24L, 198L, 17L };
   long * lvp[5]; /* Vektor von 5 long-Pointern */
   int i;
   lvp[0] = &lvek[1];
   lvp[1] = &lvek[0];
   lvp[2] = &lvek[4];
   lvp[3] = &lvek[2];
   lvp[4] = &lvek[3];
   set (lvp, 5);        /* Aufruf von set() */
   for (i = 0 ; i < 5 ; ++i)
      printf ("%ld:", *lvp[i]); ---> 1:2:3:4:5:
   putchar ('\n');
   return 0;
}
```

Beim Aufruf von `set()` wird mit `lvp` die Anfangsadresse des Pointer-vektors übergeben an den formalen Parameter der Funktion `set()`, der mit `long * p[]` definiert wird. `p` ist also ein Vektor von `long`-Pointern, deren Elementzahl weggelassen wurde, so scheint es jedenfalls! Diese Form der Definition des formalen Parameters erinnert an unsere erste Version der Funktion `getline()`, wo der erste Parameter die Form `char s[]` hatte.

Wir wissen aber aus unserer Diskussion über `getline()`, dass in Wirklichkeit kein Vektor, sondern ein Pointer definiert wird. Auf unseren `long`-Pointervektor übertragen bedeutet das: Liest der Compiler im Kopf der Funktion `set()` den Ausdruck `long * p[]`, dann macht er in Wirklichkeit daraus eine Pointervariable! Aus dem vorhergehenden Abschnitt dürfte klar sein, was für ein Pointer das ist. Die folgende Version von `set()` benutzt eine reine Pointerschreibweise:

```
void set (long ** p, int n)      /* Definition von set () */
{
    int i;
    for (i = 0 ; i < n ; ++i)
        ** (p + i) = i + 1;
}
```

Wird die Funktion `set()` aufgerufen, ergibt sich das Speicherabbild von Abbildung 6.13.

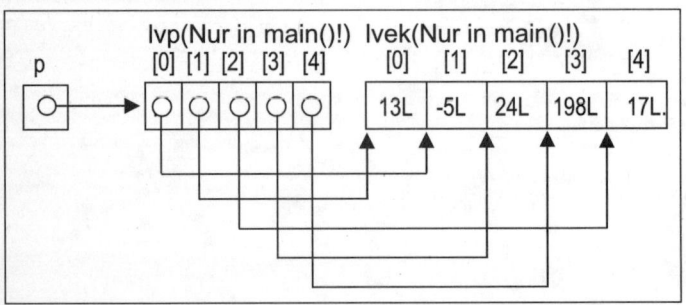

Bild 6.13: Zuweisung von lvp an p

Die Variablennamen `lvp` und `lvek` sind zwar nur in der `main()`-Funktion bekannt, aber da die Anfangsadresse von `lvp` an `p` übergeben wurde, kann mit den obigen Pointerausdrücken `** (p + i)` auf die Inhalte der `lvek`-Elemente zugegriffen werden!

Am Ende der Funktion set() haben sich die in lvek gespeicherten Zahlen geändert (s. Abbildung 6.14).

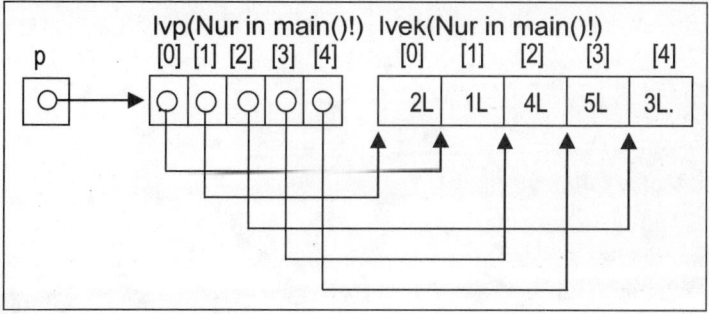

Bild 6.14: Auswirkung von set() auf lvek

Obwohl die in der zweiten Version von set() verwendeten reinen Pointerausdrücke genauer ausdrücken, was wirklich passiert, ist dennoch die erste Version von set() leichter lesbar und programmierbar. Gerade bei der Übergabe von Pointervektoren an Funktionen braucht sich der Anfänger nicht zu schämen, wenn er lieber die erste, indizierte Version verwendet. Auch viele Profis programmieren so!

Warnung

Zum Abschluss dieses Themas soll wieder ein häufig vorkommender Programmierfehler vorgestellt werden. Man betrachte zunächst einmal folgendes Programm:

```
# include <stdio.h>
int z = 13;      /* Globale Variable! Alle Funktionen
                    dürfen auf z zugreifen! */
void set (int * ip)
{
   ip = &z;
   *ip = 24;
}
int main (void)
{
   int * ip;
   set (ip);
   printf ("%d\n", z);   ---> 24
   printf ("%d\n", *ip); ---> 8447 /* (zufällig!!!) */
   return 0;
}
```

6

Das ist jetzt das zweite Programmbeispiel mit einer globalen Variablen. Zur Erinnerung: Auf eine globale Variable (außerhalb jeder Funktion definiert) darf man aus allen Funktionen (jedenfalls derselben Programmdatei) heraus zugreifen.

Der Programmierer hatte es sich so schön gedacht, die Funktion set() sollte zweierlei bewirken:

1. Ein übergebener int-Pointer sollte mit der Anfangsadresse der globalen Variablen z initialisiert werden.

2. Der globalen Variablen z sollte danach der neue Wert 24 zugewiesen werden.

In der main()-Funktion wird zunächst set() mit einem int-Pointer aufgerufen. Dass set() zumindest den zweiten Teil seiner Aufgabe erledigt hat, sieht man an dem ersten printf()-Aufruf, der tatsächlich 24 als neuen Inhalt von z ausgibt.

Aber bei der Ausgabe von *ip wird nicht, wie erwartet, der Inhalt von z sondern irgendeine Zufallszahl ausgegeben.

Was ist passiert?

In der main()-Funktion wurde die Pointervariable ip definiert, die dort aber nicht initialisiert wurde und deshalb eine Zufallszahl als gespeicherte Adresse enthält.

Diese Zufallsadresse wird an den Formalparameter ip der Funktion set() übergeben. Der gleichnamige Formalparameter enthält also eine Kopie der Pointervariablen ip aus main().

In set() wird dem Formalparameter ip dann die Anfangsadresse von z zugewiesen, nicht aber dem ip aus main()! Während in set() mit *ip = 24; wirklich der Variablen z der neue Wert zugewiesen wird, enthält ip aus main() immer noch die ursprüngliche Zufallsadresse. Nach der Rückkehr aus set() wird mit *ip der int-Zahlenwert an dieser Zufallsadresse ausgegeben, was ebenfalls eine nicht vorhersagbare Zahl ist.

Und so sähe die korrekte Lösung aus:

```
# include <stdio.h>
int z = 13;
```

```
void set (int ** ipp)
{
   *ipp = &z;
   **ipp = 24;
}
int main (void)
{
   int * ip;
   set (&ip);
   printf ("%d\n", z);    ---> 24
   printf ("%d\n", *ip); ---> 24
   return 0;
}
```

Der entscheidende Unterschied besteht darin, dass in main() nicht
der Inhalt, sondern die Anfangsadresse von ip an die Funktion set()
übergeben wird und konsequenterweise an einen Pointer auf Pointer
auf int. Das ipp aus set() zeigt jetzt auf die Pointervariable ip aus
main(), und mit *ipp = &z; wird der Pointervariablen ip aus main()
die Anfangsadresse von z zugewiesen, genauso als wenn man in
main() geschrieben hätte: ip = &z;!

Folgerichtig muss bei ipp auch die doppelte Indirektion (**ipp) angewendet werden, um z den Wert 24 zuzuweisen!

Daraus ergibt sich die Programmierregel:

Soll einer Pointervariablen vom Datentyp typ * die Adresse einer Variablen vom Datentyp typ zugewiesen werden, und soll dieser Vorgang in einer speziell dafür geschriebenen Funktion erfolgen, dann
muss die Anfangsadresse der Pointervariablen an die Funktion
übergeben werden und im Funktionskopf muss der formale Parameter den Datentyp typ ** besitzen!

Dass der hier beschriebene Programmierfehler anhand einer globalen Variablen demonstriert wird, ist zugegebenermaßen ein wenig
konstruiert. In der Praxis taucht der Fehler häufig dann auf, wenn einer Funktion übertragen wird, dynamischen Speicherplatz zu beschaffen und die Anfangsadresse dieses Speichers in einer
Pointervariablen außerhalb der Funktion gespeichert werden soll.
Dieses Problem wird uns in Kapitel 13 beschäftigen.

6

Nitty Gritty • Start up!

6.8 Pointer auf Vektoren

Außer den Vektoren von Pointern spielen auch Pointer auf Vektoren eine gewisse, aber nicht übermäßig große Rolle. Wie der Name schon sagt, zeigt ein solcher Pointer auf einen ganzen Vektor. Das bedeutet: Wird dieser Pointer mit 1 inkrementiert, erhöht sich die in ihm gespeicherte Adresse um einen ganzen Vektor. Das setzt voraus, dass dieser Pointer mit der Anfangsadresse eines zweidimensionalen Arrays initialisiert worden sein muss, soll er sinnvoll verwendet werden. Man kann dann durch sukzessive Inkrementierung des Pointers einen zweidimensionalen Array Zeile für Zeile verarbeiten.

Als Erstes müssen wir uns mit der Syntax einer solchen Pointerdefinition beschäftigen. Betrachten wir einmal folgende zwei Definitionsanweisungen:

```
int * vp[10];        (1)
```

und

```
int (* pv)[10];      (2)
```

Bei der Unterscheidung beider Formen spielt die Bewertungsreihenfolge der Operatoren eine wichtige Rolle. Die Anweisung (1) kennen wir schon: vp ist ein Vektor von 10 Elementen. Jedes Element hat den Datentyp int *. Hier wird also ein Vektor von 10 int-Pointern definiert.

In der Anweisung (2) erzwingt die Klammerung eine andere Interpretation durch den Compiler:

1. (* pv) bedeutet: pv ist ein Pointer!

2. (* pv)[10]: pv ist ein Pointer auf einen Vektor von 10 Elementen!

3. int (* pv)[10]: pv ist ein Pointer auf einen Vektor von 10 int-Elementen!

Alles, was es über diese neue Pointerart zu sagen gibt, soll anhand des nachfolgenden Programms erläutert werden:

```
# include <stdio.h>
void init (int (* pv)[4], int n)
{
   int i,
       k;
   for (i = 0 ; i < n ; ++i)
```

```
        for (k = 0 ; k < 4 ; ++k)
           (*(pv + i))[k] = i + k;
           /* oder:  pv[i][k] = i + k; */
}
void initline (int * ip, int n)
{
   int i;
   for (i = 0 ; i < n ; ++i)
      *(ip + i) = 99;
}
void display (int (* pv)[4], int n)
{
   int i,
       k;
   for (i = 0 ; i < n ; ++i)
   {
      for (k = 0 ; k < 4 ; ++k)
         printf ("%2d ", arr[i][k]);
      putchar ('\n');
   }
   putchar ('\n');
}
int main (void)
{
   int arr[3][4];
   init (arr, 3);
   display (arr, 3);
   initline (arr[2], 4);
   display (arr, 3);
   initline (arr[0], 3);
   display (arr, 3);
   return 0;
}
```

Beginnen wir in der main()-Funktion. Dort wird ein zweidimensionaler Array arr definiert. Bei dem nachfolgenden Aufruf der Funktion init() wird als erstes Argument der Ausdruck arr übergeben. Welchen Datentyp hat dieser Ausdruck bzw. was stellt er dar? Erinnern wir uns: int arr[3][4] kann so aufgefasst werden, dass arr einen eindimensionalen Vektor von drei eindimensionalen Vektoren von 4 int-Werten darstellt. Der Ausdruck arr oder &arr[0] bezeichnet die Anfangsadresse des eindimensionalen Vektors, dessen 3 Elemente jeweils einen eindimensionalen Vektor mit 4 int-Elementen enthält. Der Ausdruck arr bzw. &arr[0] hat also den Datentyp Pointer auf einen Vektor von 4 int-Elementen. Er kann also auch nur einem solchen Pointer zugewiesen werden. Und in der Tat ist in der Funktion `init()` auch der erste Formalparameter entsprechend definiert: `int (* pv)[4]`!

Im Zusammenhang einer solchen Definition ist es wichtig, dass die `[]`-Klammern jetzt nicht leer sein dürfen und eine Definition wie `int (* pv)[]` ungültig ist! Es muss feststehen, wie viele Elemente der Vektor besitzt, auf den `pv` zeigen soll. Wie sollte der Compiler sonst z.B. den Adressausdruck `pv + 1` bewerten können?

Die Funktion `init()` dient der Initialisierung aller `int`-Elemente eines zweidimensionalen Arrays, das aus einer beliebigen Anzahl Vektoren von 4 Elementen besteht. Die Anzahl der Vektoren muss deshalb als 2. Argument an `init()` übergeben werden. Die Initialisierung eines Elements erfolgt in der Anweisung:

`(*(pv + i))[k] = i + k;`

Da das Programm nur den grundsätzlichen Umgang mit Pointern auf Vektoren demonstrieren soll, ist der Ausdruck `i + k` für den Initialisierungswert rein willkürlich bestimmt worden und soll uns hier nicht weiter beschäftigen.

Zu klären ist der Ausdruck für den L-Wert, dem dieser Initialisierungswert zugewiesen wird. Nehmen wir beispielsweise an, i sei 1 und k sei 2, dann gilt es folgenden Ausdruck zu bewerten:

`(*(pv + 1))[2] = i + k;`

1. `pv` wird bewertet mit `arr`, Datentyp: `int (*)[4]`

2. `pv + 1` wird bewertet mit einer Adresse, die um die Länge eines `int`-Vektors von 4 Elementen größer ist als `pv`, Datentyp: `int (*)[4]` Dies ist also die Anfangsadresse des zweiten der Vektoren, aus denen der Array besteht

3. `*(pv + 1)` wird bewertet mit dem zweiten Vektor des Arrays, Datentyp: `int [4]`, oder, was dasselbe ist, `int *`

4. `(*(pv + 1))[2]` wird bewertet mit dem 3. Element des zweiten Vektors von `arr`, Datentyp: `int`

Man mache sich klar, dass wegen der Gleichwertigkeit von indizierten Vektor- und Pointer-Ausdrücken auch folgende zwei Schreibweisen möglich wären:

```
*(*(pv + 1) + 2)        /* Reiner Pointerausdruck */
pv[1][2]                /* Reiner Indexausdruck */
```

In der zweiten Form wird – völlig zu Recht – so getan, als ob pv ein zweidimensionaler Array wäre, denn mit pv kann man genauso wie mit arr den ganzen Array verarbeiten.

Die Funktion display() arbeitet mit den gleichen Ausdrücken wie init(), hier werden alle Elemente des Arrays mit Hilfe des Pointers auf die Standardausgabe ausgegeben.

Der Vollständigkeit halber wurde der Aufruf einer Funktion init-line() eingebaut. An diese Funktion wird als erstes Argument der Ausdruck arr[2] übergeben. Den Datentyp dieses Ausdruck macht man sich leicht klar, wenn man ihn in die Pointerform umwandelt: *(arr + 2). Da arr, die Anfangsadresse des Arrays, den Datentyp int (*)[4] besitzt, bezeichnet arr + 2 die Anfangsadresse des 3. Vektors des Arrays. *(arr + 2) bezeichnet dann den 3. Vektor, der ja den Datentyp int [4] bzw. int * besitzt. Konsequenterweise ist der erste Formalparameter von initline() dann auch ein ganz gewöhnlicher int-Pointer.

Die Funktion initline() erlaubt es, die Elemente eines int-Vektors zu initialisieren, in diesem Fall mit 99. Die Anzahl der Elemente muss natürlich als zweites Argument übergeben werden.

Zusammenfassend kann man feststellen: Wird mit int arr[3][4]; eine Matrix mit 3 x 4 int-Elementen definiert, dann stellt der Ausdruck arr[2] die Anfangsadresse des dritten Vektors, aus dem der Array besteht, dar.

Der zweite initline()-Aufruf demonstriert, dass man nicht alle Elemente des jeweiligen Vektors verarbeiten lassen muss.

Der Programmlauf ergibt insgesamt:

```
 0  1  2  3
 1  2  3  4
 2  3  4  5

 0  1  2  3
 1  2  3  4
99 99 99 99

99 99 99  3
```

Nitty Gritty • Start up!

```
 1  2  3  4
99 99 99 99
```

Zum Schluss soll noch ein Wort verloren werden zu den merkwürdigen Datentypausdrücken, die bei der Erklärung der Bewertungen benutzt wurden, z.B. `int (*)[4]` als Datentyp Pointer auf einen `int`-Vektor mit 4 Elementen. Befremdlich ist daran sicher, dass kein Variablenname auftritt. Es handelt sich hier aber nicht etwa um eine vom Autor aus heuristischen Gründen benutzte Phantasiesymbolik, sondern ein solcher Ausdruck stellt eine real existierende, gültige Syntaxform für einen Datentyp dar, die vor allem im Castoperator Verwendung findet. Als Beispiel sei gezeigt, wie eine `long`-Matrix mit Hilfe eines entsprechenden Pointers als `unsigned-char-Matrix` interpretiert werden kann:

```
long arr[3][4];
unsigned char (* ucp)[4 * sizeof(long)];
ucp = (unsigned char (*)[4 * sizeof(long)])arr;
.....
```

Die Zuweisung von `arr` an den Pointer `ucp` wird mit Hilfe des entsprechenden Castoperators vorgenommen.

Was jetzt noch fehlt, nämlich Pointer auf Funktionen, wird im Laufe des Kapitels 9 entwickelt, und Pointer im Zusammenhang mit Strukturen folgt im Kapitel 11.

6.9 Versuch einer Tröstung

Wenn Sie diese Zeilen lesen und auch die davorstehenden Zeilen dieses Kapitels – mit mehr oder weniger großem Gewinn – sich angeeignet haben, dürfen Sie sich jetzt den Schweiß von der Stirn wischen und sich einbilden, Sie wären fast schon ein richtiger C-Programmierer! Denn die Beherrschung der Pointer stellt wohl den schwierigsten und zugleich einen eminent wichtigen Bestandteil der Sprache C dar.

Wenn Sie aber diese Zeilen lesen und nicht so erfolgreich im Verständnis dieses Kapitels waren, wenn Sie zwischendurch das Bedürfnis überkam, schreiend aus dem Fenster zu springen oder wenn Ihnen Ihre Gehirnwindungen vorkommen wie Pointer, die auf sich selber zeigen, dann trösten Sie sich mit folgenden Gesichtspunkten:

1. Generationen von C-Programmierern vor Ihnen ging es am Anfang genauso!

2. Pointer sind nun einmal extrem gewöhnungsbedürftig! Eine wiederholte Rückkehr zu diesem Kapitel und der praktische Versuch, Pointer in der Programmierung anzuwenden, heilen manche Wunden.

3. Nicht alle Arten von Pointerausdrücken kommen in der täglichen C-Programmierpraxis vor, so z.B. die zuletzt vorgestellten Pointer auf Vektoren.

4. Trösten Sie sich auch mit dem Gedanken, dass es noch schlimmer kommen könnte, z.B. "Pointer auf Pointer auf Pointer auf ..." oder "Pointer auf Pointer auf Pointer auf Pointer auf ..." ... Aber wer macht schon so etwas? Es sei denn, Sie arbeiten als mathematisch-technischer Assistent bei einem Astrophysik- Professor, der neue kosmologische Weltmodelle mit 10-dimensionalen Räumen durchrechnen lassen will.

Sollten Sie diese Zeilen aber gar nicht lesen, weil Sie schon vorher das Buch - und die Programmiersprache C - in die Ecke geworfen haben, findet auch der Autor keine Möglichkeit mehr, auf diese verhängnisvolle existenzielle Entscheidung noch irgendwie Einfluss zu nehmen.

6.10 Training

1. Versuchen Sie, den dokumentierten Programmlauf des nachfolgenden Programms nachzuvollziehen! Zeichnen Sie die Speicherbereiche auf!

```
# include <stdio.h>
int main (void)
{
    double dvek[] = { 17.9, -34.07, 100.5, 8.125 };
    char zeile[] = "Zeichensalat";
    long lvek[5];
    int i;

    double * dp = dvek;
    char * cp = zeile;
    long * lp = lvek + 4;
```

```
printf ("%lf\n", *(dp + 2));        ---> 100.500000
printf ("%lf\n", dp[1]);            ---> -34.070000
printf ("%lf\n", *(dvek + 3));      ---> 8.125000
*dp = 24.4;
printf ("%lf\n", dvek[0]);          ---> 24.400000

putchar (*(cp + 7));                ---> s
putchar ('\n');
printf ("%c\n", *(cp + 7));         ---> s
printf ("%s\n", zeile + 7);         ---> salat

for (i = 0 ; i < 5 ; ++i)
   lvek[i] = 1L + i * 2L;
for (--i ; i >= 0 ; --i)
{
   printf ("%ld:", *lp);            ---> 9:7:5:3:1:
   lp--;
}
putchar ('\n');
lp += 4;
printf ("%ld\n", lvek[lp - lvek + 1]);  ---> 9

putchar (*(cp + 6));                ---> n
putchar ('\n');
putchar (*cp - 6);                  ---> T
putchar ('\n');
putchar (*(cp + 7) + 1);            ---> t
putchar ('\n');

for (dp = dvek + 3 ; dp >= dvek ; dp--)
   printf ("%.3lf:", *dp);  ---> 8.125:100.500:-34.070:24.400:
putchar ('\n');
return 0;
}
```

Hinweis

Beachten Sie bei den Ausdrücken *(cp + 6) und *cp - 6 strikt die Bewertungsreihenfolge der beteiligten Operatoren, und machen Sie sich klar, dass sie etwas völlig Unterschiedliches bedeuten! Entsprechend beim Ausdruck: *(cp + 7) + 1!

2. Testen Sie folgendes Programm:

```
/* size.c */
# include <stdio.h>
void size (char s[])
{
```

```
   printf ("%u\n", sizeof(s));
}
int main (void)
{
   char s[100];
   printf ("%u\n", sizeof(s));
   size (s);
   return 0;
}
```

Sehen Sie sich beim Programmlauf die Bildschirmausgaben an und machen Sie sich klar, dass hier bewiesen wird, dass der Compiler für `char s[]` in Wirklichkeit `char * s` setzt. `size()` müsste 2 bzw. 4 (je nach Betriebssystem oder Speichermodell) für die Länge eines Pointers ausgeben!

3. Schreiben Sie die Funktion `asctoint()` um, so dass Sie nur noch reine Pointerausdrücke enthält!

4. Schreiben Sie in der Programmdatei `palindro.c` eine Funktion `palindrom()`, der als einziges Argument ein String übergeben wird und die untersucht, ob es sich bei diesem String um ein Palindrom handelt. Wenn ja, ist der Wert 1 als Returnwert zurückzugeben, sonst 0!

Ein Palindrom ist ein Text, der sowohl vorwärts wie auch rückwärts gelesen denselben Wortlaut besitzt. Beispiele: REGALLAGER, RELIEFPFEILER.

Schreiben Sie dazu eine `main()`-Funktion, die beliebig häufig (bis zur Eingabe von `<Strg>z` bzw. `<Strg>d`) Textzeilen einliest (mit `getline()`) und nach jeder Textzeile ausgibt: "Palindrom!" bzw. "Kein Palindrom!"! Benutzen Sie weitgehend Pointerausdrücke!

5. Schreiben Sie in der Programmdatei `found.c` die Funktion `found()`, die in einem als ersten Argument übergebenen String nach dem Vorkommen eines als zweitem Argument übergebenen Suchstrings sucht. Wurde der Suchstring gefunden, ist die Anfangsadresse des Fundortes als Returnwert zurückzugeben, ansonsten NULL! (Welchen Datentyp muss die Funktion also besitzen?)

Schreiben Sie dazu eine `main()`-Funktion, die zunächst einen Suchstring mit `getline()` in einen char-Vektor einliest und anschließend, beliebig oft, Textzeilen in einen anderen char-Vektor einliest! Jede dieser Textzeilen ist mit `found()` daraufhin zu untersuchen, ob

Nitty Gritty • Start up!

der Suchstring darin vorkommt. Wenn ja, ist die ganze eingelesene Textzeile noch einmal anzuzeigen, ansonsten nicht!

(Der aufmerksame Leser merkt vielleicht, dass diese Aufgabe den Keim eines nützlichen Werkzeugs darstellt, das unter UNIX als Kommando grep existiert. Um zu einem grep-ähnlichen Programm zu kommen, müsste man die Eingabe des Suchstrings von der Eingabe der Textzeilen trennen. Das Kommando grep löst das Problem so, dass es die Angabe des Suchstrings als erstes Kommandozeilenargument beim Aufruf des Kommandos verlangt, während die Textzeilen von der Standardeingabe bzw. aus Dateien gelesen werden. Dazu fehlen uns z.Z. aber noch die programmtechnischen Kenntnisse. Wie werden nach Kapitel 14 bzw. mit Erläuterungen auf der Webseite in der Lage sein, ein besseres found-Kommando zu schreiben, das dem Kommando grep schon näher kommt!)

6. Für den Fall, dass das deprimierende Ergebnis von Aufgabe 7 des Kapitels 2 das Interesse des Lesers am Lotto-Spiel nicht getrübt hat, folgt eine anspruchsvolle Aufgabe, die mit Vektoren von Pointern gelöst werden kann: (Eine Aufgabe für den Leser, der vor nichts zurückschreckt!)

Schreiben Sie in der Programmdatei lotto.c eine main()-Funktion, die die Ziehung der Lottozahlen simuliert! Der Programmlauf könnte so aussehen:

```
Ziehung der Lotto-Zahlen:

Zahl 1:  3
Zahl 2: 13
Zahl 3: 30
Zahl 4: 39
Zahl 5:  7
Zahl 6: 47
Zusatzzahl: 10

Ergebnis der Ziehung:
 3,  7, 13, 30, 39, 47
Zusatzzahl: 10
```

Anleitung: Es ist klar, dass die Lotto-Zahlen durch einen Zufallsgenerator erzeugt werden müssen. Die C-Standardbibliothek bietet dazu die Standardfunktion rand(). Jeder Aufruf von rand() liefert nach einem Pseudo-Zufallszahlen-Algorithmus eine Zufallszahl.

Allerdings, ruft man das Lotto-Programm, das siebenmal rand() auf-ruft, mehrmals hintereinander auf, bekommt man jedesmal dieselbe Folge von sieben Zufallszahlen. Um den Zufallszahlengenerator je-desmal mit einem anderen Startwert zu initialisieren, kann man die Standardfunktion srand() benutzen. Die Prototypen beider Funktio-nen:

```
# include <stdlib.h>
int rand (void);
void srand (unsigned seed);
```

rand() liefert die Zufallszahl als Returnwert. srand() muss mit ei-nem willkürlichen Wert initialisiert werden. Am besten benutzt man dazu die aktuelle Zeit, die mit der Standardfunktion time() ermittelt werden kann:

```
# include <time.h>
time_t time (time_t * timer);
```

Hinter dem abgeleiteten Datentyp (s. Kapitel 11) time_t verbirgt sich bei den meisten Compilern der Datentyp long. Man muss also eine Variable vom Typ time_t definieren und ihre Anfangsadresse an time() übergeben. time() legt dann die Anzahl der Sekunden seit dem 1.1.1970, 0:00:00 (Greenwich Meantime) (die Geburtsstunde von UNIX!) in der time_t-Variablen ab. Dieselbe Zahl wird gleichzei-tig als Returnwert zurückgegeben!

Vorgehensweise:

1. Generator mit srand(), mit dem Returnwert von time() als Argu-ment, initialisieren;

2. Mit rand() eine oder mehrere Zufallszahlen beschaffen.

Die Funktion rand() liefert eine Zufallszahl im Bereich von 0 bis RAND_MAX, einer define-Konstanten, die in stdlib.h definiert ist. Diese Zahl muss natürlich auf den gültigen Lotto-Zahlenbereich nor-miert werden. Da die kleinste Zufallszahl 0 ist, und nicht 1, empfiehlt es sich, den Zahlenbereich 0 bis 48 vorzusehen und jede Zahl aus die-sem Bereich als Index in einen entsprechend großen int-Vektor für die Zahlen von 1 bis 49 zu verwenden.

Jetzt kommt das programmtechnische Hauptproblem: Man kann nicht einfach siebenmal hintereinander eine Zufallszahl aus dem Bereich 1 bis 49 erzeugen, denn es könnte passieren, dass eine bestimmte Zahl mehrmals "gezogen" wird!

Die Lösung des Problems könnte so aussehen wie in Abbildung 6.15.

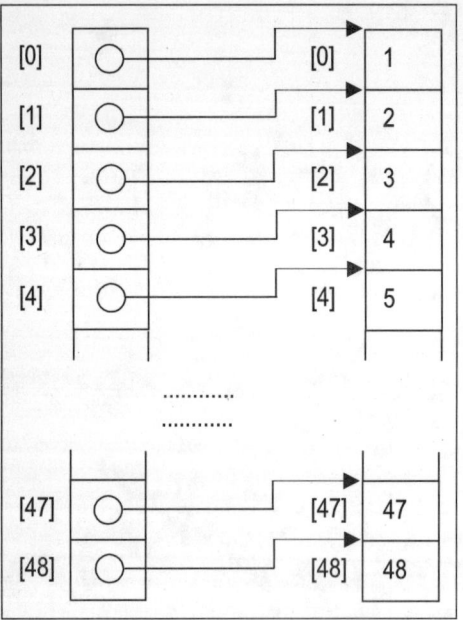

Bild 6.15: Situation vor der ersten Ziehung

Ein Pointer-Vektor ip zeigt mit jedem seiner Elemente auf jedes Element des Vektors zahl, der die zu ziehenden Zahlen enthält. Nehmen wir an, als erste Zahl wird die Zahl 4 (Index: 3) gezogen. Abgesehen davon, dass diese Zahl in einem speziellen Vektor als erstes Element gespeichert werden muss, darf sie zur Bestimmung der nächsten Lottozahl nicht wieder zur Verfügung stehen! Am besten lässt man sie an das Ende der Liste rücken (s. Abbildung 6.16).

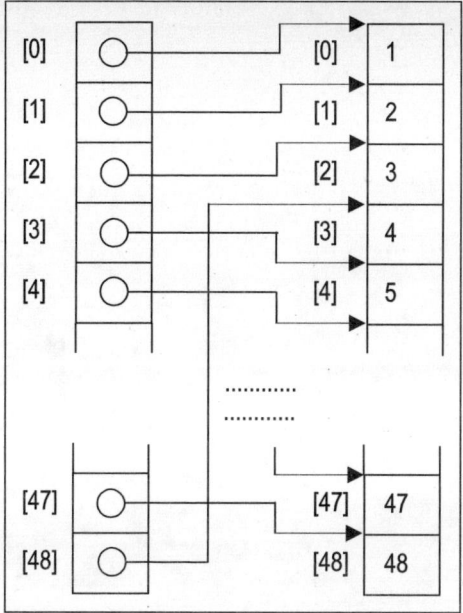

Bild 6.16: Situation nach der ersten Ziehung

Bei der Ziehung der nächsten Zahl darf man dann nur noch eine Zufallszahl im Bereich von 0 bis 47 (!) zugreifen, usw. Die Obergrenze der Zufallszahl wird also mit jeder Ziehung um 1 kleiner!

Man denke auch daran, dass am Ende der Ziehung alle sechs Zahlen noch einmal sortiert angezeigt werden sollen!

Noch ein Tipp: Der Aufruf `sleep (3);` nach der Anzeige jeder gezogenen Zahl lässt das Programm 3 Sekunden warten und macht die Ziehung noch spannender! (Prototyp unter MS/DOS-C-Compilern in `dos.h`, unter UNIX ist `sleep()` ein Systemaufruf!)

Speicherklassen

Die Speicherklassen in C spielen bei der Definition von Variablen eine große Rolle, in eingeschränktem Maße auch bei Funktionen. Sie beeinflussen

- den Gültigkeitsbereich (auch von Funktionen!),
- die Lebensdauer,
- den Speicherort,
- die Möglichkeit zu automatischer Initialisierung von Variablen.

Man kann auf zweierlei Art auf die Speicherklasse Einfluss nehmen:

1. durch den Definitionsort der Variablen innerhalb eines Programms,
2. durch spezielle, zusätzliche Schlüsselwörter.

Zu (1.):

Wird eine Variable innerhalb einer Funktion definiert, so nennt man sie eine **lokale** Variable. Wird sie außerhalb aller Funktionen definiert, so wird sie als **globale** Variable bezeichnet.

Die unterschiedlichen Eigenschaften von lokalen und globalen Variablen werden im weiteren Verlauf erläutert.

Zu (2.):

Bisher haben wir Definitionen von Variablen nur kennen gelernt in der Form:

`datentyp variable;`

Eine solche Definitionsanweisung kann aber ergänzt werden um ein zusätzliches Schlüsselwort:

`[speicherklasse] datentyp variable;`

Die []-Klammern bedeuten, dass die Angabe einer Speicherklasse optional ist, dass beim Weglassen eines solchen Schlüsselworts also eine Default-Speicherklasse angenommen wird.

Schlüsselwörter, die die Speicherklasse beeinflussen, sind:

- **auto**   lokale (Stack-)Variablen (Default-Speicherklasse)
- **register** Bitte an den Compiler, Register zu verwenden
- **static**   statische Variablen, sowohl lokal als auch global
- **extern**   Extern-Deklaration globaler Variablen

Die Anweisungsfolge

```
int main (void)
{
   auto int x;
   ...
}
```

ist identisch mit:

```
int main (void)
{
   int x;
   ...
}
```

Automatische Variablen, also Variablen der Speicherklasse `auto`, existieren nur als lokale Variablen. Die Angabe des Schlüsselworts `auto` ist optional und wird deshalb auch fast immer weggelassen. Mit anderen Worten: Alle lokalen Variablen, bei deren Definition kein Speicherklassen-Schlüsselwort angegeben wurde, besitzen die Speicherklasse `auto`! Das gilt auch für die Definition formaler Parameter von Funktionen (mit einer Ausnahme, s.u.)!

Was bedeutet jetzt **auto** als Speicherklasse?

Der Speicherort automatischer Variablen ist ein besonderer Speicherbereich, der mit **Stack** (dt.: "Stapel") bezeichnet wird. Dazu muss man wissen, dass jedes in den Hauptspeicher geladene Programm dort drei verschiedene Speicherbereiche belegt:

1. **Textsegment:** enthält den Programmcode, also die Maschinenanweisungen, aus denen das Programm besteht.

2. **Datensegment:** enthält bestimmte nicht automatische Variablen

wie auch die Konstanten eines Programms.

3. **Stack**: enthält alle automatischen Variablen, evtl. auch temporäre Speicherbereiche für Returnwerte von Funktionen.

Der Stack wird nach einem bestimmten Verfahren verwaltet, das man **LIFO** ("Last in, first out") nennt. Das bedeutet: Wird nach einer ersten Variablen eine zweite im Stackbereich eingerichtet, dann belegt die zweite Variable einen Speicherplatz "im Anschluss" an die erste. Werden beide Variablen wieder gelöscht, wird zuerst der Speicherplatz der zuletzt eingerichteten, zweiten Variablen freigegeben, danach der der ersten. Alle Speicherbereiche, die nach diesem Verfahren - was zuletzt "auf den Stack gelegt" wird, wird als Erstes wieder herunter geholt - vorgehen, nennt man Stack.

Auch das Betriebssystem richtet für jedes auszuführende Programm (unter UNIX: für jeden Prozess) einen Stack ein. Man kann sich aber auch für beliebige Zwecke einen privaten Stack basteln, was wir auch in Kapitel 8 machen werden.

Die meisten Betriebssysteme beginnen die Belegung ihres Stacks an seiner Obergrenze und vervollständigen die Belegung in Richtung auf die Untergrenze.

Für den folgenden Programmauszug ergibt sich dann das Speicherabbild von Abbildung 7.1

```
int main (void)
{
    short x;
    long w;
    ...
}
```

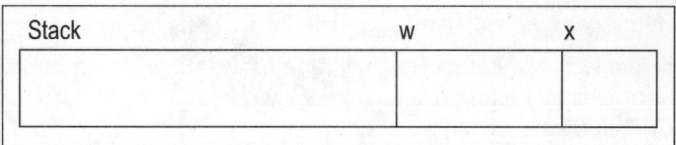

Bild 7.1: Belegung des Stacks nach dem LIFO-Verfahren

Gültigkeitsbereich: Auf automatische Variablen kann man mit ihrem Namen nur innerhalb der Funktion, oder innerhalb des Blocks zugreifen, in dem sie definiert sind.

Folgendes Programm demonstriert das:

```
void func (void)
{
   int s = 0;                  /* Innerhalb Funktion */
   {
      int i;                   /* Innerhalb Block    */
      while (s < 1000)
      {
         s += i;
         printf ("%d\n", s);   /* Gültig!            */
      }
      printf ("%d\n", i);      /* Gültig!            */
   }
   printf ("%d\n", i);         /* Ungültig!          */
   printf ("%d\n", s);         /* Gültig!            */
}
int main (void)
{
   func ();
   printf ("%d\n", s);         /* Ungültig!          */
   return 0;
}
```

Der vorletzte `printf()`-Aufruf in `func()` ist deshalb ungültig, weil die Variable i außerhalb des Blocks angesprochen wird, in dem sie definiert ist.

Ebenso ist der `printf()`-Aufruf der `main()`-Funktion ungültig, da er die Variable s verwendet, deren Gültigkeitsbereich sich nur auf den Funktionsblock von `func()` erstreckt.

Bemerkenswert ist aber, dass die Variable s, die ja innerhalb von `func()`, aber außerhalb des in `func()` geschachtelten Blocks definiert ist, auch innerhalb des geschachtelten Blocks gültig ist. Soviel Blöcke man auch ineinander schachtelt, irgendwo definierte Variablen sind in allen inneren Blöcken gültig!

Lebensdauer: Automatische Variablen entstehen erst zur Programmlaufzeit, nämlich dann, wenn ihre Definitionsanweisungen ausgeführt werden. Sie hauchen ihr Leben aus, wenn das Ende der

Funktion bzw. des Blocks erreicht ist, in dem sie definiert wurden. Die oben verwendeten lokalen Definitionsanweisungen

```
short x;
long w;
```

sind in diesem Sinne also ausführbare Anweisungen, die vom Compiler in Programmcode übersetzt werden, der zur Laufzeit den entsprechenden Speicherplatz auf dem Stack reserviert.

Entsprechende Maschinenanweisungen geben am Ende der Funktion den reservierten Stack-Speicherplatz wieder frei, so dass dieser für weitere Variablen verwendet werden kann.

Diese begrenzte Lebensdauer von `auto`-Variablen hat wichtige Konsequenzen: Wird nämlich obige Funktion `func()` zweimal hintereinander aufgerufen, kann man beim zweiten Aufruf nicht davon ausgehen, dass die Variablen s und i noch ihre Werte enthalten, die sie beim ersten Aufruf bekommen haben!

Automatische Initialisierung: Alle auto-Variablen werden nicht automatisch initialisiert. Nach Ausführung einer Anweisung wie `int i;` enthält die soeben eingerichtete Variable i als Inhalt einen Zufallswert, nämlich das, was eine vorher aufgerufene Funktion, oder etwa gar ein vorher gelaufenes Programm, in diesem Speicherbereich hinterlassen hat.

Wenn automatische Variablen also bei ihrer ersten Verwendung bereits einen definierten Wert enthalten sollen, müssen sie bei der Definition explizit initialisiert werden!

Variablen der Speicherklasse **register** unterscheiden sich von automatischen Variablen so gut wie gar nicht. Nur der Speicherort kann ein anderer sein! Die Anweisung

```
register int i;
```

stellt ein höfliches Ersuchen an den Compiler dar, für die Einrichtung der `int`-Variablen i doch – bitte – ein Prozessor-Register zu verwenden. Leider ist der Compiler durch diese Höflichkeit nicht immer zu beeindrucken. Wenn er aufgrund des übrigen Programmcodes keines der wenigen Register erübrigen kann, lehnt er die Bitte ab und legt die Variable als automatische Variable auf dem Stack an. Ein Pro-

7

Nitty Gritty • Start up!

Speicherklassen   **193**

grammierer kann also um Register betteln, er kann sich aber nie sicher sein, dass der Compiler seine Bitte erfüllt hat.

Der praktische Zweck von Registervariablen ist in der besonders schnellen Zugriffszeit auf Register, im Gegensatz zu Hauptspeicherstellen, begründet. Integrale Variablen, die in sehr oft durchlaufenen Schleifen häufig benutzt werden, würden als Registervariablen ein Programm erheblich beschleunigen, vorausgesetzt, der Compiler spielt mit!

Alles bei auto-Variablen Gesagte über Gültigkeitsbereiche, Lebensdauer und automatische Initialisierung gilt auch für register- Variablen!

 Hinweis Noch ein Hinweis: Formale Parameter von Funktionen dürfen die Speicherklasse register besitzen (die bei auto erwähnte Ausnahme, s.o.)!

Als Nächstes müssen die **globalen Variablen** besprochen werden, die nicht durch ein Speicherklassen-Schlüsselwort, sondern nur dadurch gekennzeichnet sind, dass sie außerhalb jeder Funktion definiert werden.

In folgendem Programm:

```
int z = 100;           /* Globale Variable              */

int main (void)
{
   int x = 13;          /* Lokale, automatische Variable */
   ...
}
```

ist z eine globale Variable, während die Variable x lokal ist. Beide unterscheiden sich äußerlich nur durch den unterschiedlichen Variablennamen. Der entscheidende Unterschied liegt in der Position, an der sie definiert sind: Die Variable z außerhalb, die Variable x innerhalb von main()!

Globale Variablen sind durch folgende Eigenschaften gekennzeichnet:

■ **Speicherort:** Das Daten-Segment des Programmcodes

■ **Gültigkeitsbereich:** In allen Funktionen desselben Moduls (also derselben Programmdatei), in dem die globale Variable definiert ist! Man nennt sie dann modul-global.

Eine globale Variable kann auch von Funktionen eines anderen Moduls verwendet werden, wenn sie dort mit einer extern-Deklaration bekanntgemacht wird.

Wenn eine globale Variable in allen Modulen eines Programms gültig ist, nennt man sie programm-global! In folgendem Programmbeispiel wird eine programm-globale Variable zahl definiert:

```
/* Modul: prog1.c */
# include <stdio.h>
void incr (void);
void decr (void);
int zahl = 99;
int main (void)
{
   printf ("%d\n", zahl); ---> 99
   incr ();
   printf ("%d\n", zahl); ---> 100
   decr ();
   printf ("%d\n", zahl); ---> 99
   return 0;
}
/* Modul: prog2.c */
extern int zahl;
void incr (void)
{
   zahl++;
}
void decr (void)
{
   zahl--;
}
```

Das gesamte Programm besteht aus den Funktionen main(), incr() und decr(), die auf die zwei Module prog1.c und prog2.c verteilt sind. In prog1.c wurde die globale int-Variable zahl definiert. Mit der Anweisung: extern int zahl; wird zahl auch in prog2.c bekannt gemacht, man sagt, "extern deklariert". Da es keine weiteren Module für dieses Programm gibt, ist zahl damit programm-global. Alle drei Funktionen greifen auf dieselbe Variable zahl zu!

Nitty Gritty • Start up!

Die extern-Anweisung ist nur eine Deklaration einer Variablen, die woanders definiert ist.

Wenn der C-Compiler aus den beiden Quellprogramm-Dateien ein ausführbares Programm machen soll, dann übersetzt er zunächst beide Dateien einzeln, jede für sich, in Objektdateien.

Bei der Übersetzung von `prog1.c` reserviert er im Datenbereich die Variable `zahl`. Bei der Übersetzung von `prog2.c` ersetzt er den Zugriff auf `zahl`, wegen der extern-Deklaration, sozusagen durch einen "Platzhalter", eine sog. unaufgelöste Referenz. Dass diese unaufgelöste Referenz aufgelöst wird, dass also `incr()` und `decr()` auf `zahl` aus `prog1.o(bj)` zugreifen, darum kümmert sich dann anschließend der Linkage-Editor.

Lebensdauer: Die gesamte Programmlaufzeit! Es ist klar, dass diese Eigenschaft aus dem unter Speicherort und Gültigkeitsbereich Gesagten bereits hervorgeht. Wenn der Compiler bei der Übersetzung von `prog1.c` den Speicherplatz für `zahl` bereits im Datenbereich des Objekt-Codes reserviert, dann existiert die Variable bereits unmittelbar in dem Moment, in dem das ausführbare Programm zur Ausführung in den Speicher geladen wird. Da die Aufteilung des Daten-Segments nicht geändert wird, anders als der Stack, bleibt die Variable `zahl` dort bis zum Ende des Programmlaufs.

Automatische Initialisierung: Alle globalen Variablen werden (schon vom Compiler) automatisch mit o initialisiert, wenn sie nicht explizit anderweitig initialisiert werden! Das bedeutet: Eine uninitialisierte globale `int`-Variable enthält den Wert o, eine entsprechende double-Variable den Wert o.o, eine `char`-Variable den Wert `'\0'`, ein Pointer den Wert NULL, usw.

Das oben vorgestellte Beispielprogramm demonstriert, wozu globale Variablen verwendet werden können. Wann immer Daten mehreren Funktionen, sei es zum lesenden oder schreibenden Zugriff zur Verfügung stehen sollen, kann man sie in globalen Variablen ablegen. Würde man in obigem Programm ohne globale Variablen auskommen wollen, so müssten die Schnittstellen der Funktionen geändert werden, etwa so:

```
/* Modul: prog1.c */
```

```
# include <stdio.h>
void incr (int * p);
void decr (int * p);
int main (void)
{
   int zahl = 99;
   printf ("%d\n", zahl); ---> 99
   incr (&zahl);
   printf ("%d\n", zahl); ---> 100
   decr (&zahl);
   printf ("%d\n", zahl); ---> 99
   return 0;
}
/* Modul:prog2.c */
void incr (int * p)
{
   (*p)++;
}
void decr (int * p)
{
   (*p)--;
}
```

Sollen also Funktionen auf Variablen schreibend zugreifen, die woanders definiert sind, dann müssen entweder die Anfangsadressen dieser Variablen an entsprechende Pointer der Funktionen übergeben werden, oder die Variablen müssen durch eine globale Definition den Funktionen den Zugriff ermöglichen!

Variablen der Speicherklasse **static** verhalten sich ähnlich wie globale Variablen:

▪ **Speicherort:** Im Daten-Segment des Programmcodes.

▪ Gültigkeitsbereich: Hier ist entscheidend, ob die static-Variablen lokal oder global definiert sind: Als lokale Variablen sind sie wieder nur in der Funktion bzw. in dem Block gültig, in dem sie definiert sind. Als globale Variablen sind sie immer modulglobal. Globale static-Variablen können nicht extern deklariert werden!

Das ist ein wichtiger Unterschied zu "normalen" globalen Variablen! Globale static-Variablen werden in der Praxis immer dann verwendet, wenn nur die Funktionen desselben Moduls, nicht aber Funktionen anderer Module auf diese Variable zugreifen können sollen. Diese Sperrung des Zugriffs aus anderen Modulen heraus ist ein wichtiges programmtechnisches Hilfsmittel der Sprache C, um **Da-**

7

Nitty Gritty • Start up!

tenkapselung zu erreichen, was eine große Bedeutung für die modulare Programmierung hat.

In dem nachfolgenden Programmbeispiel eines "Sorted Stack" wird diese Datenkapselung demonstriert werden (s. Kapitel 8)!

Lebensdauer: Die gesamte Programmlaufzeit! Auch die ergibt sich wieder aus dem Speicherort Datensegment! Die Tatsache aber, dass bei lokalen static-Variablen der Gültigkeitsbereich eingeschränkt ist, hat folgende interessante Konsequenz: Eine lokale static-Variable enthält beim zweiten Aufruf einer entsprechenden Funktion bzw. beim zweiten Durchlauf eines entsprechenden Blocks, immer noch die Werte, die sie beim ersten Mal bekommen hat. Die einfachste Anwendung dieses Sachverhalts demonstriert folgendes Programmbeispiel, das eine lokale static-Variable als "Aufrufzähler" einer Funktion verwendet:

```
# include <stdio.h>
void func (void)
{
    static int count = 0;
    printf ("%d. Aufruf!\n", ++count);
    ...
}
int main (void)
{
    func ();        ---> 1. Aufruf!
    ...
    func ();        ---> 2. Aufruf!
    ...
    func ();        ---> 3. Aufruf!
    ...
    return 0;
}
```

Automatische Initialisierung: Alle static-Variablen werden (vom Compiler) automatisch mit o initialisiert, wenn sie nicht explizit anders initialisiert werden. Aus diesem Grunde ist im obigen Programmbeispiel die explizite Initialisierung von count mit o eigentlich überflüssig. Sie wurde aus dokumentarischen Gründen vorgenommen, um vor Augen zu haben, mit welchem Wert dieser Zähler beginnt.

Zum Abschluss der Darstellung der Speicherklassen soll alles noch einmal, stichwortartig, in einer "reversen" Übersicht zusammengefasst werden und durch einen Zusatz zur expliziten Initialiserung ergänzt werden:

Gültigkeitsbereich:

1. **lokale** Variablen:
   ∎ innerhalb der Funktion (des Blocks), in der (dem) sie definiert sind.

2. **globale** Variablen:
   ∎ innerhalb des Moduls (Programmdatei), in dem sie definiert sind (modulglobal).
   ∎ auch innerhalb jedes anderen Moduls, wenn sie dort mit extern deklariert werden (programmglobal, wenn sie in allen Modulen eines Programms bekannt sind).
   ∎ Globale static-Variablen können nicht extern deklariert werden!

Lebensdauer:

1. **auto**: nur solange die Funktion (der Block) ausgeführt wird, in der (dem) sie definiert sind.

2. **register**: nur solange die Funktion (der Block) ausgeführt wird, in der (dem) sie definiert sind.

3. **static**: die gesamte Programmlaufzeit über.

4. **global**: die gesamte Programmlaufzeit über.

Speicherort:

1. **auto**: Stack;

2. **register**: Register (wenn möglich, sonst Stack);

3. **static**: Datenbereich des Programmcodes;

4. **global**: Datenbereich des Programmcodes.

Explizite Initialisierung:

Alle Variablen dürfen bei der Definition mit Werten initialisiert werden.

7

Nitty Gritty • Start up!

Ausnahme:

Im K&R-Standard dürfen Vektoren (Tabellen) und Strukturen nur dann bei der Definition initialisiert werden, wenn sie global oder von der Speicherklasse `static` sind! (Diese Einschränkung gilt aber nicht mehr für den ANSI-Standard!)

Automatische Initialisierung:

1. **global**: Variablen werden automatisch mit 0 initialisiert.

2. **static**: Variablen werden automatisch mit 0 initialisiert.

3. alle anderen nicht!

Folgende Ergänzung betrifft das Problem gleichnamiger Variablen:

```
# include <stdio.h>

int z = 13;
void func (void)
{
   printf ("%d\n", z);
}
int main (void)
{
   int z = 98;
   func ();            ---> 13
   printf ("%d\n", z); ---> 98
   return 0;
}
```

In diesem Programm wird zweimal eine Variable mit Namen z definiert, einmal als globale Variable, andererseits als lokale Variable in `main()`.

In `main()` wird mit z die lokale Variable angesprochen, d.h. eine lokale Variable verdeckt eine gleichnamige globale Variable! In der Funktion `func()` ist keine lokale Variable z definiert, dort wird mit z also die globale Variable angesprochen. Es gibt in C keine Möglichkeit, innerhalb dieser `main()`-Funktion die globale Variable z anzusprechen (anders in C++!).

Werden in mehreren Modulen gleichnamige globale Variablen definiert, führt das zu einer Fehlermeldung des Linkage-Editors. Mit Recht, denn bei ev. vorhandenen gegenseitigen extern-Deklarationen stünde nicht fest, welche der Variablen gemeint ist.

Nitty Gritty • Start up!

Wohl aber folgender Fall ist erlaubt: Nur eine der gleichnamigen globalen Variablen ist eine "normale" globale Variable, alle anderen sind globale static-Variablen! Hier verdeckt die jeweilige static-Variable für alle Funktionen des jeweiligen Moduls den Zugriff auf die "normale" globale Variable!

Eine weitere Ergänzung ist erforderlich zur Extern-Deklaration von Funktionen. Sie wird in Kapitel 9 vorgenommen.

7.1 Training

1. Was gibt folgendes Programm aus?

```
/* Modul: prog1.c */
# include <stdio.h>
int k = 0, m = 1, n = 2;
int main (void)
{
    void fun1 (void);
    int fun2 (void);
    int fun3 (int x, int y, int z);
    k++;
    m += k;
    printf ("%d %d %d\n", k, m, n);
    fun1();
    printf ("%d %d %d\n", k, m, n);
    printf ("%d\n", fun2());
    printf ("%d\n", (k = fun3(k, m, n)));
    printf ("%d %d %d\n", k, m, n);
    return 0;
}
void fun1 (void)
{
    int k = n;
    m += k;
    n = m - ++k;
}

/* Modul: prog2.c */
extern int k, m, n;
int fun2 (void)
{
    int p = 2;
    k -= p;
    m = (k!= p);
    n += m++;
    return n;
```

```
}
/* Modul: prog3.c */
static int k = 1, m = 2, n = 3;
int fun3 (int x, int y, int z)
{
   k += x++;
   return k + y - z + ++n;
}
```

Tipp: Zeichnen Sie sich alle Variablen auf und tragen Sie unmittelbar jeden veränderten Wert ein, damit Sie die Übersicht behalten. Das Programm dient nur Trainingszwecken!

2. Was gibt folgendes Programm aus?

```
# include <stdio.h>
void func (void)
{
   static int z = 0;
   printf ("%d. Aufruf dieser Funktion!\n", ++z);
}
int main (void)
{
   int i;
   for (i = 0 ; i < 7 ; ++i)
      func ();
   return 0;
}
```

3. Gegeben sei folgendes Programm:

```
# include <stdio.h>        /* next.c */
char * next (char * sp);   /* Prototyp */
char s1[] = "Dies ist ein Satz",  /* global */
     s2[] = "   mit vielen Worten   ";
int main (void)
{
   char * strp;
   printf ("Jetzt kommt s1:\n");
   strp = next (s1);
   while (strp!= NULL)
   {
      printf ("%s\n", strp);
      strp = next (NULL);
   }
   printf ("Jetzt kommt s2:\n");
   strp = next (s2);
   while (strp!= NULL)
   {
      printf ("%s\n", strp);
```

```
    strp = next (NULL);
  }
  return 0;
}
```

und der Programmlauf:

```
Jetzt kommt s1:
Dies ist ein Satz
ist ein Satz
ein Satz
Satz
Jetzt kommt s2:
mit vielen Worten
vielen Worten
Worten
```

Leider fehlt die Definition der oben deklarierten Funktion next()! Es ist Ihre Aufgabe, diese Funktion zu schreiben, so dass das Programm die im Programmlauf dokumentierten Ausgaben macht!

Die Funktion beschafft, wie man sieht, aus einem String die Anfangsadresse des nächsten "Worts". Wörter werden so definiert, dass sie durch eine Folge von Leerzeichen (Blanks) oder Tab-Zeichen getrennt sind.

Beachten Sie, dass der jeweils erste Aufruf von next() die Anfangsadresse des zu untersuchenden Strings übergeben bekommt, während jeder weitere Aufruf (in einer Schleife) für denselben String den Adresswert NULL übergibt. Wenn also next() NULL als Argument empfängt, weiß es, dass es bei seiner Wortsuche dort weitermachen soll, wo es beim vorherigen Aufruf aufgehört hat. Wie kann next() das wissen?

Natürlich durch einen char-Pointer, der als lokale static-Variable definiert ist und seine jeweilige gespeicherte Adresse bis zum nächsten Funktionsaufruf behält!

Achten Sie auch auf die Laufbedingung der Schleife, next() liefert NULL, wenn es kein Wort mehr findet!

Hinweis

(Nach dieser Methode lokaler static-Variablen arbeiten auch manche Standardfunktionen, z.B. strtok())

7

Nitty Gritty • Start up!

Modulare Programmierung Bibliotheken

8.1 Was ist modulare Programmierung?

Die modulare Programmierung ist ein Paradigma der C-Programmierung, ohne das die Beschreibung der Programmiersprache C unvollständig wäre. Deshalb wird ihr ein ganzes Kapitel gewidmet.

Es geht hier nicht um die Sprachstruktur von C, sondern um die "Philosophie" des Programmierens mit C.

Die zu diesem Thema notwendigen sprachlichen Mittel (globale Variablen, globale `static`-Variablen, usw.) wurden im vorigen Kapitel behandelt; insofern handelt es sich jetzt um die Anwendung des dort Gelernten.

Zunächst zum Begriff: **Modul**. Ein Modul ist ein in sich abgeschlossenes Bauelement, mit dem über definierte Schnittstellen kommuniziert werden kann, dessen Innenleben aber vor der Umwelt verborgen ist. Man spricht auch von "öffentlichen" Schnittstellen und vom "privaten" Innenleben. Durch wohlüberlegte Zusammensetzung verschiedener Module kann man zu einem funktionierenden Ganzen kommen, das einen vorgegebenen Zweck erfüllt.

Umgekehrt: Geht man von einem vorgegebenen Zweck aus, so lässt sich der Lösungsweg zur Erreichung des Zwecks unterteilen in verschiedene Module, wobei jeder einzelne Modul eine Teilfunktion realisiert.

Auf die Programmentwicklung übertragen sind diese beiden Vorgehensweisen bekannt als **Bottom-up-** und **Top-down-Verfahren**.

Wenn jetzt der aufmerksame Leser vermutet, dass der Begriff Modul in C Funktion heißt, so stimmt das nur insofern, als die prozedurale Aufteilung eines Programms in mehrere Funktionen natürlich auch etwas Modulares an sich hat.

In C besteht aber ein Modul aus einer Programmdatei, die einige Daten (zumeist globale Variablen) wie auch eine Reihe von Funktionen zur Manipulation obiger Daten enthält.

Die Aufteilung der Daten und Funktionen eines Programms auf verschiedene Module sollte nach folgenden Kriterien erfolgen:

1. Jeder Modul sollte einen bestimmten Problembereich bearbeiten;
2. Die Details der Implementierung sollten gegenüber den anderen Modulen verborgen werden ("Datenkapselung", "Information hiding").

Ein größeres Programm sollte also aus mehreren Programmdateien (Modulen) bestehen. Einer der Module erledigt z.B. alle Dateizugriffe, ein anderer ermöglicht die Bildschirmausgabe, ein dritter verwaltet die Zugriffe auf dynamische Hauptspeicherbereiche usw. Die funktionale Aufteilung könnte aber auch nach anderen Gesichtspunkten erfolgen.

Um ein modulares Programm in der Praxis zu demonstrieren, müsste man ein umfangreicheres Problem heranziehen. Allein aus Platzgründen und der Übersichtlichkeit wegen soll Modularität hier an einem überschaubaren, kleinen Programm demonstriert werden.

8.2 Ein "Sorted Stack"

Dieses Programm soll es ermöglichen, eine Anzahl in beliebiger Reihenfolge anfallender Dezimalzahlen zu speichern und die gespeicherten Zahlen jederzeit wieder zur Verfügung zu stellen. Allerdings sollen die Zahlen nicht in der Reihenfolge geliefert werden, in der sie gespeichert wurden (wie bei einer QUEUE), und auch nicht in umgekehrter Reihenfolge (wie bei einem STACK), sondern es soll immer jeweils die kleinste der noch gespeicherten Zahlen geliefert werden.

Am ehesten noch könnte die hier verwendete Datenstruktur als "Sorted Stack" bezeichnet werden.

Das Programm besteht aus zwei Modulen, der eine enthält die Daten und Funktionen zur oben beschriebenen Speicherung von Zahlen, der andere ein Anwendungsprogramm, das den ersten Modul benutzt - in diesem Fall eine `main()`-Funktion zum Test unserer Zahlenverwaltung. Dementsprechend haben wir folgende Dateien:

```c
  /* srmem.h */
 void clear (void);
 double put (double f);
 double fetch (void);

/* Modul: srmem.c */
# include <stdio.h>
# define MAXMEM 200              /* max. Speicher-Länge */
static double mem[MAXMEM];        /* Speicher */
static double * mp = mem;         /* Speicher-Zeiger */
static double * hp;               /* Hilfs-Zeiger */
void clear (void)                 /* Speicher initialisieren */
{
   mp = mem;
}
double put (double f)             /* f auf den Speicher bringen */
{
   if (mp >= mem + MAXMEM)
   {
      fprintf (stderr, "\007Fehler: Speicher ist voll!\n");
      return 0.0;
   }
   for (hp = mp - 1 ; hp >= mem ; --hp)
      if (f > *hp)
         *(hp + 1) = *hp;
      else
      {
         *(hp + 1) = f;
         mp++;
         return f;
      }
   *(hp + 1) = f;
   mp++;
   return f;
}
double fetch (void) /* Wert vom Speicher holen */
{
   if (mp > mem)
      return *--mp;
   else
   {
      fprintf (stderr, "\007Fehler: Speicher ist leer!\n");
      return 0.0;
   }
}
/* Modul: memsort.c */
# include <stdio.h>
# include "srmem.h"
int main (void)
{
   double x;
   if (put (23.4) == 0.0)
      return 1;
```

8

Nitty Gritty • Start up!

```
    if (put (248.7) == 0.0)
        return 1;
    if (put (-3.6) == 0.0)
        return 1;
    if (put (44.4) == 0.0)
        return 1;
    if (put (17.5) == 0.0)
        return 1;
    if (put (-39.2) == 0.0)
        return 1;
    if (put (15.2) == 0.0)
        return 1;
    while ((x = fetch ())!= 0.0)
        printf ("%lf\n", x);
    return 0;
}
```

Zur Headerdatei `srmem.h` sei zunächst nur bemerkt, dass sie Funktions-Prototypen enthält. Ihre Einordnung in die modulare Programmierung nehmen wir später vor.

Der Modul `srmem.c` enthält unseren gesamten Apparat zur Sorted-Stack-Verwaltung. Der globale `static`-Vektor `mem` ist unser Sorted-Stack. Er ist der Speicherbereich, in dem alle auf den Stack "geworfenen" Werte gespeichert werden. Seine Größe lässt sich leicht an einen gewünschten Datenumfang anpassen, indem man die Konstante MAXMEM umdefiniert.

Die zweite globale static-Variable `mp` ist ein `double`-Pointer, dem folgende praktische Bedeutung zukommt: Er zeigt jeweils auf das nächste freie, d.h. noch nicht belegte Element des Vektors `mem`. Am Anfang zeigt `mp` auf den Anfang des Vektors, d.h. auf das erste Element. Der erste auf den Stack geworfene Wert würde dort gespeichert werden und `mp` müsste dann auf die Adresse des nächsten Elements gesetzt werden. `mp` ist also unser "Sorted-Stack-Pointer"!

Dass die dritte Stack-Variable, der Hilfspointer `hp` auch global definiert wird, ist sicher nicht unumstritten. Man hätte ihn genauso gut als lokale Variable in der Funktion `put()` definieren können, da er nur dort gebraucht wird.

Betrachten wir jetzt die erste der drei Funktionen dieses Moduls, nämlich `clear()`: Sie initialisiert den Stack, indem sie den Stack-Pointer `mp` auf den Anfang des Vektors `mem` setzt.

Da ja aber mp schon bei seiner Definition auf diese Weise initialisiert wurde, dürfte klar sein, dass clear() dafür da ist, zu einem beliebigen Zeitpunkt des Programmlaufs den Stack erneut zu initialisieren, d.h. alle schon gespeicherten Werte zu verwerfen.

Das wirft noch einmal ein bezeichnendes Licht auf die Bedeutung des Pointers mp: Nicht die Inhalte des Vektors mem geben an, welche double-Werte auf dem Sorted Stack z.Z. gespeichert sind, sondern der Stand des Pointers mp! Alles was vor der in mp gespeicherten Adresse liegt, gilt als "auf dem Sorted Stack gespeichert"; alles ab der in mp gespeicherten Adresse gilt als noch nicht belegter Speicherplatz! Wenn also ein Programm etwa 24 double-Werte mit put() auf den Stack geworfen hat und danach clear() aufruft, gelten alle diese 24 double-Werte als "vom Stack gelöscht" (obwohl sie ja vorläufig noch in den entsprechenden Elementen von mem vorhanden sind)!

Die Funktion put() erledigt die eigentliche Arbeit der sortierten Speicherung eines double-Werts auf dem Sorted Stack. Wenn der an den Parameter f übergebene double-Wert auf dem Sorted Stack gespeichert werden soll, muss zunächst einmal überprüft werden, ob überhaupt noch freier Platz im Vektor mem vorhanden ist. Und das ist der Fall, wenn mp auf einen Speicherplatz zeigt, der kleiner als mem + MAXMEM - der Obergrenze - ist. Im anderen Fall wird eine Fehlermeldung ausgegeben und die Funktion mit 0.0 verlassen.

Ist genügend Speicherplatz vorhanden, muss der an f übergebene Wert in einem solchen Element des Vektors mem gespeichert werden, dass hinter ihm nur noch kleinere Werte folgen. Der Sorted Stack soll also jeden auf den Stack geworfenen Wert so unter den schon gespeicherten Wert einfügen, dass vom Beginn des Vektors mem an alle gespeicherten Werte absteigend sortiert gespeichert sind.

Die for-Schleife beginnt also beim letzten (und kleinsten) Element mit hp = mp - 1; und arbeitet sich dann "nach vorne" durch. Jedes Element wird dabei ein Element weiter "nach hinten" kopiert, wodurch das Element selber frei wird. Sollte aber der an f übergebene Wert nicht mehr größer als das jeweilige Element sein, wird f in dem zuletzt frei gemachten Element gespeichert und die Funktion verlassen.

Zur Illustration dieses Algorithmus sei der letzte put()-Aufruf der main()-Funktion speichermäßig dargestellt (Abbildung 8.1).

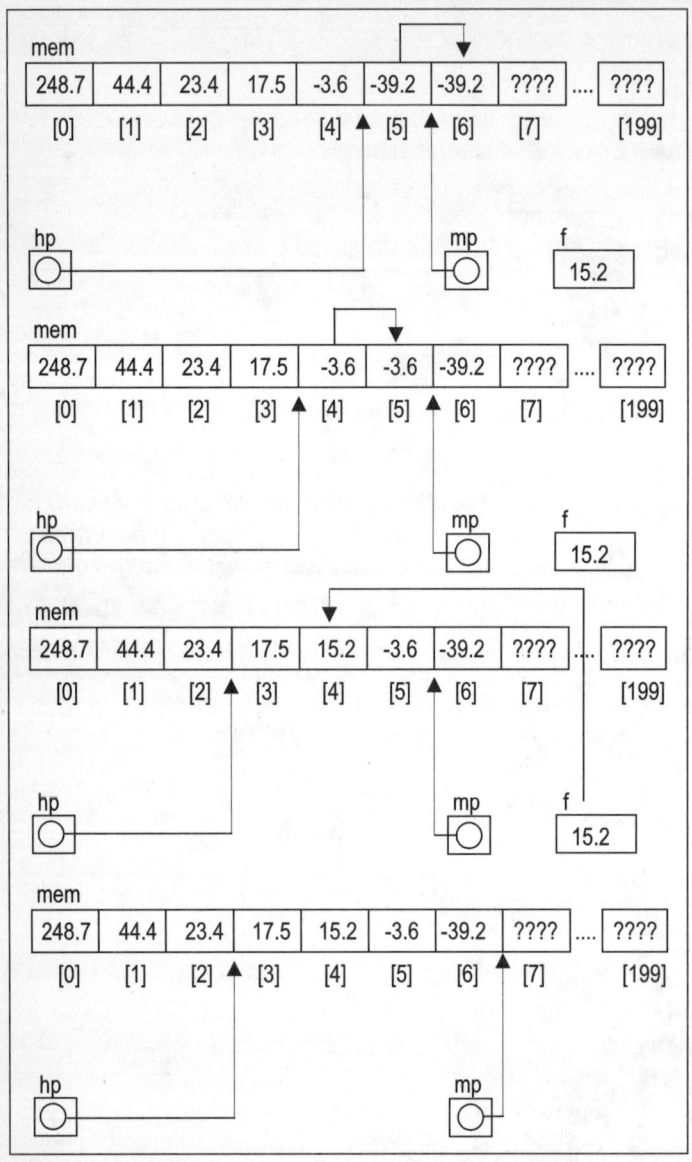

Bild 8.1: put(): Sortiertes Einfügen eines neuen Elements

Am Schluss wird immer `mp` aktualisiert, indem es um ein Element inkrementiert wird und der neu gespeicherte Wert als Returnwert zurückgegeben.

Man mache sich klar, dass die Funktion `put()` ihre Arbeit auch in folgenden drei Grenzfällen korrekt erledigt:

1. Der übergebene Wert ist der erste, der Stack ist vorher also noch leer.

2. Der übergebene Wert ist kleiner als alle schon gespeicherten Werte; er muss also hinter dem letzten Element gespeichert werden.

3. Der übergebene Wert ist größer als alle schon gespeicherten Werte; er muss also am Anfang des Vektors `mem` gespeichert werden.

Der Returnwert ist immer der erfolgreich auf den Stack geworfene Wert oder 0.0, wenn der Stack bereits voll war. Das wirft ein Problem auf: Was ist, wenn der Stack keineswegs voll ist, aber der Wert 0.0 auf den Stack geworfen wird?

Am Returnwert der Funktion `put()` jedenfalls lässt sich nicht unterscheiden, ob ein übergebener Wert 0.0 erfolgreich auf dem Stack gespeichert wurde oder ob der Stack voll war, auch wenn der Anwender nur in letzterem Fall eine Fehlermeldung sieht.

Eine Schleife mit `put()`-Aufrufen hätte im Fall eines vollen Stacks kein eindeutiges Kriterium des Abbruchs.

Wir werden dieses Problem später weiter behandeln (s.u.); vorläufig müssen wir dem Benutzer unserer Sorted-Stack-Funktionen verbieten, den Wert 0.0 zu speichern!

Die dritte Funktion, `fetch()`, setzt den Sorted-Stack-Pointer `mp` um ein Element zurück und liefert den dort befindlichen Wert als Returnwert. Nach der Logik der Belegung unseres Sorted Stack mit Hilfe von `put()` ist das immer der kleinste aller gespeicherten Werte.

Das darf aber natürlich nur dann geschehen, wenn `mp > mem`, der Sorted Stack also nicht leer ist. Sollte er doch leer sein, sieht der Anwender eine entsprechende Meldung, und es wird der Returnwert o.o zurückgegeben.

Setzt man das obige Verbot voraus, dass der Wert o.o nicht auf den Stack gebracht werden darf, bedeutet der Returnwert o.o bei einem `fetch()`-Aufruf immer: Der Stack ist leer. Diese Eigenschaft wird in der `main()`-Funktion aus `memsort.c` benutzt, um alle gespeicherten Werte vom Stack zu holen und anzuzeigen.

Der Programmlauf ergibt dann folgende Bildschirmausgabe:

```
-39.2
-3.6
15.2
17.5
23.4
44.4
248.7
Fehler: Speicher ist leer!
```

Die letzte Ausgabezeile dürfte für den Anwender unseres Sorted Stack möglicherweise irritierend sein. Sein Ziel war, den Stack mit `fetch()` leer zu lesen. Dann erwartet er nicht eine Fehlermeldung! Die Fehlermeldung war aber vom Programmierer eingebaut worden, um einen leeren Stack zu unterscheiden von dem Fall, dass ein gespeicherter Wert o.o vom Stack entfernt wird.

Ein weiterer Hinweis darauf, dass unser Programm verbesserungswert ist (s.u.).

8.3 Projektverwaltung

Soweit zur Logik der einzelnen Funktionen unseres "Sorted Stack". Wir kommen jetzt zum eigentlichen Thema, indem wir feststellen: Das obige Programm besteht aus zwei Modulen: `srmem.c` und `memsort.c`. Dazu kommt noch die Headerdatei `srmem.h`, die jedoch nicht als Modul des Programms betrachtet wird. Beim Aufruf des Compilers müssen beide Module angegeben werden.

Unter UNIX:

```
cc memsort.c srmem.c -omemsort
```

Unter MS/DOS (z.B. BORLAND-C):

```
bcc memsort.c srmem.c
```

Diese Aufrufe bewirken, dass der Compiler jeden einzelnen Modul, getrennt von dem jeweils anderen, übersetzt und in einer entsprechenden Objektdatei ablegt. Danach ruft er den Linkage-Editor auf, der alle Objektdateien (unter Einbindung weiterer Objekt-Funktionen aus der Standardbiliothek) zu einem ausführbaren Programm `memsort` (unter UNIX) bzw. `memsort.exe` (unter MS/DOS) bindet. Diese Tatsache eröffnet zwei neue Problembereiche, die jetzt erörtert werden sollen:

1. Effiziente Wartung eines Programms (Projektdateien),

2. Zurverfügungstellung einzelner Module in Form von Objektbibliotheken.

Zu 1.: Man stelle sich vor, unser Programm bestünde nicht aus zwei, sondern aus zwanzig Modulen. Nach einem erfolgreichen Testlauf stelle sich später heraus, dass das Programm noch etwas gewönne, wenn im siebzehnten Modul eine kleine Schönheitsreparatur angebracht würde. Nach dieser kleinen Änderung im siebzehnten Modul müsste dann ein neues ausführbares Programm erstellt werden.

Im einfachsten Fall lässt der Programmierer dann alle zwanzig Module erneut übersetzen und vom Linkage-Editor binden.

Sollten solche kleinen Änderungswünsche gehäuft vorkommen, könnte es sein, dass dem Programmierer auffällt, wieviel Zeit die Übersetzung aller zwanzig Module – trotz der hohen Geschwindigkeit moderner C-Compiler und Rechner – in Anspruch nimmt.

Er verfällt auf den Trick, nur den siebzehnte Modul neu übersetzen zu lassen, was eine wohltuende Verkürzung der Übersetzungszeit mit sich bringt, während der Linkage-Editor allerdings wieder alle zwanzig Module binden müsste.

Nehmen wir an, unser Programm bestünde aus den Modulen: `mod1.c`, `mod2.c`, ..., `mod20.c`, dann wären z.B. unter UNIX folgende Kommandoaufrufe erforderlich:

```
$ cc -c mod17.c
$ cc mod1.o mod2.o ... mod20.o -oprog
```

Der erste Aufruf teilt dem Compiler cc durch die Option -c ("compile only") mit, dass mod17.c nur zu übersetzen und in der Datei mod17.o zu speichern ist, ohne anschließend den Linkage-Editor aufzurufen. Beim zweiten Aufruf erkennt cc an den Dateinamensendungen .o, dass ihm nur Objektdateien angegeben werden. Da keine einzige Datei angegeben ist, die mit .c im Namen endet, wird der eigentliche C-Compiler nicht aufgerufen, sondern stattdessen sofort der Linkage-Editor, der alle Objektmodule zum ausführbaren Programm prog bindet.

Sollte der Programmierer gar kleine Änderungen in den Modulen mod4.c, mod11.c und mod18.c zugleich vorgenommen haben, könnte es sein, dass er nach der letzten Änderung vergessen hat, welche Module er geändert hat, und die nun neu zu übersetzen sind. Er könnte sich behelfen mit dem Kommando ls -ltr (unter UNIX) bzw. DIR /OD (unter MS/DOS), um eine nach dem Zeitstempel der letzten Änderung aufsteigend sortierte Auflistung seiner Dateien zu bekommen. Der kann er dann entnehmen, welche .c-Dateien nach Erstellung der entsprechenden .o(bj)-Dateien geändert wurden. Ein insgesamt sehr umständliches Verfahren.

Es bedarf also eines Dienstprogramms, das einem diese Arbeit abnimmt. Unter UNIX ist so ein Tool bekannt unter dem Namen: make, und auch bei einigen C-Compilern unter MS/DOS gehört make zum Zubehör. Dieses Kommando überprüft anhand einer Abhängigkeits-Beschreibungsdatei - kurz make-**Datei** genannt - welche Quellcode-Module neu übersetzt werden müssen, weil sie einen jüngeren Zeitstempel als die entsprechenden Objekt-Module aufweisen oder auch, ob der Linkage-Editor aufzurufen ist, weil auch evtl. nur ein Objekt-Modul einen jüngeren Zeitstempel als das Ziel - die ausführbare Programmdatei - hat.

Mit anderen Worten: make veranlasst nur die nötigsten Operationen, um die ausführbare Programmdatei up-to-date zu machen. Als Anwendungsbeispiel für make sei hier - in einfacher Form - die make-Datei memsort.m für unser Programm des Sorted Stack angegeben:

```
# memsort.m
#
memsort:        memsort.o srmem.o
        cc memsort.o srmem.o -omemsort
```

```
memsort.o:       memsort.c srmem.h
        cc -c memsort.c
srmem.o:         srmem.c
        cc -c srmem.c
```

Abgesehen von Kommentarzeilen, die immer mit # eingeleitet werden müssen, besteht diese make-Datei aus drei Gruppen von je zwei Zeilen. Der Aufbau ist bei allen drei Gruppen gleich: Die erste Zeile beschreibt für eine bestimmte Datei, von welchen anderen Dateien diese abhängt. Also: memsort hängt ab von den beiden Objektdateien memsort.o und srmem.o. D.h. es wird geprüft, ob auch nur eine der beiden Dateien memsort.o und srmem.o einen jüngeren Zeitstempel als die Datei memsort aufweist. Ist das der Fall, dann wird die darunterstehende Zeile cc memsort.o srmem.o -omemsort als Kommando aufgerufen. Im anderen Fall unterbleibt der Aufruf dieses Kommandos.

In der ersten Zeile der zweiten Gruppe wird behauptet, dass der Objektmodul memsort.o von den Dateien memsort.c und srmem.h (im oben beschriebenen Sinne) abhängt. Wenn ja, wird wieder die entsprechende zweite Zeile cc -c memsort.c ausgeführt, sonst nicht. Hiermit wird also gewährleistet, dass der Objektmodul memsort.o up-to-date gemacht wird. Man mache sich klar, warum in diesem Fall auch eine Abhängigkeit von srmem.h vorliegt. Da diese Headerdatei ja mit # include "srmem.h" in memsort.c eingebunden wird, soll doch bei einer Änderung auch nur von srmem.h die Datei memsort.c erneut übersetzt werden!

Die dritte Gruppe von Zweier-Zeilen ist genauso aufgebaut und sorgt für die Aktualität von srmem.o.

Was die Syntax betrifft, ist es wichtig zu wissen, dass jede zweite Zeile (die **Aktionszeile** also) mit einem oder mehreren Tab-Zeichen beginnen muss! Es sind hier keine führenden Blanks erlaubt!

Nehmen wir jetzt an, das Programm memsort sei up-to-date und bereits mehrmals zur Ausführung aufgerufen worden. Jetzt nimmt der Programmierer eine Änderung an srmem.c vor, indem er z.B. die Konstante MAXMEM auf 300 - statt wie bisher auf 200 - setzt.

Danach ruft er make auf, um das Programm zu aktualisieren, und auf dem Bildschirm spielt sich Folgendes ab:

Nitty Gritty • Start up!

```
$ make -fmemsort.m
cc -c srmem.c
cc memsort.o srmem.o -omemsort
$
```

make, dem hinter der Option -f (für "file") der Name der Make-Datei angegeben wird, zeigt alle Aktionen an, die wirklich ausgeführt werden.

Wie zu erwarten war, wird von den Quellcode-Modulen nur srmem.c neu übersetzt, ebenso wird mit der letzten Aktion wieder der Linkage-Editor aufgerufen, um das ausführbare Programm zu erzeugen. Bemerkenswert ist höchstens die Reihenfolge der ausgeführten Aktionen, die zwar logisch nachzuvollziehen ist, dem Inhalt der Make-Datei aber zu widersprechen scheint. Dort war der Aufruf des Linkage-Editors Bestandteil der ersten Gruppe! make bearbeitet die angegebene Beschreibungsdatei "rekursiv", was den angegebenen Aufbau der Gruppen verlangt.

make kann im Übrigen viel mehr, als hier angedeutet wurde. Es wird mit den komplexesten Projekten fertig, in denen bei weitem nicht nur der C-Compiler aufgerufen wird sondern alle möglichen Kommandos Verwendung finden können. Es versteht eine mächtige Makrosprache, mit der umfangreiche make-Dateien drastisch reduziert werden können, deren Darstellung aber den Rahmen dieses Buches sprengen würden. Der an make interessierte Leser sei auf eine etwas ausführlichere Einführung in [8] verwiesen, wo auch weitere Literaturangaben gemacht werden.

Moderne C-Compiler verfügen - außer über make – über eine in eine - zumeist grafische – "Integrierte Entwicklungsumgebung" eingebaute Projektverwaltung, die die gleiche Funktionalität besitzt wie make. Dort brauchen in der Regel nur die an einem Projekt beteiligten Module in ein Projekt (BORLAND) oder Workspace (MICROSOFT) eingetragen zu werden. Bei Aktivierung des Compilers werden dann automatisch nur die wirklich notwendigen Operationen ausgeführt. Auch die Abhängigkeit von benutzerdefinierten Headerdateien wird aufgrund der #include-Anweisungen automatisch erkannt und braucht nicht gesondert angegeben zu werden.

Zu 2.: Man stelle sich vor, der "Erfinder" unseres "Sorted Stack" möchte sein Produkt anderen Programmierern zur Verfügung stellen. Dazu braucht er nur die beiden Dateien `srmem.h` und `srmem.c` an andere wegzugeben. Ein Erwerber dieses Softwareprodukts muss dann den Modul `srmem.c` zu seinem Projekt hinzufügen, wenn dort der "Sorted Stack" verwendet werden soll.

Der Erwerber kann aber auch die Funktionen des "Sorted Stack" verändern oder die ganze Implementation verbessern und als eigenes Produkt auf den Markt bringen.

Möglicherweise hat der ursprüngliche Erfinder des Produkts etwas dagegen. Also gibt er nicht den Quellcode weg, sondern nur die Dateien `srmem.o` (bzw. `srmem.obj`), also den Objektcode und die Headerdatei `srmem.h`.

Der Erwerber bindet jetzt die Objektdatei zu seinem Projekt, ohne die Möglichkeit zu haben, die Funktionen im Quellcode zu verändern. Das einzige, über das er im Quellcode verfügt, ist jetzt die Headerdatei `srmem.h` mit den Prototypen der drei Funktionen.

Allerdings ist jetzt eine Beschreibung der Wirkungsweise der drei Funktionen für den Programmier-Anwender des "Sorted Stack" unerläßlich, die der Vertreiber etwa in einer Datei `readme.doc` zur Verfügung stellen könnte. Und so könnte ihr Inhalt aussehen:

`readme.doc`

"Sorted Stack"

Speicherung von maximal 200 double Zahlen. Die double-Zahlen können in beliebiger Reihenfolge auf dem "Sorted Stack" gespeichert werden, die Entnahme der Zahlen vom "Sorted Stack" erfolgt immer in aufsteigend sortierter Reihenfolge.

Öffentliche Schnittstellen:

`# include "srmem.h"`

void clear (void);

Initialisiert den Stack, d.h. verwirft (löscht) alle bisher gespeicherten Zahlen und stellt den gesamten Speicherbereich von 200 Speicherstellen wieder zur Verfügung.

`# include "srmem.h"`

double put (double f);

Speichert den Parameter f auf dem "Sorted Stack".

Returnwert: Bei Erfolg der auf dem Stack gespeicherte Wert f, sonst, wenn der Stack voll ist, der Wert: o.o. (In diesem Fall weist eine Fehlermeldung auf den vollen Stack hin.)

`# include "srmem.h"`

double fetch (void);

Liefert den kleinsten aller auf dem Sorted Stack gespeicherten Werte. Dieser Wert wird damit vom Stack entfernt! Bei leerem Stack liefert `fetch()` den Wert: o.o und zeigt mit einer Fehlermeldung an, dass der Stack leer ist.

Das ist alles, was ein Programmierer wissen muss, wenn er mit den Funktionen des "Sorted Stack" umgehen will. Man beachte: Er wird in keiner Weise über die konkrete Implementation aufgeklärt. Ob die gespeicherten Zahlen in einem Vektor (wie in unserem Fall), einer verketteten Liste oder etwa einem Binärbaum gespeichert werden und welches die Zugriffsalgorithmen sind, bleibt ihm verborgen.

Das ist das wesentliche Kennzeichen der modularen Programmierung: Ein Modul als "schwarzer Kasten", in den man nicht hineinsehen kann, mit dem man nur über "öffentliche Schnittstellen" kommunizieren kann, die eine wohl definierte Wirkung garantieren.

An dieser Stelle sei die oben erwähnte Bedeutung der Headerdatei `srmem.h` erläutert: Sie repräsentiert die öffentlichen Schnittstellen des Sorted Stack in Form der Prototypen!

8.4 Bibliotheken

Nun kommen wir zum eigentlichen Thema dieses Abschnitts: den Bibliotheken.

Man stelle sich vor, ein Modul enthalte nicht drei Funktionen, sondern dreihundert. Ein Benutzer dieses Moduls rufe in seinem Anwenderprogramm aber nur achtundzwanzig dieser dreihundert Funktionen auf. Ist es dann notwendig, den gesamten Objektmodul zum Programm zu binden?

Nitty Gritty • Start up!

Nicht erst seit C verfügen Compiler (genauer: Linkage-Editoren) über die Fähigkeit, sich aus Objekt-Bibliotheken fehlende Funktionen zu suchen, zu extrahieren und zum restlichen Programm zu binden. Im oben angenommenen Fall würde der Linkage-Editor sich den Objekt-code der achtundzwanzig Funktionen – aber nur dieser – aus einer entsprechenden Bibliothek kopieren, wenn alle dreihundert Funktionen nicht in einer Objektdatei, sondern in einer Objekt-Bibliothek gespeichert wären.

Solche Bibliotheken müssen nach einem bestimmten Format aufgebaut sein, damit die Extraktion einzelner Funktionen möglich wird. Zu jedem C-Compiler gibt es deshalb i.d.R. auch einen sog. Library Manager (zu deutsch: Bibliotheksverwalter), der es erlaubt, Objekt-Module in Bibliotheken einzufügen, alte Versionen durch neue zu ersetzen, Kopien einzelner Objekt-Module aus einer Bibliothek zu extrahieren oder auch dort zu löschen.

Um zu unserem Beispiel des Sorted Stack zurückzukehren, wären folgende Schritte notwendig, um eine Bibliothek zu erzeugen:

Unter UNIX:

```
cc -c srmem.c
ar r $HOME/lib/libsrmem.a srmem.o
```

Unter MS/DOS (am Beispiel von BORLAND-C):

```
bcc -c srmem.c
tlib \lib\srmem.lib +srmem.obj
```

Zunächst muss mit der Option -c eine Objektdatei erzeugt werden (srmem.o unter UNIX, srmem.obj unter MS/DOS).

Der Library Manager unter UNIX heißt ar (für archiver). Seine weiteren Argumente bedeuten:

■ r: Ersetze (replace) eine alte Modulversion durch die angegebene neue. Wenn keine alte Version existiert, wird die neue hinzugefügt.

■ libsrmem.a: Name der Bibliothek, in der der Modul ersetzt werden soll

■ srmem.o: Name des neuen Objekt-Moduls

Sollte die angegebene Bibliothek gar nicht existieren, wird sie neu angelegt. Im Prinzip kann die Bibliothek einen völlig willkürlichen Dateinamen besitzen. Hält man sich aber an die Konvention des UNIX-C-Compilers, sollte der Name immer mit `lib` beginnen und mit `.a` enden. Dann nämlich könnte der Compiler für unser `memsort`- Programm so aufgerufen werden:

```
cc memsort.c -L$HOME/lib -lsrmem -omemsort
```

Bei diesem Aufruf bildet `cc` aus der Angabe hinter `-l` (für libraries) `srmem` den vollständigen Bibliotheksnamen `libsrmem.a`!

Die Option `-L` erlaubt es, Verzeichnisse anzugeben, in denen `cc` nach, mit `-l` angegebenen, Bibliotheken suchen soll.

Man mache sich noch einmal klar, dass der letzte Compileraufruf etwas anderes macht als etwa folgender:

```
cc memsort.c srmem.o -omemsort
```

Hier wird immer die ganze (!) Objektdatei `srmem.o` gebunden, während der Aufruf mit `-lsrmem` nur diejenigen Funktionen aus der Bibliothek herauszieht und bindet, die in `memsort` auch wirklich aufgerufen werden!

Beim Library Manager `tlib` von BORLAND wird mit `+srmem.obj` der neue Modul zur Bibliothek `srmem.lib` hinzugefügt. Wollte man auch hier eine alte durch eine neue Version ersetzen, hätte man angegeben:

```
+-srmem.obj
```

Die Namenskonvention der C-Compiler unter MS/DOS für Bibliotheken erwartet nur, dass die Namen mit `.lib` enden.

Ein Aufruf für unser `memsort`-Projekt würde (für den BORLAND-C-Compiler) so lauten:

```
bcc -L\lib memsort.c srmem.lib
```

Zwei Hinweise zu C-Bibliotheken unter MS/DOS sind unerlässlich:

1. Unter MS/DOS-C-Compilern gibt es in der Regel nicht nur eine, sondern mehrere Bibliotheken gleichen Inhalts für die verschiedenen Speichermodelle ausführbarer Programme. Dieses Problem der Speichermodelle ist Ausdruck des besonderen

Umgangs von MS/DOS mit den INTEL-Prozessoren. Hier sei nur bemerkt, dass mit obigem `tlib`-Aufruf eine Bibliothek für das Standard-Speichermodell Small erzeugt wurde.

2. Die "Integrierten Entwicklungsumgebungen" moderner C-Compiler unter MS/DOS bzw. WINDOWS gestatten i.d.R. viel komfortablere Möglichkeiten sowohl der Angabe von Bibliotheken, die durchsucht werden sollen, als auch der Angabe von Verzeichnissen, in denen nach Bibliotheken gesucht werden soll. Eingabefelder in einem Menüsystem ersetzen dann die Kommandozeilen-Optionen. (Man erkundige sich in den entsprechenden Compiler-Handbüchern!)

Fassen wir zusammen:

Eine Sammlung von Funktionen eines abgeschlossenen Problemkreises kann in der Form einer oder mehrerer Objektdateien in eine Bibliothek gepackt werden. Das erlaubt dann Anwendungsprogrammierern, die – nur – bestimmte dieser Funktionen aufrufen wollen, auch wirklich nur diese Funktionen zu seinem Programm zu binden.

Im Grunde haben wir von dieser Möglichkeit von Anfang an - seit "Hello, world!" - Gebrauch gemacht, denn schon die Verwendung von `printf()` veranlasst den Linkage-Editor, sich den Programmcode dieser Funktion aus einer Bibliothek zu holen: Der Standardbibliothek! Die Standardbibliothek heißt unter einem UNIX-C-Compiler `libc.a`. Unter MS/DOS (z.B. BORLAND) gibt es für jedes Speichermodell eine Version: `CS.LIB`, `CM.LIB`, ... bzw. unter WINDOWS: `CWS.LIB`, `CWM.LIB` ....

Der Linkage-Editor sucht immer, solange er unaufgelöste Referenzen vorfindet, in der Standardbibliothek nach dem Programmcode der entsprechenden Funktionen. Das gilt für alle Standardfunktionen, die wir bisher verwendet haben, und zwar unabhängig davon, ob deren Prototypen in `stdio.h`, in `string.h` oder irgendeiner anderen Headerdatei zu finden sind! Diese Klarstellung ist notwendig, weil das allgemeine Vorurteil anzutreffen ist, die Datei `stdio.h` sei die Standardbibliothek. Nein, `stdio.h` ist nur eine Headerdatei, die nur die Prototypen auch nur eines kleinen Teils der Standardfunktionen enthält.

Die Standardbibliothek wird immer vom Linkage-Editor durchsucht. Zusätzlich kann man aber beim Compileraufruf auch weitere zusätzliche Bibliotheken angeben, die nach Funktionen durchsucht werden sollen. Das können Bibliotheken sein, die - wie die Standardbibliothek - vom Compilerhersteller oder anderen Softwareherstellern ausgeliefert werden, oder selbst erstellte Bibliotheken, deren Entstehung wir soeben kennen gelernt haben.

Als Beispiel für die erstere Art sei die berühmte Curses-Bibliothek unter UNIX erwähnt, die eine Fülle von Funktionen zur Terminalsteuerung enthält. Sie müsste bei jedem Compileraufruf gesondert angegeben werden:

```
cc ...... -lcurses ....
```

Jetzt soll uns die Frage beschäftigen: Wann richtet man als Programmierer für eine Sammlung von Funktionen eine Bibliothek ein? Dazu lassen sich zwei Kriterien anführen:

1. Der Sache nach ist es wahrscheinlich, dass ein Anwendungsprogramm nur einige der in der Sammlung enthaltenen Funktionen aufrufen könnte. Negativ ausgedrückt: Wenn man absehen kann, dass bei Aufruf einer der Funktionen auch (fast) alle anderen aufgerufen werden, würde man sicher eher eine Objektdatei statt einer Bibliothek bilden.

2. Die Funktionen der Sammlung behandeln einen allgemein verwendbaren Problemkreis, der für die verschiedensten Anwendungsprogramme interessant ist. Sollte ein Funktionenpaket nur für eine ganz spezielle Anwendung entworfen worden sein, und ist nicht vorstellbar, dass es jemals für eine andere Anwendung interessant werden könnte, würde man auf eine Bibliothek verzichten. Dann wäre aber wahrscheinlich das erste Kriterium auch nicht erfüllt.

Als positives Beispiel, das sich wegen seiner Allgemeinverwendbarkeit als Bibliothek eignet, sei ein Funktionenpaket zur Datumsverwaltung genannt. Es könnte Funktionen enthalten, die

1. die Plausibilität eines Datums prüfen;
2. feststellen, ob ein Datum einem Schaltjahr angehört;
3. aus einem Datum die Datumsangabe des nächsten Tages oder ein Zahlungsziel (30 Tage später) berechnen;
4. die Differenz zweier Datumsangaben berechnen.

8.5 Ein verbesserter "Sorted Stack"

Zum Abschluss dieses Kapitels wollen wir uns um die Verbesserung unserer Sorted-Stack-Bibliothek bemühen. Machen wir uns noch einmal klar, welche Mängel einen Verbesserungswunsch aufkommen lassen könnten.

Der Anwender sieht bei obiger main()-Funktion am Ende des Programmlaufs auf dem Bildschirm: `Fehler: Speicher ist leer!` Das Hauptproblem besteht darin, dass es sich hier eher um eine Fehlermeldung für den Anwendungsprogrammierer, und nicht für den Anwender handelt.

Nun ist der Anwendungsprogrammierer an dieser Situation unschuldig, denn die Fehlermeldung wird von `fetch()` ausgegeben, die Bestandteil der Bibliothek ist und an deren Quellcode er nicht herankommt. Es ist ja eigentlich Sache des Anwendungsprogrammierers, zu bestimmen, ob er dem Anwender am Schluss etwa mitteilt: "Das waren alle gespeicherten Zahlen!", oder ob er etwa ganz auf eine solche Meldung verzichtet. Leider lässt ihm der Autor der Sorted-Stack-Bibliothek nicht diese Freiheit.

Ein zweiter Mangel bestand darin, dass man auf keinen Fall den Wert 0.0 auf den Stack werfen durfte. Der Anwendungsprogrammierer hat sich in obiger main()-Funktion auch daran gehalten. Hätte er aber noch zusätzlich - an beliebiger Stelle - den Aufruf:

```
if (put (0.0) == 0.0)
    return 1;
```

eingefügt, wäre das Programm sofort beendet worden.

Aber gerade dann, wenn er nicht selber die Zahlen bestimmt hätte, sondern dem Anwender die Eingabe der Zahlen überlassen hätte, die auf dem "Sorted Stack" gespeichert werden sollen, hätte er nie sicher sein können, ob der Anwender nicht gerade das Verbotene tut und die Zahl o.o eingibt. Es könnte ja sogar von der Sache her notwendig sein, den Wert o.o zu speichern!

Das Hauptproblem besteht also darin: Beide Funktionen, put() und fetch(), liefern als Returnwert den gespeicherten bzw. den vom Stack entfernten Wert. Da der Returnwert aber auch zur Steuerung entsprechender Schleifen herangezogen werden soll - solange nämlich der Stack noch nicht voll bzw. noch nicht leer ist - ist es erforderlich, eine der double-Zahlenwerte zu einem Erkennungszeichen für genau diese Sonderfälle zu machen. Damit entfällt dieser Wert (o.o) aber als speicherungsfähige Zahl! Eine unerträgliche Einschränkung. Man mache sich klar, dass mit diesem Problem auch die Erfinder des Makros getchar() zu tun hatten. Dieser Makro liefert das gelesene Zeichen als Returnwert! Gleichzeitig soll dem Returnwert aber entnommen werden können, ob der Anwender etwa mit der Eingabeende-Tastenkombination gar kein Zeichen mehr eingeben wollte.

Wir wissen, wie die Programmierer von getchar() dieses Problem lösten: Statt das gelesene Zeichen als char-Wert zurückzugeben, lieferten sie es als int-Wert. Sie hatten dann die Möglichkeit, das Eingabeendekennzeichen durch Rückgabe des int-Werts -1 (EOF) anzuzeigen, der niemals der Code eines gültigen Zeichens sein konnte, also von allen Zeichen der Codetabelle verschieden ist.

Leider können wir diesen Weg nicht beschreiten. Welchen noch größeren Wert als einen beliebigen double-Wert könnten wir zurückgeben, um einen vollen bzw. leeren Stack anzuzeigen?

Zur Lösung unseres Problems bedienen wir uns einer anderen Technik. Hier ist der verbesserte "Sorted Stack":

```
/* srmem.h */
# define SRSTACK_OK 0
# define SRSTACK_FULL 1
# define SRSTACK_EMPTY 2
extern int srstack_error;
void clear(void);
double push (double f);
```

```
double pop (void);
/*------------------------------------------------*/
/* Modul: srmem.c */
# include <stdio.h>
# include "srmem.h"
# define MAXVAL 200               /* max. Stack-Länge */
static double val[MAXVAL];        /* Stack */
static double * vp = val;         /* Stack-Zeiger */
static double * hp;               /* Hilfs-Zeiger */
int srstack_error = SRSTACK_EMPTY; /* Fehler-Variable */
void clear (void) /* Stack initialisieren */
{
   vp = val;
   srstack_error = SRSTACK_EMPTY;
}
double put (double f) /* f auf den Stack bringen */
{
   if (vp >= val + MAXVAL)
   {
      srstack_error = SRSTACK_FULL;
      return 0.0;
   }
   if (srstack_error == SRSTACK_EMPTY)
      srstack_error = SRSTACK_OK;
   for (hp = vp - 1 ; hp >= val ; --hp)
      if (f > *hp)
         *(hp + 1) = *hp;
      else
      {
         *(hp + 1) = f;
         vp++;
         return f;
      }
   *(hp + 1) = f;
   vp++;
   return f;
}
double fetch (void) /* Wert vom Stack holen */
{
   if (vp > val)
   {
      if (srstack_error == SRSTACK_FULL)
         srstack_error = SRSTACK_OK;
      return *--vp;
   }
   else
   {
      srstack_error = SRSTACK_EMPTY;
      return 0.0;
   }
```

8

Nitty Gritty • Start up!

```
}
/*----------------------------------------------------*/
/* Modul: memsort.c */
# include <stdio.h>
# include "srmem.h"
int main (void)
{
   double x;
   if (put (23.4) == 0.0 && srstack_error == SRSTACK_FULL)
      return 1;
   if (put (248.7) == 0.0 && srstack_error == SRSTACK_FULL)
      return 1;
   if (put (-3.6) == 0.0 && srstack_error == SRSTACK_FULL)
      return 1;
   if (put (0.0) == 0.0 && srstack_error == SRSTACK_FULL)
      return 1;
   if (put (17.5) == 0.0 && srstack_error == SRSTACK_FULL)
      return 1;
   if (put (-39.2) == 0.0 && srstack_error == SRSTACK_FULL)
      return 1;
   if (put (15.2) == 0.0 && srstack_error == SRSTACK_FULL)
      return 1;
   while (x = fetch (), srstack_error!= SRSTACK_EMPTY)
      printf ("%lf\n", x);
   return 0;
}
```

Mit drei define-Konstanten in srmem.h werden die drei unterschiedlichen Stack-Zustände: Alles ok, Stack ist voll und Stack ist leer benannt. Gleichzeitig wird dort eine int-Variable srstack_error extern deklariert.

Diese Variable wird in srmem.c global definiert, aber ausdrücklich nicht als static-Variable! Der Zugriff auf sie soll von allen Funktionen, in der srmem.h eingebunden wurde, möglich sein! Sie ist initialisiert mit dem Anfangszustand des Stacks, nämlich: Stack ist leer.

In Kommunikation mit dieser Variablen werden wir jederzeit den Zustand des Sorted Stack ermitteln können. Wichtig ist, dass alle Stack-Operationen für die Aktualität dieser Variablen sorgen. Dementsprechend setzen alle drei Funktionen srstack_error – je nach Situation – auf einen der drei Werte. Im Einzelnen:

clear() muss srstack_error natürlich auf den Wert SRSTACK_EMPTY setzen.

Die Funktion put() setzt srstack_error auf den Wert SRSTACK_FULL, wenn der Stack voll ist. Das bedeutet aber auch, dass der an den Parameter f übergebene Wert nicht gespeichert werden konnte! Im andern Fall muss immer überprüft werden, ob der Stack nicht leer ist. Dann wird der Wert f als erster Wert gespeichert, und der Zustand des Stacks muss in SRSTACK_OK geändert werden.

Die Funktion fetch() muss umgekehrt srstack_error auf SRSTACK_OK setzen, wenn der Stack voll war, was er aber nicht mehr ist, wenn fetch() aufgerufen wurde. Andererseits muss SRSTACK_EMPTY gesetzt werden, wenn fetch() für einen leeren Stack aufgerufen wird.

Man beachte, dass sowohl put(), als auch fetch() keine Fehlermeldung mehr ausgeben. Die Frage, ob eine Meldung über einen leeren oder vollen Stack angezeigt werden soll, ist jetzt ganz dem Anwendungsprogrammierer überlassen, der die Information über diese Grenzfälle nach jedem put()- bzw. fetch()-Aufruf durch Auswertung der Variablen srstack_error erhalten kann.

Betrachten wir jetzt, wie der Anwendungsprogrammierer das Ergebnis eines put()- bzw. eines fetch()-Aufrufs auswertet. Die geänderte main()-Funktion enthält für put()-Aufrufe Anweisungen wie diese:

```
if (put (23.4) == 0.0 && srstack_error == SRSTACK_FULL)
    return 1;
```

Das Programm wird beendet, wenn put() mit dem Returnwert o.o zurückkommt und srstack_error einen vollen Stack anzeigt! Man beachte, dass put() nach wie vor den Wert o.o zurückgibt, wenn der Stack voll ist. Ein Fehlen einer entsprechenden return-Anweisung würde aus Syntaxgründen einen Compilerfehler verursachen. Aber auch folgende Programmzeilen würden den Zweck erfüllen, bei dem der Returnwert von put() gar nicht mehr ausgewertet wird:

```
put (23.4);
if (srstack_error == SRSTACK_FULL)
    return 1;
```

In dieser Verwendung erkennt man schon eher, dass put() genauso gut als void-Funktion hätte definiert werden können; wir brauchen den Returnwert nicht mehr!

Nitty Gritty • Start up!

Ein wenig anders liegt der Fall beim Aufruf von `fetch()`. Hier muss der Returnwert aufgefangen werden, ohne ihn braucht man `fetch()` gar nicht aufzurufen. Aber er wird nicht mehr benutzt, um zu erfahren, ob der Stack leer ist. Dementsprechend wird der `fetch()`-Aufruf auch nicht mehr zur Bewertung der Schleifenbedingung herangezogen.

Man beachte, dass in

```
while (x = fetch (), srstack_error!= SRSTACK_EMPTY)
   printf ("%lf\n", x);
```

der Ausdruck `x = fetch ()` zwar bewertet wird, aber die gesamte Schleifenbedingung - wegen des Sequenzoperators: "," - nur durch den Bewertungswert von `srstack_error!= SRSTACK_EMPTY` gebildet wird (s. Sequenzoperator in Kapitel 3)!

Vorausgesetzt wird bei allem natürlich, dass die Headerdatei `sr-mem.h` mit der Externdeklaration von `srstack_error` eingebunden wird, da sonst ein Zugriff auf diese Variable nicht möglich wäre! Es dürfte klar sein, dass eine Information über diese extern deklarierte Variable auch ihren Platz in einer Datei README.DOC finden muss. Sie gehört zur öffentlichen Schnittstelle der Bibliothek!

Diese Technik, Fehlerzustände oder Ausnahmebedingungen durch global definierte und extern deklarierte Variablen zu behandeln, wird z.B. in der Systemprogrammierung bei den sog. Systemaufrufen angewendet. Das sind C-Funktionen, die unmittelbar bestimmte Unterroutinen des Betriebssystems aufrufen. Dabei wird im Fehlerfall in einer vordefinierten globalen Variablen ein Code für die Art des Fehlers abgelegt, der einem sogar den Zugriff auf die Originalfehlermeldungen des Betriebssystems ermöglicht.

Es soll aber nicht verhehlt werden, dass das "Herumschleppen einer globalen Variablen" ev. als umständlich angesehen werden könnte. Deshalb soll noch eine andere Lösung unseres ursprünglichen Problems angedeutet werden. Was halten Sie z.B. von `int`-Funktionen `put()` und `fetch()`, die als Returnwert immer nur einen der Werte `SRSTACK_OK`, `SRSTACK_FULL` bzw. `SRSTACK_EMPTY` zurückgeben?

Das einzige Problem wäre dann `fetch()`, das den vom Sorted Stack geholten `double`-Wert nicht als Returnwert zurückgeben kann. Aber dieses Problem ist leicht lösbar durch folgenden Prototypen:

```
int fetch (double * dp);
```
und folgende Verwendung:

```
.....
double x;
.....
while (fetch (&x)!= SRSTACK_EMPTY)
   ....
```

Hier legt `fetch()` den vom Stack geholten Wert in einer Variablen ab, auf die es über den Pointer `dp` Zugriff hat. Als Returnwert wird nur der Zustand des Sorted Stack zurückgegeben.

Diese Technik wird ja auch von Standardfunktionen wie z.B. `scanf()` verwendet. (Man informiere sich durch die Online-Hilfe des C-Compilers über den Returnwert von `scanf()`!)

8.6 Training

Die folgenden Aufgaben beziehen sich auf die zweite, verbesserte Version unseres Sorted Stack. Es wird dringend empfohlen, alle Aufgaben - eine nach der anderen - zu bearbeiten, ohne gleich nach der Musterlösung zu schielen!

1. Erstellen Sie die notwendigen Dateien für unseren Sorted Stack! Ändern Sie die `main()`-Funktion, so dass die auf den Stack geworfenen Zahlen vom Anwender mit `get_double()` eingelesen werden. Der Einlesevorgang soll beendet werden, wenn der Anwender 0.0 eingibt oder wenn der Stack sich beim Speichern einer Anwenderzahl als voll herausgestellt hat. (Hier haben wir wieder die leidige Unmöglichkeit für den Anwender, die Zahl 0.0 zu speichern. Jetzt liegt es aber nicht an unserem Sorted Stack, sondern an `get_double()`! Auch dieses Problem können wir lösen (s. Aufgaben 6 und 7)!

Erstellen Sie eine Headerdatei `my.h`, die die Prototypen der drei früher entwickelten Funktionen `getline()`, `get_int()` und `get_double()` enthält!

Vergessen Sie nicht, die Headerdatei `my.h` in `memsort.c` einzubinden!

Für den Programmlauf muss jetzt:

1. ein Projekt (in einer "Integrierten Entwicklungsumgebung") oder

2. eine `make`-Datei (soweit `make` vorhanden)

eingerichtet werden.

Denken Sie daran, dass jetzt auch `getdbl.c` und `getline.c` zum Projekt gehören!

Aktualisieren Sie das Projekt, indem Sie den Menüpunkt `Build` (o.ä.) aktivieren (in einer Integrierten Entwicklungsumgebung) bzw. `make` aufrufen!

Testen Sie das Programm!

2. Richten Sie für den Sorted Stack eine Bibliothek mit Namen `srmem.lib` (unter MS/DOS) bzw. `libsrmem.a` (unter UNIX) ein. Achtung: Die Existenz einer Projekt- bzw. `make`-Datei ist nach wie vor notwendig! Ihr Inhalt muss aber an die neue Situation angepasst werden!

Löschen Sie die Objekt- und ausführbaren Dateien und veranlassen Sie eine erneute Aktualisierung des Projekt! Testen Sie das Programm!

3. Bauen Sie in unseren Sorted Stack die drei neuen Funktionen `total()`, `avail()` und `status()` ein!

Die Funktion `total()` soll die Gesamtgröße des Sorted Stack als Returnwert liefern (also den Wert `MAXMEM`).

Die Funktion `avail()` liefert die Anzahl der `double`-Elemente, die momentan noch nicht belegt sind, also noch zur Verfügung stehen, als Returnwert.

Die Funktion `status()` liefert den Inhalt der globalen Variablen `srstack_error`. Machen Sie diese Variable gleichzeitig zu einer static-globalen Variablen und entfernen Sie die entsprechende Externdeklaration aus `srmem.h`! (Wieso ist das jetzt möglich?)

Ersetzen Sie in der Bibliothek die alte durch die neue Version! Ändern Sie die bisherige `main()`-Funktion, indem Sie alle Zugriffe auf `srstack_error` vermeiden (die sind ja jetzt auch verboten) und nur noch mit Aufrufen von `status()` arbeiten!

Geben Sie in der `main()`-Funktion nach Abschluss der Anwendereingaben aus, wieviele seiner Zahlen auf dem Sorted Stack gespeichert wurden! Testen Sie das Programm!

4. Erstellen Sie nach dem Vorbild dieses Kapitels eine Datei `readme.doc` mit einer Beschreibung des "Sorted Stack" nach dem Stand von Aufgabe 3!

5. Für den Fall, dass Sie es sich nicht nehmen ließen, das Lotto-Programm aus Aufgabe 6 des Kapitels 6 zu erstellen, ändern Sie dieses Programm, so dass die ersten 6 gezogenen Zahlen mit `put()` auf den Sorted Stack geworfen werden, von wo sie zur Anzeige des Ziehungsergebnisses mit `fetch()` wieder geholt werden. (Wenigstens ein kleiner Beweis, das unser Sorted Stack tatsächlich für nützliche Zwecke zu gebrauchen ist!)

Erstellen Sie eine entsprechende Projekt- bzw. `make`-Datei! Testen Sie das Programm!

6. Die Aufgabe 1 stieß uns auf ein Problem: Gibt der Anwender beim Aufruf von `get_double()` den Wert 0.0 (oder nur `<Return>`) ein, wird die Schleife beendet, obwohl er vielleicht den Wert 0.0 auf den Stack werfen und weitere Zahlen eingeben wollte. Wir sehen: Auch `get_double()` krankt an derselben Beschränkung wie unsere erste `fetch()`-Version!

Ändern Sie die Funktion `get_double()`, so dass Sie auch dort eine globale Variable `doub_error` definieren, die mit den `define`-Konstanten `DOUB_OK` (Wert: 0), `DOUB_NOTHING` (Wert: 1) und `DOUB_EOF` (Wert: 2) belegt werden kann. Dabei gilt: `doub_error` erhält

1. den Wert: `DOUB_OK` bei Eingabe einer Zahl

2. den Wert: `DOUB_NOTHING` bei Eingabe von nur `<Return>`

3. den Wert: `DOUB_EOF` bei Eingabe von `<Strg>z` bzw. `<Strg>d`

Erinnern Sie sich daran, dass `get_double()` selber `getline()` aufruft! Nach dem `getline()`-Aufruf lassen sich die obigen drei Fälle unter- scheiden!

8

Nitty Gritty • Start up!

Die Definition der drei `define`-Konstanten wie auch eine Externdeklaration von `doub_error` sind in der Headerdatei `my.h` vorzunehmen!

Ändern Sie entsprechend die Leseschleife in `memsort.c`! Ab jetzt soll der Anwender auch den Wert 0.0 auf den Stack werfen können. Die Leseschleife ist nur abzubrechen bei `DOUB_NOTHING` oder `DOUB_EOF`!

7. Die gleiche Änderung ist aus Vollständigkeitsgründen bei der Funktion `get_int()` vorzunehmen. Hier soll die globale Variable `int_error` und die entsprechenden `define`-Konstanten `INT_OK`, `INT_NOTHING` und `INT_EOF` heißen!

8. Erstellen Sie eine neue Bibliothek `my.lib` (unter MS/DOS) bzw. `libmy.a` (unter UNIX), in die Sie die Objekt-Module von `getline.c`, `getint.c` und `getdbl.c` stellen.

Wie ändert sich jetzt die Projekt- bzw. `make`-Datei für das `memsort`-Projekt?

Aktualisieren Sie das Projekt erneut, nachdem Sie die beteiligten Objekt- und ausführbaren Dateien gelöscht haben, und testen Sie wiederum das Programm `memsort`!

Nitty Gritty • Start up!

Funktionen

9.1 Definition, Deklaration, Aufruf

Fassen wir alles, was wir über Funktionen wissen, noch einmal zusammen:

Definition einer Funktion:

```
[static] typ fname (pliste)
{
    ...
    ... /* Anweisungen des Funktionskörpers */
    ...
}
```

Darin bedeuten:

1. **typ**:
   - void, wenn die Funktion keinen Returnwert zurückgibt, oder
   - den Datentyp des Returnwerts.

2. **fname**: Der Name der Funktion, der nach den gleichen Regeln gebildet werden muss wie Variablennamen.

3. **pliste**:
   - void oder keine Angaben (d.h. leere Klammern), wenn die Funktion keine Parameter besitzt, oder
   - eine Aufzählung von Parameter-Definitionen der Form: [register] typ variable, durch den Aufzählungsoperator "," getrennt. (Parameter dürfen von der Speicherklasse register sein!)

Grundsätzlich sind alle Funktionsdefinitionen global, d.h. sie können in beliebig vielen Modulen extern deklariert und dort dann auch aufgerufen werden, es sei denn, sie sind als static-Funktionen definiert. Eine static-Funktion ist automatisch modul-global, d.h. sie darf nur aus Funktionen heraus aufgerufen werden, die dem gleichen Modul wie die static-Funktion angehören!

Deklaration einer Funktion (Prototyp):

```
[extern | static] typ fname (pliste);
```

Ein Prototyp für eine `static`-Funktion muss mit dem Schlüsselwort `static` gekennzeichnet werden. Im andern Fall kann das Schlüsselwort extern angegeben werden, muss es aber nicht!

(Eine `static`-Deklaration darf aber natürlich nur in demselben Modul angegeben werden, in dem die `static`-Funktion auch definiert ist!)

Der Prototyp:

```
extern int getline (char * s, int lim);
```

ist also identisch mit:

```
int getline (char * s, int lim);
```

In der Regel wird extern bei Funktionsdeklarationen immer weggelassen.

Die Parameterliste sieht entweder genauso aus wie bei der Definition, oder sie besteht aus einer Aufzählung der Datentypen ohne Variablennamen. Folgende Deklarationen sind also identisch:

```
int getline (char * s, int lim);
```

und

```
int getline (char *, int);
```

Wichtig ist das abschließende Semikolon!

Aufruf einer Funktion:

```
fname (argliste)
```

1. Darin bedeutet `argliste` eine durch Kommata getrennte Aufzählung der aktuellen Argumente, die beim Aufruf an die bei der Definition der Funktion definierten formalen Parameter übergeben werden und diesen in Anzahl und jeweiligem Datentyp entsprechen müssen.

2. Der Aufruf selber stellt einen Ausdruck dar, der mit dem Returnwert der Funktion bewertet wird. Handelt es sich aber um den Aufruf einer `void`-Funktion, die ja keinen Returnwert zurückgibt, kann auch der Aufrufausdruck nicht bewertet werden.

Zu (1.): Der Compiler nimmt die Forderung, dass die an die Funktion übergegebenen Argumente dem Datentyp der entsprechenden Parameter entsprechen müssen, nicht ganz so ernst. Die Datentypen der Argumente müssen aber in die Datentypen der formalen Parameter umwandelbar sein, nach implizit in den Compiler eingebauten Typumwandlungsregeln!

Vor jeder Umwandlung abweichender Datentypen gilt aber grundsätzlich:

Alle Argumente vom Typ char, unsigned char, short und unsigned short werden immer in den Datentyp int, und alle float-Argumente immer in den Datentyp double umgewandelt und auf den Stack gelegt. Die jeweiligen Parameter belegen dann den niederwertigsten Teil dieser int- bzw. double-Argumente. (Unter MS/DOS ist die Umwandlung von short in int nicht notwendig, da beide Datentypen ohnehin die gleiche Speicherlänge besitzen.) Diese Tatsache wird auf der Webseite eingehend behandelt.

Das folgende Programm zeigt Beispiele von Funktionsaufrufen, die der Compiler ohne Klage akzeptiert, die er mit einer Warnung bedenkt oder die er strikt untersagt:

```
# include <stdio.h>
void func1 (double z)
{
    printf ("%lf\n", z);
}
void func2 (char * p)
{
    printf ("%c\n", *p);
}
int main (void)
{
    long z = 0x41424344L;

    func1 (3.5);
    func1 (3.5f);
    func1 (12);
    func1 (-18L);
    func1 ((short)7);
    func1 ('A');
/* func1 ("A");    Fehler!
            char-Pointer: Keine Konvertierung nach double! */
    func2 ("ABC");
```

```
/* func2 (1);      Fehler!
   int: Keine Konvertierung nach char *! */
   func2 (&z);    /* Warnung: "Suspicious pointer conversion"! */
   return 0;
}
/* ---- Programmlauf: ---------- *
3.500000
3.500000
12.000000
-18.000000
7.000000
65.000000
A
D
 * ---------------------------- */
```

Wie man dem Programmlauf entnimmt, werden einfache numerische Datentypen ohne weiteres in andere numerische Datentypen implizit umgewandelt. Problematischer wird es schon bei Pointern: Der letzte Aufruf func2 (&z); übergibt einen Pointer auf long an einen Pointer auf char. Wir wissen, dass die gleiche Operation als Zuweisung nicht erlaubt wäre (zumindest nicht ohne Verwendung eines Castoperators). Bei der Übergabe als Argument aber wird lediglich mit einer Warnung an den Programmierer auf die Unstimmigkeit hingewiesen. Der Compiler nimmt die offensichtlich gewünschte Umwandlung dennoch vor, als hätte der Programmierer geschrieben:

```
func2 ((char *)&z);
```

(Übrigens: In C++ ist der Compiler sehr viel pingeliger. Da die C++-Regeln zur Überprüfung der Einhaltung von Prototypen sehr viel strenger sind, hätte er in diesem Fall mit einer satten Fehlermeldung ("Error") reagiert.)

Was auch der C-Compiler als Fehler abweist, ist die Zumutung, einen Pointer auf char in den Datentyp double umzuwandeln!

Zu (b): Gehen wir z.B. von folgender Funktion aus:

```
int incr (int x)
{
    return ++x;
}
```

Dann wird der Ausdruck incr (3) bewertet mit 4!

Es ist uns nicht neu, dass Funktionen auch geschachtelt aufgerufen werden können. Nehmen wir z.B. noch folgende Funktion hinzu:

```
int quad (int z)
{
    return z * z;
}
```

Dann wird der Ausdruck quad (incr (3)) bewertet mit 16! Hier ist wichtig, sich klar zu machen, dass incr() aufgerufen wird, bevor quad() aufgerufen wird. Denn quad() bekommt als aktuelles Argument den Returnwert des Aufrufs von incr() übergeben. Dieser Sachverhalt wird anschaulich demonstriert, wenn wir beide Funktionen um eine Bildschirmausgabe erweitern, etwa so:

```
int incr (int x)
{
    printf ("Funktion: incr()\n");
    return ++x;
}
int quad (int z)
{
    printf ("Funktion: quad()\n");
    return z * z;
}
```

Der Aufruf quad (incr (3)) liefert dann folgende Ausgaben:

```
Funktion: incr()
Funktion: quad()
```

Auch für den Returnwert einer Funktion gelten übrigens die impliziten Umwandlungsregeln, die wir schon bei der Übergabe von Argumenten an die Parameter einer Funktion beschrieben haben. Das wird in folgendem Programmbeispiel demonstriert:

```
# include <stdio.h>
double func1 (void) /* Achtung! Double-Funktion! */
{
    return 1;      /* Achtung! Umwandlung von 1 (int) in double! */
}
unsigned char * func2 (void)
{
    static long z = 0x4041L;
    return &z;     /* Warnung: "Suspicious pointer conversion"! */
}
int main (void)
{
    unsigned char * p;
```

```
    printf ("%lf\n", func1 ());
    p = func2 ();
    printf ("%c\n", * p);
    return 0;
}
/* ---- Programmlauf: ------------------- *
1.000000
A
  * ------------------------------------- */
```

Also, auch wenn mit return die int-Konstante 1 zurückgegeben wird, so findet bei der Rückgabe dennoch eine Umwandlung in den double-Wert 1.0 statt, weil – und nur weil – die Funktion func1() vom Typ double ist!

In func2() hat der Returnwert &z den Datentyp Pointer auf long, der aber implizit in den Datentyp der Funktion, nämlich Pointer auf unsigned char umgewandelt wird, was allerdings nicht ohne Warnung des C-Compilers übersetzt wird.

9.2 Die Vorgänge auf dem Stack

Nachdem wir Argumentübergabe und Returnwert ihrer Wirkungsweise nach besprochen haben, müssen uns jetzt einmal die Interna beschäftigen. Was passiert mit Argumenten bzw. Parametern und dem Returnwert im Hauptspeicher, wenn eine Funktion aufgerufen und abgearbeitet wird?

Im Kapitel 7 haben wir bereits erfahren, dass die formalen Parameter einer Funktion – genauso wie normale, automatische Variablen – auf dem Stack angelegt werden. Das gilt zumindest, wenn die Parameter nicht die Speicherklasse register besitzen, also möglicherweise ihren Speicherort in einem Register haben.

In einem Punkt aber unterscheiden sich Funktionsparameter von normalen, automatischen Variablen, und zwar in der Reihenfolge, in der Sie auf den Stack gelegt werden. Zur Demonstration nehmen wir folgendes Programm:

```
void printsum (int x, int y)
{
    printf ("Summe: %d\n", x + y);
}
int main (void)
```

```
{
   int a = 3,
       b = 5;
   printsum (a, b);
   return 0;
}
```

Das Speicherabbild des Stacks sieht beim Aufruf von `printsum()` wie in Abbildung 9.1 aus:

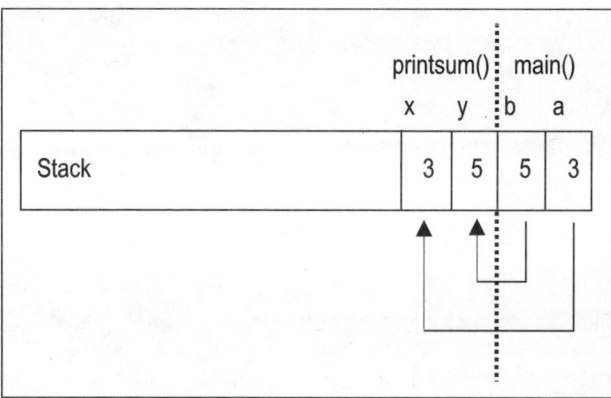

Bild 9.1: Stackbelegung beim Aufruf von printsum()

(Die gestrichelte Linie gibt an, was an Variablen von `main()` und was von `printsum()` stammt.)

Während also die Variablen a und b in der Reihenfolge, in der sie definiert wurden, auf den Stack gelegt werden (natürlich von der Obergrenze des Stacks ausgehend hin zu niederen Adressen), ist es bei den Funktionsparametern x und y gerade umgekehrt!

Es wird also zuerst der Inhalt der Variablen b in die neu entstehende Variable y kopiert und erst danach der Inhalt von a in die erst dann entstehende Variable x!

Dass Funktionsparameter in umgekehrter Reihenfolge entstehen, also in der Parameterliste "von hinten nach vorne", ist ein wichtiges Kennzeichen der Sprache C, das seine praktische Bedeutung hat. Auf diese Weise wird es nämlich leicht möglich, Funktionen zu schreiben, die mit einer beliebigen Anzahl von Argumenten aufgerufen werden können, wie z.B. `printf()`. Doch dazu später mehr (s. Kapitel 19).

Dass diese Reihenfolge nicht nur für die formalen Parameter gilt, sondern dass auch die aktuellen Argumente in derselben Reihenfolge bewertet werden, ist bemerkenswert, da es ein Widerspruch zu allem darstellt, was wir über den Sequenzoperator kennengelernt haben. Man sehe sich folgendes Programm und das Ergebnis seines Laufs an:

```
# include <stdio.h>
void printargs (int x, int y, int z)
{
    printf ("%d:%d:%d\n", x, y, z);
}
int main (void)
{
    int a = 0;
    printargs (++a, ++a, ++a);
    printf ("Aber: %d\n", (++a, ++a, ++a));
    return 0;
}
/* ---- Programmlauf: ----------- *
3:2:1
Aber: 6
 * ----------------------------- */
```

Die Ausgabe, die `printargs()` vornimmt, beweist die obige Behauptung über die Bewertungsreihenfolge der Argumentenliste `++a`, `++a`, `++a`! Ganz anders im `printf()`-Aufruf, wo durch die Klammerbildung um dieselbe Aufzählung der Sequenzoperator seine uns bekannte, normale Wirkung zeigt. Diese Besonderheit von Argumentlisten sollte man immer im Auge behalten!

Die Tatsache, dass Funktionsparameter als völlig neue Variablen entstehen, die als Inhalt eine Kopie der übergebenen Argumente bekommen, hatten wir bereits früher als **Call by Value** bezeichnet (s. Kapitel 1). Insbesondere folgte ja daraus, dass eine Funktion über seine Parameter nicht die Originaldaten ändern kann, die als Argumente an die Parameter übergeben werden.

Wenn man Letzteres doch machen will, muss man, wie wir in Kapitel 6 erfahren haben, als formale Parameter Pointer definieren, denen als aktuelle Argumente die Anfangsadressen der Variablen übergeben werden müssen. Auf diese Weise kann man ja in C so etwas wie **Call by Reference** praktizieren (s. Funktion: `tausch()` in Kapitel 6).

Wenden wir uns jetzt noch einmal dem Returnwert einer Funktion zu. Zur Rückgabe eines Returnwerts wird ein namenloser, temporärer Speicherbereich eingerichtet. Temporär deshalb, weil der Returnwert nur für eine kurze Zeit irgendwo abgelegt werden muss, um unmittelbar darauf einer Variablen zugewiesen, ausgegeben oder sonstwie verwendet zu werden. Es kann sein, dass der C-Compiler – je nach Situation oder Datentyp – dafür ein Register oder einen Speicherplatz auf dem Stack verwendet. Da uns hier diese Interna des C-Compilers nicht beschäftigen sollen, setzten wir für alle folgenden Betrachtungen voraus, der Compiler erzeuge bei einem Funktionsaufruf als erstes auf dem Stack einen Speicherbereich für den Returnwert. Um diesen Speicherbereich mit dem richtigen Datentyp einrichten zu können, muss er den Datentyp der Funktion kennen. (Daher also die Notwendigkeit von Funktions-Deklarationen!)

Wir benutzen unser obiges Programm mit einer kleinen Änderung, um die speichermäßigen Vorgänge bezüglich des Returnwerts darzustellen:

```
int sum (int x, int y)
{
    return x + y;
}
int main (void)
{
    int a = 3,
        b = 5,
        c;
    c = sum (a, b);
    return 0;
}
```

Hier ist `printsum()` durch die Funktion `sum()` ersetzt worden, die nichts ausgibt, sondern die Summe der zwei Parameter als Returnwert zurückgibt.

Abbildung 9.2 zeigt, was sich auf dem Stack abspielt.

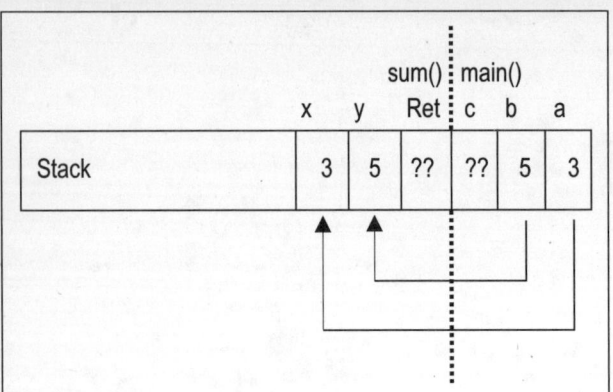

Bild 9.2: Stackbelegung nach Aufruf von sum()

In dieser Darstellung bezeichnet Ret den temporären Speicherbereich für den Returnwert. Durch die Return-Anweisung wird diesem Speicherbereich der berechnete Wert 8 zugewiesen (Abbildung 9.3),

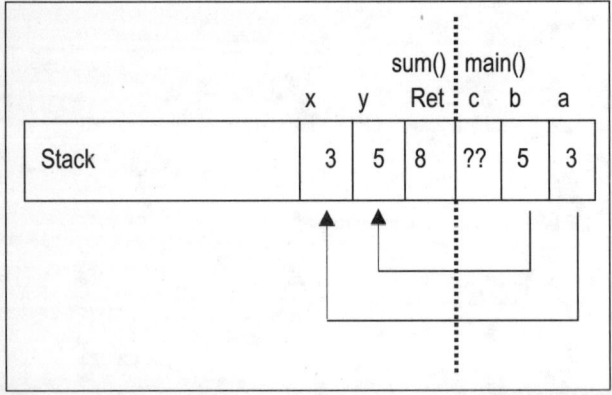

Bild 9.3: sum(): Wirkung der return-Anweisung

der nach Rückkehr in die main()-Funktion der Variablen c zugewiesen wird (Abbildung 9.4).

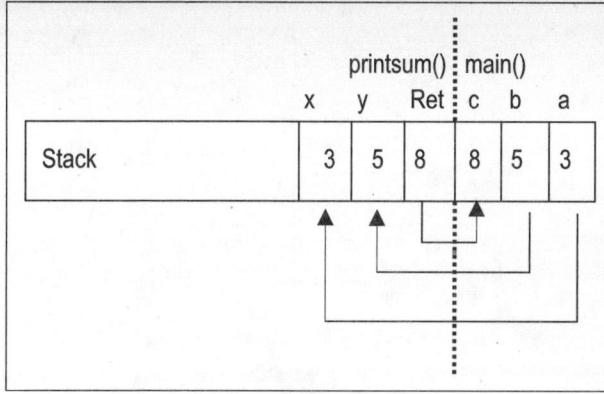

Bild 9.4: sum(): Rückkehr in die main()-Funktion

Erst danach wird sämtlicher, durch den Funktionsaufruf von `sum()` belegter, Speicher auf dem Stack wieder freigegeben (Abbildung 9.5).

		main()		
		c	b	a
Stack		8	5	3

Bild 9.5: Freigabe des Stacks durch main()

Es ist in C also immer die aufrufende Funktion (hier also `main()`), die nach dem Aufruf der aufgerufenen Funktion den Stack wieder bereinigt!

Die Kenntnis dieser Vorgänge auf dem Stack ist unentbehrlich für das nun folgende Thema.

9.3 Rekursive Funktionen

Dass aus einer `FunktionA()` eine `FunktionB()`, und aus der wiederum eine `FunktionC()` usw. aufgerufen werden kann, ist uns nicht

neu. C unterstützt aber auch sog. **rekursive Funktionsaufrufe**, d.h.:
`FunktionA()` ruft wiederum `FunktionA()`, also sich selbst, auf!

Anhand einer neuen, nämlich rekursiven, Funktion `sum()` sollen zunächst die Vorgänge auf dem Stack erläutert werden, um dann einige logische Aspekte rekursiver Funktionen zu erörtern.

```
# include <stdio.h>
int sum (int n)
{
   if (n > 0)
      return n + sum (n - 1); /* Rekursiver Aufruf! */
   return n;
}
int main (void)
{
   int x;
   x = sum (3); /* Nicht-rekursiver Aufruf! */
   printf ("Summe von 1 bis 3: %d\n", x);
   x = sum (5); /* Nicht-rekursiver Aufruf! */
   printf ("Summe von 1 bis 5: %d\n", x);
   return 0;
}
```

Die in diesem Programm definierte Funktion `sum()` ist deshalb eine rekursive Funktion, weil sie mit dem Ausdruck `sum (n - 1)` sich selber aufruft! Die zwei Aufrufe von `sum()` in der `main()`-Funktion sind nicht rekursive Aufrufe, denn sie erfolgen ja nicht aus `sum()` heraus, sondern aus `main()`!

Um die Besonderheit rekursiver Aufrufe zu verstehen, arbeiten wir jetzt schrittweise die `main()`-Funktion ab bis zum 1. `printf()`-Aufruf:

Vor dem Aufruf `x = sum (3);` (Abbildung 9.6).

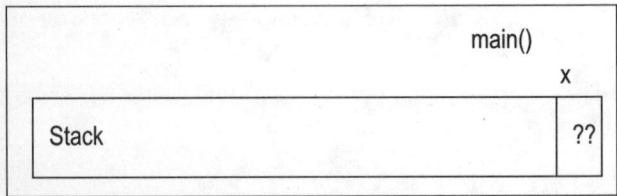

Bild 9.6: Vor dem Aufruf von sum()

1. Aufruf von `sum (3)` (Abbildung 9.7).

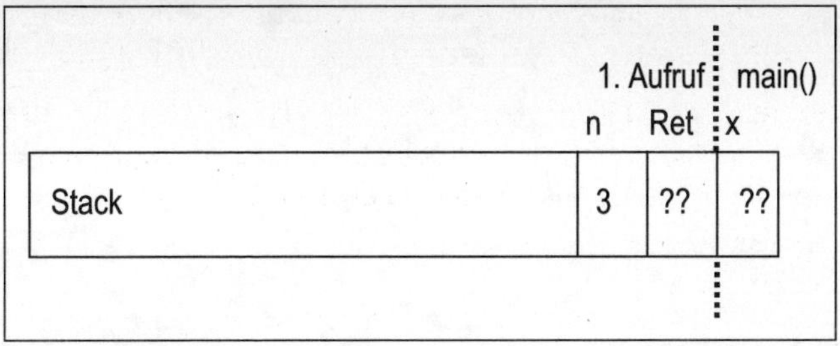

	1. Aufruf		main()
	n	Ret	x
Stack	3	??	??

Bild 9.7: 1. Aufruf von sum()

Da n>0 ist, findet der 2. Aufruf von sum (2) statt (Abbildung 9.8).

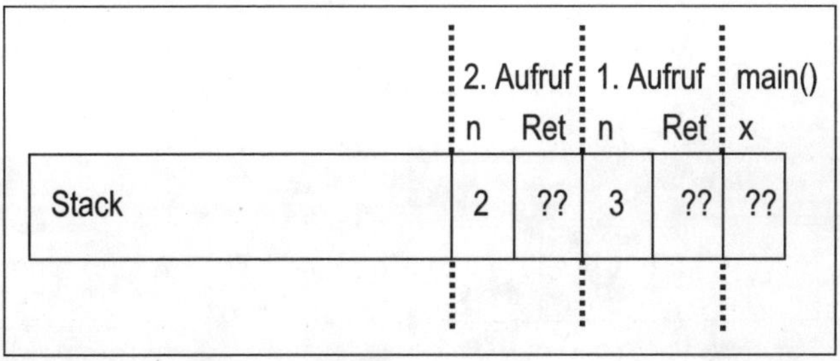

	2. Aufruf		1. Aufruf		main()
	n	Ret	n	Ret	x
Stack	2	??	3	??	??

Bild 9.8: 2. Aufruf von sum()

Da n>0 ist, findet der 3. Aufruf von sum (1) statt (Abbildung 9.9).

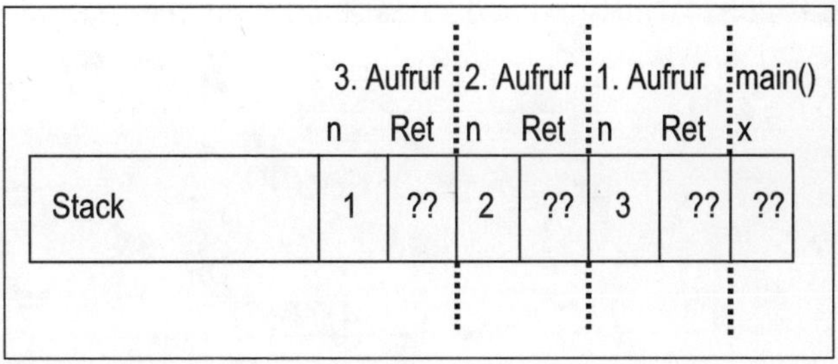

	3. Aufruf		2. Aufruf		1. Aufruf		main()
	n	Ret	n	Ret	n	Ret	x
Stack	1	??	2	??	3	??	??

Bild 9.9: Aufruf von sum()

Da n>0 ist, findet der 4. Aufruf von sum (0) statt (Abbildung 9.10).

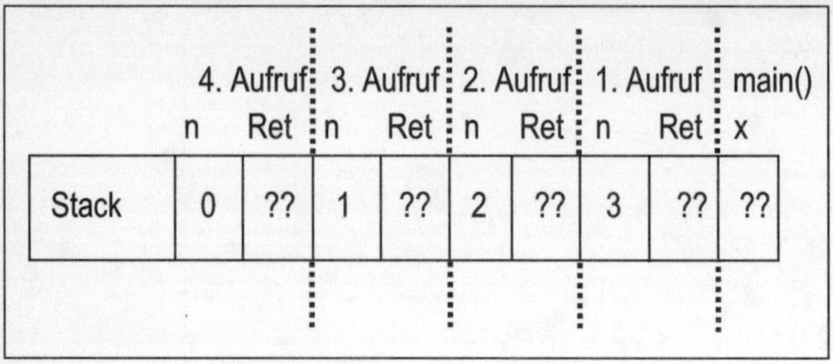

	4. Aufruf		3. Aufruf		2. Aufruf		1. Aufruf		main()
	n	Ret	n	Ret	n	Ret	n	Ret	x
Stack	0	??	1	??	2	??	3	??	??

Bild 9.10: 4. Aufruf von sum()

Da n==0 ist, wird dieser Funktionsaufruf mit n (also 0) verlassen (Abbildung 9.11).

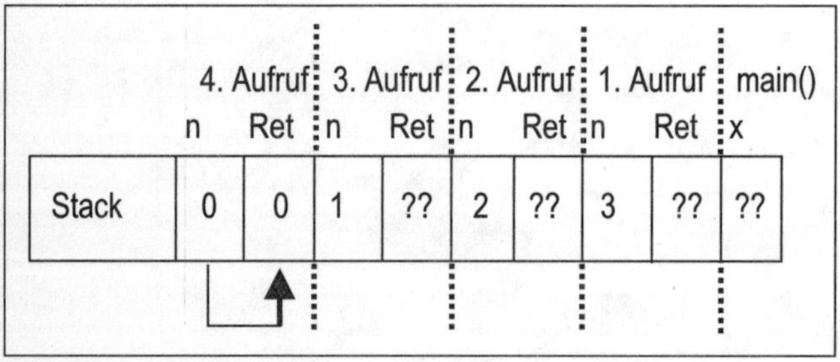

	4. Aufruf		3. Aufruf		2. Aufruf		1. Aufruf		main()
	n	Ret	n	Ret	n	Ret	n	Ret	x
Stack	0	0	1	??	2	??	3	??	??

Bild 9.11: Verlassen des 4. sum()-Aufrufs

Im 3. Funktionsaufruf wird n (also 1) + der letzte Returnwert (also 0) = 1 zurückgegeben (Abbildung 9.12).

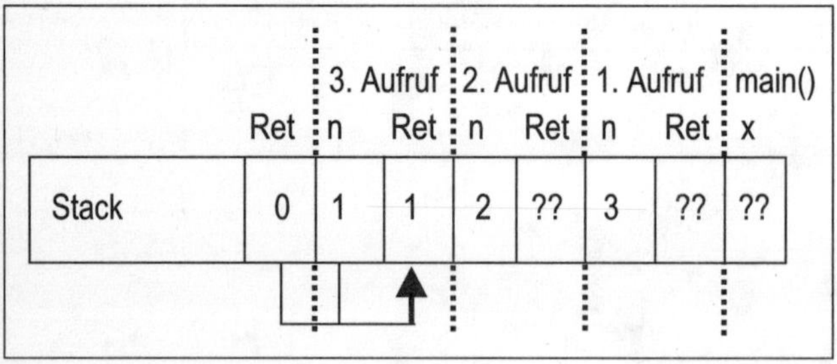

		3. Aufruf		2. Aufruf		1. Aufruf		main()
	Ret	n	Ret	n	Ret	n	Ret	x
Stack	0	1	1	2	??	3	??	??

Bild 9.12: Verlassen des 3. sum()-Aufrufs

Im 2. Funktionsaufruf wird n (also 2) + der letzte Returnwert (also 1) = 3 zurückgegeben (Abbildung 9.13).

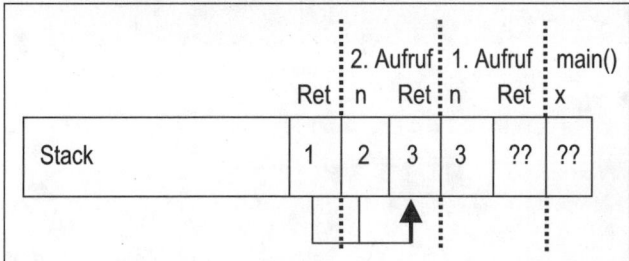

Bild 9.13: Verlassen des 2. sum()-Aufrufs

Im 1. Funktionsaufruf wird n (also 3) + der letzte Returnwert (also 3) = 6 zurückgegeben (Abbildung 9.14).

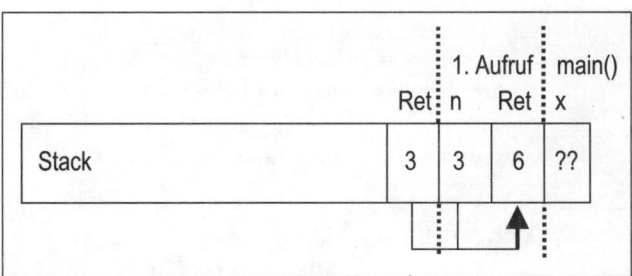

Bild 9.14: Verlassen des 1. sum()-Aufrufs

In der main()-Funktion wird dann dieser Returnwert (also 6) x zuge-wiesen (Abbildung 9.15).

Bild 9.15: Zuweisung des Returnwerts an x aus main()

Dass der gesamte Programmlauf die folgende Ausgabe erzeugt:

```
Summe von 1 bis 3: 6
Summe von 1 bis 5: 15
```

darf der Leser gerne nachprüfen, indem er sich auch für den zweiten Aufruf x = sum (5); alle Einzelschritte auf dem Stack einzeichnet!

Wichtig ist bei alledem:

Jeder erneute rekursive Aufruf legt alle lokalen Variablen einschließlich der Parameter wie auch einen Speicherbereich für den Returnwert abermals auf dem Stack an!

Nach der Rückkehr aus einem rekursiven Aufruf kehrt man an die Stelle zurück, von der der Aufruf ausging. Und das ist bei allen rekursiven Aufrufen ein Punkt innerhalb derselben Funktion!

Gerade der zweite Punkt bereitet einem "Rekursions-Programmieranfänger" die größten Schwierigkeiten, und man kann sich nur durch wiederholtes Training an ihn gewöhnen!

Nachdem wir jetzt die technische Seite der Sache abgehandelt haben, soll die rekursive Programmlogik erörtert werden.

Dem Leser ist sicher aufgefallen, was unsere rekursive Funktion sum() eigentlich macht: Sie berechnet die Summe der Zahlen von 1 bis zu einer an den ersten, nicht rekursiven, Funktionsaufruf übergebenen Zahl.

Diese Aufgabe haben wir schon einmal gelöst, und zwar im Kapitel 1, dort allerdings als sog. **iterative** Lösung, d.h. mit einer Schleife. Der Vergleich zwischen der iterativen und der rekursiven Lösung ist sehr aufschlussreich, denn auch die Rekursion löst das Problem durch wiederholte Aufsummierung von Zahlen. Und trotzdem kommt sie ohne Schleife aus! Die Wiederholung geschieht hier gerade durch den rekursiven Aufruf.

Bei der iterativen Lösung wurde die Wiederholung der Summation durch die Schleifenbedingung begrenzt, bei der rekursiven Lösung durch die Bedingung einer Verzweigung! Man kann also kurz formulieren: Was bei einer iterativen Lösung die Schleife, das ist bei einer rekursiven Lösung die Verzweigung.

Was würde eigentlich passieren, wenn eine rekursive Funktion keine Verzweigung aufweisen würde? Man nehme folgendes Beispiel:

```c
# include <stdio.h>
void print (char * s)
{
    printf ("%s\n", s);
    print (s);    /* Rekursiver Aufruf */
}
int main (void)
{
    print ("Otto");
    return 0;
}
```

Hier gibt es keine Bedingung, unter der die rekursiven Aufrufe jemals ein Ende nähmen. Wie in einer Endlosschleife werden Sie sehr, sehr viele Ottos zu sehen bekommen. Von der Logik her entspricht also eine rekursive Funktion ohne Bedingung einer Endlosschleife. Und dennoch findet ein solches Programm möglicherweise sein Ende. Im Gegensatz zur iterativen Endlosschleife wird bei jedem rekursiven Aufruf ein neuer Parameter s auf dem Stack angelegt wie auch printf() jedesmal neue Argumente auf den Stack wirft, und es ist abzusehen, dass irgendwann der ganze Stack voll ist. Was dann eintritt, nennt man **Stack-Overflow**. Ob das Programm dann abbricht oder nach dem Overflow der Stack-Adressen - mit verheerenden Wirkungen - weitermacht, lässt sich in der Regel beim Übersetzen des Programms durch eine entsprechende Compiler-Option einstellen.

Und damit sind uns auch die Grenzen der sonst so schönen rekursiven Programmierung aufgezeigt: Sie belastet den Stack in erheblichem Maße und kann bei einer großen Anzahl von rekursiven Aufrufen zum gefürchteten Stack-Overflow führen. Anders formuliert: Eine rekursive Lösung sollte nur bei solchen Problemen bevorzugt werden, bei der die Anzahl rekursiver Funktionsaufrufe überschaubar bleibt.

Eine der schönsten Nutzanwendungen einer rekursiven Programmlogik ist die Ausgabe der Verzeichnisstruktur bei Betriebssystemen mit Verzeichnishierarchien (wie UNIX und MS/DOS. S. z.B. das Kommando TREE unter MS/DOS!).

Wie auch die Verarbeitung aller Daten, die in einer baumartigen Struktur vorliegen, eigentlich nur mit rekursiver Logik verarbeitet werden können (s. Binärbäume in Kapitel 13)!

9.4 Pointer auf Funktionen

In Kapitel 6 erfuhren wir, dass man Pointer definieren kann, die auf alles mögliche zeigen. Warum also nicht auch auf Funktionen. Wir entwickeln den Begriff anhand eines formalen Vergleichs zwischen Vektoren und Funktionen:

1. Der Ausdruck char str[80]; stellt die Definition eines Vektors dar. In Analogie dazu betrachten wir den Ausdruck int getline (char * s, int n) als Kopf der Definition einer Funktion. Gemeinsam haben beide Ausdrücke, dass sie nach dem Muster datentyp name Klammern aufgebaut sind. Sie unterscheiden sich in der Art der Klammern, wie auch im Inhalt des Klammerpaares. Von diesen Unterschieden wollen wir im folgenden absehen und die Analogie zwischen ihnen auf ihrer Gemeinsamkeit aufbauen.

2. Der Ausdruck str[5] bezeichnet ein konkretes Vektorelement, der Ausdruck getline (s, 80) einen konkreten Aufruf der Funktion.

3. Der Ausdruck str wird mit der Anfangsadresse des Vektors bewertet. In Analogie dazu bezeichnet der Ausdruck getline die "Anfangsadresse der Funktion", was immer das sein mag!

4. Mit `char * sp`; wird ein Pointer definiert, der auf einen `char`-Vektor zeigen kann. Entsprechend wird mit `int (*f)()` ein Pointer definiert, der auf eine `int`-Funktion zeigen kann! Wichtig ist hier das zusätzliche Klammerpaar. Entsprechend der Vorrangigkeit der Operatoren bewertet der Compiler diesen Ausdruck schrittweise:

1. `(*f)` f ist ein `Pointer`

2. `(*f)()` f ist ein `Pointer auf eine Funktion`

3. `int (*f)()` f ist ein Pointer auf eine Funktion vom Typ: `int`

Ohne das erste Klammerpaar, nämlich int *f(), hätten wir etwas ganz anderes, nämlich f als Funktion vom Typ Pointer auf `int`!

5. Der Ausdruck `sp = str`; weist dem Pointer sp die Anfangsadresse des Vektors `str` zu. Genauso weist der Ausdruck f = getline; dem Funktionspointer die Anfangsadresse der int-Funktion `getline()` zu.

6. Mit `*(sp + 5)` wird ein konkretes Vektorelement mit Hilfe des Pointers sp bewertet. Analog dazu bezeichnet `(*f)(s, 80)` den konkreten Aufruf der Funktion getline mit Hilfe des Funktionspointers f. Allerdings ist auch folgende Analogie möglich: Statt `*(sp + 5)` kann man ja auch schreiben: `sp[5]`. Dementsprechend müsste man auch sagen können: `f(s, 80)`. Und in der Tat sind die Ausdrücke (*f)(s, 80) und f(s, 80)in der Wirkung identisch! Beide bewirken, unter der Voraussetzung der Initialisierung von 5., den Aufruf: `getline(s, 80)`!

Fassen wir alles noch einmal in einem kleinen Programmbeispiel zusammen:

```
int getline (char *, int); /* Prototyp */
int get_int (void);        /* Prototyp */
char s[80];                /* Vektordefinition */
int x;                     /* Variablendefinition */
int (*f) () = getline; /* Definition des Funktionspointers f,
 der mit der Anfangsadresse von getline() initialisiert wird */
(*f) (s, 80); /* Aufruf von getline() */
f = get_int; /* Zuweisung der Anfangsadresse von get_int() */
x = f (); /* Aufruf von get_int() */
```

Bei den beiden Funktionsaufrufen mit dem Funktionspointer f wurden unterschiedliche Aufrufformen gewählt (s. 6.). Genausogut hätten wir umgekehrt wählen können:

```
f (s, 80);
```

und

```
x = (*f) ();
```

Bevor wir jetzt in einem ersten Anwendungsbeispiel den praktischen Nutzen von Funktionspointern demonstrieren, sei auf eine weitere, sehr wichtige Differenzierung bei der Definition hingewiesen:

Achtung!

```
int (*f)();
```

Warnung

Dieser Pointer f kann auf die Adresse jeder int-Funktion zeigen, unabhängig von Anzahl und Datentyp der Argumente der jeweiligen Funktion. Diese müssen aber berücksichtigt werden beim Aufruf der Funktion.

Also:

```
f = getline;
(*f)(s, 80);    /* oder: getline (s, 80); */
f = get_int;
x = (*f)();     /* oder: x = get_int (); */
```

aber:

```
int (*f)(char *, int);
```

Warnung

Dieser Pointer kann nur auf eine int-Funktion zeigen, in der zwei Parameter definiert sind, der 1. als Pointer auf char, der 2. als int!

Also:

```
f = getline;
(*f)(s, 80);    /* oder: getline (s, 80); */
```

Verboten ist jetzt: f = get_int;!

Es folgt jetzt ein erstes Anwendungsbeispiel:

```
int sum (int x, int y)
{
    return x + y;
}
int dif (int x, int y)
{
    return x - y;
}
int mul (int x, int y)
{
```

```
      return x * y;
}
int div (int x, int y)
{
   if (y)
      return x / y;
   return 0;
}
int quadrat (int x, int y, int (*ff)(int, int))
{
   int z;
   z = (*ff) (x, y);
   return z * z;
}
void menue (void)
{
   printf ("Quadratberechnungen:\n\n");
   printf ("< a >    Addition\n");
   printf ("< s >    Subtraktion\n");
   printf ("< m >    Multiplikation\n");
   printf ("< d >    Division\n");
   printf ("<Return>    Programmende\n\n");
   printf ("Gewünschte Operation: ");
}
int main (void)
{
   char eingabe [2];
   int a,
       b;
   int (*f)(int, int);
   menue ();
   while (getline (eingabe, 2) > 0)
   {
      switch (eingabe[0])
      {
         case 'a':
            f = sum;
            break;
         case 's':
            f = dif;
            break;
         case 'm':
            f = mul;
            break;
         case 'd':
            f = div;
            break;
         default:
            fprintf (stderr, "Falsche Eingabe! Abbruch!\n");
            return 1;
```

```
    }
    printf ("Ganzzahl 1: ");
    a = get_int ();
    printf ("Ganzzahl 2: ");
    b = get_int ();
    printf ("\nErgebnis: %d\n\n", quadrat (a, b, f));
    menue ();
  }
  return 0;
}
```

Außer der Definition der vier Funktionen für die mathematischen Grundrechenoperationen sollte die Funktion quadrat() unsere Aufmerksamkeit auf sich ziehen. Außer zwei Parametern x und y für zwei Ganzzahlen wird als dritter Parameter ff als Pointer auf eine int-Funktion mit zwei int-Parametern definiert. Es dürfte auffallen, dass dieser Pointer gerade so bestimmt ist, dass er wahlweise auf eine unserer vier Grundrechen-Funktionen zeigen kann.

Betrachten wir aber zunächst die main()-Funktion. Dort wird dem Anwender erlaubt, eine der vier Grundrechenarten zu wählen. Dieser Wahl entsprechend wird ein dort definierter Funktions-Pointer f auf die Anfangsadresse einer dieser vier Funktionen gesetzt. Nach Eingabe zweier int-Zahlen durch den Anwender wird dann die Funktion quadrat() aufgerufen unter Übergabe der zwei eingelesenen Ganzzahlen an x und y und des Funktionspointers an ff.

Die Funktion quadrat() ruft genau diese Funktion, auf die ff zeigt, auf unter Übergabe der zwei Ganzzahlen, lässt also die Summe, die Differenz, das Produkt oder den Quotienten beider Zahlen berechnen und liefert das Quadrat dieses berechneten Wertes als Returnwert zurück.

Mit anderen Worten: Die Funktion quadrat() braucht nur einmal definiert zu werden, das Quadrat welcher Grundrechenoperation sie berechnet, bestimmt der Aufrufer durch sein drittes Argument.

Natürlich hätte man das gleiche Problem aber auch einfacher, ohne Funktionspointer, lösen können. Mit folgender Funktion:

```
double quadrat (double w)
{
   return w * w;
}
```

könnte das Quadrat einer Summe auch durch einen geschachtelten Funktionsaufruf ermittelt werden:

```
printf ("\nErgebnis: %d\n\n", quadrat (sum (a, b)));
```

9.5 Eine Anwendung: Sortieren mit qsort()

Dass Pointer auf Funktionen aber unentbehrlich werden können, beweist die Standardfunktion qsort(). Diese Funktion sortiert alles, was ein Vektor ist, und zwar nach dem Quick-Sort-Algorithmus, einem der schnellsten Sortieralgorithmen (Literaturhinweis: [2], [3]).

Wir brauchen uns hier mit diesem Algorithmus nicht zu beschäftigen, qsort() macht das schon. Was qsort() aber wissen muss: Welches ist das Sortierkriterium, nach dem der Benutzer seinen Vektor sortiert haben möchte? Für diesen Zweck hat diese Funktion einen Funktionspointer als Parameter definiert, dem der Benutzer von qsort() die Anfangsadresse einer selbstdefinierten Vergleichsfunktion übergeben muss. Der Programmierer, der qsort() benutzt, bestimmt mit seiner Vergleichsfunktion, nach welchem Kriterium sortiert werden soll.

Sehen wir uns zunächst den Prototypen an:

```
# include <stdlib.h>
void qsort (void * base, size_t elem, size_t size,
            int (*vf)(const void *, const void *));
```

Darin bedeuten:

base: Anfangsadresse des Vektors, der sortiert werden soll;

elem: Anzahl der Elemente dieses Vektors;

size: Größe eines Elements in Bytes;

vf : Pointer auf eine int-Funktion, die zwei Elemente vergleicht. Diese Funktion erwartet die Anfangsadressen zweier Elemente, die zu vergleichen sind.

vf muss vom Benutzer der qsort()-Funktion definiert werden mit einem Returnwert:

- \>0, wenn das 1. Element > als das 2. Element
- =0, wenn das 1. Element = dem 2. Element
- <0, wenn das 1. Element < als das 2. Element ist.

Um den Prototypen zu verstehen, sind noch zwei Erläuterungen notwendig:

1. Der Datentyp `size_t` ist kein elementarer, sondern ein abgeleiteter Datentyp. Wie man abgeleitete Datentypen definiert, erfahren wir in Kapitel 11. Hier ist nur wichtig zu wissen, dass `size_t` bei den meisten C-Compilern als `unsigned int` definiert ist. Unter dieser Voraussetzung ist es also egal, ob man z.B. `size_t elem` oder `unsigned int elem` sagt.

2. Das Schlüsselwort `const` ist im Anhang 20.3 beschrieben. Ein Pointer auf `const void` bedeutet, dass der Speicherinhalt an der Adresse, auf die ein solcher Pointer zeigt, als "konstant" zu betrachten ist, d.h. man darf diesen Speicherinhalt nicht überschreiben! Man spricht auch vom "Nur-Lese-Zugriff" (oder engl.: "Read Only").

Der aufmerksame Leser könnte ob dieser Beschränkung verwundert sein, wissen wir doch aus Kapitel 6, dass man bei Pointern auf `void` ohnehin nicht auf den Inhalt zugreifen kann, nicht einmal "nur lesend"! Wir werden aber noch sehen, dass diese Pointer auf `const void` innerhalb unserer Vergleichsfunktion in andere Pointer umgewandelt werden müssen, wobei wir aber die Restriktion des Nur-Lese-Zugriffs aufrechterhalten wollen!

Als Fazit kann man feststellen, enthält der Prototyp einer Funktion Pointer auf `const`-Datentypen, so wird damit das Versprechen abgegeben, dass in dieser Funktion nicht schreibend auf die Speicherinhalte zugegriffen wird, auf die die Pointer zeigen!

Bevor wir zu unserem ersten Anwendungsbeispiel kommen, müssen wir uns noch einmal klar machen, vor welcher Aufgabe `qsort()` steht. Er soll einen Vektor sortieren. Dazu bekommt er an Informationen: Die Anfangsadresse des Vektors, die Anzahl der Elemente, die Länge eines Elements und die Anfangsadresse einer Vergleichsfunktion. Die ersten drei Informationen legen eindeutig die Position im Speicher und die Abmessungen des Vektors fest, der zu sortieren ist.

(Man wäre geneigt, `qsort()` als drittem Argument den Datentyp der Elemente zu übergeben. Aber welchen Datentyp müsste dann der dritte Parameter haben? Es gibt in C keinen Datentyp für Datentypen!)

Wie immer der Quick-Sort-Algorithmus arbeitet, auch qsort() wird immer wieder – ähnlich wie der Bubbel-Sort in Kapitel 5 – zwei Elemente miteinander vergleichen, um zu entscheiden, ob diese Elemente vertauscht werden sollen. Für diesen Vergleich ruft qsort() die Vergleichsfunktion (4. Parameter) auf und übergibt ihr die Anfangsadressen der zwei zu prüfenden Elemente. Dem Returnwert entnimmt er, ob getauscht werden soll. Genauer: Wenn der Returnwert > 0 ist, wird getauscht, sonst nicht.

Der Programmierer der Vergleichsfunktion muss darauf Bezug nehmen, indem er davon ausgeht, dass die zwei Parameter seiner Funktion auf zwei Elemente seines Vektors zeigen. Nur er weiß, was für Elemente das sind, welchen Datentyp sie haben und wie mit ihnen umzugehen ist. Nur er weiß aufgrund seines Sortierkriteriums, ob die beiden Elemente getauscht werden müssen und kann den entsprechenden Returnwert zurückgeben.

Betrachten wir in dem folgenden qsort()-Anwendungsbeispiel zunächst die main()-Funktion:

```
# include <stdio.h>
# include <stdlib.h>
# include "my.h"
# define DBANZ 100
int dbcomp (const void * p1, const void * p2)
{
   const double * dp1 = (const double *)p1,
               * dp2 = (const double *)p2;
   if (* dp1 > * dp2)
      return 1;
   if (* dp1 < * dp2)
      return -1;
   return 0;
}
int main (void)
{
   static double dbvek[DBANZ];
   int i;
   int n;
   for (i = 0 ; i < DBANZ && (dbvek[i] = get_double ()) != 0.
         ; ++i)
      ;
```

```
    n = i;
for (i = 0 ; i < n ; ++i)
    printf ("%lf\n", dbvek[i]);
    qsort ((void *)dbvek, n, sizeof(double), dbcomp);
    for (i = 0 ; i < n ; ++i)
    printf ("%lf\n", dbvek[i]);
    return 0;
}
```

In einen Vektor mit 100 `double`-Elementen wird eine Anzahl n von Dezimalzahlen eingelesen. Es sind also nur die ersten n Elemente des Vektors belegt.

Der `qsort()`-Aufruf bekommt übergeben: Die Anfangsadresse des Vektors `dbvek`, die Anzahl der zu sortierenden Elemente n, die Länge eines Elements `sizeof(double)` und die Anfangsadresse der Vergleichsfunktion `dbcomp()`.

Nach dem `qsort()`-Aufruf werden die eingegebenen Zahlen wieder angezeigt, aber in sortierter Reihenfolge.

Wie aber sind die Zahlen sortiert worden? Das bestimmt allein die Vergleichsfunktion `dbcomp()`! Sie hat, weil `qsort()` es so verlangt, zwei Parameter vom Typ Pointer auf `const void`. An diese werden von `qsort()` jeweils die Anfangsadressen zweier Elemente unseres Vektor übergeben. Da wir wissen, dass es sich um `double`-Elemente handelt, weisen wir in `dbcomp()` diese Pointer sofort an zwei lokal definierte Pointer auf `const double` zu.

Wir untersuchen die zwei `double`-Inhalte, auf die die Pointer zeigen, und geben 1 zurück, wenn das erste Element größer als das zweite ist. Dieser Returnwert würde `qsort()` veranlassen, die zwei Elemente zu tauschen. Die anderen beiden möglichen Returnwerte 0 und -1 bewirken, dass `qsort()` die beiden Elemente unverändert lässt. Diese Logik der Vergleichsfunktion bewirkt also, dass der Vektor durch `qsort()` aufsteigend sortiert wird!

Hätte der Programmierer der Vergleichsfunktion aber geschrieben:

```
if (* dp1 < * dp2)
    return 1;
if (* dp1 > * dp2)
    return -1;
return 0;
```

dann hätte `qsort()` den Vektor absteigend sortiert!

Wir sehen schon daran, dass der Benutzer von `qsort()` mit seiner Vergleichsfunktion der Herr über das Sortierkriterium ist, `qsort()` ist nur der Beauftragte, der seine Arbeit strikt nach den Anweisungen der Vergleichsfunktion ausführt!

Wir werden später sehen, dass `qsort()` seine ganze Mächtigkeit erst dann entfaltet, wenn das Sortierkriterium außerhalb der Daten liegt, die sortiert werden sollen. Man braucht sich nur vorzustellen, dass ein Vektor aus Pointern zu sortieren ist, das Sortierkriterium aber nicht in den Adressen liegt, die in den Pointern gespeichert sind, sondern in den Daten, auf die die Pointer zeigen.

Dieser interessante Fall soll demonstriert werden, sobald wir Strukturen und Pointer auf Strukturen besprochen haben werden (s. Kapitel 11).

9.6 Suchen mit bsearch()

Noch ein Hinweis ist erforderlich. Wieso werden in der Vergleichsfunktion drei verschiedene Returnwerte zurückgegeben, obwohl `qsort()` selber sich doch nur für zwei verschiedene Werte, nämlich > o bzw. <= o interessiert?

Die Antwort liegt ganz einfach darin, dass die für `qsort()` geschriebene Vergleichsfunktion auch noch für eine andere interessante Standardfunktion verwendet werden kann, die auf die Differenzierung in drei verschiedene Returnwerte Wert legt, nämlich `bsearch()`. Diese Funktion erlaubt es, in einem - mit `qsort()` oder irgendwie anders - sortierten Vektor nach einem Vektorelement mit einem bestimmten Wert zu suchen. Hier zunächst ihr Prototyp:

```
# include <stdlib.h>
void *bsearch (const void *key, const void *base, size_t nelem,
               size_t width, int (*fcmp)(const void*, const void*));
```

In dieser Funktion finden wir alle Parameter von `qsort()` wieder. Zusätzlich aber muss als erstes Argument die Anfangsadresse eines Speicherbereichs an `key` übergeben werden, der den gesuchten Wert enthält.

Die Funktion liefert dann als Returnwert entweder die Adresse des Vektorelements, das den gesuchten Wert enthält oder NULL, wenn es ein solches Vektorelement nicht gibt.

Bemerkenswert ist, dass bsearch() mit der selben Vergleichsfunktion arbeitet, mit der qsort() vorher den Vektor sortiert hat.

In der Verwendung für bsearch() aber ist bei dieser Vergleichsfunktion nur der Returnwert 0 interessant, weil ja gerade die Gleichheit des gesuchten Werts mit einem Vektorelement gefragt ist. Wir sehen also: Weil die Vergleichsfunktion für beide Standardfunktionen, qsort() und bsearch(), Verwendung finden soll, muss sie diese drei verschiedenen Returnwerte liefern!

Als Anwendung von bsearch() wollen wir uns jetzt für die Frage interessieren, ob in unserem sortierten Vektor dbvek der double- Wert 3.5 gespeichert ist und wenn ja, in welchem. Unsere main()-Funktion müsste ergänzt werden um folgende Zeilen:

```
double such = 3.5;
double * suchp;
....
....
suchp = bsearch ((const void *)&such, (void *)dbvek, n,
            sizeof(double), dbcomp);
if (suchp == NULL)
    fprintf (stderr, "%lf: Nicht gefunden!\n", such);
else
    printf ("%lf: Gefunden im %d. Element\n", such,
            (suchp - dbvek) + 1);
```

Ähnlich wie bei qsort() soll jetzt auch für bsearch() deren interne Arbeitsweise etwas durchleuchtet werden. Der Name der Funktion steht für "Binary Search", zu dt.: "Binäre Suche". Dieses Suchverfahren geht folgendermaßen vor: Zunächst wird der ganze Vektor halbiert. Wenn das mittlere Element, das durch diese Halbierung entsteht, gleich dem gesuchten ist, kann die Funktion mit der Anfangsadresse dieses Elements als Returnwert verlassen werden.

Wenn das mittlere Element größer als der gesuchte Wert ist, wird - in rekursiver Weise - die Funktion für die untere Hälfte des Vektors aufgerufen, im andern Fall für die obere Hälfte des Vektors. Durch fortgesetzte Halbierung der "Vektorintervalle" kommt man so sehr schnell zu dem gesuchten Element, oder - wenn das Vektorintervall nur noch aus einem Element besteht, das nicht den gesuchten Wert enthält - zu einem negativen Suchergebnis mit Returnwert NULL.

Es dürfte klar sein, dass das so beschriebene Verfahren der binären Suche nur bei sortierten Vektoren funktioniert. Bei einem unsortierten Vektor führt der Aufruf von bsearch() zu unsinnigen Ergebnissen.

Vielleicht verfügt Ihr C-Compiler - in Erweiterung des ANSI-Standards - über Funktionen wie lsearch() bzw. lfind(), die die gleiche Suche linear, d.h. sequentiell vornehmen. Mit diesen Funktionen kann man auch unsortierte Vektoren durchsuchen, was aber natürlich sehr viel länger dauern kann als die Binärsuche in einem sortierten Vektor.

Auf ein Problem bei der Anwendung von bsearch() sei noch hingewiesen: Enthält der sortierte Vektor den gesuchten Wert mehrfach, dann ist - durch das binäre Suchverfahren begründet - nicht garantiert, dass Sie die Anfangsadresse des ersten dieser gleichen Elemente bekommen!

9.7 Training

1. Erstellen Sie in fakul.c die rekursive Funktion fakul(), die zu einer übergebenen long-Zahl deren Fakultät berechnet! (S. auch Aufgabe 3 in Kapitel 1)

Einziger Parameter: long-Variable für die Zahl, deren Fakultät zu berechnen ist

Returnwert: Der berechnete Fakultätswert als long-Zahl!

Bei Aufruf mit einem nicht positiven Wert soll die Funktion sofort mit dem Returnwert 0L zurückkehren.

Tipp: Benutzen Sie zu ihrer rekursiven Programmlogik die Tatsache, dass gilt:

n! = n * (n - 1)!

Definieren Sie außerdem eine main()-Funktion, die alle Fakultäten der Zahlen von 1 bis zu einer vom Anwender eingegebenen Ganzzahl berechnet und anzeigt.

Testen Sie das Programm, indem Sie sich alle Fakultäten von 1 bis 12 anzeigen lassen!

2. In Anlehnung an unsere `quadrat()`-Funktion, schreiben Sie eine neue Funktion `quadrat()`, die mit einem `double`-Wert und einer `double`-Funktion arbeitet.

In der `main()`-Funktion sollte der Anwender die Möglichkeit haben, sich eine der Funktionen `sin()`, `cos()`, `exp()` oder `log()` auszuwählen und für ein von ihm einzugebendes `double`-Argument das Quadrat der entsprechenden Funktion berechnen und anzeigen zu lassen.

Die obigen mathematischen Funktionen existieren als Standdardfunktionen und verlangen die Einbindung der Headerdatei `math.h`! (Achtung! Unter UNIX befinden sich die mathematischen Funktionen oftmals nicht in der Standardbibliothek, sondern in einer speziellen mathematischen Bibliothek `libm.a`! In diesem Fall muss beim Compiler-Aufruf zusätzlich die Option `-lm` angegeben werden!)

3. Gehen Sie in einer `main()`-Funktion von folgenden Definitionen aus:

```
# define DBANZ 100
....
double dbvek[DBANZ];
double * dbvp[DBANZ];
int i;
int n;
....
for (i = 0 ; i < DBANZ ; ++i)        /* Verpointerung */
   dbvp[i] = &dbvek[i];
```

Lassen Sie wieder beliebig viele Dezimalzahlen (aber max. 100) in den Vektor `dbvek` einlesen.

Sortieren Sie mit einem `qsort()`-Aufruf den Vektor von Pointern `dbvp`, so dass Sie über ihn einen aufsteigend sortierten Zugriff auf die in `dbvek` gespeicherten Zahlen haben.

Lassen Sie in der `main()`-Funktion zunächst alle eingegebenen Dezimalzahlen aufsteigend sortiert anzeigen und danach in der ursprünglichen Eingabereihenfolge!

Sie müssen natürlich für den `qsort()`-Aufruf eine neue Vergleichs-funktion definieren, die jetzt aber den Namen `aufwaerts()` bekommen soll.

Testen Sie das Programm!

Erweitern Sie jetzt die `main()`-Funktion um einen zweiten Pointer-vektor mit Namen `dbvp2`, der ebenfalls mit den Elementen von `dbvek` verpointer wird.

Sortieren Sie auch `dbvp2`! Schreiben Sie dafür eine Vergleichsfunk-tion `abwaerts()`, die für einen absteigend sortierten Zugriff auf die Elemente von `dbvek` sorgt.

Erlauben Sie dem Anwender zu wählen, in welcher Reihenfolge er seine zuvor eingegebenen Zahlen noch einmal sehen möchte!

Hinweis

In dieser Aufgabe liegt der im diesem Kapitel bereits ange-deutete Fall vor, dass ein Pointer-Vektor mit `qsort()` sor-tiert werden soll, das Sortierkriterium aber ganz woanders, nämlich im Vektor `dbvek`, liegt!

Ein ernsthaftes Bemühen um die Lösung dieser Aufgabe dürfte eine gute Voraussetzung für weitergehende Anwendungen von `qsort()` im Kapitel 13 sein!

4. Schreiben Sie die Funktion `bdoubsearch()`, die genauso arbeitet wie die Standardfunktion `bsearch()`, mit dem einen, vereinfachen-den Unterschied, dass `bdoubsearch()` immer nur einen `double`-Wert in einem `double`-Vektor suchen soll! Der Funktionskopf soll deshalb die gleichen Parameter besitzen wie `bsearch()` bis auf den vierten, den Sie einfach weglassen. Die Länge eines Vektorelements braucht deshalb nicht angegeben zu werden, da wir wissen, dass wir es jetzt immer mit dem Datentyp `double` zu tun haben.

Lesen Sie sich noch einmal die Beschreibung der Arbeitsweise von `bsearch()` durch (s.o.) und definieren Sie danach `bdoubsearch()` unbedingt als rekursive Funktion!

Verwenden Sie die in diesem Kapitel verwendete Funktion `dbcomp()` sowohl für das Sortieren eines `double`-Vektors mit `qsort()` wie auch für die anschließende Suche einer Zahl mit `bdoubsearch ()`!

5. Am Eingang des Kapitels 5 diente folgende Aufgabenstellung als Begründung für die Notwendigkeit von Vektoren: Eine Textzeile ist einzulesen und rückwärts wieder anzuzeigen. Dort wurde der Hinweis gemacht, dass diese Aufgabe allerdings auch ohne Vektoren, also nur mit einer Variablen lösbar ist, dann allerdings als rekursive Funktion! Das Ende-Kriterium der Rekursion ist die Eingabe von Newline oder `EOF`.

Schreiben Sie diese rekursive Funktion und nennen Sie sie `getrline()`! Sie soll den Datentyp `void` und keine Parameter haben.

Schreiben Sie dazu eine `main()`-Funktion, die `getrline()` einmal aufruft und danach ein Newline ausgibt!

6. Die Funktion `getrline()` ist noch etwas verbesserungswürdig. Will man diese Funktion in der `main()`-Funktion beliebig oft aufrufen können, z.B. solange bis der Anwender für die Eingabe einer Zeile nur Newline oder `EOF` eingibt, dann muss sie eine `int`-Funktion werden, die als Returnwert an die `main()`-Funktion die Anzahl der eingegebenen Zeichen (ausschließlich Newline bzw. `EOF`) zurückgibt.

Ändern Sie die Funktion in diesem Sinne und bauen Sie in die `main()`-Funktion eine entsprechende Schleife ein.

Tipp: In Kapitel 7 lernten wir, wie man einen Funktionsaufrufzähler definiert. Dieser Tipp alleine reicht aber noch nicht. Diese Aufgabe ist eine echte Herausforderung an den rekursiven Programmierer!

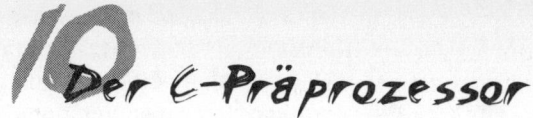

Der C-Präprozessor

Schon in Kapitel 1 wurde festgestellt: Der C-Präprozessor ist ein Makroprozessor, der nicht die Sprache C beherrscht, sondern dessen Wirkung in mancher Hinsicht mit der eines Textverarbeitungsprogramms verglichen werden kann. Er hat seine eigenen Anweisungen (Direktiven), die an dem führenden Zeichen # zu erkennen sind.

Der Präprozessor wird vom C-Compiler automatisch aufgerufen, um den zu übersetzenden Programmtext vorzubearbeiten.

Er kann i.d.R. auch als eigenständiges Programm aufgerufen werden und heißt dann meistens cpp (C Preprocessor). Ein Aufruf wie:

cpp prog1.c prog2.c ...

liefert dann Dateien prog1.i und prog2.i ..., die den vom Präprozessor umgewandelten Quelltext des Programms enthalten, den jeder C-Compiler übersetzen kann. Anweisungen, die mit # beginnen, tauchen in diesen Dateien nicht mehr auf.

Nachfolgend werden die einzelnen Präprozessor-Direktiven besprochen:

10.1 # include

Die Direktive # include <datei> bewirkt, dass sie selber ersetzt wird durch den Inhalt von datei. M.a.W.: Der Inhalt von datei wird an die Stelle in den Quelltext hineinkopiert, an der die include-Direktive stand. Dieser Kopiervorgang kann rekursiv vorkommen, d.h. innerhalb von datei können wiederum #include-Direktiven stehen!

Im Prinzip kann jede beliebige Datei durch #include in den Quelltext kopiert werden. Ein erstes Selektionskriterium verlangt allerdings, dass der Inhalt so eingebundener Dateien aber vom C-Compiler, oder auch wiederum vom Präprozessor verstanden werden können muss.

Ein zweites, verschärftes Selektionskriterium bezieht sich auf die Programmorganisation. Es ist eine himmelschreiende Unsitte so manches C-Programmierzeitgenossen, und überhaupt nicht der eigentliche Zweck der #include-Direktive, andere Quellcodedateien (.c-Dateien) einzubinden! Man braucht sich nur ein größeres Programm vorzustellen, das z.B. aus zwanzig Modulen prog01.c, prog02.c, ..., prog20.c besteht. Hier könnten im ersten Modul die restlichen neunzehn mit #include eingebunden werden. Dann braucht der Programmierer zur Übersetzung nur aufzurufen:

```
cc prog01.c
```

Die Einfachheit dieses Compileraufrufs zählt zu den dümmsten Ausreden eines solchen Programmierers. Der Leser überlege sich, was passiert, wenn in pro7g17.c eine kleine Änderung vorgenommen wird und mache sich noch einmal anhand des Ergebnisses von Kapitel 8 klar, dass es besser ist, für dieses Programm stattdessen eine Projektdatei einzurichten!

Das Fazit dieser Überlegungen lässt sich in folgende Programmierregel fassen:

Mit #include sollten nur Headerdateien (üblicherweise .h-Dateien) eingebunden werden, die ausschließlich folgenden Inhalt haben dürfen:

```
# include ... weiterer Headerdateien
   ....
# define ... von Konstanten und Makros (s.u.)
   ....
Typ-Definitionen: (s. Kapitel 11)
   struct ...
   union  ...
   enum   ...
   typedef...
   ....
extern-Deklarationen von globalen Variablen
   ....
Prototypen von Funktionen
   ....
```

Auch die Reihenfolge der hier vorgenommenen Anordnung ist zweckmäßig und sollte als Empfehlung für selbstdefinierte Headerdateien genommen werden.

Die #include-Direktive kennt zwei verschiedene Syntaxformen:

1. **# include <dateiA>**

2. **# include "dateiB"**

Hier wird dateiA vom Präprozessor gesucht in einem oder mehreren Verzeichnissen, die ihm als spezielle Include-Verzeichnisse bekannt sind.

Die Compiler-Option -Iverzeichnis erlaubt die Festlegung solcher Include-Verzeichnisse.

Im Gegensatz dazu wird dateiB zunächst im aktuellen Verzeichnis gesucht, und nur dann, wenn sie dort nicht gefunden wird, wird die Suche nach (a) fortgesetzt!

Eine Anweisung wie:

```
# include "stdio.h"
```

würde es also erlauben, eine selbstdefinierte Datei stdio.h einzubinden. Wenn aber eine solche selbstdefinierte Datei im aktuellen Verzeichnis nicht vorhanden ist, würde doch wieder die standardmäßig mit dem Compiler ausgelieferte stdio.h eingebunden.

Eine kleine Modifikation erfährt diese Beschreibung, wenn man nicht mit einem "Kommandozeilen-Compiler" arbeitet, sondern mit einer "Integrierten Entwicklungsumgebung". Dort hat man die Möglichkeit, außer Include-Verzeichnissen auch "Quellcode-Verzeichnisse" (meistens unter dem Menüpunkt "Source") einzutragen, die für die eigentlichen .c-Dateien vorgesehen sind. In der obigen Beschreibung ist "aktuelles Verzeichnis" dann durch "Quellcode-Verzeichnis" zu ersetzen, und dateiB würde dann zunächst in diesen Quellcode-Verzeichnissen gesucht und evtl. erst danach in den Include-Verzeichnissen.

10.2 # define

Die einfachste Anwendung dieser Direktive ist uns bereits bekannt: Die Definition von Präprozessor-Konstanten. Betrachten wir folgendes einfaches Programm:

```
# include <stdio.h>
```

```
# define A "Otto"
# define B Anna
int main (void)
{
    printf (A "\n");
    printf ("B\n");
    return 0;
}
```

Die erste define-Anweisung definiert die Konstante A als "Otto". Der Präprozessor ersetzt im Quellcode - ab dieser Zeile - jedes vorkommende A durch "Otto". Er wird fündig beim ersten printf()-Aufruf und macht daraus: printf ("Otto" "\n");.

Der C-Compiler wandelt diesen Ausdruck dann um in: printf ("Otto\n"); (s. Hinweis über String-Konstanten im Kapitel 2). Der gesamte Programmlauf erzeugt folgende Bildschirmausgabe:

```
Otto
B
```

Das demonstriert, dass die define-Konstante B, die als "Anna" definiert wurde, im zweiten printf()-Aufruf nicht ersetzt wurde. So gnadenlos der Präprozessor bei der Ersetzung von Konstanten auch vorgeht, der Inhalt von String-Konstanten ist ihm verwehrt!

Laut Konvention werden define-Konstanten groß geschrieben. Anders als in unserem - schlechten - Beispiel sollten auch längere, aussagekräftige Namen verwendet werden. Sonst könnte einem Folgendes passieren:

```
# define A Otto
....
void printA ( ... );
....
int main (void)
{
    ....
    printA ( .... );
    ....
}
```

Der Präprozessor erzeugt: printOtto (), und der Linkage-Editor sucht verzweifelt diese Funktion, die es gar nicht gibt!

10.3 Makros

Eine zweite Verwendung findet #define für die Definition von Präprozessor-Makros. Ein Makro stellt eine parametrisierte Form für Textersatz dar, die äußerlich wie ein C-Funktionsaufruf aussieht. Definiert wird ein Makro nach folgender Syntax:

```
# define name([paramliste]) ausdruck
```

Darin bedeuten:

- name - Name des Makros (möglichst auch groß geschrieben);
- paramliste - Liste von Parameternamen, durch Komma getrennt, oder auch leer;
- ausdruck - Der Ersetzungsausdruck.

Was die Syntax angeht, ist wichtig, dass zwischen name und (kein Blank vorkommen darf, zumindest nicht bei der Definition eines Makros! Im andern Fall würde das Klammerpaar mit der Parameterliste zu ausdruck gezählt werden, und Sie hätten nur eine define-Konstante name definiert!

Betrachten wir ein erstes Beispiel:

```
# define QUAD(x) ((x) * (x))
```

Das Makro QUAD besitzt nur einen Parameter, nämlich x. Im Gegensatz zu Parametern einer C-Funktion, hat so ein Makro-Parameter keinen Datentyp. Er stellt lediglich einen textuellen Platzhalter dar. In folgenden Anweisungen wird dieses Makro verwendet:

```
int i = 10;
double z = 1.3;
printf ("%d\n", QUAD (i));
printf ("%lf\n", QUAD (z));
printf ("%d\n", QUAD (i + 1));
```

Welcher Ausdruck auch immer beim QUAD-Ausdruck als "Argument" angegeben wird, er ersetzt den Platzhalter x. Der Präprozessor wandelt die printf()-Aufrufe um in:

```
printf ("%d\n", ((i) * (i)));          ---> 100
printf ("%lf\n", ((z) * (z)));         ---> 1.690000
printf ("%d\n", ((i + 1) * (i + 1)));  ---> 121˙
```

QUAD() berechnet also das Quadrat eines Ausdrucks, unabhängig davon, welchen Datentyp dieser Ausdruck besitzt.

Am letzten QUAD-Ausdruck erkennt man, warum bei der Definition dieses Makros im Ersetzungsausdruck jeder Teilausdruck geklammert werden sollte. Hätte man nämlich definiert:

```
# define QUAD(x) x * x
```

wäre der letzte printf()-Aufruf umgewandelt worden in:

```
printf ("%d\n", i + 1 * i + 1);   ---> 21
```

mit einem verheerenden und sicher nicht gewünschten Ergebnis!

Zur Übung mache man sich klar, was die folgenden Makros machen:

```
# define SUMME(x, y) ((x) + (y))
# define PRINTI(x) printf ("%d\n", (x))
# define PRINTI2(x, y) printf ("%d, %d\n", (x), (y))
# define INIT(x, y, z) ((x) = (y) = (z) = 1)
```

Während SUMME() für sich spricht, sind PRINTI() und PRINTI2() sicher nur definiert worden, um sich Schreibarbeit zu ersparen. (Das ist aber auch der eigentliche Zweck von Makros.)

Das letzte Makro INIT() ist insofern interessant, als er drei Parametern einen Wert zuweist. Bei folgender Verwendung:

```
int i = 13,
    j = 24,
    z = 68;
....
INIT (i, j, k);
/* i, j und k haben jetzt den Wert: 1 */
```

kommt kein Betrachter auf die Idee, dass durch den INIT()-"Aufruf" den Variablen i, j und k der Wert 1 zugewiesen wird, wenn er nicht weiß, dass INIT() gar keine C-Funktion, sondern ein Makro ist.

Gerade bei umfangreicheren Makros kann es passieren, dass sich die Makro-Definition über mehr als eine Programmzeile erstreckt. Im Gegensatz zum C-Compiler, der damit keine Probleme hat, muss man dem Präprozessor durch ein spezielles Zeilen-Fortsetzungszeichen angeben, dass die Präprozessor-Anweisung auf der nächsten Zeile weitergeht. Diese Fortsetzungszeichen ist das Zeichen \. Unsere INIT()-Definition z.B. könnte dann auch so aussehen:

```
# define INIT(x, y, z) \
        ((x) = (y) = (z) = 1)
```

Besondere Vorsicht bei der Verwendung von Makros ist bezüglich
Ausdrücken angebracht, die innerhalb des Ersetzungsausdrucks Ne-
benwirkungen produzieren. So wird z.B. bei folgenden Anweisungen

```
int x = 4;
printf ("%d\n", QUAD (++x));
```

nicht 25 ausgegeben, wie der Programmierer vielleicht glaubte, sondern 30! Der Ausdruck QUAD (++x) wird nämlich aufgelöst in:

```
((++x) * (++x))
```

Die Variable x wird also zweimal inkrementiert, was man dem Aufruf
aber nicht ansieht.

Präprozessor-Makros erlauben noch einige zusätzliche Umwandlungen:

a. `# define SHOW(x) printf (#x ": %d\n", x)`

Im Ersetzungsausdruck wird mit #x der Parameter x in eine String-
Konstante verwandelt. Aus den Aufrufen

```
int i = 13,
    k = 8;
SHOW (i);
SHOW (k);
```

macht der Präprozessor:

```
printf ("i" ": %d\n", i);
printf ("k" ": %d\n", k);
```

und der Compiler:

```
printf ("i: %d\n", i);    ---> i: 13
printf ("k: %d\n", k);    ---> k: 8
```

b. `# define VAR(z) x_##z`

Hier wird durch x_##z ein neuer Token zusammengesetzt aus x_ und
dem Ersetzungswert für z. In folgendem Programmauszug

```
int x_a = 4,
    x_b = 17,
    x_123 = -9;
printf ("%d\n", VAR (a));
printf ("%d\n", VAR (b));
printf ("%d\n", VAR (123));
```

ersetzt der Präprozessor:

```
printf ("%d\n", x_a);    ---> 4
printf ("%d\n", x_b);    ---> 17
printf ("%d\n", x_123);  ---> -9
```

Aber auch die Definition der Variablen hätte bereits mit diesem Makro erfolgen können:

```
int VAR (a) = 4,
    VAR (b) = 17,
    VAR (123) = -9;
```

Zum Abschluss der Makros noch einige Überlegungen zum Einsatz. Wann verwendet man Präprozessor-Makros statt C-Funktionen?

Abgesehen von unserem Spezialfall INIT(), wo eine Lösung als C-Funktion so nicht möglich ist, benutzt man Makros, um Funktionsaufrufe zu vermeiden. Wir wissen, dass Funktionsaufrufe immer einen gewissen Aufwand mit sich bringen (Call by Value, Rückgabe des Returnwerts), der bei einer sehr häufigen Wiederholung doch ins Gewicht fallen kann, was die Laufzeit eines Programms angeht. Man mache sich klar, dass der ganze Stack-Overhead entfällt, wenn eine Operation in einem Makro vorgenommen wird. Der Präprozessor bekommt dadurch mehr Arbeit, aber das Programm läuft schneller. Eine Voraussetzung sollte allerdings erfüllt sein: Die Operation sollte nicht zu umfangreich sein.

Auch eine Reihe von "Standardfunktionen" sind in Wirklichkeit gar keine Funktionen, sondern in irgendwelchen Headerdateien definierte Makros. Bekannt sind uns bereits die Makros getchar() und putchar(). Ihre mit #define erfolgten Definitionen findet man in stdio.h. (S. dazu auch Kapitel 14!)

10.4 # undef

Mit #undef wird eine vorherige Definition einer Konstanten oder eines Makros ungeschehen gemacht. In folgendem Programmauszug

```
# define ANZ 100
....
printf ("%d\n", ANZ);
....
# undef ANZ
```

```
....
printf ("%d\n", ANZ); /* Compiler-Fehler!!! */
....
```

verursacht der zweite `printf()`-Aufruf einen Compiler-Fehler, weil
dort das Symbol ANZ nicht definiert ist, während das erste ANZ vom
Präprozessor durch 100 ersetzt wurde.

Die Direktive #undef hat seine praktische Bedeutung bei der Umdefi-
nition von Konstanten. So ist es zwar ohne Probleme möglich, eine
Konstante zweimal gleich zu definieren:

```
# define MAX 100
# define MAX 100
```

Bei verschiedenen Werten aber gibt es eine Warnung:

```
# define MAX 100
....
# define MAX 550   /* Warnung des Präprozessors */
```

Diese Warnung kann verhindert werden mit:

```
# define MAX 100
....
# undef MAX
# define MAX 550
```

10.5 # if ...

Die hier zu behandelnden Präprozessor-Direktiven betreffen das
Thema: "Bedingte Compilierung". Während die C-Anweisung if
(...) steuert, welcher Teil eines Programms zur Laufzeit ausgeführt
wird, bestimmen die verschiedenen #if...-Direktiven des Präprozessors, welcher Teil eines Quellprogramms überhaupt vom Compiler übersetzt und Bestandteil des ausführbaren Programms werden
soll.

Ein erstes Beispiel zeigt eine Variante dieser bedingten Compilierung:

```
# define _MS_DOS_
# ifdef _MS_DOS_
#     define WORDLEN 2
# else
#     define WORDLEN 4
# endif
```

In der ersten Anweisung wird die Konstante `_MS_DOS_` definiert. Aber als was? Als nichts. Eine nachfolgende C-Anweisung wie:

```
int x = _MS_DOS_;
```

würde eine Fehlermeldung des Compilers hervorrufen, denn der Präprozessor lieferte ihm dann die Anweisung:

```
int x = ;
```

Bei dieser Konstantendefinition kommt es nur darauf an, dass die Konstante dieses Namens definiert ist, nicht aber als was! Genau diese Existenz der Konstanten `_MS_DOS_` aber wird mit der nachfolgenden Anweisung `# ifdef _MS_DOS_` geprüft. Da diese Prüfung in diesem Fall positiv ausfällt, wird nur die Anweisung:

```
#    define WORDLEN 2
```

in das zu übersetzende Programm übernommen. Hätte die erste Anweisung aber etwa gelautet:

```
# define _VMS_
```

wäre die Anweisung

```
#    define WORDLEN 4
```

in das Programm übernommen worden.

Das `#else` spielt in Bezug auf `#ifdef` die gleiche Rolle, wie `else` in Bezug auf `if`. Im Gegensatz zum C-Compiler muss aber beim Präprozessor jede Verzweigung mit der Anweisung `#endif` abgeschlossen werden, auch dann, wenn ein `#else`-Zweig fehlen sollte!

Während `# ifdef symbol` überprüft, ob `symbol` definiert ist, prüft die Direktive `# if symbol`, ob `symbol` ungleich o ist. Sie setzt dabei voraus, dass `symbol` als irgend etwas definiert ist, andernfalls verursacht diese Anweisung eine Präprozessor-Fehlermeldung.

Folgendes Beispiel, das `#if` verwendet, führt zugleich mit `#elif` eine "Mehrfach-Verzweigung" ein:

```
# include <stdio.h>
# define Z1 0
# define Z2 123
# define Z3 1
int main (void)
{
# if Z1
```

```
   printf ("Z1: %d\n", Z1);
# elif Z2
   printf ("Z2: %d\n", Z2);
# elif Z3
   printf ("Z3: %d\n", Z3);
# else
   printf ("Nichts von alledem\n");
# endif
   return 0;
}
```

Da Z1 als o definiert ist, wird der erste printf()-Aufruf nicht in das Programm übernommen. Die nachfolgende Anweisung # elif Z2 muss verstanden werden als Verschachtelung:

```
# else
#    if Z2
```

Da die Prüfung dieser Bedingung positiv ausfällt, wird der zweite printf()-Aufruf also in das zu übersetzende Programm übernommen. Alle weiteren #elif- und #else-Zweige fallen deshalb weg. Was der Präprozessor letztlich dem Compiler abliefert, beschränkt sich auf folgendes Programm:

```
int main (void)
{
   printf ("Z2: %d\n", 123);
   return 0;
}
```

Man hätte obiges Programm auch in explizit geschachtelter Weise formulieren können:

```
# include <stdio.h>
# define Z1 0
# define Z2 123
# define Z3 1
int main (void)
{
# if Z1
   printf ("Z1: %d\n", Z1);
# else
#    if Z2
      printf ("Z2: %d\n", Z2);
#    else
#       if Z3
         printf ("Z3: %d\n", Z3);
#       else
         printf ("Nichts von alledem\n");
```

```
#       endif Z3
#    endif Z2
# endif Z1
   return 0;
}
```

Nur muss man dann beachten, dass jedes reine #if - im Gegensatz zu #elif - durch ein #endif abgeschlossen werden muss!

Gleichzeitig wird in obigem Programm demonstriert, dass #endif noch von einem Kommentar gefolgt werden kann, der vom Präprozessor ignoriert wird und nur der besseren Lesbarkeit der geschachtelten Verzweigung durch den Programmierer dient.

Die #if-Direktive ist noch etwas flexibler, als oben vorgestellt. Hinter #if dürfen Konstantenausdrücke stehen, also z.B.:

```
# if Z1 == 0 && Z2!= 0
```

Der Präprozessor-"Operator" defined(symbol) prüft, ob symbol definiert worden ist. Wenn ja, wird der Ausdruck mit 1 bewertet, sonst mit 0. In dieser Eigenschaft eignet sich der Operator hervorragend für den Einsatz hinter #if und #elif, und nur dort darf er eingesetzt werden. Wir wenden ihn an, indem wir unser erstes #ifdef-Beispiel umschreiben und erweitern:

```
# define _UNIX_
# if defined(_MS_DOS_)
#    define WORDLEN 2
# elif defined(_VMS_)
#    define WORDLEN 4
# elif defined(_UNIX_)
#    define WORDLEN 4
# else
#    define WORDLEN 2
# endif
```

Es dürfte klar sein, dass wegen # define _UNIX_ die Anweisung # define WORDLEN 4 in den Programmtext übernommen wird.

Auch eine verneinte Form von defined() ist möglich:

```
# if! defined (...)
```

Was jetzt noch fehlt, ist die Direktive #ifndef. Sie ist das Gegenstück zu #ifdef und prüft, ob ein Symbol nicht definiert ist!

Nach der Erläuterung der sprachlichen Elemente der bedingten Compilerung, soll jetzt anhand von drei Beispielen die praktische Anwendung gezeigt werden:

(a) Anweisungen zu Testzwecken:

Will man die Logik eines Programms zur Laufzeit testen, so kann man zu diesem Zweck z.B. bestimmte Bildschirmausgaben in sein Programm einbauen, die beim Testlauf dem Programmierer anzeigen, welche Inhalte bestimmte Variablen an bestimmten Programmorten haben, oder die darauf schließen lassen, ob eine Schleife durchlaufen wird bzw. wie oft. Diese Anweisungen sollen natürlich nach einem erfolgreichen Test wieder entfernt werden. Statt die Arbeit der Entfernung aller während der Testläufe eingestreuten Bildschirmausgaben auf sich zu nehmen, empfiehlt es sich, jede Testanweisung sofort nach folgendem Verfahren einzufügen:

```
# define _TEST_
....
# ifdef _TEST_
    printf (....);
# endif
....
```

War der Test erfolgreich, braucht man nur die Anweisung #define _TEST_ zu löschen oder auszukommentieren und das Programm neu zu übersetzen. Das so entstehende ausführbare Programm gibt dann nicht mehr die Testmeldungen aus, die den Anwender ja auch nur irritieren würden.

(Das hier beschriebene Verfahren stellt eine einfachere Alternative zur Verwendung von Debug-Programmen dar. Ein Debugger ist ein Programm, unter dessen Kontrolle ein zu testendes Programm z.B. schrittweise (Anweisung für Anweisung) oder bis zu bestimmten Haltepunkten im Quellcode (sog. "Breakpoints") ablaufen zu lassen, um sich dann jedesmal die Inhalte von Variablen anzeigen zu lassen.

Der Ablauf eines Programms lässt sich auf diese Weise detailliert verfolgen. Zu einem professionellen C-Entwicklungssystem gehört auch immer ein Debugger.)

(b) Verhinderung der Mehrfacheinbindung von Headerdateien:

Enthält z.B. ein Modul `prog.c` die zwei Präprozessor-Anweisungen:

```
# include "prog.h"
# include "my.h"
```

und enthält auch die Headerdatei `prog.h` noch einmal die Anweisung

```
# include "my.h"
```

dann wird der Inhalt von `my.h` zweimal in `prog.c` eingebunden.

Solange in `my.h` nur Extern-Deklarationen globaler Variablen und Funktionsprototypen enthalten sind, ist das kein Schaden. Denn der C-Compiler stört sich nicht daran, wenn er den Prototypen einer Funktion zweimal sieht, vorausgesetzt, beide Prototypen der Funktion sind identisch. Anders wird es allerdings, wenn ein – später zu besprechender (s. Kapitel 11) – selbst definierter Datentyp in `my.h` definiert wird. Die durch die doppelte Einbindung von `my.h` produzierte doppelte Datentyp-Definition würde zu einer Fehlermeldung des Compilers führen!

Das ist der Grund, warum man darauf achten sollte, dass eine Headerdatei garantiert nur einmal eingebunden wird. Anhand von `my.h` wird gezeigt, wie man das macht:

```
/* my.h */
# ifndef _MY_H_
# define _MY_H_
   int getline (char *, int);
   int get_int (void);
   double get_double (void);
# endif _MY_H_
```

Man prüft also, ob ein Symbol, das z.B. wie in obiger Weise aus dem Dateinamen gebildet wird, nicht existiert. Wenn das der Fall ist, definiert man es und lässt den gesamten Inhalt der Headerdatei folgen. Kommt dann der gleiche Abschnitt noch einmal vor, weil `my.h` ein zweites Mal eingebunden wurde, existiert das Symbol `_MY_H_` jetzt, und der ganze `#ifndef`-Zweig wird ausgelassen!

Ein guter C-Programmierer sollte sich angewöhnen, den Inhalt jeder seiner Headerdateien in einen solchen `#ifndef`-Zweig zu packen! Auch die Standard-Headerdateien eines C-Compilers halten diese Sicherung gegen Mehrfacheinbindung ein.

(c) Anpassung von define-Konstanten:

Nehmen wir an, unsere Programmdatei `prog.c` enthalte u.a. folgende Zeilen:

```
# define ANZ 80
...
char zeile[ANZ];
...
```

Eine ganz konkrete Version dieses Programms, die in Form des ausführbaren Programms zur Auslieferung kommt, soll aber einen Vektor `zeile` von 132 Elementen enthalten. Zu diesem Zweck braucht das Quellprogramm nicht geändert zu werden, erlauben es doch die C-Compiler, bei ihrem Aufruf zur Übersetzung des Programms #define-Konstanten zu definieren. Bei einem UNIX-C-Compiler sähe ein solcher Aufruf so aus:

```
cc -DANZ=132 prog.c -oprog
```

Hier wird die Option -D verwendet, um ANZ als 132 zu definieren. Leider führt dieser Compileraufruf zu einer Warnung, weil ANZ jetzt doppelt definiert ist, und der Präprozessor übernimmt für ANZ auch den im Programm definierten Wert 80, und nicht 132!

Erst folgender Inhalt der Programmdatei bringt die gewünschte Flexibilität:

```
# ifndef ANZ
#     define ANZ 80
# endif
...
char zeile[ANZ];
...
```

Bei obigem Compileraufruf existiert ANZ bereits durch die Compiler-Option -D, so dass der #ifndef-Zweig nicht eingebunden wird. Der Vektor `zeile` wird dann mit 132 Elementen definiert. Ruft man aber auf:

```
cc prog.c -oprog
```

Dann ist ANZ nicht vordefiniert, der #ifndef-Zweig wird in das Programm übernommen und der Vektor `zeile` wird 80 Zeichen lang.

10.6 # line

Diese Direktive hat die Syntax:

```
# line znr ["dateiname"]
```

Ihre Wirkung besteht darin, dass der nächsten Programmzeile die int-Konstante znr als Zeilennummer verpasst wird und die nachfolgenden Zeilen ab znr fortlaufend weitergeführt werden.

Man verwendet diese Direktive, wenn ein Teil eines Programms aus einer anderen Datei kopiert wurde und man die Zeilennumerierung der anderen Datei beibehalten will. Mit der optionalen Angabe dateiname kann man auch den fremden Dateinamen übernehmen. Wenn diese Angabe fehlt, wird der Originaldateiname verwendet.

In zweierlei Weise kann man sich auf die Wirkung dieser Direktive beziehen:

1. Der C-Compiler bezieht sich mit seinen Fehlermeldungen auf diese Angaben;

2. Der Programmierer kann selber Bildschirmausgaben in sein Programm einstreuen, die über die vordefinierten Makros __LINE__ und __FILE__ (s.u.) die von #line festgelegten Werte anzeigen.

Ein Beispiel:

```
/* line2.c */
# include <stdio.h>
# define A "Otto"
# define B Anna
# define C() "Emil"
# line 1000 "prog2.c"
int main (void)
{
   printf (A "\n";
   printf ("B\n");
   printf (C() "\n");
   printf ("%s: Zeile %d\n", __FILE__,,__LINE__);
# line 15
   printf ("%s: Zeile %d\n", __FILE__, __LINE__);
   return 0;
}
```

Der erste printf()-Aufruf enthält einen Syntax-Fehler. Der C-Compiler gibt dann folgende Fehlermeldung aus:

```
Error prog2.c 1002: Function call missing ) in function main
```

Wird der Syntax-Fehler korrigiert, liefert der Programmlauf:

```
Otto
B
Emil
prog2.c: Zeile 1005
prog2.c: Zeile 15
```

Die letzte Ausgabezeile demonstriert, dass ein einmal mit `#line` "eingestellter" Dateiname beibehalten wird. Nur mit der Direktive `#line 15 "line2.c"` hätte man wieder den Originalnamen der Datei zu sehen bekommen:

```
line2.c: Zeile 15
```

10.7 Vordefinierte Makros

Der Präprozessor eines C-Compilers hat i.d.R. eine Reihe von `#define`-Konstanten bzw. Makros vordefiniert, wovon wir soeben zwei, nämlich `__FILE__` und `__LINE__`, kenngelernt haben. Welche vordefinierten Makros es gibt, ist sehr compilerabhängig. Meistens gibt es Makros, die der Steuerung des Übersetzungsprozesses dienen, die also Angaben über den verwendeten C-Standard, das Betriebssystem, das Speichermodell usw. enthalten. Entweder existieren sie als `int`- bzw. String-Konstanten, oder sie existieren nur, um für die bedingte Übersetzung verwendet zu werden.

Der stolze Besitzer eines C-Compilers möge sich selber informieren, über welche vordefinierten Makros sein Präprozessor verfügt. Er könnte dabei z.B. nach Makros wie `__DATE__` und `__TIME__` Ausschau halten, die es einem ermöglichen, bei Start eines Programms zuerst einmal den aktuellen "Compilier-Stand" des Programms anzuzeigen.

10.8 # error

Manche Präprozessoren verfügen über diese Direktive, die es erlaubt, die Vorübersetzung durch den Präprozessor (und damit auch den nachfolgend aufgerufen Compiler) mit einer Fehlermeldung abzubrechen.

Das Beispiel:

```
# if Z1!= 0 || Z2 == 0
#    error Z1 muss und Z2 darf nicht 0 sein!
# endif
```

würde bei zutreffender Bedingung die obige Meldung ausgeben und den Präprozessorlauf abbrechen.

10.9 # pragma

Diese Direktive erlaubt es Herstellern von C-Compilern, für dessen Präprozessor neue Direktiven zu erfinden. Welche neuen Direktiven das sind, ist natürlich sehr compilerabhängig. Stößt deshalb der Präprozessor eines C-Compilers in einem C-Programm, das ursprünglich für einen anderen C-Compiler geschrieben worden war, auf eine #pragma-Anweisung mit einer Direktive, die er nicht kennt, dann wird die ganze #pragma-Anweisung einfach ignoriert!

Beispielhaft seien für den BORLAND-C-Compiler erwähnt:

```
# pragma warn -sus
```

Unterdrückt die Compiler-Warnung: "Suspicious pointer conversion". (sus ist das Kürzel für diese Meldung.)

```
# pragma option -C
```

Schaltet die Erlaubnis zu geschachtelten Kommentaren ein. (Auch das gibt es!)

Die Direktive option erlaubt die Angabe mancher Optionen im Quellcode, die auch beim Aufruf des Compilers als Option hätten angegeben werden können. Statt obige #pragma-Zeile ins Quellprogramm zu schreiben, hätte man auch den Compiler so aufrufen können:

```
bcc -C ...
```

10.10 Training

1. Definieren Sie ein Makro SCHALTJ(j), das für eine Jahreszahl j prüft, ob es sich um ein Schaltjahr handelt (Bewertung mit 1) oder nicht (Bewertung mit o)!

Zur Definition eines Schaltjahrs s. Kapitel 3, Aufgabe 1!

2. Was wird durch folgenden Programmauszug ausgegeben?

```
# define TEXT1 0
# define TEXT3 5
# ifdef TEXT1
#    if TEXT1
#        define TEXT2 0
#    else
#        define TEXT2 1
#    endif
# else
#    define TEXT3 0
# endif
# if TEXT2
    printf ("TEXT2 lebt und ist: %d\n", TEXT2);
# elif defined(TEXT3)
    printf ("TEXT3 lebt\n");
#    if TEXT3
        printf (" und ist: %d\n", TEXT3);
#    endif
# else
    printf ("TEXT2???\n");
# endif
```

3. Fassen Sie den Inhalt der Datei srmem.h (Kapitel 8) in einen #ifndef-Rahmen ein, so dass Mehrfach-Einbindung verhindert wird!

4. Ändern Sie das Programm aus Aufgabe 3/4 des Kapitels 9, so dass es durch einen neuen Compileraufruf mit einem beliebigen Wert DBANZ für die Vektorgröße von dbvek entstehen kann!

5. Bauen Sie in die main()-Funktion des Programms lotto.c (Kapitel 6, Aufgabe 6) eine Bildschirmausgabe ein, die das Datum der letzten Übersetzung dieses Programms anzeigt!

Die gleiche Operation können Sie auch mit beliebigen anderen, von Ihnen erstellten, Programmen machen.

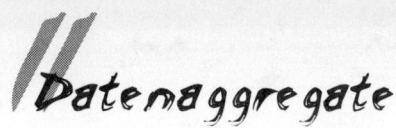
Datenaggregate

Gleich anderen Programmiersprachen erlaubt es C, verschiedene Speicherbereiche unterschiedlichen Datentyps zu Datenaggregaten zusammenzufassen, die dann als selbstdefinierte Datentypen die Definition entsprechender Variablen oder auch Vektoren und Pointer ermöglichen.

Es sollen jetzt der Reihenfolge nach Strukturen, Varianten, Aufzählungstypen und Bit-Felder erläutert werden, und am Schluss werden wir sehen, wie man mit `typedef` diese selbstdefinierten Datentypen als "echte" Datentypen erscheinen lassen kann.

11.1 Strukturen

So wie ein Objekt der Realität verschiedene Attribute besitzt, ermöglicht eine Struktur die Aneinanderreihung mehrerer Variablen verschiedenen Datentyps und ihre Zusammenfassung zu einer Einheit. So könnte z.B. ein Buch (einer Bibliothek) charakterisiert werden durch eine Signatur, den Namen des Autors und den Titel.

Nehmen wir vereinfachend an, dass die Signatur nur aus einer ganzzahligen Buch-Nr. besteht, dann lässt sich in C dafür folgender Struktur-Typ vereinbaren:

```
struct buch
{
   int buchnr;
   char name[21];
   char titel[50];
};
```

Das hier vorgestellte C-Schlüsselwort zur Vereinbarung von Struktur-Typen heißt `struct`, während `buch` ein frei gewählter Name ist. Die Komponenten, aus denen eine Struktur besteht, müssen innerhalb des dem `struct buch` folgenden Blocks als eine Reihe von normalen

Variablen-Definitionen angegeben werden. Dabei ist auch folgende Form möglich:

```
struct buch
{
    int buchnr;
    char name[21],
         titel[50];
};
```

Wohlgemerkt, es wird mit dieser `struct`-Anweisung nur festgelegt, was unter einer Struktur vom Typ `buch` verstanden werden soll. Es ist noch keine Variable definiert worden, also auch noch kein Speicherplatz reserviert worden.

Will man Variablen vom Typ `struct buch` definieren, so könnte das danach durch folgende Anweisung geschehen:

```
struct buch buch1,
            buch2;
```

Erst jetzt wird Speicherplatz reserviert für die beiden Variablen `buch1` und `buch2`. Für `buch1` z.B. sieht die Speicheraufteilung etwa so aus wie in Abbildung 11.1.

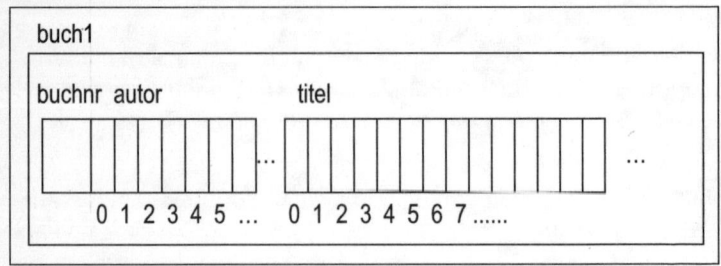

Bild 11.1: Speicherbelegung durch die Strukturvariable buch1

(Die Indizes der Vektorelemente sind nur aus drucktechnischen Gründen ohne `[]`-Klammern angegeben!)

Sollte man an der Frage interessiert sein, wie lang eine solche Variable vom Typ `buch` ist, kann man auf die Idee kommen, die Länge der Einzelkomponenten zu addieren, also:

```
                    (MS/DOS)    (UNIX)
buchnr (int):        2 Byte     4 Byte
```

```
autor (char-Vektor): + 21 Byte    + 21 Byte
titel (char-Vektor): + 50 Byte    + 50 Byte
--------------------------------------------
Gesamtlänge:           73 Byte      75 Byte
```

In der Regel stimmt dieses Ergebnis nur dann, wenn der C-Compiler die Komponenten der Struktur wirklich "dicht" packt, d.h. keine Lücken zwischen den Komponenten zulässt.

Man kann den Compiler aber durch eine entsprechende Compiler-Option beauftragen, die Anfangsadressen der einzelnen Struktur-Komponenten auf Wortkante auszurichten, das sind Hauptspeicher-Adressen, die durch die Länge des Maschinenworts ohne Rest teilbar sind. Unter MS/DOS sind das alle geradzahligen Adressen, unter UNIX alle durch 4 teilbaren Adressen.

Bei Wortkantenausrichtung unter MS/DOS müsste also zwischen den Komponenten autor und titel ein sog. Lack-Byte auftreten, das ungenutzt bleibt. Die Gesamtlänge wäre dann 74.

Wegen dieser Betriebssystems- und Compiler-Abhängigkeit sollte man die Länge von Strukturen niemals selber, "von Hand", berechnen, sondern getrost vom Operator sizeof() bestimmen lassen.

Der Ausdruck sizeof(buch1) oder sizeof(struct buch) ermittelt zuverlässig die wirkliche Länge! (Ein sizeof()-Ausdruck wird übrigens nicht erst zur Programmlaufzeit bewertet, sondern schon während der Übersetzung vom Compiler in den entsprechenden Zahlenwert verwandelt!)

Um auf die einzelnen Komponenten einer Strukturvariablen zuzugreifen, muss man den primären Operator '.' (Stufe 1) benutzen. Mit der Anweisung

```
buch1.buchnr = 137;
```

bekommt die Komponente buchnr der Strukturvariablen buch1 ihren Wert zugewiesen. Da die anderen beiden Komponenten char- Vektoren sind, kann man hier nicht mit Zuweisungen arbeiten, sondern muss die Standardfunktion strcpy() bemühen:

```
strcpy (buch1.autor, "Goethe");
strcpy (buch1.titel, "Faust, 1. Teil");
```

Man beachte: Auch der Ausdruck `buch1.autor` stellt die Anfangsadresse des `char`-Vektors `autor` der Strukturvariablen `buch1` dar! Nach diesen drei Anweisungen sieht das Speicherabbild von `buch1` so aus wie in Abbildung 11.2.

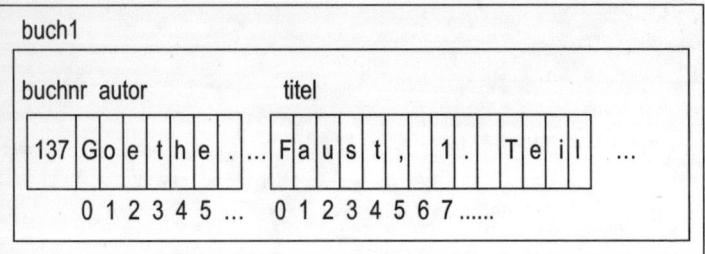

Bild 11.2: Belegung der Komponenten von buch1

Will man nun etwa, dass `buch2` den gleichen Inhalt wie `buch1` bekommt, sind dazu folgende Anweisungen möglich:

```
buch2.buchnr = buch1.buchnr;
strcpy (buch2.autor, buch1.autor);
strcpy (buch2.titel, buch1.titel);
```

Und die Anweisung:

```
printf ("Signatur: %d\t%s, \"%s\"\n", buch2.buchnr,
        buch2.autor, buch2.titel);
```

zeigt auf der Standardausgabe an:

```
Signatur: 137    Goethe, "Faust, 1. Teil"
```

Die Übertragung des Inhalts einer Strukturvariablen in eine andere, wie wir sie oben vorgenommen haben, indem wir nämlich die einzelnen Komponenten übertragen haben, entstammt noch den Zeiten des alten K&R-Standards, wo es nur so (oder mittels einer Standardfunktion wie `memcpy()` (s. Kapitel 12)) möglich war.

Zum Glück ist es seit dem ANSI-Standard möglich, eine Strukturvariable als Ganze durch Zuweisung in eine andere zu übertragen. Die obigen drei Anweisungen können also ersetzt werden durch:

```
buch2 = buch1;
```

Trotzdem ist die komponentenweise Übertragung nach wie vor erlaubt und manchmal sogar erforderlich, wenn man eben nur einige, und nicht alle Komponenten übertragen will.

Es gibt auch die Möglichkeit, einen Strukturtyp zu vereinbaren und zugleich Variablen dieses Typs zu definieren. So hätte man auch schreiben können:

```
struct buch
{
    int buchnr;
    char name[21];
    char titel[50];
} buch1,
  buch2;
```

Jede weitere Variable kann dann wieder mit

```
struct buch buch3;
```

definiert werden.

Bei einer dritten Alternative kann der Struktur-Typname weggelassen werden:

```
struct
{
    int buchnr;
    char name[21];
    char titel[50];
} buch1,
  buch2;
```

Dann ist es allerdings nicht mehr möglich, nachträglich weitere Variablen dieses Strukturtyps zu definieren!

11.1.1 Vektoren von Strukturen

Natürlich lassen sich nicht nur einfache Variablen vom Typ einer Struktur definieren, sondern z.B. auch Vektoren. Mit der Anweisung:

```
struct buch buecher[100];
```

würde ein Vektor von 100 Elementen definiert, von denen jedes eine Strukturvariable vom Typ buch darstellt (s. Abbildung 11.3).

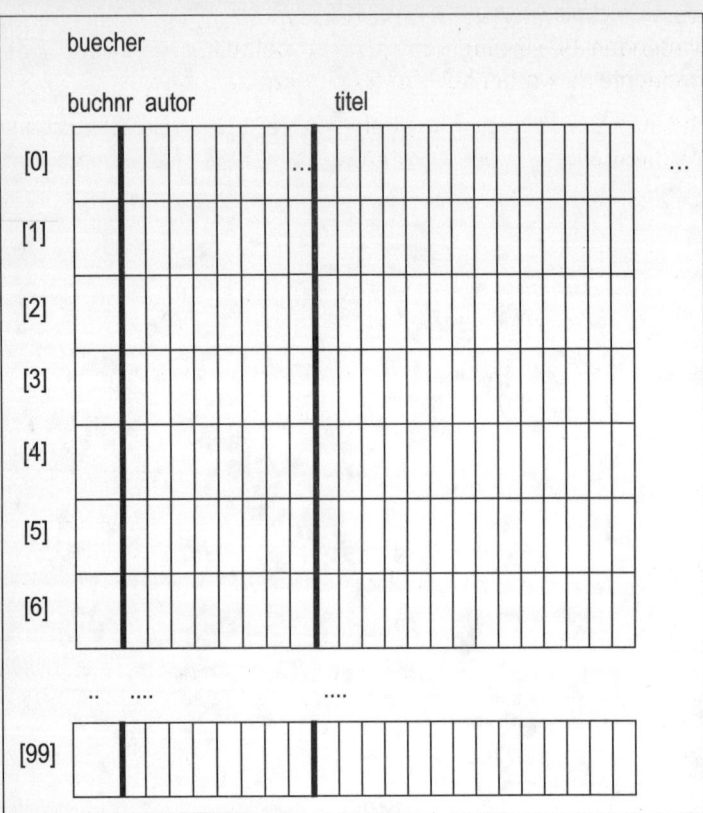

Bild 11.3: Der Vektor buecher

Wollte man in das fünfte Element des Vektors unseren Goethe übertragen, wären folgende Anweisungen erforderlich:

```
buecher[4].buchnr = 137;
strcpy (buecher[4].name, "Goethe");
strcpy (buecher[4].titel, "Faust, 1. Teil");
```

Man beachte die Bewertungsreihenfolge! Im Ausdruck buecher[4].buchnr stehen sowohl der Indexoperator [] wie auch der
Komponenten- Operator '.' auf Stufe 1 der Operatorenhierarchie,
werden also von links nach rechts abgearbeitet. Zuerst wird also

`buecher[4]` bewertet als Variable vom Typ `struct buch`. Mit der anschließenden Bewertung von `.buchnr` bekommt man dann diese Komponente der vorher bewerteten Strukturvariablen.

Wollte man maximal 100 Buchtitel in diesen Vektor einlesen, könnte man schreiben:

```
struct buch buecher[100];
int i,
    b,
    n;
printf ("Signatur: ");
for (i = 0 ; i < 100 && (b = get_int ())!= 0 ; ++i)
{
    buecher[i].buchnr = b;
    printf ("Autor: ");
    getline (buecher[i].name, 21);
    printf ("Titel: ");
    getline (buecher[i].titel, 50);
    printf ("Signatur: ");
}
n = i;
```

Und mit folgender Schleife könnte man alle eingegebenen Bücher wieder anzeigen:

```
for (i = 0 ; i < n ; ++i)
    printf ("Signatur: %5.5d\tAutor: %s, Titel: \"%s\"\n",
            buecher[i].buchnr, buecher[i].name,
            buecher[i].titel);
```

11.1.2 Pointer auf Strukturen

Natürlich gibt es auch Pointer auf Strukturen! Wir ergänzen unsere Vektordefinition um eine Pointer-Variable:

```
struct buch buecher[100];
struct buch * bp = buecher;       /* oder:
struct buch * bp = &buecher[0];        */
```

Mit `++bp` würde der Pointerinhalt um die Länge einer Strukturvariablen inkrementiert, als hätte man an `bp` zugewiesen:

```
bp = &buecher[1];
```

Etwas umständlicher wird es, soll über einen Pointer auf eine Komponente einer Strukturvariablen zugegriffen werden. Mit

```
printf ("%d\n", (*bp).buchnr);
```

bekäme man die Signatur des zweiten Buches zu sehen. Die Klammern sind notwendig, da der Komponentenoperator '.' Vorrang vor dem Verweisoperator '*' hat. Bewertet wird:

`bp` mit der Anfangsadresse einer Strukturvariablen (Datentyp: `struct buch *`)

`(*bp)` mit der Strukturvariablen selbst (Datentyp: `struct buch`)

`(*bp).buchnur` mit deren `int`-Komponente: `buchnr`

Hätte man fälschlicherweise geschrieben

```
printf ("%d\n", *bp.buchnr);   /* Falsch!!! */
```

wäre zunächst bewertet worden:

```
bp.buchnr
```

was eine Fehlermeldung des Compilers verursacht hätte. Denn vor dem Komponentenoperator '.' muss eine Strukturvariable stehen, und nicht ein Pointer auf eine Strukturvariable.

Da die Beachtung der notwendigen Klammerung bei Strukturpointern zu umständlich ist, hat der Erfinder von C eine alternative Schreibweise eingeführt, die ohne Klammerbildung auskommt. Danach kann man schreiben:

```
printf ("%d\n", bp->buchnr);
```

Der Komponentenoperator '->' für Strukturpointer steht ebenfalls auf Stufe 1 der Operatorenhierarchie. Bei der Verwendung von Pointern werden wir ab jetzt immer ihn benutzen, auch wenn `(*bp).` nach wie vor gültig ist!

In allgemeiner Form lassen sich beide Ausdrücke folgendermaßen merken:

strukturvariable . komponente
pointervariable -> komponente

Natürlich sind Pointer auf Strukturen von großer Bedeutung bei der Übergabe an Funktionen. Es lassen sich zwar auch ganze Strukturvariablen als Argumente an Funktionen übergeben, wie folgendes Beispiel zeigt:

```
void print_buch (struct buch b)
{
```

```
   printf ("Signatur: %5.5d\tAutor: %s, Titel: \"%s\"\n",
           b.buchnr, b.name, b.titel);
}
```

Aber wer macht schon so etwas, dass er eine – evtl. sehr große –
Strukturvariable durch Call by Value übergibt und damit den Stack
belastet. Schneller und stackschonender ist stattdessen die Übergabe der Anfangsadresse einer Strukturvariablen an einen Pointer,
selbst dann, wenn man gar nicht vorhat, in der Funktion schreibend
auf die Strukturvariable zuzugreifen. Unsere Funktion würde also
besser so definiert:

```
void print_buch (struct buch * bp)
{
   printf ("Signatur: %5.5d\tAutor: %s, Titel: \"%s\"\n",
           bp->buchnr, bp->name, bp->titel);
}
```

Und eine Buch-Eingabe-Funktion könnte gar nicht anders definiert
werden:

```
int get_buch (struct buch * bp)
{
   printf ("Signatur: ");
   if ((bp->buchnr = get_int ()) == 0)
      return 0;
   printf ("Autor: ");
   getline (bp->name, 21);
   printf ("Titel: ");
   getline (bp->titel, 50);
   return 1;
}
```

Unser obiges Beispiel zur Eingabe von maximal 100 Büchern und an-
schließender Anzeige könnte dann unter Verwendung der beiden
Funktionen wie folgt in einer main()-Funktion programmiert werden:

```
# include <stdio.h>
# include "buch.h"
struct buch buecher[100];        /* Global, um den Stack
                                    nicht zu belasten */
int main (void)
{
   int i,
       n;
   for (i = 0 ; i < 100 && get_buch (&buecher[i]) ; ++i)
      ;
   n = i;
   for (i = 0 ; i < n ; ++i)
```

```
        print_buch (&buecher[i]);
    return 0;
}
```

und mit folgendem Inhalt der Headerdatei buch.h:

```
struct buch
{
    int buchnr;
    char name[21];
    char titel[50];
};
void print_buch (struct buch * bp); /* Prototypen */
int get_buch (struct buch * bp);
```

Vorausgesetzt wird hier, dass die Definitionen der beiden verwendeten Funktionen in einer eigenen Programmdatei stehen, wo natürlich dieselbe Headerdatei eingebunden werden muss!

11.1.3 Strukturvariablen als Komponenten von Strukturen

Eine Struktur kann Komponenten beliebigen Datentyps enthalten, warum nicht auch solche vom Typ einer anderen Struktur? Da jedes Buch von einem Verlag gedruckt und vertrieben wird, wäre folgender, vereinfachter Verlags-Strukurtyp denkbar:

```
struct verlag
{
    int verlagsnr;
    char name[21];
    char anschrift[50];
};
```

Wenn man davon ausgeht, dass jedes Buch einem Verlag zuzuordnen ist, muss die buch-Struktur nachträglich erweitert werden:

```
struct buch
{
    int buchnr;
    char name[21];
    char titel[50];
    struct verlag verlag;
};
```

Eine der Komponenten der Struktur buch ist wiederum eine Strukturvariable, und zwar vom Typ struct verlag.

Eine alternative Möglichkeit besteht darin, die Strukturtyp-Vereinbarungen zu schachteln:

```
struct buch
{
   int buchnr;
   char name[21];
   char titel[50];
   struct verlag
   {
      int verlagsnr;
      char name[21];
      char anschrift[50];
   } verlag;
};
```

Hier wird die Komponente verlag definiert, mit einem Datentyp, der bei der Definition der Variablen selber erst definiert wird. Die Struktur buch hat vier Komponenten, jede hat ihren Datentyp, die letzte den Datentyp struct verlag.

Trotzdem ist es möglich, Variablen vom Typ beider Strukturen zu definieren, also z.B.:

```
struct buch b;
struct verlag v;
```

Der Zugriff auf die Komponenten erfolgt jetzt etwas komplizierter:

```
b.verlag.verlagsnr = 101;
strcpy (b.verlag.name, "Verlag Schulze");
strcpy (b.verlag.anschrift, "Tübingen");
```

Gehen wir von folgender Eingabe-Funktion für eine Verlagsstruktur aus:

```
int get_verlag (struct verlag * vp)
{
   printf ("Verlags-Nr.: ");
   if ((vp->verlagsnr = get_int ()) == 0)
      return 0;
   printf ("Verlagsname: ");
   getline (vp->name, 21);
   printf ("Anschrift: ");
   getline (vp->anschrift, 50);
   return 1;
}
```

dann müsste unsere Buch-Eingabefunktion um den Aufruf von get_verlag() erweitert werden:

```
int get_buch (struct buch * bp)
{
```

```
      printf ("Signatur: ");
      if ((bp->buchnr = get_int ()) == 0)
          return 0;
      printf ("Autor: ");
      getline (bp->name, 21);
      printf ("Titel: ");
      getline (bp->titel, 50);
      get_verlag (&bp->verlag); /* NEU!!! */
      return 1;
}
```

Beim Aufruf `get_verlag (&bp->verlag);` wird die Anfangsadresse der Komponente `verlag` der `buch`-Stukturvariablen übergeben, auf die `bp` zeigt. Man beachte auch hier die Reihenfolge der Bewertung:

■ `bp` wird bewertet mit der Anfangsadresse der `buch`-Strukturvariablen (Datentyp: `struct buch *`)

■ `bp->verlag` wird mit deren Komponente `verlag` bewertet (Datentyp: `struct verlag`)

■ `&bp->verlag` wird mit deren Anfangsadresse bewertet (Datentyp: `struct verlag *`)

Eine entsprechende Ausgabe-Funktion könnte dann so aussehen:

```
void print_verlag (struct verlag * vp)
{
    printf ("Verlag Nr.: %5.5d\tVerlag: %s, %s\n",
            vp->verlagsnr, vp->name, vp->anschrift);
}
```

Und die Funktion `print_buch()` **könnte dann erweitert werden:**

```
void print_buch (struct buch * bp)
{
    printf ("Signatur: %5.5d\tAutor: %s, Titel: \"%s\"\n",
            bp->buchnr, bp->name, bp->titel);

    print_verlag (&bp->verlag);  /* NEU!!! */
}
```

11.1.4   Pointer als Komponenten von Strukturen

Unsere Buch-Verlags-Kombination könnte sich der Sache nach als eine zu enge Bindung herausstellen. Jeder Verlag erscheint als Bestandteil eines Buches. In Wirklichkeit gibt es sicher mehr Bücher als Verlage und man wird schon aus Gründen der Datenmodellierung nicht bei jedem Buchtitel alle Daten eines Verlags speichern wollen.

Abhilfe schafft hier eine Neukonstruktion unserer Strukturen, in der als Komponenten Pointer auf Strukturen verwendet werden:

```
struct verlag
{
    int verlagsnr;
    char name[21];
    char anschrift[50];
};

struct buch
{
    int buchnr;
    char name[21];
    char titel[50];
    struct verlag * vp;   /* NEU: Nur ein Pointer!!! */
};
```

Will man jetzt 1000 Buchtitel verwalten, die in 40 verschiedenen Verlagen erschienen sind, müsste man definieren:

```
struct buch b[1000];
struct verlag v[40];
```

Der 25. Verlag sei bestimmt durch folgende Daten:

```
v[24].verlagsnr = 1024;
strcpy (v[24].name, "Verlag Schmidt");
strcpy (v[24].anschrift, "Hamburg");
```

und der 798. Buchtitel durch:

```
b[797].buchnr = 472;
strcpy (b[797].name, "Sagenhaft, Erna");
strcpy (b[797].titel, "Wahre Geschichten");
b[797].vp = &v[24];
```

Die Verknüpfung eines Buchtitels mit einem Verlag wird hier durch einfache Verpointerung erreicht. Es wird vermutlich noch mehr Elemente des Vektors b geben, die mit ihrer Komponente vp auf denselben Verlag zeigen. Die Daten dieses Verlags sind aber nur einmal gespeichert, nämlich in v[24]!

Unsere Buch-Ausgabefunktion müsste nur leicht modifiziert werden:

```
void print_buch (struct buch * bp)
{
    printf ("Signatur: %5.5d\tAutor: %s, Titel: \"%s\"\n",
            bp->buchnr, bp->name, bp->titel);
```

```
    print_verlag (bp->vp);   /* bp->vp statt &bp->verlag!!! */
}
```

Die Anpassung der Buch-Eingabefunktion gestaltet sich etwas komplizierter. Dem Anwender müsste bei der Eingabe eines Buchtitels eine Liste aller Verlage angezeigt werden, oder er müsste z.B. die Verlags-Nr. kennen. Mit einer speziellen Suchfunktion müsste dann die Anfangsadresse des entsprechenden Elements des Vektors v ermittelt werden, um die Verpointerung zwischen Buch und Verlag herzustellen. Diese Andeutung soll hier jetzt nicht weiter verfolgt werden.

Es sollte aber deutlich geworden sein, dass die Verwendung von Strukturpointern als Komponenten von Strukturen mit großem Nutzen eingesetzt werden kann, um redundante Datenspeicherung zu vermeiden.

Die volle Mächtigkeit dieses Verfahrens werden wir erst ausschöpfen können, wenn wir verkettete Listen und Baumstrukturen mit Hilfe dynamischer Speicheranforderungen programmieren werden (s. Kapitel 13).

11.2 Varianten

Der äußerlichen Form nach haben Varianten große Ähnlichkeiten mit Strukturen. Sie unterscheiden sich von diesen

1. durch das Schlüsselwort union statt struct;

2. dadurch, dass die Komponenten einer Variante nicht hintereinander im Speicher abgelegt werden, sondern überlappend.

Mit

```
union var
{
   long z;
   unsigned char s[7];
};
```

wird eine Variante vom Typ union var definiert, die aus den zwei Komponenten z und s besteht.

Auch hier gilt: Mit dieser Typvereinbarung wird noch kein Speicher-platz reserviert. Das erfolgt erst bei nachfolgender Variablendefini-tion:

```
union var v;
```

Die Variable v belegt dann den in Abbildung 11.4 angegebenen Spei-cherplatz:

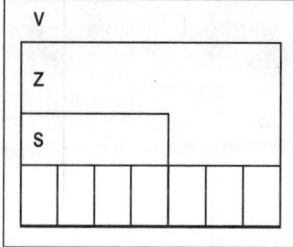

Bild 11.4: Speicherbelegung der union-var-Variablen v

Sie ist 7 Byte lang, also so lang wie ihre längste Komponente. Beide Komponenten belegen Speicher ab derselben Anfangsadresse! M.a.W. es ist nicht möglich, in den beiden Komponenten z und s gleichzeitig verschiedene Daten zu speichern. Weist man z.B. der Komponente s den String "ABCDEF" zu, so hat damit auch die Kompo-nente z einen Wert erhalten, der die ersten 4 Bytes von s als long-Zahl interpretiert.

Das Speicherabbild zeigt Abbildung 11.5.

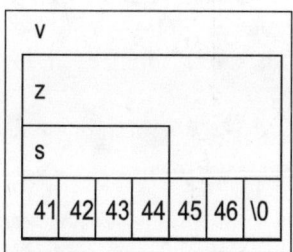

Bild 11.5: Komponentenbelegung von v

Die Zuweisung des Strings würde erreicht mit:

```
strcpy (v.s, "ABCDEF");
```

und die folgenden Anweisungen:

```
printf ("%s\n", v.s);
printf ("%8.8lX\n", v.z);
```

würden die Ausgabe erzeugen:

```
ABCDEF
44434241
```

Die letzte Ausgabezeile sollte keine Rätsel aufgeben, wenn man voraussetzt, dass obiger Programmcode auf einem Rechner mit INTEL-Prozessor lief. Hier war natürlich wieder die INTEL-Konvention am Werk. Auf einem Rechner mit z.B. Motorola-Prozessor hätte man natürlich bekommen:

```
ABCDEF
41424344
```

Dieses Beispiel zeigt die extreme Hardwareabhängigkeit bei der Verwendung von Varianten. Sie spielt dann keine praktische Rolle, wenn man sich eindeutig entscheidet, welche Komponente man verwenden will. Also z.B. entweder:

```
strcpy (v.s, "Otto");
printf ("%s\n", v.s); ---> Otto
```

oder:

```
v.z = 100239L;
printf ("%ld\n", v.z); ---> 100239
```

Varianten finden dort ihren Einsatz, wo man völlig verschienartige Daten in einer Variablen speichern können will, wie z.B. bei verschiedenen Satzarten von Dateien. So könnte obige Variante var für Datensätze benutzt werden, die entweder aus einer long-Zahl oder einem max. 6 Zeichen langen String bestehen.

Um sich bei dieser Auswahl im Einzelfall festzulegen, könnte man die Variante var um ein Typfeld zu einer Struktur erweitern:

```
struct rec
{
    int type;           /* Datensatz-Typfeld */
    union var record;   /* Eigentlicher Datensatz */
};
```

Eine Eingabefunktion könnte dann etwa so definiert werden:

```
int get_rec (struct rec * rp)
{
   if (rp->type == 0)
   {
      printf "Ganzzahl: ");
      scanf ("%ld", &rp->record.z);
   }
   else if (rp->type == 1)
   {
      printf "String: ");
      getline (rp->record.s, 7);
   }
   else
   {
      fprintf (stderr, "%d: Falsche Satzart!\n", rp->type);
      return 0;
   }
   return 1;
}
```

Dies ist zugleich eine Demonstration, dass Komponenten einer Struktur aus Varianten-Variablen bestehen können, und dass bei Strukturen und Varianten die gleichen Operatoren verwendet werden, um auf Komponenten zuzugreifen.

Genauso kann eine Variante aus mehreren Strukturvariablen bestehen. Der BORLAND-C-Compiler stellt z.B. für die Interruptprogrammierung folgende Datentypen in der Headerdatei dos.h zur Verfügung:

```
struct  WORDREGS
{
   unsigned int  ax, bx, cx, dx;
   unsigned int  si, di, cflag, flags;
};
struct  BYTEREGS
{
   unsigned char  al, ah, bl, bh;
   unsigned char  cl, ch, dl, dh;
};
union REGS
{
   struct  WORDREGS  x;
   struct  BYTEREGS  h;
};
```

Die Struktur WORDREGS stellt ein Hauptspeicherabbild einiger wichtiger Register des INTEL-Prozessors dar. Für die ersten vier Re-

gister findet man in der Struktur BYTEREGS eine weitere Speicherab-
bildung in Form von 8 Halb-Registern. Die Variante REGS bringt beide
Abbilder zur Überdeckung.

Definiert man nun eine Variable:

```
union REGS r;
```

dann kann man mit r.x.ax auf das AX-Register zugreifen (genauer
gesagt, auf dessen Speicherabbild), während r.h.al den Zugriff auf
das niederwertige Byte des AX-Registers, das sog. AL-Halbregister
erlaubt.

Wie diese Variante REGS für die Systemprogrammierung verwendet
werden kann, soll hier nicht vorgeführt werden.

Während Variantenvariablen formal wie Strukturvariablen behandelt
werden können, gibt es doch noch eine Besonderheit, die bei der Initialisierung von Variablen beachtet werden muss:

Eine Variable vom Typ einer Varianten kann bei der Definition nur ini-
tialisiert werden, indem die erste Komponente initialisiert wird.
Diese Initialisierung muss aber dennoch wie bei Strukturen, also mit
{}-Klammern, erfolgen. Möglich wäre also:

```
var a = { 13L };        /* a.z wird mit 13L initialisiert */
```

Verboten hingegen ist:

```
var a = { "Otto" };
```

11.3 Aufzähl-Typen

Ein Aufzähl-Typ (Schlüsselwort enum) ist ein Konglomerat von int-
Konstanten, von denen jede einzelne mit einem symbolischen Namen belegt wird.

Ein beliebtes Demonstrationsbeispiel ist ein Aufzähl-Typ colors mit
der Speicherung von int-Konstanten für Farben:

```
enum colors
{
    red,        /* = 0 */
    green,      /* = 1 */
    blue,       /* = 2 */
    cyan,       /* = 3 */
```

```
    yellow          /* = 4 */
};
```

Diese Typvereinbarung ähnelt äußerlich der von Strukturen und Varianten mit allerdings zwei wesentlichen formalen Unterschieden:

1. Die Komponenten bestehen nur aus einem Namen ohne Angabe eines Datentyps!
2. Die Komponenten werden durch Komma getrennt und nicht durch ein Semikolon abgeschlossen!

Jede Komponente bezeichnet eine int-Konstante, und zwar hat die erste Komponente – standardmäßig – den Wert 0, jede weitere Komponente einen um 1 höheren Wert als ihr Vorgänger.

Nach Definition einer Variablen dieses Typs:

```
enum colors col;
```

sind dann folgende Operationen möglich:

```
col = green;
col++;                  /* col ist jetzt: blue */
printf ("%d\n", col); /* Ausgabe: 2 */
if (col == red)
   ....
col = 4;                /* oder: col = yellow; */
```

Diese Beispiele zeigen, dass eine enum-Variable eigentlich nichts anderes ist als eine int-Variable. Die einzige Besonderheit besteht darin, dass einer enum-Variablen nur ein int-Wert aus einer ganz bestimmten Menge von Zahlen zugewiesen werden sollte. Und diese bestimmte Menge von Zahlen ist eben genau durch die Typvereinbarung festgelegt worden.

Die obige Variable col vom Typ enum colors dient also zur Speicherung einer der fünf Zahlen: 0, 1, 2, 3, oder 4, die aber über ihre Namen red, green, blue, cyan oder yellow angesprochen werden.

Die letzte Anweisung col = 4; zeigt, dass man auch einfache int-Konstanten zuweisen kann, was man aber nicht machen sollte.

(Hinweis: In der Spracherweiterung C++ verursacht eine solche Anweisung eine Warnung des Compilers, denn in C++ ist ein Aufzähl-Typ ein eigenständiger Datentyp, und nicht einfach nur ein int-Wert!)

Die Zuweisung einer int-Zahl an eine enum-Variable kann sich allerdings als notwendig herausstellen, wenn man z.B. einen Wert in die Variable col vom Anwender einlesen möchte. Natürlich kennt scanf() keinen speziellen Formatbeschreiber für enum-Variablen, da es sich ja in jedem Fall um einen selbstdefinierten Datentyp handelt.

Es bleibt einem also nichts anderes übrig, als folgendermaßen vorzugehen:

```
printf ("Eingabe eines Farbwerts:\n");
printf ("0 für rot\n");
printf ("1 für grün\n");
printf ("2 für blau\n");
printf ("3 für zyan-blau\n");
printf ("4 für gelb\n");
scanf ("%d", &col);
```

Hier wird der Farbwert also mit %d als int-Zahl eingelesen und in col gespeichert. Gibt der Anwender den Wert 3 ein, so hat das die gleiche Auswirkung wie die Anweisung col = cyan;!

Was aber, wenn der Anwender den Wert: 7 eingibt? Es gibt keine enum-colors-Komponente für diesen Zahlenwert. Trotzdem wird diese Zahl gespeichert!

Es gibt also keine Kontrolle, ob wirklich nur einer der vorgesehenen Zahlenwerte in einer enum-Variablen gespeichert wird. Diese Kontrolle obliegt also dem Programmierer, der z.B. für unser Problem folgende Eingabefunktion schreiben könnte:

```
int get_col (enum colors * cp)
{
   int c;
   printf ("Eingabe eines Farbwerts:\n");
   printf ("0 für rot\n");
   printf ("1 für grün\n");
   printf ("2 für blau\n");
   printf ("3 für zyan-blau\n");
   printf ("4 für gelb\n");
   scanf ("%d", &c);
   switch (c)
   {
      case 0:
         * cp = red;
         break;
      case 1:
         * cp = green;
```

```
          break;
      case 2:
          * cp = blue;
          break;
      case 3:
          * cp = cyan;
          break;
      case 4:
          * cp = yellow;
          break;
      default:
          fprintf (stderr, "%d: Falscher Farbwert!\n", c);
          return 0;
  }
  return 1;
}
```

Die in unserer Typvereinbarung von `enum colors` angenommene Zahlenreihenfolge: 0, 1, 2, ... für die Komponenten ist übrigens nicht zwingend. Die Komponenten können abweichend von dieser Reihenfolge durch einfache Initialisierung festgelegt werden. Dementsprechend hätte unsere Vereinbarung auch lauten können:

```
enum colors
{
   red,                 /* = 0 */
   green,               /* = 1 */
   blue = 5,            /* = 5 */
   cyan,                /* = 6 */
   yellow = 12          /* = 12 */
};
```

Hier gibt es also die fünf Farbnamen für die `int`-Konstanten: 0, 1, 5, 6 und 12! Es bleibt aber nach wie vor gültig, dass eine Komponente, die nicht explizit initialisiert wurde, einen um 1 höheren Wert erhält als ihr Vorgänger!

In der Praxis sind folgende `enum`-Datentypen sehr beliebt:

(a)

```
enum bool
{
   false,      /* = 0 */
   true        /* = 1 */
};
.....
enum bool ergebnis;
.....
```

```
if (ergebnis == true)
    .....
```

(b)

```
enum schalter
{
    off,        /* = 0 */
    on          /* = 1 */
};
```

Natürlich können Funktionen einen enum-Datentyp als Returnwert haben. So könnte unsere obige Funktion get_col(), unter Verwendung des Datentyps enum bool auch definiert werden:

```
enum bool get_col (enum colors * cp)
{
    int c;
    printf ("Eingabe eines Farbwerts:\n");
    printf ("0 für rot\n");
    ......
    scanf ("%d", &c);
    switch (c)
    {
        case 0:
            * cp = red;
            break;
        case 1:
            ......
        ......
        default:
            fprintf (stderr, "%d: Falscher Farbwert!\n", c);
            return false;
    }
    return true;
}
```

Und eine main()-Funktion könnte z.B. so davon Gebrauch machen:

```
int main (void)
{
    enum colors col;
    while (get_col (&col) == false)
        fprintf (stderr, "Eingabe wiederholen!\n");
    ......
}
```

Zum Abschluss soll noch auf einen wichtigen Umstand hingewiesen werden: Die Namen der enum-Komponenten haben - wie die obigen Beispiele auch zeigen - eine globale Gültigkeit! Überall dort, wo z.B.

der Datentyp `enum colors` bekannt ist, wäre es also ein Fehler, etwa die Variable double blue; oder eine Funktion `char * yellow (int x);` zu definieren! Einen solchen Fehler lässt kein Compiler durchgehen!

11.4 Bit-Felder

Jetzt kommen wir zu einen Spezialfall von Strukturen. Eine Struktur bestand bisher aus Komponenten beliebigen Datentyps. Darüber hinaus ist es aber auch möglich, Komponenten einer Struktur als eine Variable zu definieren, die nur aus einer bestimmten Anzahl Bits besteht. Eine solche Komponente nennt man dann ein Bitfeld.

Syntaxmäßig sollte ein solches Bitfeld als `unsigned-int`-Komponente definiert werden, gefolgt von einem Doppelpunkt und einer `int`-Konstanten für die Anzahl Bits. Ein Beispiel:

```
struct mask
{
    unsigned int x : 11;
    unsigned int y : 4;
    unsigned int z : 8;
};
struct mask mymask;
mymask.x = 3;
mymask.y = 10;
mymask.z = 0xffff;
printf ("%X:%X:%X\n", mymask.x, mymask.y, mymask.z);
```

In diesem Beispiel besteht das Bit-Feld x aus 11 Bits, y aus 4 und z aus 8. In den nachfolgenden Zuweisungen wird jedes einzelne Bit-Feld wie eine `unsigned-int`-Variable behandelt. Es dürfte klar sein, dass der an z zugewiesene Wert `0xffff` dort nicht hineinpasst. Es werden also bei der Zuweisung die überzähligen, führenden Bit-Stellen abgeschnitten, so dass der `printf()`-Aufruf folgende Ausgabe erzeugt:

```
3:A:FF
```

Jedes Bit-Feld darf nicht länger sein als ein Maschinenwort (`int`-Speicherbereich), unter MS/DOS also 16 Bit, unter UNIX 32 Bit. Kleinere Bit-Felder werden aber, solange es geht, in einem Maschinenwort untergebracht. Passt ein Bit-Feld nicht mehr in ein schon teilweise belegtes Maschinenwort, wird es auf dem Beginn des nächsten Maschinenworts angelegt.

Die Reihenfolge, in der die Bitfelder einer Struktur im Speicher abgelegt werden, ist maschinenabhängig. Nehmen wir einmal eine Belegung von links nach rechts an, dann sähe unter einem 16-Bit-Betriebssystem das Speicherabbild unserer Variablen mymask so aus wie in Abbildung 11.6.

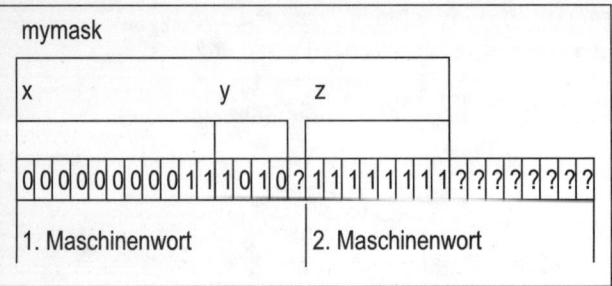

Bild 11.6: Die Bit-Interpretation von mymask

Wie man sieht, liegt zwischen den Bitfeldern y und z ein nicht benutztes Bit, da z auf die nächste Wortkante ausgerichtet wird.

Es gibt jetzt zwei zusätzliche Möglichkeiten, auf die Ausrichtung der Bit-Felder Einfluss zu nehmen:

(a) Mit einem namenlosen Bit-Feld können nicht benutzte Bereiche explizit festgelegt werden. Hieße unsere Strukturvereinbarung

```
struct mask
{
    unsigned int : 8;
    unsigned int x : 3;
    unsigned int y : 4;
    unsigned int z : 8;
};
```

dann hätten wir das in Abbildung 11.7 dargestellte Speicherabbild:

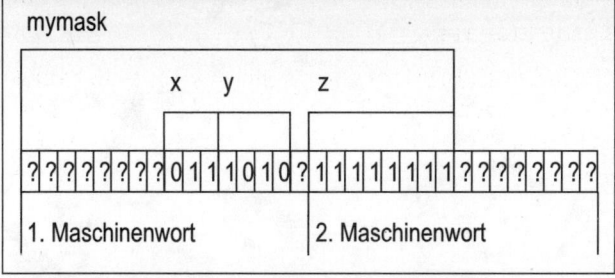

Bild 11.7: Ausrichtung mit namenlosem Bitfeld

Die ersten acht Bits der Variablen mymask wären dann nicht ansprech-bar, sie bilden das, was ein COBOL-Programmierer einen "Filler" nen-nen würde.

(b) Mit der Bit-Feld-Länge 0 wird erzwungen, dass das nächste Bit-Feld auf jeden Fall auf Wortkante ausgerichtet wird. Eine entspre-chende Strukturvereinbarung

```
struct mask
{
    unsigned int x : 11;
    unsigned int : 0;
    unsigned int y : 4;
    unsigned int z : 8;
};
```

stellt die Speicherbelegung von Abbildung 11.8 her:

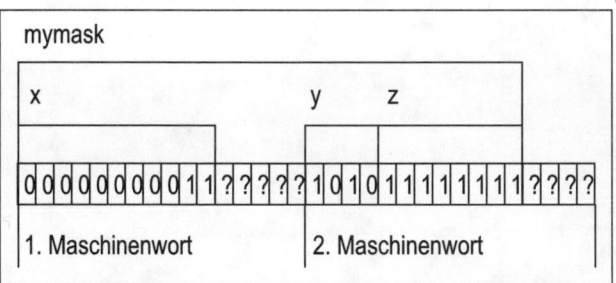

Bild 11.8: Ausrichtung mit Bitfeldlänge 0

Generell sind folgende Einschränkungen bei Bit-Feldern zu beachten:

(a) Auf Bit-Felder darf der Adressoperator & nicht angewendet werden, und es dürfen auch keine Pointer auf Bitfelder verwendet werden. So führt etwa der Ausdruck &mymask.x zu einer Fehlermeldung des Compilers. Andererseits ist es aber natürlich nach wie vor möglich, Pointer auf die ganze Bit-Feld-Struktur zu definieren:

```
struct mask mymask,
              * mp = &mymask;
mp->x = 3;
.....
```

(b) Bitfelder sind grundsätzlich vom Typ int bzw. unsigned int. Auch bei der Verwendung von int haben Bit-Felder niemals ein Vorzeichen.

(c) Es gibt keine Vektoren von Bit-Feldern!

Die praktische Anwendung von Bit-Feldern liegt natürlich hauptsächlich auf dem Gebiet der Systemprogrammierung, wo häufig Informationen bitweise gespeichert werden. Bit-Felder bilden dabei eine zumeist bequemere Alternative zur Verwendung der Bit-Manipulationsoperatoren. Dieser Sachverhalt soll erläutert werden anhand des schon früher erwähnten "Attribut-Bytes" eines Directory-Eintrags einer Datei unter MS/DOS.

Man vergleiche noch einmal in Kapitel 3, wie dort mit Hilfe der Bit-Manipulationsoperatoren geprüft wurde, ob ein Attribut-Byte eine "versteckte Datei" anzeigte.

Mit Hilfe der Bitfelder könnte das gleiche Problem so gelöst werden:

```
struct attrib
{
    unsigned int : 2;
    unsigned int archive : 1;
    unsigned int directory : 1;
    unsigned int label : 1;
    unsigned int system : 1;
    unsigned int hidden : 1;
    unsigned int readonly : 1;
};
struct attrib attr;
getfattrib (&attr); /* Hier wird das Attribut-Byte besorgt */
if (attr.hidden)
    printf ("Versteckte Datei\n");
if (attr.readonly && attr.hidden && attr.system)
```

```
  printf ("Versteckte, Nur-lese- System-Datei\n");
.....
attr.hidden = 0;     /* Versteckte Datei sichtbar machen */
changefattrib (&attr); /* Attribut-Byte ins Directory
                          übertragen */
```

Die Funktionen `getfattrib()` und `changefattrib()` müssten natürlich noch definiert werden, was aber in den Bereich der Systemprogrammierung fällt und in diesem Buch nicht behandelt wird.

Der Vorteil einer solchen Lösung liegt auf der Hand: Man braucht keine Bit-Operatoren zu verwenden, sondern kann bequem über die Namen der Bit-Felder als Komponenten einer Struktur auf die entsprechenden Informationen zugreifen.

11.5 typedef

Die C-Anweisung `typedef` erlaubt es, neue Datentypnamen einzuführen. Wohlgemerkt, es werden keine neuen Datentypen erfunden, sondern nur neue Namen – sozusagen zusätzliche Aliasnamen – für schon existierende Datentypen eingeführt.

So könnte z.B. ein alter FORTRAN-Programmierer seine Nostalgie ob dieser guten, alten Programmiersprache durch folgende Anweisungen zum Ausdruck bringen:

```
typedef int INTEGER;
typedef float REAL;
```

Dadurch bekommen die C-Datentypen `int` und `float` die zusätzlichen Namen INTEGER und REAL. Danach ist es gleichwertig, ob er definiert:

```
INTEGER x[5];
REAL z,
    * rp = &z;
```

oder

```
int x[5];
float z,
     * rp = &z;
```

Natürlich wäre auch eine Mischung der Typnamen möglich:

```
int x[5];
float z;
REAL * rp = &z;
```

Die Syntax der `typedef`-Anweisung lautet:

```
typedef bisheriger-datentypname neuer-datentypname
```

Eine erste Anwendung besteht darin, unnötig lange Typnamen zu verkürzen:

```
typedef unsigned char UCHAR;
UCHAR uc,
      uv[100],
      * ucp = uv;
```

Es besteht übrigens die Konvention, auf diese Weise mit `typedef` neu eingeführte Datentypnamen groß zu schreiben.

In vielen Headerdateien, die mit einem C-Compiler ausgeliefert werden, wird `typedef` oft verwendet, um Hardware-, Betriebssystems- oder Compiler-Abhängigkeiten zu beseitigen. So wäre vereinfachend folgende Anweisungsfolge denkbar:

```
# ifdef _MS_DOS_
   typedef int WORD;
# elif defined(_UNIX_)
   typedef long WORD;
# else
   typedef long WORD;
# endif
```

Eine Funktion mit dem Prototypen:

```
void func (WORD * wp);
```

würde mit ihrem Parameter `wp` dann – je nach verwendetem Betriebssystem – auf eine `int`- oder `long`-Variable zugreifen.

Die schönste Anwendung von `typedef` erfährt der C-Programmierer aber, wenn er diese Anweisung auf die in diesem Kapitel behandelten, selbstdefinierten Datentypen anwendet.

Unsere Buch-Struktur würde dann als neuer Datentyp `BUCH` erscheinen:

```
typedef struct
        {
            int buchnr;
            char name[21];
            char titel[50];
        } BUCH;
```

Hier wurde hinter dem Schlüsselwort `struct` der ursprüngliche Strukturtypname buch weggelassen. Er ist jetzt nicht mehr notwendig.

Aus

```
struct buch buch1,
            buch2;
```

wird jetzt:

```
BUCH buch1,
     buch2;
```

Statt mit `sizeof(struct buch)` ermitteln wir die Länge unserer Struktur jetzt mit `sizeof(BUCH)`.

Die Funktion `get_buch()` bekommt jetzt folgenden Prototypen:

```
int get_buch (BUCH * bp);
```

Aber auch folgende Typ-Ableitung ist möglich:

```
typedef BUCH * BUCHP;
```

Danach könnte man definieren:

```
BUCH b[100];
BUCHP bp = b;
```

Gerade dieses letzte Beispiel zeigt allerdings auch, dass den so definierten Datentypen nicht anzusehen ist, ob sich dahinter eine Struktur oder, wie bei BUCHP, ein Pointer auf eine Struktur verbirgt.

Auf jeden Fall muss ein Programmierer aber mehr oder weniger darüber informiert sein, was sich hinter so einem Namen verbirgt. Im Fall unseres Datentyps BUCH muss er natürlich unbedingt die Komponenten dieser Struktur kennen, sonst könnte er mit Variablen dieses Typs nur wenig anfangen. Im Kapitel 14 werden wir aber einen in `stdio.h` mit `typedef` definierten Datentyp FILE kennen lernen, dessen Strukturkomponenten man nicht unbedingt zu kennen braucht. Man muss nur wissen, dass man einen Pointer auf FILE definieren muss, wenn man eine Datei verarbeiten will.

Zum Schluss noch ein paar Beispiele zu den anderen selbstdefinierten Datentypen:

```
typedef union          statt:   union var
{                               {
```

```
    long z;                              long z;
    unsigned char s[7];                  unsigned char s[7];
} VAR;                                };
VAR v;                                union var v;
```

und:

```
typedef enum          statt:   enum bool
{                              {
    false,                         false,
    true                           true
} BOOL;                        };
BOOL ergebnis;                 enum bool ergebnis;
```

sowie:

```
typedef struct        statt:   struct attrib
{                              {
    unsigned int : 2;              unsigned int : 2;
    unsigned int archive : 1;      unsigned int archive : 1;
    unsigned int directory : 1;    unsigned int directory : 1;
    unsigned int label : 1;        unsigned int label : 1;
    unsigned int system : 1;       unsigned int system : 1;
    unsigned int hidden : 1;       unsigned int hidden : 1;
    unsigned int readonly : 1;     unsigned int readonly : 1;
} ATTRIB;                      };
ATTRIB attr;                   struct attrib attr;
```

11.6 Training

1. (a) Übernehmen Sie das Makro SCHALTJ( ) aus Aufgabe 1, Kapitel 10 in die Headerdatei datum.h!

Vereinbaren Sie in derselben Headerdatei mit typedef den Datentyp DATUM für eine Struktur, die eine Datumsangabe speichern kann. Komponenten:

▪ tag (Datentyp: char)

▪ mon (Datentyp: char)

▪ jahr (Datentyp: int)

 Hinweis Achtung! Tages- und Monatsangaben sind kleine Zahlen, die in char-Variablen passen. Diese char-Komponenten speichern also keine Zeichen, sondern Zahlen!

1. (b) Erstellen Sie im Modul `datum.c` die Funktion `get_datum()`, die von der Standardeingabe eine Datumsangabe in eine Variable vom Typ `DATUM` einliest. Es soll davon ausgegangen werden, dass das Datum in der Form TT.MM.JJJJ eingegeben wird.

Es soll vor dem Einlesen des Datums keinerlei Dialogmeldung ausgegeben werden!

Parameter: Pointer auf eine `DATUM`-Variable

Returnwert:

- 1, wenn ein vollständiges Datum eingegeben wurde
- 0 sonst

Anleitung: Definieren Sie einen genügend großen char-Vektor, in den Sie zunächst (z.B. mit `getline()`) das Datum als String einlesen. Wurde nichts eingegeben, ist die Funktion sofort mit 0 zu verlassen.

Im anderen Fall sind die Datumsbestandteile des Strings in numerische Werte zu konvertieren und in den Komponenten der `DATUM`-Variable zu speichern. Dazu bietet sich die Standardfunktion `sscanf()` an. Diese Funktion arbeitet im Prinzip genauso wie die verwandte Funktion `scanf()`, aber mit dem Unterschied, dass `sscanf()` nicht von der Standardeingabe, sondern aus einem char-Vektor liest!

Ihre Wirkung soll hier demonstriert werden im Fall einfacher Variablen:

```
char sdat[] = "23.4.1999";
char t,
     m;
int j;
sscanf (sdat, "%d.%d.%d", &t, &m, &j);
```

Der Returnwert von `sscanf()` ist die Anzahl erfolgreich konvertierter und gespeicherter Werte. In diesem Fall muss er 3 sein, wenn die Datumsangabe drei durch einen Punkt getrennte Zahlenangaben enthält.

Übertragen Sie dieses Demonstrationsbeispiel auf die Aufgabenstellung und beachten Sie, dass Sie dann statt der drei Variablen drei Komponenten einer `DATUM`-Struktur haben!

Sollte der Anwender ein unvollständiges Datum eingeben, also z.B. "23.4", ist die Fehlermeldung "23.4: Unvollständiges Datum" auszugeben und die Funktion mit o zu verlassen!

Tragen Sie den Prototypen dieser Funktion in datum.h ein!

1. (c) Erstellen Sie im Modul datum.c die Funktion put_datum(), die eine Datumsangabe auf der Standausgabe anzeigt, und zwar im Format: "TT.MM.JJJJ"!

Es soll nur das nackte Datum - ohne abschließendes Newline - ausgegeben werden! (Man kann nie wissen, ob nach Aufruf dieser Funktion nicht noch weiterer Text in derselben Zeile angezeigt werden soll!)

Parameter: Pointer auf die auszugebende DATUM-Variable

Returnwert: Keiner

Tragen Sie den Prototypen dieser Funktion in datum.h ein!

1. (d) Erstellen Sie im Modul datum.c die Funktion datplaus(), die ein Datum auf Plausibilität überprüft!

Parameter: Pointer auf die zu prüfende DATUM-Variable

Returnwert:

■ 1, wenn Datum plausibel

■ o sonst

Hinweis: Die Plausibilitätsregeln eines Datums beziehen sich auf den Gregorianischen Kalender. Jahreszahlen < 1583 (bzw. 1752) sind demnach nicht gültig!

Tipp: Verwenden Sie das Makro SCHALTJ()!

Tragen Sie den Prototypen dieser Funktion in datum.h ein!

1. (e) Erstellen Sie im Modul tdatum.c eine main()-Funktion zum Testen der Datumsfunktionen. Es soll beliebig oft jeweils eine Datumsangabe mit get_datum() in eine DATUM-Variable eingelesen werden.

Ist das eingegebene Datum nicht plausibel (Aufruf von datplaus()), ist eine entsprechende Fehlermeldung auszugeben. Im anderen Fall ist das eingegebene Datum mit put_datum(), gefolgt von einem Newline, wieder auszugeben.

Die Eingabeschleife wird abgebrochen, wenn ein nicht vollständiges Datum eingegeben wird.

Erstellen Sie eine Projektdatei und testen Sie das Programm!

Prüfen Sie mit Ihren Testdaten möglichst vollständig alle möglichen Daten an der Grenze zwischen plausiblen und nicht plausiblen Datumsangaben!

2. Erstellen Sie – analog zu Aufgabe 1 – ein Programm zur Verwaltung von Zeitangaben! Dafür ist in `zeit.h` mit `typedef` der Datentyp `ZEIT` für eine Struktur zu definieren, die für Stunden und Minuten folgende Komponenten aufweist:

```
char std;
char min;
```

Die entsprechend Aufgabe 1 zu definierenden Funktionen sollen `get_zeit()`, `put_zeit()` und `zeitplaus()` heißen und im Modul `zeit.c` definiert werden.

Definieren Sie wieder in `tzeit.c` eine `main()`-Funktion zum Testen der Zeit-Funktionen!

3. Definieren Sie in der Headerdatei `termin.h` mit `typedef` den Datentyp TERMIN für eine Struktur, die Angaben für einen Termin speichern kann.

Komponenten der TERMIN-Struktur:

- `dat` (Datentyp: DATUM)
- `zeit` (Datentyp: ZEIT)
- `text` (Datentyp: `char`-Vektor mit 80 Elementen)

Vergessen Sie nicht, `datum.h` und `zeit.h` einzubinden, ohne deren Inhalt die Datentypen DATUM und ZEIT nicht bekannt wären!

Erstellen Sie im Modul `termin.c` – analog zu Aufgabe 1 und 2 – die Funktionen: **(a)** `get_termin()` und **(b)** `put_termin()`!

Zu **(a)** Hier sind mit `get_datum()`, `get_zeit()` und `getline()` die drei Angaben für einen Termin einzugeben. Die Funktion wird mit dem Returnwert 0 verlassen, wenn kein (oder kein vollständiges) Datum eingegeben wird, oder wenn kein Termintext eingegeben wird.

Gibt der Anwender nichts ein für die Zeitangabe, ist die Funktion nicht vorzeitig zu verlassen, sondern der Wert -1 in der Komponente `std` von `zeit` zu speichern – sozusagen als Erkennungszeichen dafür, dass keine Zeitangabe vorliegt. (Man denke beispielsweise an den Termin: "29.8.1999 Marion hat Geburtstag! Anrufen!". Wozu braucht man hier eine Zeitangabe?)

Am Ende ist die Funktion mit 1 zu verlassen!

Parameter: Pointer auf eine TERMIN-Variable!

Zu **(b)** Es sollen mit `put_datum()`, `put_zeit()` und `printf()` alle Terminangaben ausgegeben werden, die Zeitangabe aber nur dann, wenn die Stundenkomponente `std` nicht den Wert -1 enthält!

Parameter: Pointer auf eine TERMIN-Variable!

Returnwert: Keiner

Im Modul `ttermin.c` ist dann eine `main()`-Funktion zu definieren, die beliebig viele, aber maximal 100 Termine mit `get_termin()` in einen entsprechend großen TERMIN-Vektor einliest.

Anschließend sind die eingelesenen Termine in rückwärtiger Reihenfolge mit `put_termin()` wieder anzuzeigen!

Standardfunktionen

In diesem Kapitel soll nicht eine vollständige Beschreibung aller Funktionen der Standardbibliothek gegeben werden. Als Benutzer eines C-Compilers steht einem i.d.R. ein Referenzhandbuch zur Verfügung, das eine Beschreibung aller Standardfunktionen zur Verfügung stellt. Alternativ dazu kann man sich die Prototypen aller Funktionen aus den Standardheaderdateien des Include-Verzeichnisses herausziehen, um eine Übersicht zu bekommen, und mit der Online-Hilfe die Beschreibung einer beliebigen Funktion anzeigen lassen.

Der Zweck dieses Kapitels besteht darin, einige wichtige Standardfunktionen in ihrer Wirkung zu besprechen, die zum täglichen Programmierwerkzeug des C-Programmierers gehören. Zusätzlich wird zu einigen Funktionen vorgestellt, wie sie geschrieben worden sein könnten. Das erhöht das Verständnis dafür, wie diese Funktionen arbeiten, gibt aber auch Anregungen, wie man eigene Funktionen für elementare Werkzeuge erstellen kann.

Die Prototypen der Standardfunktionen sind - je nach Funktionalität - auf verschiedene Headerdateien aufgeteilt.

Wir durchforsten jetzt einige wichtige Headerdateien nach einigen wichtigen Funktionen, wobei - wie gesagt - die Auflistung keinen Anspruch auf Vollständigkeit erhebt.

12.1 Die Funktionen zur Ein-/Ausgabe: stdio.h

Der größte Teil dieser Funktionen zur Ein-/Ausgabe wird allerdings auf spätere Kapitel verschoben. Sie erfordern eine gesonderte Behandlung. Und zwar sind es:

1. Die Funktionen zur High-Level-Dateiverarbeitung (s. Kapitel 14).

2. Einige wenige Funktionen zur Dateimanipulation auf Betriebssystemsebene (werden in diesem Buch nicht besprochen).

3. `scanf()`/`printf()` erfahren eine besondere Würdigung als Funktionen mit einer variablen Anzahl an Parametern (s. Kapitel 19).

4. `sscanf()`/`sprintf()` werden weiter unten in diesem Kapitel unter den `stdlib`-Funktionen behandelt, obwohl ihre Prototypen in `stdio.h` zu finden sind.

Worauf in diesem Abschnitt nur hingewiesen werden soll, ist die Tatsache, dass `stdio.h` die "Funktionen" `getchar()` und `putchar()` zweimal enthält, und zwar einmal als Funktions-Prototypen:

```
int getchar (void);
int putchar (int c);
```

andererseits aber auch als Präprozessor-Makros! (s. Kapitel 14)

Man kann sich leicht klarmachen, dass im Normalfall eigentlich immer nur die Makros verwendet werden, denn als erstes Programm wird ja stets der Präprozessor aufgerufen, der gnadenlos jeden `getchar()`- bzw. `putchar()`-Aufruf durch den entsprechenden Makroausdruck ersetzt. M.a.W. der Compiler bekommt niemals einen solchen Funktionsaufruf zu sehen, und der Linkage-Editor wird also niemals mit der Suche nach entsprechenden Standardfunktionen beauftragt!

Wenn man dennoch mit den Standardfunktionen, und nicht mit den Makros arbeiten möchte, muss man die Makro-Definitionen einfach rückgängig machen, wie es das folgende Programm macht:

```
# include <stdio.h>
# undef getchar
# undef putchar
int main (void)
{
    int c;
    while ((c = getchar ())!= EOF)
        putchar (c);
    return 0;
}
```

In diesem Fall wird der `getchar()`- und `putchar()`-Aufruf vom Präprozessor nicht aufgelöst, und der Linkage-Editor muss den Objektcode der Standardfunktionen `getchar()` und `putchar()` aus der Standardbibliothek herausziehen und zu diesem Programm binden.

Die Funktionen zur Ein- bzw. Ausgabe von Strings:

```
char * gets (char * s);
int    puts (const char * s);
```

wurden bereits in Kapitel 5 besprochen. Wir erinnern uns:

1. `gets()` liest von der Standardeingabe einen String in einen char-Vektor ein, auf den s zeigt. Der Programmierer hat die Verantwortung dafür, dass der Vektor, auf den s zeigt, groß genug ist, um den eingegeben String zu speichern. Andernfalls wird über das Ende des Vektors hinaus gespeichert. (Das war für uns der Grund, unsere eigene Funktion `getline()` zu schreiben!) Ein eingegebenes Newline wird nicht gespeichert, sondern durch ein `'\0'` ersetzt!

2. `puts()` gibt den Inhalt eines mit `'\0'` abgeschlossenen char-Vektors, auf den s zeigt, auf die Standardausgabe aus und hängt ein Newline an!

3. `gets()` liefert als Returnwert den Pointer s, bei EOF den Wert NULL.

4. `puts()` liefert einen positiven Wert, im Fehlerfall aber den Wert EOF.

Bemerkenswert ist, dass auch `gets()` bei normaler Eingabe einen Returnwert liefert, und zwar den übergebenen Pointer s! Diese Tatsache lässt sich für folgende Programmzeilen ausnutzen:

```
char s[100];
printf ("Eingabe eines Strings:\n");
printf ("Eingegeben wurde: %s\n", gets (s));
```

Die letzte dieser drei Zeilen ersetzt die umständlichere Formulierung in zwei Anweisungen:

```
gets (s);
printf ("Eingegeben wurde: %s\n", s);
```

12.2 Die String-Funktionen: string.h

Hier findet man Funktionen für fast alles, was man mit Strings machen kann:

12.2.1 size_t strlen (const char * s);

 Hinweis Der Datentyp `size_t` ist meist mit `typedef unsigned int size_t;` definiert!

`strlen()` liefert die Anzahl Zeichen des mit `'\0'` terminierten Strings, auf den s zeigt.

Diese Funktion könnte so geschrieben worden sein:

```
size_t strlen (const char * s)
{
    size_t n;
    for (n = 0 ; s[n] ; ++n)
        ;
    return n;
}
```

12.2.2 char * strcpy (char * t, const char * s);

Diese Funktion kopiert den mit `'\0'` terminierten String, auf den s zeigt, in den `char`-Vektor, auf den t zeigt. Das Zeichen `'\0'` wird mit kopiert!

Der `char`-Vektor, auf den t zeigt, muss groß genug sein, um den String s aufnehmen zu können.

Returnwert: Der Pointer t.

Auch hier gilt das oben für `gets()` Gesagte, folgender Aufruf ist also möglich:

```
printf ("Kopiert wurde: %s\n", strcpy (t, s));
```

Die Definition auch dieser Funktion besticht durch ihre kompakte Schlichtheit:

```
char * strcpy (char * t, const char * s)
{
    char * temp = t;
    while (*t++ = *s++)
        ;
    return temp;
}
```

12.2.3 char * strcat (char * t, const char * s);

Die Funktion `strcat()` hängt den String s an den Vektor t an! (Engl.: "catenate" = "verketten".)

Der Returnwert ist wieder t.

Hier ist es besonders wichtig, darauf zu achten, dass der Vektor, auf den t zeigt, genügend groß ist, um den durch s verlängerten String aufzunehmen.

Hier eine Möglichkeit der Definition:

```
char * strcat (char * t, const char * s)
{
   char * temp = t;
   for ( ; *t ; ++t)     /* Suchen des Stringendes von t */
      ;
   while (*t++ = *s++)   /* Kopieren von s */
      ;
   return temp;
}
```

Unter Verwendung von `strlen()` und `strcpy()` hätte man kürzer schreiben können:

```
char * strcat (char * t, const char * s)
{
   char * temp = t;
   t += strlen (t);
   strcpy (t, s);
   return temp;
}
```

Die letzte Variante demonstriert das Werkzeug-Konzept, die Programmierphilosophie der C-/UNIX-Welt, das man etwa so formulieren könnte: Baue Dir für elementare Operationen kleine Werkzeuge (sprich "Funktionen"). Erstelle danach mächtigere Werkzeuge durch Kombination schon bestehender Werkzeuge! Das ist die Grundidee der Programmiersprache C, und – in verallgemeinerter Form – auch des Betriebssystems UNIX, das Kernighan und Pike in ihrem Buch [9] so hervorragend beschrieben haben.

Eine kleine Anwendungsdemonstration für `strcat()`:

```
# include <string.h>
...
char str[100];
```

```
strcpy (str, "Otto ");
printf ("%s\n", strcat (str, "Meier")); ---> Otto Meier
```

12.2.4 int strcmp (const char * s1, const char * s2);

`strcmp()` vergleicht zwei Strings s1 und s2 "lexikografisch", d.h. eine alphabetische Sortierung von Strings, wie man sie aus jedem Telefonbuch her kennt, wird zugrundegelegt. Dabei werden die Zeichen paarweise, beginnend an ihrer Anfangsadresse auf Gleichheit verglichen, oder bis '\0' erreicht wird.

Der Returnwert ist eine Zahl > 0, wenn s1 "größer" ist als s2, sie ist < 0, wenn s1 "kleiner" ist als s2 und sie ist gleich 0, wenn beide Strings gleich sind. Die Funktion gibt einfach die Differenz des ersten ungleichen Zeichens der beiden Strings zurück.

Am besten versteht man dieses Prinzip anhand folgender Definition:

```
int strcmp (const char * s1, const char * s2)
{
    for ( ; *s1 && *s1 == *s2 ; s1++, s2++)
        ;
    return (int)(*s1 - *s2);
}
```

Man beachte die Schleifenbedingung: Die Schleife wird verlassen, wenn das jeweilige Zeichen aus s1 gleich '\0' ist, oder wenn es nicht mehr gleich dem entsprechenden Zeichen aus s2 ist. Zurückgegeben wird immer die Differenz beider Zeichen.

Mit folgenden Datenbeispielen sollte man diese Definition testen (Tabelle 12.1):

	s1	s2	Returnwert	Interpretation
a.	"AbC"	"ABC"	32, also > 0	"AbC" ist größer als "ABC"
b.	"ABC"	"AbC"	-32, also < 0	"ABC" ist kleiner als "AbC"
c.	"ABC"	"ABC"	0	"ABC" ist gleich "ABC"
d.	"AB"	"ABC"	-67, also < 0	"AB" ist kleiner als "ABC"
e.	"ABC"	"AB"	67, also > 0	"ABC" ist größer als "AB"

Tabelle 12.1: Test der Standardfunktion strcmp()

Als typische Anwendungen der Funktion `strcmp()` seien folgende Beispiele genannt:

(a)

```
# include <string.h>
...
char name[25];
...
printf ("Name: ");
getline (name, 25);
if (strcmp (name, "Meier") == 0)
   ...
else if (strcmp (name, "Schulz") == 0)
   ...
```

(b)

```
# include <string.h>
...
char * name1 = "Schulz",
     * name2 = "Meier",
     * hp;
...
if (strcmp (name1, name2) > 0) /* Wenn name1 > name2 ... */
{
   hp = name1;              /* ... tauschen */
   name1 = name2;
   name2 = hp;
}
```

Das zweite Anwendungsbeispiel enthält eine elementare Tauschoperation, wie sie beim Sortieren von Strings vorkommen kann.

Für `strcpy()`, `strcat()` und `strcmp()` existieren verwandte Funktionen, die es erlauben, die entsprechenden Operationen nur bis zu einer bestimmten Anzahl n an Zeichen vorzunehmen. Entsprechend haben diese Funktionen immer noch ein 'n' im Namen.

Vorab sei darauf hingewiesen, dass der Umgang mit diesen Funktionen etwas komplizierter ist, weil man sich ev. in besonderer Weise um ein den String abschließendes '\0' kümmern muss.

12.2.5   char * strncpy (char * t, const char * s, size_t n);

Diese Funktion kopiert maximal n Zeichen aus dem String, auf den s zeigt, in den Vektor, auf den t zeigt. Der Returnwert ist wieder t.

Nitty Gritty • Start up!

Dabei sind folgende Sonderfälle zu beachten:

1. Enthält der String s mehr als n Zeichen, so werden nur die ersten n Zeichen aus s kopiert, aber nicht das den String s abschließende '\0'! In diesem Fall muss der Programmierer, wenn das seine Absicht ist, als (n+1). Zeichen in t ein '\0' einfügen, es sei denn, der String s war länger als n Zeichen, und der Rest von s hinter den ersten n überschriebenen Zeichen soll bestehen bleiben!

2. Enthält der String s weniger als n Zeichen, so wird s kopiert und der Rest bis zur Länge n im String t mit '\0' aufgefüllt!

Diese Effekte werden in folgendem Demonstrationsprogramm vorgeführt:

```c
# include <stdio.h>
# include <string.h>
int main (void)
{
    char str[100] = "Abrakadabra";
    int i;
    strcpy (str, "ABC");
    printf ("%s\n", strncpy (str, "XYZUVW", 2));
    printf ("%s\n", strncpy (str, "XYZUVW", 4));
    strncpy (str, "123456", 4);
    str[4] = '\0';
    printf ("%s\n", str);
    strncpy (str, "x", 4);
    printf ("%s\n", str);
    for (i = 0 ; i < 5 ; ++i)
        printf ("%2.2X ", str[i]);
    putchar ('\n');
    return 0;
}
/* Programmlauf:
XYC
XYZUkadabra
1234
x
78 00 00 00 00
*/
```

Die Arbeitsweise dieser Funktion lässt sich anhand folgender Definition nachvollziehen:

```c
char * strncpy (char * t, const char * s, size_t n)
```

```
{
    char * temp = t;
    while (n > 0 && *s && (*t++ = *s++))
        --n;
    while (n-- > 0)
        *t++ = '\0';
    return temp;
}
```

12.2.6 char * strncat (char * t, const char * s, size_t n);

Im Gegensatz zu `strncpy()` hängt `strncat()` max. n Zeichen des Strings s an den String t an.

Auch hier gilt: Ist n kleiner als die Länge des Strings s, muss der Benutzer dieser Funktion sich selber um ein abschließendes '\0' kümmern!

Die Funktion könnte folgendermaßen definiert werden:

```
char * strncat (char * t, const char * s, size_t n)
{
    char * temp = t;
    t += strlen (t);
    strncpy (t, s, n);
    return temp;
}
```

12.2.7 int strncmp (const char * s1, const char * s2, size_t n);

Der Vergleich zweier Strings findet hier wie bei `strcmp()` statt, mit dem einzigen Unterschied, dass nur max. n Zeichen verglichen werden.

Das folgende Programm demonstiert die Wirkung dieser Funktion:

```
# include <stdio.h>
# include <string.h>
int main (void)
{
    char s1[] = "ABCDEFGHIJ",
         s2[] = "ABCDeFGHIJ";
    if (strncmp (s1, s2, 4))
        printf ("%s ungleich %s auf 4 Zeichen\n", s1, s2);
    else
        printf ("%s gleich %s auf 4 Zeichen\n", s1, s2);
    if (strncmp (s1, s2, 6))
        printf ("%s ungleich %s auf 6 Zeichen\n", s1, s2);
    else
        printf ("%s gleich %s auf 6 Zeichen\n", s1, s2);
    s1[1] = '\0';
```

```
    if (strncmp (s1, s2, 4))
        printf ("%s ungleich %s auf 4 Zeichen\n", s1, s2);
    else
        printf ("%s gleich %s auf 4 Zeichen\n", s1, s2);
    s2[1] = '\0';
    s1[2] = 'X';
    if (strncmp (s1, s2, 4))
        printf ("%s ungleich %s auf 4 Zeichen\n", s1, s2);
    else
        printf ("%s gleich %s auf 4 Zeichen\n", s1, s2);
    return 0;
}
/* Programmlauf:
ABCDEFGHIJ gleich ABCDeFGHIJ auf 4 Zeichen
ABCDEFGHIJ ungleich ABCDeFGHIJ auf 6 Zeichen
A ungleich ABCDeFGHIJ auf 4 Zeichen
A gleich A auf 4 Zeichen
*/
```

Der letzte Vergleich zeigt, dass strncmp() bei gleich langen Strings nur bis zum '\0' vergleicht, und nicht unbedingt n Zeichen. Das geht auch aus der folgenden Definition hervor:

```
int strncmp (const char * s1, const char * s2, size_t n)
{
    for ( ; n && *s1 && *s1 == *s2 ; s1++, s2++)
        if (--n == 0)
            break;
    return (int)(*s1 - *s2);
}
```

Über den ANSI-Standard hinaus bieten einige C-Compiler-Hersteller Funktionen wie strcmpi() bzw. strncmpi() an, die beim Vergleich von Strings den Unterschied von Groß- und Kleinbuchstaben ignorieren. ('i' steht für: ignore case).

Ebenfalls nicht im ANSI-Standard enthalten sind die Funktionen strset() und strnset(), die alle Elemente eines Strings durch ein angegebenes Zeichen ersetzen. Die Ersetzung endet, wenn '\0' angetroffen wird, oder wenn n Zeichen ersetzt worden sind (bei strnset()).

12.2.8   char * strset (char * s, int c);

```
char * strset (char * s, int c)
{
    char * temp = s;
    while (*s)
```

```
        *s++ = (char)c;
    return temp;
}
```

12.2.9 char * strnset (char * s, int c, size_t n);

```
char * strnset (char * s, int c, size_t n)
{
    char * temp = s;
    while (n-- && *s)
        *s++ = (char)c;
    return temp;
}
```

Und hier eine beispielhafte Anwendung:

```
# include <stdio.h>
# include <string.h>
int main (void)
{
    char s[] = "ABCDEFGHIJ";
    puts (s);
    strset (s, '*');
    puts (s);
    strnset (s, '+', 5);
    puts (s);
    strnset (s, '-', 100);
    puts (s);
    return 0;
}
/* Programmlauf:
ABCDEFGHIJ
**********
+++++*****
----------
*/
```

12.2.10 char * strchr (const char * s, int c);

Diese Funktion sucht in einem String s nach einem Zeichen c. Die Suche beginnt am Anfang des Strings und endet bei '\0', das aber in die Suche noch eingeschlossen wird! Damit kann man mit strchr() also auch nach '\0' suchen.

Der Returnwert ist die Anfangsadresse des ersten gefundenen Zeichens c, oder NULL, wenn das gesuchte Zeichen nicht gefunden wurde.

Mögliche Definition:

```
char * strchr (const char * s, int c)
{
    for ( ; *s ; ++s)
        if (*s == c)
            return s;
    if (*s == c)
        return s;
    return NULL;
}
```

12.2.11 char * strrchr (const char * s, int c);

Hier wird das letzte vorkommende Zeichen c im String s gesucht. Die Suche beginnt also am Ende des Strings und endet am Anfang. Auch hier wird das den String abschließende '\0' in die Suche einbezogen.

Mögliche Definition:

```
char * strrchr (const char * s, int c)
{
    char * p = s + strlen (s);
    for ( ; p >= s ; --p)
        if (*p == c)
            return p;
    return NULL;
}
```

12.2.12 char * strstr (const char * s1, const char * s2);

Sucht einen String s2 als Teilstring in einem String s1. Der Returnwert ist die Position innerhalb von s1, an der s2 das erstemal vorkommt, oder NULL, wenn s2 nicht gefunden wird.

Mögliche Definition:

```
char * strstr (const char * s1, const char * s2)
{
    int len1 = strlen (s1),
        len2 = strlen (s2);
    for ( ; len1 - len2 >= 0 ; ++len1, ++s1)
        if (strncmp (s1, s2, len2) == 0)
            return s1;
    return NULL;
}
```

Zu den letzten drei Funktionen gibt es folgendes Demonstrationsprogramm:

```
# include <stdio.h>
# include <string.h>
int main (void)
{
    char s[] = "Ein Schwein trinkt keinen Wein";
    char * p;
    if (p = strchr (s, 'i'))
        puts (p);
    if (p = strrchr (s, 'i'))
        puts (p);
    if (p = strstr (s, "ein"))
        puts (p);
    return 0;
}
/* Programmlauf:
in Schwein trinkt keinen Wein
in
ein trinkt keinen Wein
*/
```

12.2.13 char * strtok (char * s1, const char * s2);

Diese Standardfunktion entspricht der Aufgabenstellung, einen String, der aus Wörtern besteht, die durch Trennzeichen getrennt sind, in einzelne "Tokens" zu unterteilen, pro Wort ein Token. Ihre Wirkungsweise lässt sich anhand folgenden Programms erläutern:

```
# include <stdio.h>
# include <string.h>
int main(void)
{
    char string[] = "abc,d:123";
    char *p;
    p = strtok (string, ",");
    if (p)
        printf ("1.: %s\n", p);
    p = strtok (NULL, ":");
    if (p)
        printf ("2.: %s\n", p);
    p = strtok (NULL, ":");
    if (p)
        printf ("3.: %s\n", p);
    printf ("4.: %s\n", string);
    return 0;
}
/* Programmlauf:
```

12

Nitty Gritty • Start up!

```
1.: abc
2.: d
3.: 123
4.: abc
*/
```

Wichtig ist, dass diese Funktion für einen beliebigen String mehrfach hintereinander aufgerufen werden kann. Bei jedem Aufruf liefert sie das nächste Token.

Beim ersten Aufruf muss an s1 die Anfangsadresse des zu zerlegenden Strings, und an s2 die Anfangsadresse des Strings mit dem oder mit den Trennzeichen übergeben werden.

Bei jedem weiteren Aufruf für denselben String muss NULL an s1 übergeben werden, und an s2 muss wieder ein String mit (evtl. anderen als beim ersten Mal) Trennzeichen angegeben werden.

Der Returnwert ist die Anfangsadresse des ersten bzw. jedes weiteren Tokens, oder NULL, wenn der String keine Tokens mehr enthält.

Verfolgen wir den Ablauf des Programms. Am Anfang haben wir das Speicherabbild des Strings von Abbildung 12.1.

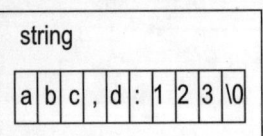

Bild 12.1: Vor dem ersten strtok()-Aufruf

Der erste `strtok()`-Aufruf, an den die Anfangsadresse von `string` übergeben wird, hinterlässt das Bild von Abbildung 12.2

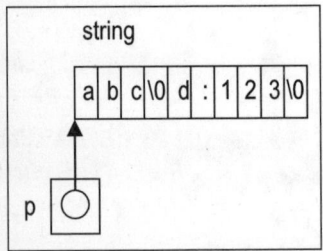

Bild 12.2: Abbildung 12.2: 1. strtok()-Aufruf

Das erste vorkommende Trennzeichen, ein Komma, wurde mit ' \0 '
überschrieben und die Anfangsadresse des Worts vor diesem ' \0 '
an p zurückgegeben.

Der zweite Aufruf soll – wegen NULL als 1. Argument – das nächste Token in demselben String suchen, allerdings wird jetzt ein ' : ' als
Trennzeichen übergeben. Das führt zu Abbildung 12.3.

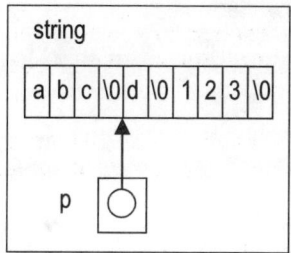

Bild 12.3: 2. strtok()-Aufruf

Der dritte Aufruf, der wiederum mit einem Doppelpunkt als Trennzeichen nach einem dritten Token sucht, liefert Abbildung 12.4.

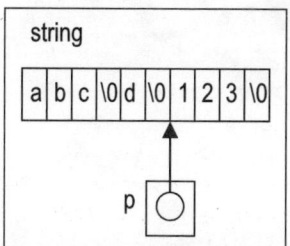

Bild 12.4: 3. strtok()-Aufruf

obwohl das Trennzeichen nicht mehr gefunden wurde. Stattdessen
dient das abschließende ' \0 ' als Trennzeichen.

Jeder weitere Aufruf von strtok() würde NULL liefern. Nach den hier
aufgezeichneten Speicherbelegungen des Vektors string lässt sich
dann auch die letzte Bildschirmausgabe des Programms erklären.

Nitty Gritty • Start up!

Bevor wir uns darum kümmern, wie diese Standardfunktion definiert worden sein könnte, muss auf zwei Verallgemeinerungen hingewiesen werden:

1. Es ist im zweiten Parameter die Angabe mehrerer Trennzeichen möglich. Ein erster Aufruf:

```
p = strtok (string, ":,");
```

hätte an dem Programmlauf nichts geändert!

2. Beginnt die Suche mit führenden Trennzeichen, werden diese überlesen. Wäre `string` also folgendermaßen initialisiert worden:

```
char input[16] = ",,abc,,,d:123";
```

dann hätte der Programmlauf ergeben:

```
1.: abc
2.: ,,d
3.: 123
4.: ,,abc
```

Mit diesen Informationen kann man jetzt die Funktion `strtok()` definieren. Zunächst zwei Hilfsfunktionen:

```
char * strjmp (char * s, const char * delims)
{
    int found;
    const char * hp;
    for ( ; *s ; ++s)
    {
        for (hp = delims, found = 0 ; * hp ; ++hp)
            if (* s == * hp)
            {
                found++;
                break;
            }
        if (! found)
            break;
    }
    if (* s)
        return s;
    return NULL;
}
```

Diese Funktion sucht im String s nach dem ersten Zeichen, das keines der im String `delims` enthaltenen Trennzeichen ist. M.a.W. sie überspringt alle angegeben Trennzeichen und kehrt mit der Adresse des ersten Zeichens zurück, das kein Trennzeichen ist. NULL wird geliefert, wenn nur Trennzeichen aus delims vorkommen.

Umgekehrt macht es die folgende Funktion:

```c
char * strcjmp (char * s, const char * delims)
{
   int found = 0;
   const char * hp;
   for ( ; *s ; s++)
   {
      for (hp = delims ; * hp ; ++hp)
         if (* s == * hp)
         {
            found++;
            break;
         }
      if (found)
         break;
   }
   if (* s)
      return s;
   return NULL;
}
```

Sie überspringt alle Zeichen, die nicht in delims enthalten sind und gibt die Anfangsadresse des ersten Zeichens zurück, das irgendeinem der Zeichen aus delims entspricht. NULL wird geliefert, wenn keines der angegebenen Trennzeichen vorkommt.

Hinweis Die hier vorgestellte Funktion strcjmp() entspricht im Wesentlichen der Standardfunktion strpbrk(), die hier nicht weiter besprochen wird. Der Leser möge sich selber anhand einer Referenz informieren.

Damit ist dann folgende Definition von strtok() möglich:

```c
char * strtok (char * sp, const char * delim)
{
   static char * p = NULL;      /* static-Variable!!! */
   char * hp;

   /* Falls versehentlich der allererste Aufruf
      strtok (NULL, ...); heißt ...                    */
   if (sp == NULL && p == NULL)
      return NULL;
   if (sp != NULL)      /* Erstmaliger Aufruf */
```

```
{
    /* Überlesen aller Trennzeichen zwischen Wörtern */
    if ((hp = strjmp (sp, delim)) == NULL) /* Wenn Stringende ... */
    {
        p = NULL;
        return NULL;
    }
    if (p = strcjmp (hp, delim))
        * p++ = '\0';
    else
        p = NULL;
    return hp;
}
/* Jeder weitere Aufruf: */
/* Wort überlesen */
/* Überlesen aller Trennzeichen zwischen Wörtern */
if ((hp = strjmp (p, delim)) == NULL) /* Wenn Stringende ... */
{
    p - NULL;
    return NULL;
}
if (p = strcjmp (hp, delim))
    * p++ = '\0';
else
    p = NULL;
return hp;
}
```

Nur eine static-Variable wie der char-Pointer p kann sich über einen
Funktionsaufruf hinaus merken, wo die letzte Suche nach einem
Trennzeichen aufhörte und bei einem erneuten Aufruf mit NULL als
erstem Argument weiter zu suchen ist.

Es empfiehlt sich, anhand obiger main()-Funktion diese Version von
strtok() in einem Schreibtischtest abzuarbeiten.

Als Anwendungsfall für strtok() sei die Aufgabe benannt, für ein
Betriebssystem einen Kommandointerpreter zu schreiben. I.d.R. wird
eine Kommandozeile in einen größeren char-Vektor eingelesen. Die
Trennung der einzelnen Kommandobestandteile, die meistens mit
Blanks oder Tab-Zeichen getrennt sind, kann dann mit strtok() er-
folgen, wie es z.B. Marc J. Rochkind in seinem Buch [10] über die
UNIX-Systemprogrammierung vorführt.

Anregung: Obwohl die Funktion strtok() nicht selbst definiert zu
werden braucht, denn sie liegt ja als Standardfunktion vor, bieten

sich die hier vorgestellten Hilfs-Funktionen `strjmp()` und `strcjmp()` vielleicht als Kandidaten für eine private Stringbibliothek an!?!

12.3 Die Speicherfunktionen: mem.h

Außer den eigentlichen Stringfunktionen findet man in `string.h`, wie auch in der Headerdatei `mem.h`, eine kleine Anzahl von Speicherfunktionen, die ihrem Namen und ihrer Wirkung nach viel Ähnlichkeit mit entsprechenden Stringfunktionen aufweisen. Ihr wesentlicher Unterschied besteht darin, dass

1. beliebige Speicherbereiche (auch Struktur-Variablen oder -Vektoren) bearbeitet werden können;

2. das Stringende-Kennzeichen '\0' dementsprechend keine Rolle spielt und immer eine Anzahl Bytes mit angegeben werden muss, die bearbeitet werden sollen;

3. alle Adressen den Datentyp (`void *`) haben, da ja beliebige Speicherbereiche verarbeitet werden sollen.

12.3.1 void * memcpy (void * dest, const void * src, size_t n);

Diese Funktion kopiert n Bytes von `src` nach `dest`. Überlappen sich zu kopierender und kopierter Bereich, ist das Ergebnis unbestimmt. (Man kann sich leicht überlegen, warum, wenn man von zeichenweiser Übertragung ausgeht.)

Returnwert ist `dest`.

Ein Anwendungsbeispiel:

```
BUCH buecher_1[100] =
{
    { 137, "Goethe", "Faust" },
    { 138, "Gorki", "Meine Universitäten" },
    ....
    ....
};
BUCH buecher_2[30];
....
....
memcpy (buecher_2, buecher_1, 30 * sizeof(BUCH));
```

Hier werden die ersten dreißig Bücher aus dem Vektor `buecher_1` in den Vektor `buecher_2` kopiert.

12.3.2 void * memmove (void * dest, const void * src, size_t n);

Der einzige Unterschied zu `memcpy()` besteht darin, dass sich hier zu kopierender und kopierter Speicherbereich überlappen dürfen.

12.3.3 int memcmp (const void * s1, const void * s2, size_t n);

Beide Speicherbereiche `s1` und `s2` werden n Byte lang byteweise verglichen, wobei jedes Byte als `unsigned char` betrachtet wird. Der Vergleich endet beim ersten Byte, das in `s1` und `s2` einen unterschiedlichen Wert enthält, oder wenn n Bytes verglichen sind.

Der Returnwert bestimmt sich genauso wie bei `strncmp()`.

Ein Anwendungsbeispiel:

```
if (memcmp (&buecher_1[1], &buecher_2[1], sizeof(BUCH)) == 0)
   printf ("Das 2. Buch ist bei beiden Vektoren gleich\n");
else
   printf ("Das 2. Buch ist bei beiden Vektoren verschieden\n");
```

12.3.4 void * memset (void * s, int c, size_t n);

Diese Funktion setzt die ersten n Bytes des Vektors s auf den Wert von c. Der Wert von c wird dabei bis auf das niederwertigste Byte verkürzt.

Returnwert ist s.

Ein Anwendungsbeispiel:

```
printf ("%s\n", memset (buecher_2[1].titel, '*', 5));
Ausgabe: ***** Universitäten
```

12.3.5 void * memchr (const void * s, int c, size_t n);

Sucht in n Bytes ab s nach einem Byte mit dem Inhalt von c.

Returnwert:

1. Die Adresse des 1. Bytes mit dem gefundenen Wert c.

2. NULL, wenn der Wert von c in allen n Bytes ab s nicht gefunden wurde.

12.4 Die Klassifizierungs-Funktionen: ctype.h

Diese Headerdatei enthält eine Sammlung nützlicher Werkzeuge zur Klassifizierung bzw. zur Umwandlung von Einzelzeichen. Sie liegen sowohl als Prototypen von Standardfunktionen als auch als Makros vor. Auch hier werden immer die Makros verwendet, es sei denn, man macht ihre Definition mit #undef rückgängig.

Alle folgenden Klassifizierungs-Funktionen bzw. -Makros liefern einen Wert ungleich 0, wenn die Klassifizierung zutrifft, ansonsten den Wert 0.

Nach dem ANSI-Standard gibt es:

1. **int isalnum (int c);**

   ■ Ist wahr (ungleich 0), wenn isalpha(c) oder isdigit(c) wahr ist.

2. **int isalpha (int c);**

   ■ Ist wahr, wenn das Zeichen c ein alphabetisches Zeichen ist (A-Z oder a-z).

3. **int iscntrl (int c);**

   ■ Ist wahr, wenn das Zeichen c ein Steuerzeichen ist (ASCII-Code: 0X00 - 0X1F oder 0X7F).

4. **int isdigit (int c);**

   ■ Ist wahr, wenn das Zeichen c eine Ziffer (0-9) ist.

5. **int isgraph (int c);**

   ■ Ist wahr, wenn isprint(c) wahr ist, allerdings ohne das Blank.

6. **int islower (int c);**

   ■ Ist wahr, wenn das Zeichen c ein Kleinbuchstabe (a-z) ist.

7. **int isprint (int c);**

   ■ Ist wahr, wenn das Zeichen c ein druckbares Zeichen ist (ASCII-Code: 0X20 - 0X7E).

8. **int ispunct (int c);**

   ■ Ist wahr, wenn das Zeichen c ein Interpunktionszeichen ist, wenn also iscntrl(c) oder isspace(c) wahr ist.

9. **int isspace (int c);**

12

Nitty Gritty • Start up!

- Ist wahr, wenn das Zeichen c ein "Zwischenraumzeichen" ist (ASCII-Code: oX09-oX0D oder oX20).

10. int isupper (int c);

- Ist wahr, wenn das Zeichen c ein Großbuchstabe (A-Z) ist.

11. int isxdigit (int c);

- Ist wahr, wenn das Zeichen c eine hexadezimale Ziffer ist (o-9, A-F oder a-f).

C-Compiler auf UNIX-Anlagen bieten über den ANSI-Standard hinaus:

1. int isascii (int c);

- Ist wahr, wenn das Zeichen c ein Zeichen des standardisierten 7-Bit-ASCII-Codes ist (oX00 - oX7F).

- Die Klassifizierungsroutine isascii() hat eine besondere Bedeutung, weil auf einigen älteren UNIX-Systemen grundsätzlich nur mit dem 7-Bit-ASCII-Code gearbeitet wird. Ihre allgemeine Bedeutung liegt darin, dass die Gültigkeit von isascii(c) vorausgesetzt wird, damit die anderen Klassifizierungsroutinen wahr sein können. So liefern z.B. - bei deutschem Zeichensatz - die Ausdrücke islower ('ä') oder isalpha ('ß') unwahr, also o! Denn die Zeichen 'ä' bzw. 'ß' gehören dem erweiterten 8-Bit- ASCII-Code an.

Grundsätzlich wird für die Klassifizierungsroutinen ein Vektor vordefiniert, der für jedes Zeichen des 7-Bit-ASCII-Codes einen Klassifizierungscode enthält. Diese Codes sind z.B. beim BORLAND- C-Compiler in ctype.h so festgelegt:

```
# define _IS_SP  1        /* is space */
# define _IS_DIG 2        /* is digit indicator */
# define _IS_UPP 4        /* is upper case */
# define _IS_LOW 8        /* is lower case */
# define _IS_HEX 16       /* [0..9] or [A-F] or [a-f] */
# define _IS_CTL 32       /* Control */
# define _IS_PUN 64       /* punctuation */
```

Der vordefinierte char-Vektor wird dort ebenfalls deklariert:

```
extern  char _ctype[];      /* Character type array */
```

Lässt man sich durch folgendes Programm

```
# include <stdio.h>
# include <ctype.h>
int main (void)
{
   int i;
   for (i = 0 ; i < 128 ; ++i)
      printf ("%2.2X:%2.2X\n", i, _ctype[i + 1]);
   return 0;
}
```

alle Einträge des Vektors anzeigen, so erhält man:

```
00:20   01:20   02:20   03:20   04:20   05:20
06:20   07:20   08:20   09:21   0A:21   0B:21
0C:21   0D:21   0E:20   0F:20   10:20   11:20
12:20   13:20   14:20   15:20   16:20   17:20
18:20   19:20   1A:20   1B:20   1C:20   1D:20
1E:20   1F:20   20:01   21:40   22:40   23:40
24:40   25:40   26:40   27:40   28:40   29:40
2A:40   2B:40   2C:40   2D:40   2E:40   2F:40
30:02   31:02   32:02   33:02   34:02   35:02
36:02   37:02   38:02   39:02   3A:40   3B:40
3C:40   3D:40   3E:40   3F:40   40:40   41:14
42:14   43:14   44:14   45:14   46:14   47:04
48:04   49:04   4A:04   4B:04   4C:04   4D:04
4E:04   4F:04   50:04   51:04   52:04   53:04
54:04   55:04   56:04   57:04   58:04   59:04
5A:04   5B:40   5C:40   5D:40   5E:40   5F:40
60:40   61:18   62:18   63:18   64:18   65:18
66:18   67:08   68:08   69:08   6A:08   6B:08
6C:08   6D:08   6E:08   6F:08   70:08   71:08
72:08   73:08   74:08   75:08   76:08   77:08
78:08   79:08   7A:08   7B:40   7C:40   7D:40
7E:40   7F:20
```

Anmerkungen:

1. Die zeilenweise Darstellung entspricht nicht dem Programm, son-
   dern wurde durch den Kommandoaufruf ctype |pr -6 erzeugt.
   (Das Filterprogramm pr, das dem gleinamigen UNIX-Kommando
   entspricht, sollte jeder aufmerksame Leser, der auch die Erläuterungen auf der Webseite liest, sich selber schreiben können!)

2. Das Zeichen mit dem ASCII-Code 0 hat seinen Eintrag in
   _ctype[1], das mit dem ASCII-Code 1 in _ctype[2] usw.

Für das Zeichen 0X41 (d.h. 'A') finden wir z.B. als Klassifizierungscode den hexadezimalen Wert 0X14. Man mache sich klar, dass die-

ser Wert identisch ist mit dem Bit-Ausdruck: 0x10 | 0X04, oder dezimal: 16 | 4. Das ist aber das gleiche wie: _IS_HEX | _IS_UPP. Darin steckt die Information: Das Zeichen 'A' ist eine Hexadezimalziffer oder ein Großbuchstabe.

Das Makro für isupper() ist in ctype.h z.B. folgendermaßen definiert:

```
# define isupper(c)  (_ctype[(c) + 1] & _IS_UPP)
```

und der Ausdruck isupper ('A') wird dann bewertet mit:

```
(_ctype[('A') + 1] & _IS_UPP) ---> 0x14 & 0X4 ---> 0X4 ---> wahr
```

Das Gleiche für isxdigit():

```
# define isxdigit(c) (_ctype[(c) + 1] & (_IS_DIG | _IS_HEX))
```

der Ausdruck isxdigit ('A') wird dann bewertet mit:

```
(_ctype[('A') + 1] & (_IS_DIG | _IS_HEX)) ---> 0x14 & (0X2 | 0X10)
   ---> 0x14 | 0X12 ---> 0X10 ---> wahr
```

Als Anwendung der Klassifizierungs-Routinen ein kleines Programm, dessen Wirkung der aufmerksame Leser raten darf:

```c
/* stripcnt.c */
# include <stdio.h>
# include <ctype.h>
int main (void)
{
    int c;
    while ((c = getchar ())!= EOF)
        if (isprint (c))
            putchar (c);
        else
            putchar ('.');
    return 0;
}
```

Man kann sich dieses Programm übersetzen lassen und dann z.B. so aufrufen:

```
stripcnt <stripcnt.exe
```

(Für MS/DOS-Anwender sei erwähnt, dass man mit diesem Aufruf leider nicht den ganzen Inhalt von stripcnt.exe zu sehen bekommt, da das erste Auftauchen eines Zeichens mit dem ASCII-Code 26 von getchar() als EOF-Zeichen interpretiert wird. Zur Behebung dieses Mangels s. Kapitel 14/15!)

Der Vollständigkeit halber seien noch die Funktionen:

```
int tolower (int c);
int toupper (int c);
```

erwähnt, die einen Groß- in einen Kleinbuchstaben umwandeln, bzw. umgekehrt.

12.5 Die Konvertierungs-Funktionen: stdlib.h

Elnige der Standardfunktionen, die ihren Prototypen in `stdlib.h` haben, haben wir bereits kennengelernt. Das sind einmal `qsort()` und `bsearch()` (s. Kapitel 9). Zum anderen haben wir uns in Kapitel 5 mit einer Funktion `asctoint()` beschäftigt, in deren Zusammenhang bereits auf die Standardfunktionen `atoi()` und `atof()` verwiesen wurde.

Ein anderer Teil der Standardfunktionen aus `stdlib.h` soll wiederum nicht hier besprochen werden, weil sie ausführlicher in Folgekapiteln erläutert werden. Dazu gehören:

- die Funktionen zur dynamischen Speicherallokation (s. Kapitel 13),

- einige Systemroutinen, die in diesem Buch nicht behandelt werden.

- einige wenige mathematische Funktionen, die ebenso in `math.h` deklariert sind.

Die String-Konvertierungs-Funktionen:

12.5.1 int atoi (const char *s);

Diese Funktion wandelt die Ziffern im String, auf den s zeigt, in einen `int`-Wert um und gibt diesen `int`-Wert als Returnwert zurück. Erlaubt sind im String, in der angegebenen Reihenfolge:

- Beliebig viele Zwischenraumzeichen

- Ein optionales Vorzeichen

- Eine Folge von dezimalen Ziffern (0-9)

Bei einem ungültigen Zeichen wird die Umwandlung abgebrochen und der bis dahin aufsummierte Wert zurückgegeben. Eine Überprüfung, ob ein Überlauf (Overflow) stattgefunden hat, findet nicht statt.

Zur genaueren Arbeitsweise dieser Funktion sehe man sich noch einmal die Funktion `asctoint()` im Kapitel 5 an!

12.5.2 long atol (const char *s);

Der einzige Unterschied dieser Fuktion zu `atoi()` ist, dass der Ziffern-String in einen `long`-Wert umgewandelt wird.

12.5.3 double atof (const char *s);

Diese Funktion wandelt einen Ziffern-String in eine `double`-Zahl um, wobei der Aufbau des Strings komplexer als bei `atoi()` sein kann. Um alle gültigen Zeichenarten anzugeben, wird folgendes allgemeinste Beispiel gezeigt:

```
# include <stdlib.h>
...
double x;
char s[] = "\t\t    -9.056e-24";
x = atof (s);
```

Bezüglich ungültiger Zeichen und eines ev. Overflows verhält sich diese Funktion genauso wie `atoi()`.

Über `atoi()` und `atol()` hinaus kennt `atof()` aber die besonderen Strings `"+INF"`, `"-INF"` (infinite = unendlich) bzw. `"+NAN"` und `"-NAN"` (not a number = keine Zahl).

```
double x;
x = atof ("+NAN");
printf ("%lf\n", x); ---> +NAN
x = atof ("-INF");
printf ("%lf\n", x); ---> -INF
```

Man beachte:

Die Ausgabe mit dem Formatbeschreiber `%lf` gibt diese Strings aus! Daraus folgt, dass auch `printf()` mitspielen muss, um die angezeigten Ausgaben zustande zu bringen.

Weiterhin: Welcher numerische Wert wurde in x gespeichert, so dass `printf()` diese Strings ausgibt?

Mit folgendem Testprogramm kann man sich die einzelnen Bytes der double-Variablen anzeigen lassen:

```
# include <stdio.h>
```

```
# include <stdlib.h>
# include <math.h>
void printbytes (double x)
{
    unsigned char * ucp;
    printf ("%lf\n", x);
    /* Achtung: Wegen der INTEL-Konvention werden die
       Bytes in umgekehrter Reihenfolge angezeigt! */
    ucp = ((unsigned char *) &x) + sizeof(double) - 1;
    for ( ; ucp >= (unsigned char *) &x ; --ucp)
        printf ("%2.2X ", *ucp);
    putchar ('\n');
}
int main (void)
{
    double x;
    x = HUGE_VAL;
    printbytes (x);
    x = atof ("+INF");
    printbytes (x);
    x = atof ("-INF");
    printbytes (x);
    x = atof ("+NAN");
    printbytes (x);
    x = atof ("-NAN");
    printbytes (x);
    return 0;
}
/* Programmlauf: (Unter MS/DOS / BORLAND-C)
1.79769313486231571000000000000000000000e+308
7F EF FF FF FF FF FF FF
+INF
7F F0 00 00 00 00 00 00
-INF
FF F0 00 00 00 00 00 00
+NAN
7F F8 00 00 00 00 00 00
-NAN
FF F8 00 00 00 00 00 00
*/
```

Zunächst wird die größte speicherbare double-Zahl angezeigt, für die es in der Headerdatei math.h die define-Konstante HUGE_VAL gibt.

Bei der hexadezimalen Anzeige der einzelnen Bytes muss man sich an den Aufbau einer Gleitkommazahl nach der IEEE-Norm (s. Kapitel 2) erinnern. Das erste Bit ist das Vorzeichen-Bit, danach folgen 11 Bit für den Exponenten, zusammen also 1 1/2 Bytes oder 3 Halbbytes. Im Anschluss kommt die Mantisse.

Die Binär-Interpretation sieht dann so aus wie in Abbildung 12.5.

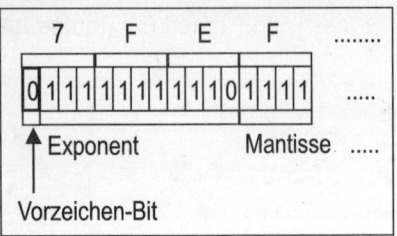

Bild 12.5: Der Gleitkommawert HUGE_VAL

Der Wert `0X7FE` stellt das hexadezimale Muster des Exponenten der größten speicherbaren `double`-Zahl dar. (Er ist übrigens die komplizierte binäre Verschlüsselung des oben angezeigten maximalen dezimalen Exponenten 308 nach der IEEE-Norm!)

Man fragt sich, warum nicht `0X7FF`? Genau dieser Wert ist aber reserviert worden für die Darstellung von `+INF` (+unendlich) und `-INF` (-unendlich) bzw. `+NAN` und `-NAN` (keine Zahl).

Da der Exponent `0X7FF` als reservierter Wert nicht bei normalen `double`-Zahlen vorkommen kann, kann dann die Mantisse herhalten, um `INF` von `NAN` zu unterscheiden.

Zusammenfassend kann man feststellen, dass `printf()` eine `double`-Zahl mit dem Formatbeschreiber `%lf` nur dann in gewohnter Form ausgibt, wenn der Exponent nicht den Wert `0x7FF` besitzt.

`INF` und `NAN` können aber nicht nur String-Argumente für `atof()` sein, sondern manche mathematischen Funktionen liefern diese Werte im Fall von Singularitäten oder ungültigen Argumenten (s.u. `math.h`).

Für `atol()` und `atof()` kennt der ANSI-Standard modernere Alternativen, die eine bessere Fehlerbehandlung erlauben und langfristig die älteren Funktionen ersetzen sollen, und die jetzt vorgestellt werden.

12.5.4 double strtod (const char * s, char ** endptr);

Auch `strtod()` wandelt genauso wie `atof()` den Ziffern-String, auf den s zeigt, in einen `double`-Wert um und gibt ihn als Returnwert zurück. Die Gültigkeitsregeln für die Ziffern sind dieselben wie bei atof(). Zusätzlich aber speichert strtod() in dem char-Pointer, auf den endptr zeigt, die Adresse des ersten ungültigen Zeichens. Das ermöglicht eine Fehlerbehandlung, die im folgenden Programmauszug demonstriert wird:

```
# include <stdlib.h>
...
char s[100];
char * end;
double x;
...
printf ("Dezimalzahl: ");
getline (s, 100);
x = strtod (s, &end);
while (* end)
{
   fprintf (stderr, "%s: Ungültiger Eingabebereich!\n", end);
   printf ("Gespeicherter Wert: %lf\n", x);
   printf ("Dezimalzahl: ");
   getline (s, 100);
   x = strtod (s, &end);
}
printf ("Gültige Eingabe: %lf\n", x);
...
```

Der Programmlauf:

```
Dezimalzahl: 2.3a4
a4: Ungültiger Eingabebereich!
Gespeicherter Wert: 2.300000
Dezimalzahl: 2.3 e4
 e4: Ungültiger Eingabebereich!
Gespeicherter Wert: 2.300000
Dezimalzahl: 2.3e4
Gültige Eingabe: 23000.000000
```

Man beachte: Es muss ein Pointer auf char (end) definiert werden, dessen Anfangsadresse an endptr übergeben wird!

Bei der ersten Eingabe (2.3a4) bricht die Umwandlung beim Zeichen 'a' ab. Es wird also nur der Wert 2.3 zurückgegeben und im Pointer end wird die Anfangsadresse des ungültigen Zeichens gespeichert. Die Fehlermeldungen zeigen deshalb immer den Reststring ab dem ungültigen Zeichen an.

Bei der zweiten Eingabe ist das Blank ungültig. (Nur führende Blanks sind erlaubt!)

12

Nitty Gritty • Start up!

Es ist wichtig sich klarzumachen, dass bei einer gültigen Eingabe das den String abschließende '\0' das "ungültige" Zeichen ist. M.a.W. bei einer gültigen Eingabe zeigt end immer auf '\0', und nur dann wird ja auch die Fehlerschleife verlassen.

Wird an endptr NULL übergeben, unterbleibt die Speicherung des ungültigen Zeichens, und strtod() verhält sich dann wie atof().

Im Fall eines Overflows wird als Returnwert HUGE_VAL zurückgegeben (in math.h deklariert).

Auch strtod() erkennt, wie atof(), die String-Argumente "+INF", "-INF", "+NAN" und "-NAN".

12.5.5 long strtol (const char *s, char ** endptr, int radix);

Wie atol() wandelt strtol() den Ziffernstring, auf den s zeigt, in eine long-Zahl um und liefert sie als Returnwert. Der endptr-Mechanismus funktioniert genauso wie bei strtod(). Zusätzlich ist an radix die Basis eines Zahlensystems zu übergeben, nach der die Ziffernfolge zu interpretieren ist.

Ist radix = 0, so werden die Ziffern als oktale, hexadezimale oder dezimale Zahl interpretiert, je nachdem, ob der Ziffernstring mit 0, 0X oder einer Ziffer 1-9 beginnt.

Außer der Angabe 0 sind die Werte 2 bis 36 als Basis eines Zahlensystems erlaubt. Nach dieser Basis richtet sich dann auch die Menge gültiger Ziffernzeichen.

Ein paar Beispiele (Tabelle 12.2):

radix	Gültige Ziffern
5	0 bis 4
8	0 bis 7
20	0 bis 9 und A bis J (bzw. a bis j)

Tabelle 12.2: Gültige Ziffern für ausgewählte Werte von radix

Im Fall eines Overflows wird als Returnwert 0L zurückgegeben (in math.h deklariert).

```
unsigned long strtoul (const char *s, char ** endptr, int radix);
```

`strtoul()` arbeitet genauso wie `strtol()`, mit dem Unterschied, dass der Returnwert immer vom Typ `unsigned long` ist. Dementsprechend darf im Ziffernstring kein negatives Vorzeichen vorkommen. Das negative Vorzeichen wird zwar nicht als ungültiges Zeichen erkannt, aber die negative `long`-Zahl wird als `unsigned-long`-Zahl interpretiert.

Die bisherigen Funktionen lösten alle das Problem, einen Ziffern-String in einen numerischen Wert umzuwandeln.

Für das umgekehrte Problem, einen numerischen Wert in einen Ziffern-String umzuwandeln, bieten die meisten C-Compilerhersteller über den ANSI-Standard hinaus folgende Funktionen an:

```
char * itoa(int value, char * string, int radix);
char * ltoa(long value, char * string, int radix);
char * ultoa(unsigned long value, char * string, int radix);
```

Leider gibt es keine Funktion `ftoa()` als Umkehrung von `atof()`.

Es gibt aber für das gesamte Problem der Umwandlung: Ziffernstring <---> Numerischer Wert eine viel elegantere Lösung, weshalb auf die Besprechung der obigen drei Funktionen verzichtet werden soll. Diese Lösung geht auf Funktionen aus `stdio.h` zurück.

Bereits bei folgendem Aufruf:

```
printf ("%6.2lf\n", 123.4);    ---> 123.40
```

findet eine Konvertierung von numerisch nach String statt, nur dass der String auf dem Bildschirm steht und nicht in einem `char`-Vektor. Umgekehrt bei:

```
double x;
scanf ("%lf", &x); <--- 123.4
```

Hier wird ein String über die Tastatur eingegeben, der in einen numerischen Wert umgewandelt wird.

Wenn jetzt der Ausgabebereich des Bildschirms bzw. die Tastenfolge durch einen `char`-Vektor ersetzt werden könnte, hätte man Konvertierungsmöglichkeiten, die alle Fähigkeiten der Formatbeschreiber von `printf()` bzw. `scanf()` ausnutzen.

Genau das machen `sprintf()` und `sscanf()`. Letztere haben wir bereits in Kapitel 11 verwendet. An einen zusätzlichen ersten Parameter wird die Anfangsadresse eines char-Vektors übergeben, im übrigen haben diese Funktionen die gleichen Parameter wie printf() bzw. scanf().

Unser atof()-Beispiel:

```
# include <stdlib.h>
...
double x;
char s[] = "\t\t    -9.056e-24";
x = atof (s);
```

ließe sich mit sscanf() so lösen:

```
# include <stdio.h>
...
double x;
char s[] = "\t\t    -9.056e-24";
sscanf (s, "%le", &x);
```

Der umgekehrte Vorgang verwendet sprintf():

```
x *= 2.;
sprintf (s, "%le", x);
puts (s);
```

Der Vorteil dieser beiden Funktionen besteht darin, dass man die kompliziertesten Formatausdrücke, wie sie printf() und scanf() verstehen, verwenden kann.

Die Funktionen rand() und srand() zur Zufallszahlenerzeugung wurden in der Trainingsaufgabe 6 des Kapitels 6 vorgestellt.

12.6 Die mathematischen Funktionen: math.h

Hier geht es um Funktionen der mathematischen Funktionsbibliothek. Leser, die mit der Mathematik auf Kriegsfuß stehen und die meinen, sich den Standpunkt erlauben zu können, als Programmierer allen mathematischen Aufgabenstellungen aus dem Weg gehen zu können, dürfen diesen Abschnitt getrost überspringen.

Dem mathematisch interessierten Leser hingegen reicht eine Auflistung der Prototypen, um sich einen ersten Überblick zu verschaffen, für welche mathematischen Operationen Standardfunktionen zur Verfügung stehen. Sie finden Sie in Tabelle 12.3.

Prototyp	Mathematische Funktion
`int abs (int x);`	Absolutbetrag
`double acos (double x);`	ArcusCosinus
`double asin (double x);`	ArcusSinus
`double atan (double x);`	ArcusTangens
`double atan2 (double y, double x);`	ArcusTangens (y / x)
`double ceil (double x);`	Aufrundung auf Ganzzahl
`double cos (double x);`	Cosinus
`double cosh (double x);`	CosinusHyperbolicus
`double exp (double x);`	Exponentialfunktion (Basis: e)
`double fabs (double x);`	Absolutbetrag
`double floor (double x);`	Abrundung auf Ganzzahl
`double fmod (double x, double y);`	Modulofunktion
`double frexp (double x, int *exponent);`	Zerlegung in eine 2er Potenz
`long labs (long x);`	Absolutbetrag
`double ldexp (double x, int exponent);`	x * 2. hoch exponent
`double log (double x);`	Natürlicher Logarithmus
`double log10 (double x);`	Dekadischer Logarithmus
`double modf (double x, double *ipart);`	Zerlegung in Mantisse und Exponent
`double pow (double x, double y);`	Potenzfunktion: x hoch y
`double sin (double x);`	Sinus
`double sinh (double x);`	SinusHyperbolicus
`double sqrt (double x);`	Quadratwurzel
`double tan (double x);`	Tangens
`double tanh (double x);`	TangensHyperbolicus

Tabelle 12.3: Die mathematischen Funktionen

Nitty Gritty • Start up!

Zusätzlich gibt es das Makro cabs(), das den Absolutbetrag einer komplexen Zahl z berechnet. Es benutzt zur Darstellung komplexer Zahlen die in math.h definierte Struktur

```
struct complex
{
   double x,    /* Realteil */
          y;    /* Imaginärteil */
};
```

12

und kann so definiert werden:

```
# define cabs(z) (sqrt ((z).x * (z).x + (z).y * (z).y))
```

Über dieses ANSI-Makro cabs() hinaus bieten manche C-Compiler-hersteller auch komplexe Versionen aller trigonometrischen und hyperbolischen Standardfunktionen sowie für die Logarithmus-, Exponential-, Potenz- und Qudratwurzel-Funktion an. Sie beziehen sich dabei auf die oben angegebene Strukturvereinbarung.

In math.h können eine Reihe mathematischer Konstanten definiert sein. So bietet der BORLAND-C-Compiler:

```
/* Eulersche Zahl e */
# define M_E          2.71828182845904523536
/* Logarithmus (e) zur Basis 2 */
# define M_LOG2E      1.44269504088896340736
/* Logarithmus (e) zur Basis 10 */
# define M_LOG10E     0.434294481903251827651
/* Natürlicher Logarithmus (2) */
# define M_LN2        0.693147180559945309417
/* Natürlicher Logarithmus (10) */
# define M_LN10       2.30258509299404568402
/* Zahl Pi */
# define M_PI         3.14159265358979323846
/* Pi / 2 */
# define M_PI_2       1.57079632679489661923
/* Pi / 4 */
# define M_PI_4       0.785398163397448309616
/* 1 / Pi */
# define M_1_PI       0.318309886183790671538
/* 2 / Pi */
# define M_2_PI       0.636619772367581343076
/* 1 / sqrt (Pi) */
# define M_1_SQRTPI   0.564189583547756286948
/* 2 / sqrt (Pi) */
# define M_2_SQRTPI   1.12837916709551257390
/* sqrt (2) */
# define M_SQRT2      1.41421356237309504880
```

```
/* sqrt (2) / 2 */
# define M_SQRT_2    0.707106781186547524401
```

Jeder mathematisch bewanderte Leser wird wissen, für welche Probleme er welche Funktion benutzen kann. Bei jeder Funktion kann er sich anhand einer Referenz oder der Online-Hilfe seines Compilers darüber informieren, wie sie zu verwenden ist.

Hinweis Die trigonometrischen Funktionen erwarten ihr Argument in rad, und nicht in grad. Auch die Arcus-Funktionen liefern rad-Werte! (rad = M_PI / 180. * grad)

In Kapitel 15 wird besprochen, welche Möglichkeiten der Fehlerbehandlung es gibt, und zwar anhand des BORLAND-C-Compilers, da es dafür keinen ANSI-Standard gibt.

12.7 Training

1. Erstellen Sie im Modul strsort.c ein Programm, das maximal 100 Strings in einen zweidimensionalen char-Array mit 81 Zeichen langen Zeilen einliest und danach (a) in aufsteigend und (b) in absteigend sortierter Reihenfolge und (c) in Original-Reihenfolge anzeigt.

Sortiert werden soll ein Vektor von 100 char-Pointern, der am Anfang mit den 100 Zeilen des Arrays verpointert werden muss. Zum Sortieren benutzt man natürlich qsort() (s. Kapitel 9).

Die Hauptaufgabe wird darin bestehen, die qsort-Vergleichsfunktionen für die beiden Sortierungen zu definieren. Überlegen Sie, ob Sie dabei nicht Stringfunktionen einsetzen können!

Ein Programmlauf könnte so aussehen:

```
Eingabe von Strings:
1.: Max
2.: Anna
3.: Emil
4.: Xaver
5.: Bert
6.: <Return>
Aufsteigend sortiert:
Anna
Bert
```

```
Emil
Max
Xaver
Unsortiert:
Max
Anna
Emil
Xaver
Bert
```

2. Erstellen Sie im Modul `telnr.c` ein Programm, das beliebig oft Strings von der Standardeingabe in einen `char`-Vektor einliest, die die Satzstruktur: 'Telefon-Nr Name' aufweist.

Jeder eingelesene String ist nur dann wieder anzuzeigen, wenn die Telefon-Nummer eine Auslandsvorwahl (beginnt mit oo) enthält und diese Auslandsvorwahl nicht die von Deutschland (oo49) ist.

Bei Vorliegen z.B. folgender Eingabedatei `telnr.inp`:

```
0231/123456 Otto Meier
0031/18320/5318 Antje Heineken
0431/918273 Karl Schulz
001212/657483 John Pretender
0400/182736 Hein Mück
0090/564738 Celim Onur
0049/0202/348976 Clara Hoffmann
002163/765490 Mustafa Habas
```

ergibt sich beim Aufruf: `telnr < telnr.inp` folgender Programmlauf:

```
0031/18320/5318 Antje Heineken
001212/657483 John Pretender
0090/564738 Celim Onur
002163/765490 Mustafa Habas
```

Setzen Sie die richtigen String-Funktionen ein!

3. Erstellen Sie im Modul `uniq.c` ein Programm, das beliebig viel Text von der Standardeingabe einliest und alle aufeinanderfolgenden identischen Textzeilen nur einmal anzeigt.

UNIX-Anwender kennen dieses Filterprogramm `uniq` bereits. Um nicht in einen Namenskonflikt zu geraten, sollten sie ihr Programm besser `unique` nennen.

Bei Vorliegen z.B. folgender Eingabedatei `uniq.inp`:

```
AAAAA
AAAAA
```

```
11111111
++++
AAAAA
AAAAA
AAAAA
*********
11111111
11111111
AAAAA
```

ergibt sich beim Aufruf uniq < uniq.inp folgender Programmlauf:

```
AAAAA
11111111
++++
AAAAA
*********
11111111
AAAAA
```

Sie raten richtig, wenn Sie vermuten, dass es auch hier um String-Funktionen geht.

Anleitung: Definieren Sie zwei char-Vektoren, da Sie ja immer zwei gelesene Sätze vergleichen müssen!

4. Folgendes Programm mulchar:

```c
# include <stdio.h>
# include <string.h>
/* Hier fehlt die Definition von mulchar() */
int main (void)
{
   static char str[100] = "abbbc    deffffg";
   char * mp;
   puts (str);
   if ((mp = mulchar (str)) == NULL)
       return 1;
   puts (mp);
   while (mp = mulchar (NULL))
       puts (mp);
   strcpy (str, "111 22      99999934567");
   puts (str);
   if ((mp = mulchar (str)) == NULL)
       return 1;
   puts (mp);
   while (mp = mulchar (NULL))
       puts (mp);
   return 0;
}
```

macht beim Programmlauf folgende Ausgabe:

```
abbbc    deffffg
bbbc     deffffg
    deffffg
ffffg
111 22     99999934567
111 22     99999934567
22      99999934567
    99999934567
9999934567
```

Es demonstriert die Wirkung der Funktion `mulchar()`, die für einen String einen Zeiger auf den Anfang einer Folge identischer Zeichen liefert. Wie `strtok()` wird diese Funktion das erste Mal mit einem String aufgerufen und liefert die Anfangsadresse der ersten Sequenz identischer Zeichen. Bei jedem weiteren Aufruf mit NULL als Argument wird die jeweils nächste Sequenz geliefert.

Wird keine weitere derartige Sequenz (mehr) gefunden, wird NULL zurückgegeben. Ebenso, wenn schon beim ersten Aufruf NULL übergeben wird.

Definieren Sie die Funktion `mulchar()`!

Hilfestellung: Man sehe sich noch einmal an, wie `strtok()` definiert wurde (s.o.)!

5. Erstellen Sie im Modul `hex.c` ein Filterprogramm, das von der Standardeingabe beliebig viele Zeichen bis zum EOF liest und die gelesenen Zeichen in folgender Form wieder anzeigt:

```
$ hex <hex (Unter UNIX) oder: C:\> hex <hex.exe (Unter MS/DOS)
000000  4D 5A C4 00 10 00 0D 00 20 00 15 00 FF FF D9 01  MZ...... .......
000016  80 00 00 00 00 00 00 00 3E 00 00 00 01 00 FB 50  ........>......P
000032  6A 72 00 00 00 00 00 00 00 00 00 00 00 00 00 00  jr..............
000048  00 00 00 00 00 00 00 00 00 00 00 00 00 00 01 00  ................
000064  00 00 5B 01 00 00 DB 00 88 01 D0 00 88 01 B5 00  ..[.............
000080  88 01 95 00 88 01 68 00 88 01 2E 00 88 01 14 00  ......h.........
...     ...
...     ...
007792  14 14 14 14 14 14 14 00 70 72 69 6E 74 20 73 63  ........print sc
007808  61 6E 66 20 3A 20 66 6C 6F 61 74 69 6E 67 20 70  anf : floating p
007824  6F 69 6E 74 20 66 6F 72 6D 61 74 73 20 6E 6F 74  oint formats not
007840  20 6C 69 6E 6B 65 64 0D 0A 00 00 00 00 00 00 00   linked.........
007856  0D 00 00 00 00 00 B3 0A B8 0A B8 0A B8 0A 00 02  ................
007872  D4 04 00 00                                      ....
```

Es sind immer 16 Zeichen pro Zeile auszugeben. Jede Zeile ist aus folgenden drei Bereichen aufgebaut:

1. eine 6-stellige Zeichen-Nummer, bei 0 beginnend, für das 1. Zeichen jeder Zeile (entspricht dem "Offset" des Zeichens in der Datei),

2. die hexadezimalen Codes von maximal 16 Zeichen,

3. eine Darstellung von maximal 16 Zeichen als Zeichen, wenn das Zeichen ein druckbares ist, oder als Punkt (`'.'`), wenn nicht. Man beachte die Darstellung der letzten Zeile, die weniger als 16 Zeichen enthalten kann!

Hinweise für MS/DOS-Anwender:

1. Vielleicht kommt Ihnen das Erscheinungsbild der `hex`-Ausgabe bekannt vor, jedenfalls, falls Sie jemals mit dem DOS-Programm DEBUG gearbeitet haben, dessen Anzeigeformat als Vorbild diente. (Bei DEBUG wird der Offset in Form einer Speicheradresse hexadezimal angezeigt!)

2. Unter MS/DOS wird die Standardeingabe als Text-Datei geöffnet. Damit `getchar()` beim Lesen eines Zeichens mit dem ASCII-Code 26 nicht `EOF` annimmt, sollten Sie die Standardeingabe in eine Binärdatei verwandeln. Unter einem BORLAND-C-Compiler geht das mit der Funktion `setmode()`, die am Anfang der `main()`-Funktion so aufgerufen werden sollte:

```c
# include <io.h>        /* für setmode() */
# include <fcntl.h>     /* für O_BINARY */
...
int main (void)
{
    setmode (0, O_BINARY); ...
}
```

13 Dynamische Speicherverwaltung

13.1 Die Fragestellung

Das Programmierproblem, das zu dynamischen Speicheranforderungen führt, soll durch folgendes Programm veranschaulicht werden:

```
int main (void)
{
   int n,
       i;
   printf ("Wieviele Zahlen? ");
   scanf ("%d", &n);
   {
      double zahl[n];
      printf ("Eingabe der Zahlen:\n");
      printf ("1. ");
      for (i = 0 ; i < n ; ++i)
      {
         scanf ("%lf", &zahl[i]);
         if (i < n - 1)
            printf ("%d. ", i + 2);
      }
      ...
   }
   ...
}
```

Es dürfte klar sein, was sich der Programmierer gedacht hat: Dem Anwender wird zur Laufzeit des Programms gestattet, die Anzahl von Dezimalzahlen anzugeben, die dieser einzugeben und zu verarbeiten gedenkt. Nach dem Einlesen dieser Anzahl wird am Beginn eines inneren Blocks ein double-Vektor mit dieser Anzahl n an Elementen definiert und das Einlesen der n Dezimalzahlen kann beginnen.

So raffiniert die Überlegung des Programmierers auch war, leider spielt der C-Compiler nicht mit. Die Anweisung double zahl[n]; verursacht eine Fehlermeldung! Der aufmerksame Leser wird sich an Kapitel 5 erinnern, in dem zur Syntax einer Vektordefinition klargestellt wurde, dass die Anzahl der Vektorelemente nur ein Konstantenausdruck sein darf, niemals aber eine Variable!

Die Absicht des Programmierers, einen Vektor zu definieren, dessen Größe erst zur Laufzeit des Programms festgelegt wird, lässt sich also nicht verwirklichen. So jedenfalls nicht!

Natürlich gibt es einen Weg, und zwar richtet man zur Laufzeit des Programms einen Appell an das Betriebssystem, dem Programm aus dem Bereich freien Hauptspeichers, der bisher nicht vom Programm beansprucht wurde (bzw. unter UNIX: der außerhalb des dem Prozess zugeteilten Adressraums liegt), eine bestimmte Anzahl Bytes zur Verfügung zu stellen. Die Aufteilung des Hauptspeichers bei Ausführung eines Binärprogramms gestaltet sich, sieht man einmal von Besonderheiten eines Betriebssystems ab, etwa so wie in Abbildung 13.1.

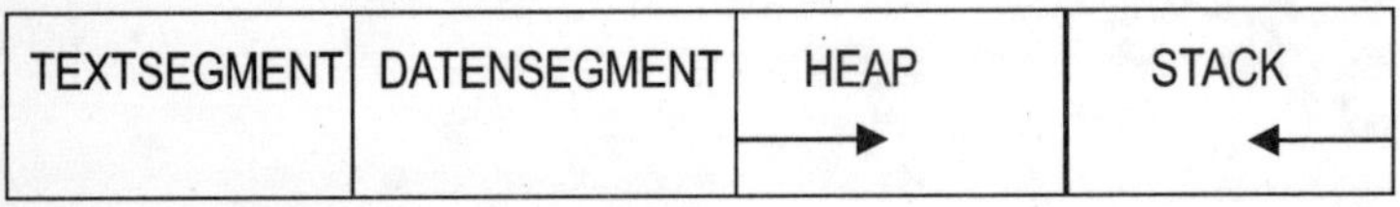

| TEXTSEGMENT | DATENSEGMENT | HEAP → | STACK ← |

Bild 13.1: Aufteilung des Adressraums eines Programms

Ein Programm (bzw. ein Prozess unter UNIX) belegt zunächst einmal die drei Hauptspeicherbereiche:

1. Textsegment: Der Programmcode, also die Maschinenanweisungen, aus denen das Programm besteht.
2. Datensegment: Die globalen und `static`-Variablen. (Genauer wird dieser Bereich unterteilt in die initialisierten und uninitialisierten Variablen).
3. Stack: Der Bereich für alle automatischen Variablen.

Zwischen dem Datensegment und dem Stack befindet sich der freie Speicher, den man **Heap** nennt und aus dem ein Programm jederzeit beliebige Portionen vom Betriebssystem anfordern kann.

Für diesen Zweck gibt es zwei alternative Systemaufrufe: `brk()` und `sbrk()`. Diese Systemaufrufe erledigen entsprechende Speicheranforderungen, indem sie einfach die Obergrenze des Datensegments in Richtung Stack verschieben.

13.2 Die Standardfunktionen zur dynamischen Speicherallokation

Wir brauchen uns mit diesen Systemaufrufen nicht weiter zu beschäftigen, gibt es doch C-Standardfunktionen, die auf komfortable Weise unsere Speicheranforderungen erfüllen. Diese Standardfunktionen benutzen brk() bzw. sbrk(), um sich ganze Blöcke von freiem Speicher zu besorgen, in denen die angeforderten Speicherbereiche reserviert werden. Wer sich dafür interessiert, wie diese Standardfunktionen ihren dynamischen Speicher verwalten, sei auf Kernighan und Ritchie [1] verwiesen, wo eine mögliche Implementation dieser Standardfunktionen vorgestellt wird.

Die wichtigste C-Standard-Funktion zur Beschaffung dynamischen Speichers ist malloc(), und so lautet ihr Prototyp:

```
# include <stdlib.h>
void * malloc (size_t size);
```

An size wird die Anzahl Bytes übergeben, die man sich beschaffen möchte. Sehr wichtig ist, dass jeder Aufruf von malloc() einen zusammenhängenden Speicherbereich von size Byte aus dem Heap beschafft. Der Returnwert von malloc() ist die Anfangsadresse dieses Speicherbereichs, oder wenn es keinen freien Speicher der geforderten Größe mehr gibt, der Adresswert NULL.

Bemerkenswert ist der Datentyp der Funktion: malloc() liefert die Anfangsadresse als Wert vom Typ void *! Das liegt natürlich daran, dass der Autor dieser Funktion nicht wissen kann, wozu Sie den dynamisch beschafften Speicherbereich verwenden wollen, ob als int-Vektor, als double-Vektor oder als Vektor von Buch-Strukturen. Die Information, die diese Funktion als Argument übergeben bekommt, ist ja auch nur die Anzahl Bytes!

Mit Hilfe von malloc() lässt sich obiges Programm in ein lauffähiges verwandeln:

```
# include <stdio.h>
# include <stdlib.h>
```

13

Nitty Gritty • Start up!

```
int main (void)
{
    int n,
        i;
    double * dp;
    printf ("Wieviele Zahlen? ");
    scanf ("%d", &n);
    if ((dp = malloc (n * sizeof(double))) == NULL)
    {
        fprintf (stderr, "Speichermangel! Programmabbruch!\n");
        exit (1);
    }
    printf ("Eingabe der Zahlen:\n");
    printf ("1. ");
    for (i = 0 ; i < n ; ++i)
    {
        scanf ("%lf", &dp[i]);
        if (i < n - 1)
            printf ("%d. ", i + 2);
    }
    ...
}
```

Vier Dinge müssen beachtet werden:

■ Da Speicher angefordert wird für einen double-Vektor, muss ein
  Pointer auf double definiert werden, dem der Returnwert von
  malloc() zugewiesen wird.

■ Da Speicher für n double-Elemente gewünscht wird, muss mal-
  loc() als Argument der Ausdruck n * sizeof(double) übergeben werden, denn malloc() will die Anzahl Bytes wissen, die
  reserviert werden sollen, nicht die Anzahl double-Elemente!

■ Bei der Zuweisung an den double-Pointer braucht kein Cast-Operator verwendet zu werden. Aus Kapitel 6 wissen wir, dass ein
  Pointer auf void auch ohne Cast-Operator an einen beliebigen anderen Pointer zugewiesen werden kann.

■ Dieser Hinweis ist aus historischen Gründen wichtig. Im alten
  K&R-Stil von C gab es noch gar nicht den Datentyp void *! Die
  Funktion malloc() hatte den Datentyp char *, und eine solche
  Adresse musste man schon mit Casting an einen anderen Pointer
  zuweisen.

Eine entsprechende Anweisung sah nach dem K&R-Standard so aus:

```
if ((dp = (double *)malloc (n * sizeof(double))) == NULL)
```

Die Abfrage auf NULL sollte man niemals vergessen, da es immer sein kann, dass man keinen freien Speicher mehr bekommt. Das bedeutet natürlich zugleich, dass man sich sofort überlegen muss, wie das Programm auf einen solchen Fehlerfall an dieser Stelle reagieren soll.

Ein weiteres Beispiel: Wollte man nicht einen Vektor von n double-Elementen dynamisch beschaffen, sondern eine 3 x 4 - Matrix von BUCH-Strukturen (s. Kapitel 11), so wäre zu programmieren:

```
/* Pointer auf einen Vektor von 4 BUCH-Strukturen */
BUCH (* bp)[4];

if ((bp = malloc (3 * 4 * sizeof(BUCH))) == NULL)
....
```

Nach `malloc()` lernen wir jetzt ihre Zwillingsschwester, `calloc()`, kennen. Der Unterschied besteht zunächst nur in einer kleinen Äußerlichkeit, wie der Prototyp zeigt:

```
# include <stdlib.h>
void * calloc (size_t nitems, size_t size);
```

Hier müssen jetzt zwei Argumente übergeben werden, und zwar besteht `calloc()` auf einer differenzierten Angabe der Größe des Speichers: `nitems` ist die Anzahl der Elemente des dynamischen Vektors, während `size` die Länge eines Elements angibt. Der obige `malloc()`-Aufruf würde mit `calloc()` so aussehen:

```
if ((dp = calloc (n, sizeof(double))) == NULL)
{
   fprintf (stderr, "Speichermangel! Programmabbruch!\n");
   exit (1);
}
```

Hier kann man es `calloc()` überlassen, aus den Parametern `nitems` und `size` selber die Anzahl Bytes, nämlich `nitems * size` zu berechnen.

Neben dieser Äußerlichkeit gibt es aber einen wichtigen internen Unterschied: `calloc()` initialisiert jedes Byte des beschafften dynamischen Speicherbereichs mit oo (hexadezimal), während man bei mit `malloc()` beschafftem Speicher nicht von einer automatischen Initi-

Nitty Gritty • Start up!

alisierung ausgehen kann, jedes Element also einen Zufallswert enthalten kann!

Jeder dynamische Speicherbereich, der mit malloc() oder calloc() beschafft wurde, kann wieder freigegeben werden, wenn man ihn nicht mehr benötigt. Für diese Freigabe gibt es die Funktion free ():

```
# include <stdlib.h>
void free (void * block);
```

An den Pointer block muss immer eine von malloc() oder calloc() (oder realloc(), s.u.) gelieferte Anfangsadresse übergeben werden! Der ursprünglich reservierte Speicherbereich wird dann freigegeben, kann also von nachfolgenden malloc()- oder calloc()-Aufrufen wieder reserviert werden.

Wird an free() eine von dieser Regel abweichende Speicheradresse übergeben, sind die ev. verheerenden Auswirkungen nicht vorhersagbar!

Ein Aufruf, um unseren dynamischen Vektor von n double-Elementen wieder freizugeben, sähe ganz einfach so aus:

```
free (dp);
```

Da die Funktion den Datentyp void besitzt, ist also auch kein Returnwert abzufragen.

Hinweis

Folgender Programmierhinweis ist angebracht: Jeder dynamische Speicher, der nicht mehr gebraucht wird, sollte mit free() freigegeben werden, spätestens am Ende der main()-Funktion. Wenn man es dort vergisst, ist es nicht schlimm, denn am Ende eines Programms wird ohnehin aller vom Programm belegter Speicher wieder freigegeben, auch der dynamische.

Allerdings gibt es Programme, die immer wieder Daten einlesen, die dynamisch gespeichert werden sollen und bei denen man sich Sorgen machen muss, ob denn überhaupt genügend großer freier Speicher für den Lauf eines solchen Programms zur Verfügung steht. In einem solchen Fall dürfte es klar sein, dass jeder einzelne dynamische Speicherbereich, dessen Inhalt nicht mehr benötigt wird, sofort freigegeben werden sollte, damit er neuen Speicheranforderungen zur Verfügung steht. So würde z.B. ein Texteditor, der seine Textzeilen in dynamischen char-Vektoren speichert, beim Löschen von Zeilen die gelöschten Zeilen nicht nur nicht mehr anzeigen, sondern auch den entsprechenden Speicherplatz freigeben, weil danach ja vielleicht auch weitere neue Textzeilen eingegeben werden, die wieder dynamisch gespeichert werden müssen.

13.3 Modifizierung dynamischer Speicherbereiche

Wir hatten oben festgestellt, dass jeder einzelne malloc()- oder calloc()-Aufruf jeweils einen zusammenhängenden Speicherbereich beschafft, der deshalb, weil er zusammenhängend ist, als Vektor (oder auch als höher-dimensionaler Array) interpretiert werden kann. Was ist aber, wenn sich beim Lauf eines Programms herausstellt, dass ein dynamisch beschaffter Vektor zu klein ist und nachträglich vergrößert werden soll?

Wir versuchen es zunächst einmal ganz naiv:

```
int i;
double * dp;
dp = malloc (4 * sizeof(double)); /* Erstmal 4 Elemente */
for (i = 0 ; i < 4 ; ++i)
{
    scanf ("%lf", &dp[i]);          /* Index: 0 bis 3 */
    ...
}
...
malloc (3 * sizeof(double));       /* Noch einmal 3 ... */
for (i = 4 ; i < 7 ; ++i)
{
    scanf ("%lf", &dp[i]);          /* Index: 4 bis 6 */
    ...
}
```

Der Kürze halber wurden hier die eigentlich notwendigen NULL-Abfragen weggelassen.

Der Programmierer wollte offenbar einen dynamischen Vektor von vier double-Elementen nachträglich um 3 vergrößern. Zu diesem Zweck ruft er ein zweites Mal malloc() auf, ohne den Returnwert an dp zuzuweisen, denn dp soll ja nach wie vor auf den Anfang des jetzt

13

Nitty Gritty • Start up!

7 Elemente großen Vektors zeigen. Er verlässt sich also darauf, dass der durch den zweiten `malloc()`-Aufruf beschaffte Speicherbereich unmittelbar an den des ersten Aufrufs anschließt, so dass er getrost über dp auf die neuen Elemente mit `dp[4]` bis `dp[6]` zugreifen kann.

Und genau darauf kann er sich eben nicht verlassen! Zwei `malloc()`- oder `calloc()`-Aufrufe, auch wenn sie unmittelbar aufeinander folgen sollten, garantieren nicht, dass beide Speicherbereiche einen zusammenhängenden Bereich bilden!

Ganz offensichtlich wird das Problem in folgendem Fall:

```
int i;
int * ip;
double * dp;
dp = malloc (4 * sizeof(double)); /* 4 double-Elemente */
...
ip = malloc (8 * sizeof(int));    /* Jetzt 8 int-Elemente */
...
malloc (3 * sizeof(double));      /* Noch 3 double-Elemente */
...
```

Hier liegt zwischen zwei double-Vektoren ein int-Vektor, und zwischen dem ersten und dem letzten double-Vektor kann keine Verbindung bestehen.

Wenn man sich eine korrekte Lösung des Problems der nachträglichen Vergrößerung eines dynamischen Vektors überlegt, kommt man darauf, dass – in unserem Fall – ein Vektor von 7 double-Elementen zu beschaffen ist, die vier Elemente des ersten Vektors in die ersten vier Elemente des zweiten Vektors umkopiert werden müssen, der erste Vektor freigegeben werden muss und der Pointer auf die Anfangsadresse des zweiten Vektors gesetzt werden muss.

Für diese umständliche Arbeit gibt es die Standardfunktion `realloc()`. Ihr Prototyp:

```
# include <stdlib.h>
void * realloc (void * block, size_t size);
```

An block wird die bisherige Anfangsadresse des zu vergrößernden (oder auch zu verkleinernden) dynamischen Vektors übergeben, an size die Gesamtgröße (wieder in Byte) des neuen, veränderten Vektors.

Der Returnwert ist die Anfangsadresse des neuen, vergrößerten (oder auch verkleinerten) Vektors.

Eine unvorsichtige Anwendung von `realloc()` auf unser obiges Problem könnte dann so aussehen:

```
int i;
int * ip;
double * dp;
dp = malloc (4 * sizeof(double));  /* 4 double-Elemente */
...
ip = malloc (8 * sizeof(int));     /* Jetzt 8 int-Elemente */
...
dp = realloc (dp, 7 * sizeof(double));
/* 4 double-Elemente um 3 auf 7 vergrößert */
...
```

Es dürfte klar sein, dass in diesem Beispiel von `realloc()` an den Pointer dp eine andere Adresse zugewiesen wird, als ursprünglich in dp gespeichert war und als erstes Argument an `realloc()` übergeben wurde.

Und genau darin liegt die "Unvorsichtigkeit" dieses Programmbeispiels. Auch `realloc()` liefert als Returnwert NULL, wenn beim Vergrößern eines dynamischen Vektors kein genügend großer zusammenhängender Speicher im Heap gefunden wird. In dem Fall würde aber auch der alte Vektor, der nicht vergrößert werden konnte, nicht freigegeben, so dass man wenigstens mit dem alten Vektor weiterarbeiten kann. Leider aber haben wir durch die "unvorsichtige" Zuweisung an dp die Anfangsadresse des alten Vektors durch NULL überschrieben und haben jetzt keinen Zugriff mehr auf die dort gespeicherten Daten.

Um dieses Problem zu vermeiden, sollte man den Returnwert von `realloc()` immer zunächst einmal einem separaten Hilfspointer zuweisen und nur für den Fall, dass er nicht NULL wird, in die eigentliche Pointervariable übertragen. Nach dieser Korrektur sähe unser Programm dann so aus:

```
int i;
int n = 4;
int * ip;
double * dp;
double * hp;               /* Hilfs-Pointer */
```

Nitty Gritty • Start up!

```
dp = malloc (n * sizeof(double)); /* 4 double-Elemente */
...
ip = malloc (8 * sizeof(int));    /* Jetzt 8 int-Elemente */
...
/* 4 double-Elemente um 3 auf 7 vergrößern */
if ((hp = realloc (dp, (n + 3) * sizeof(double))) == NULL)
{    /* Wenn es nicht geklappt hat ... */
   fprintf (stderr, "Speichermangel!\n");
   fprintf (stderr, "Keine weitere Zahlen!\n");
}
else /* Wenn es geklappt hat ... */
{
   n += 3;     /* n wird angepaßt */
   dp = hp;    /* dp wird auf die neue Adresse gesetzt */
   ...
}
...
for (i = 0 ; i < n ; ++i) /* n ist 4 oder 7, je nachdem ... */
   ... dp[i] ...
...
```

In dieser Korrektur wurde für die Anzahl der Elemente eine int-Variable n eingeführt, die nur dann um 3 erhöht wird, wenn die Vergrößerung geklappt hat. Die letzte for-Schleife, die alle Elemente irgendwie verarbeitet, funktioniert dann korrekt, unabhängig davon, welcher Zweig der Verzweigung durchlaufen wurde.

Entsprechendes gilt für den Pointer dp: In der letzten Schleife zeigt dp auf den alten Vektor, wenn nämlich seine Vergrößerung nicht geklappt hat, im andern Fall zeigt er auf den neuen, vergrößerten Vektor.

Der Vollständigkeit halber sei erwähnt, dass obiges Problem nicht auftreten kann, wenn ein dynamischer Vektor mit realloc() verkleinert wird. Wenn man ganz sicher ist, dass bei einem realloc()-Aufruf ein Vektor verkleinert, und nicht vergrößert wird, dann, und nur dann, kann man auf den Hilfspointer verzichten!

14.1 Grundlagen

In diesem Kapitel geht es um die Verarbeitung von Daten, die auf peripheren Datenträgern permanent gespeichert sind oder zu speichern sind. Im Unterschied zu solchen Datenträgern ist der Hauptspeicher eines Computers ein flüchtiger Speicher, d.h. alle in ihm (in Form von Variablen, Vektoren, ...) gespeicherten Daten sind verloren, sobald ein entsprechendes Programm beendet oder etwa gar der Computer ausgeschaltet worden ist.

Unter peripheren Datenträgern sollen vor allem Festplatten verstanden werden, die folgenden Überlegungen zur Dateiverarbeitung lassen sich aber - mit wenigen Ausnahmen - auch auf andere Datenträger wie Disketten, CD-ROM, Magnetbandspeicher usw. übertragen.

Grundsätzlich ist es Aufgabe eines Betriebssystems, externe Datenträger zu verwalten und den Zugriff auf sie zu ermöglichen. Ein in einem Festplattenbereich gespeicherter Datenbestand wird vom Betriebssystem als **Datei** angesehen und meistens durch einen eindeutigen Namen (oder Zugriffspfad) identifiziert. Zum Zugriff auf solche Dateien bietet ein Betriebssystem mehrere Kommandos an. Darüber hinaus aber stellt es eine Programmierschnittstelle für die verschiedenen Dateizugriffe zur Verfügung, die von den Compilern verschiedener Programmiersprachen genutzt werden kann.

Die durch diese Programmierschnittstelle definierten Grundoperationen bestehen in:

1. Öffnen einer Datei: Vorbereitung einer Datei für den Zugriff. Dazu gehört die Reservierung von Betriebssystempuffern, in denen Daten beim Transfer zwischen Hauptspeicher und Datei zwischengespeichert werden. Meistens wird der geöffneten Datei

auch ein programminterner Name zugeordnet, mit dem die geöffnete Datei dann im Programm angesprochen werden kann.

2. Lesen einer Datei: Übertragung von Daten aus der Datei in den Hauptspeicher.

3. Schreiben in eine Datei: Übertragung von Daten aus dem Hauptspeicher in eine Datei.

4. Schließen einer Datei: Lösung der Zuordnung zwischen Datei und programminternem Dateinamen. Evtl. Freigabe des Speichers, der zur Verwaltung des Dateizugriffs reserviert worden war.

5. Positionierung in einer Datei: Zum Zweck des Direktzugriffs auf bestimmte Daten einer Datei kann auf ein beliebiges Byte positioniert werden, auf das sich nachfolgende Lese- oder Schreiboperationen beziehen. (Diese Möglichkeit ist allerdings an entsprechende Hardware-Voraussetzungen des Datenträgers gebunden. Sie existiert nicht bei Magnetbändern und Terminals!)

Alle diese Grundoperationen werden erledigt von Unterroutinen des Betriebssystems. Die Schnittstellen zu diesen Unterroutinen bestehen beim C-Compiler aus sog. **Systemaufrufen**, die – soweit sie mit Dateizugriffen zu tun haben – Low-Level-Systemaufrufe zur Dateiverarbeitung genannt werden.

Neben diesen Low-Level-Systemaufrufen bietet die C-Standardbibliothek High-Level-Standardfunktionen zur Dateiverarbeitung an, die insofern auf einem höheren Niveau stehen, als sie den Datentransfer zwischen Datei und Hauptspeicher in eigenen Speicherbereichen puffern und einen komfortablen, portablen Dateizugriff ermöglichen.

Der Zusammenhang zwischen den Low-Level- und den High-Level-Routinen soll erst später besprochen werden. Hier sei nur schon erwähnt, dass die High-Level-Funktionen sich natürlich der Low-Level-Systemaufrufe bedienen. Aber diesen Zusammenhang braucht man nicht zu kennen, um Programme zur Dateiverarbeitung zu schreiben. Es soll deshalb mit den High-Level-Funktionen begonnen werden, die alleine zu diesem Zweck ausreichen.

14.2 Die High-Level-Funktionen

Diese Funktionen transferieren – wie schon erwähnt – Daten zwischen Datei und Hauptspeicher unter Zwischenschaltung eines Pufferspeichers. Diese Pufferung bedeutet: Soll aus einer Datei z.B. ein Zeichen gelesen werden, dann wird von der Datei ein ganzer Pufferinhalt an Daten gelesen und aus dem Puffer das erste Zeichen geliefert. Bei jedem weiteren Lesen eines Zeichens wird jedes Zeichen aus dem Puffer geholt. Erst wenn der Puffer leer gelesen ist, wird bei Anforderung eines neuen Zeichens der Puffer durch einen neuen Dateizugriff wieder mit Daten gefüllt. Es ist klar, dass auf diese Weise die Anzahl der Dateizugriffe erheblich reduziert wird.

Der Benutzer einer Funktion, die Einzelzeichen liest, weiß dann nicht bei jedem einzelnen Aufruf, ob nur ein Zeichen aus dem Puffer geholt wird, oder ob ein Dateizugriff stattfindet. Er braucht es auch nicht zu wissen, und um diese Interna der Pufferverwaltung vor ihm zu verbergen, ist in der Headerdatei stdio.h mit typedef eine Struktur definiert, mit deren Komponenten alle High-Level-Standardfunktionen ihre gepufferten Dateizugriffe erledigen.

Diese Struktur hat den Typnamen FILE, und für alle High-Level-Dateizugriffe in einem Programm müssen die folgenden zwei Voraussetzungen geschaffen sein:

1. Die Headerdatei stdio.h muss eingebunden werden (u.a. weil dort FILE definiert ist).

2. Für jede zu öffnende Datei muss ein Pointer auf FILE definiert werden.

Um die Verwendung eines FILE-Pointers zu demonstrieren soll jetzt ein erstes praktisches Programmbeispiel vorgestellt werden, das auch einige High-Level-Standardfunktionen vorführt. Und zwar soll das Programm eine Datei original zeichenweise in eine Datei kopie kopieren:

```c
# include <stdio.h>
int main (void)
{
    int c;
    FILE * fpin,
```

Nitty Gritty • Start up!

```
                              * fpout;
              if ((fpin = fopen ("original", "r")) == NULL)
              {
                 fprintf (stderr, "original: Datei existiert nicht!\n");
                 return 2;
              }
              if ((fpout = fopen ("kopie", "w")) == NULL)
              {
                 fprintf (stderr, "kopie: Öffnen nicht möglich!\n");
                 fclose (fpin);
                 return 1;
              }
              while ((c = fgetc (fpin))!= EOF)
                 if (fputc (c, fpout) == EOF)
                 {
                    fprintf (stderr, "Schreibfehler!\n");
                    fclose (fpin);
                    fclose (fpout);
                    return 3;
                 }
              fclose (fpin);
              fclose (fpout);
              printf ("'original' kopiert nach 'kopie'\n");
              return 0;
}
```

Da es um zwei Dateien geht, müssen zwei Pointer auf FILE, fpin und fpout, definiert werden. Die Anweisung:

```
if ((fpin = fopen ("original", "r")) == NULL)
{
   fprintf (stderr, "original: Datei existiert nicht!\n");
   return 2;
}
```

öffnet mit der Standardfunktion fopen() die Datei original zum Lesen. Der Prototyp dieser Funktion lautet:

```
FILE * fopen (const char * filename, const char * mode);
```

Der erste Parameter filename ist ein Pointer auf den Betriebssystemsnamen der zu öffnenden Datei, der zweite Parameter mode zeigt auf einen String, der Angaben zum "Öffnungsmodus" enthält. In diesem Fall bedeutet die Übergabe von "r" an mode, dass die Datei zum Lesen (r = read) zu öffnen ist. Man beachte, dass das zweite, an mode übergebene Argument ein String sein muss, auch wenn der String nur aus einem Zeichen besteht.

Entscheidend an einem `fopen()`-Aufruf ist der Returnwert: Ein Pointer auf eine `FILE`-Struktur, die für die erfolgreich geöffnete Datei eingerichtet worden ist. Dieser Returnwert von `fopen()` muss unbedingt einem `FILE`-Pointer zugewiesen werden, denn er muss bei allen nachfolgenden Operationen bezüglich dieser Datei angegeben werden. Er stellt soz. den programminternen Dateinamen dar, während der Betriebssystemsname der Datei nur einmal, nämlich beim Aufruf von `fopen()`, und danach nie wieder angegeben wird.

Sollte die Datei nicht geöffnet werden können, liefert `fopen()` den Pointerwert NULL. Dieser Fehlerfall muss immer abgefragt werden, im obigen Programm wird er quittiert mit der Fehlermeldung:

```
"original: Datei existiert nicht!"
```

Das ist eine kühne Behauptung, die so nur für ein Betriebssystem wie MS/DOS zutrifft. Unter UNIX oder beim Zugriff auf Dateien eines lokalen Netzwerks könnte der `fopen()`-Aufruf auch dann fehlschlagen, wenn die Datei zwar existiert, das Programm (bzw. der Prozess) aber nicht das Leserecht an dieser Datei besitzt. In diesem Fall sollte die Fehlermeldung vielleicht so lauten:

```
"original: Datei existiert nicht, oder kein Leserecht!"
```

Beim zweiten `fopen()`-Aufruf wird für die Datei `kopie` der Öffnungsmodus "w" (w = write) verwendet, um die Datei zum Schreiben zu öffnen. Wenn in diesem Fall das Öffnen fehlschlägt, kann es daran liegen, dass entweder die Datei bereits existiert aber kein Schreibrecht an der Datei besteht oder an dem Verzeichnis, in dem die Datei neu angelegt werden müsste, kein Schreibrecht besteht.

Das Öffnen zum Schreiben bedeutet nämlich, dass die Datei neu erzeugt wird, wenn sie vorher noch nicht existiert, oder dass eine existierende Datei auf die Dateilänge o verkürzt wird, ihr alter Inhalt also durch nachfolgende Schreiboperationen überschrieben wird.

Entsprechend sybillinisch ist die Fehlermeldung formuliert worden. In unserem Programm sollte in diesem Fehlerfall die erste, erfolgreich geöffnete Datei `original` wieder geschlossen werden. Das geschieht mit dem Aufruf:

```
fclose (fpin);
```

Auch hier darf nicht der Betriebssystemsname der Datei verwendet werden, sondern der von `fopen()` her stammende FILE-Pointer `fpin`.

Der Prototyp für `fclose()`:

```
int fclose (FILE * stream);
```

Die Datei wird geschlossen, d.h. die FILE-Struktur, auf die `stream` zeigt, wird für weitere Verwendung initialisiert. War die Datei vorher zum Schreiben geöffnet, wurde in die Datei geschrieben und stehen vielleicht noch geschriebene Daten in den Puffern, so werden durch den `fclose()`-Aufruf diese Puffer in die Datei auf der Festplatte entleert.

Oftmals wird mit dem Schließen von zuvor geöffneten Dateien nachlässig umgegangen. Und in der Tat wäre es im Fall obigen Programms nicht weiter schlimm, wenn alle dort vorkommenden `fclose()`-Aufrufe weggelassen würden. Denn am Ende eines Programms (eines Prozesses unter UNIX) werden automatisch alle noch offenen Dateien geschlossen.

Es gibt dennoch gute Gründe, sich als Programmierer anzugewöhnen, jede geöffnete Datei, deren Bearbeitung beendet ist, ausdrücklich mit `fclose()` wieder zu schließen. Das liegt darin begründet, dass ein `fopen()`-Aufruf die Anfangsadresse einer FILE-Struktur liefert, die nicht etwa dynamisch beschafft wird, sondern einem Element eines statischen Vektors von FILE-Strukturen endlicher Größe entspringt. Die Größe dieses Vektors ist bestimmt durch die vom Betriebssystem festgelegte maximale Anzahl gleichzeitig geöffneter Dateien.

Unter MS/DOS ist diese Anzahl z.B. gleich 20. Jeder `fopen()`-Aufruf liefert die Anfangsadresse eines Elements dieses Vektors, das nicht schon für eine geöffnete Datei in Benutzung ist. Wollte man etwa ein Programm schreiben, das 50 Dateien nacheinander verarbeitet, so könnte man in einer Schleife, die 50 mal durchlaufen wird, die jeweilige Datei mit `fopen()` öffnen und danach verarbeiten. Sollte man das Schließen der Datei am Ende des Schleifenkörpers weglassen, dann würde der `fopen()`-Aufruf beim nächsten Schleifendurchlauf eine andere FILE-Struktur aus dem statischen Vektor liefern. Wenn alle der 20 FILE-Strukturen aufgebraucht wären, würde jeder weitere fopen()-Aufruf einen Fehler liefern. Das Programm kann also nur dann korrekt alle 50 Dateien verarbeiten, wenn am Ende des Schleifenkörpers jede zuvor geöffnete Datei wieder geschlossen wird. Und jeder fopen()-Aufruf wird dann möglicherweise immer dasselbe Element des FILE-Vektors liefern, das aber jedesmal für eine andere Datei initialisiert wird.

Die Funktion fclose() liefert einen Returnwert, und zwar 0, wenn das Schließen der Datei erfolgreich war und EOF im anderen Fall. Nach dem Wenigen, das fclose() überhaupt macht, kann man sich die Frage stellen, aus welchem Grunde ein fclose()-Aufruf denn etwa nicht erfolgreich sein könnte. Es kann eigentlich nur dadurch passieren, dass an fclose() versehentlich eine willkürliche Speicheradresse oder die Anfangsadresse einer FILE-Struktur übergeben wird, die nicht einer geöffneten Datei zugeordnet ist. Diesen Fehler kann man provozieren, indem man z.B. eine Datei zweimal schließt:

```
fclose (fpin);
fclose (fpin);
```

Der zweite fclose()-Aufruf würde fehlerhaft verlaufen. Um einen solchen Fehler zu erkennen, müsste man allerdings bei jedem fclose()-Aufruf genauer codieren:

```
if (fclose (fpin) == EOF)
{
    fprintf (stderr, "Fehler beim Schließen!\n");
    exit (4); /* Terminierung des Programms */
}
```

Vorsichtige Programmierer machen das auch, obwohl man feststellen muss, dass ein solcher Fehler eigentlich nur durch einen logischen Programmfehler entstehen kann. Hat man als Programmierer genügend Vertrauen in seine eigene Programmlogik, d.h. ist man sich sicher, dass eine Datei nur geschlossen wird, wenn sie auch vorher erfolgreich geöffnet wurde, kann man auf die Auswertung des Returnwerts von fclose() verzichten.

Sind beide Dateien erfolgreich geöffnet worden, kann mit

```
c = fgetc (fpin)
```

Nitty Gritty • Start up!

ein Zeichen aus der Eingabedatei gelesen werden. Der Prototyp dieser Funktion lautet:

```
int fgetc (FILE *);
```

Als Argument ist ein `FILE`-Pointer zu übergeben, der zu einer zum Lesen geöffneten Datei gehört. Die Funktion liest von dieser Datei ein Zeichen und liefert es als Returnwert. Auch hier wird - wie auch schon bei `getchar()` - das Zeichen als `int`-Wert geliefert, denn auch `fgetc()` liefert den `int`-Wert `EOF`, wenn beim Lesen das Dateiende erreicht wird.

Um das in die Variable c eingelesene Zeichen in die Ausgabedatei zu schreiben, wird `fputc()` benutzt:

```
fputc (c, fpout);
```

mit folgendem Prototyp:

```
int fputc (int, FILE *);
```

An `fputc()` muss das zu schreibende Zeichen (als `int`-Wert!) und der mit einer zum Schreiben geöffneten Datei verbundene `FILE`-Pointer übergeben werden. Der Returnwert ist das erfolgreich geschriebene Zeichen oder `EOF` bei einem Schreibfehler.

Am Ende des Programms werden beide Dateien mit `fclose()` geschlossen.

Anhand dieses Programms dürfte die Vorgehensweise bei der Verarbeitung von Dateien klar geworden sein:

▪ Öffnen der Dateien,

▪ Verarbeiten der Dateien (Lesen und/oder Schreiben),

▪ Schließen der Dateien.

Was dieses erste Programmbeispiel noch nicht zeigt:

▪ Die verschiedenen Öffnungsmodi von `fopen()`,

▪ Die unterschiedlichen Arten des Lesens bzw. Schreibens,

▪ Das Positionieren in einer Datei.

Dies soll durch die nachfolgende systematische Besprechung der entsprechenden Standardfunktionen vorgeführt werden.

14.3 Öffnen und Schließen von Dateien

14.3.1 FILE * fopen (const char * fn, const char * mode);

Öffnet die Datei mit dem Betriebssystemsnamen `fn` im Öffnungsmodus `mode`.

Der Returnwert ist die Anfangsadresse einer `FILE`-Struktur für die erfolgreich geöffnete Datei, oder `NULL`, falls die Datei nicht geöffnet werden konnte.

An den Parameter `fn` kann ein vollständiger Pfad einer Datei (absolut oder relativ) übergeben werden, also z.B.:

```
"/home/paul/myprogs/prog09.c" (unter UNIX)
"d:..\\texte\\brief.doc"      (unter MS/DOS)
```

An den Parameter mode können folgende Werte übergeben werden:

- "r" = Lesender Zugriff (Die Datei muss existieren),

- "w" = Schreibender Zugriff (Wenn die Datei existiert, wird ihr Inhalt gelöscht, wenn nicht, wird sie neu angelegt),

- "a" = Anhängendes Schreiben (Jeder Schreibzugriff erfolgt am Ende der Datei. Wenn die Datei nicht existiert, wird sie neu erzeugt.)

- "r+" = Lesender+schreibender Zugriff (Die Datei muss existieren. Lesen bzw. Schreiben beginnt am Dateianfang.)

- "w+" = Lesender+schreibender Zugriff (Wenn die Datei existiert, wird ihr Inhalt gelöscht, wenn nicht, wird sie neu angelegt. Lesen bzw. Schreiben beginnt am Dateianfang.)

- "a+" = Lesender+schreibender Zugriff. Jeder Schreibzugriff erfolgt am Ende der Datei. Wenn die Datei nicht existiert, wird sie neu erzeugt. Lesen kann überall in der Datei erfolgen.)

Zusätzlich kann eines von zwei Zeichen: "t" (Textdatei) bzw. "b" (Binärdatei) angegeben werden, was aber nur unter Betriebssystemen eine Bedeutung hat, die einen solchen Unterschied machen (so z.B. MS/DOS, nicht so unter UNIX, wo die Angaben t bzw. b ignoriert werden).

Beispiel für mode: "r+b" - Öffnen zum Lesen und Schreiben als Binärdatei.

Nitty Gritty • Start up!

14.3.2 int fclose (FILE * fp);

Schließt die Datei, der die FILE-Struktur fp zugeordnet ist. War die Datei zum Schreiben geöffnet, werden vorher die Puffer in die Datei entleert.

Returnwert: 0, oder im Fehlerfall: EOF.

14.4 Zeichenweise Dateiverarbeitung

14.4.1 int fgetc (FILE * fp);

Liest ein Zeichen aus der Datei fp, wandelt es vorzeichenlos in einen int-Wert um und gibt es als Returnwert zurück. Beim Lesen am Dateiende oder bei einem Lesefehler wird EOF zurückgegeben.

14.4.2 int fputc (int c, FILE * fp);

Schreibt das Zeichen c in die Datei fp. Der Returnwert ist das geschriebene Zeichen, oder EOF bei einem Schreibfehler.

14.5 Zeilenweise Dateiverarbeitung

14.5.1 char * fgets (char * s, int n, FILE * fp);

Liest eine Anzahl Zeichen in den char-Vektor, auf den s zeigt, aus der Datei fp. Der Lesevorgang wird beendet, wenn n-1 Zeichen oder das Zeichen Newline ('\n') gelesen wurde. Auch das Newline-Zeichen wird gespeichert. Der in s gespeicherte String wird durch ein '\0' abgeschlossen.

Als Returnwert wird s zurückgegeben, oder NULL beim Lesen am Dateiende.

Die Funktion fgets() wird zum zeilenweisen Lesen von Textdateien verwendet.

14.5.2 int fputs (const char * s, FILE * fp);

Schreibt den String, auf den s zeigt, in die Datei fp. Das den String abschließende Zeichen '\0' wird nicht in die Datei geschrieben.

Wichtig ist: Im Gegensatz zu puts() hängt fputs() kein Newline-Zeichen an den geschriebenen String an!

Als Returnwert wird das letzte geschriebene Zeichen zurückgegeben. Bei einem Schreibfehler liefert fputs() EOF.

Die beiden Funktionen fgets() und fputs() dienen der zeilenweisen Verarbeitung von Textdateien. Sie sind in komplementärer Weise zweckmäßig aufeinander abgestimmt. So könnte das obige Kopierprogramm, das zeichenweise arbeitet, auch in eine zeilenweise Variante umgewandelt werden:

```
# include <stdio.h>
# define RECLEN (80 + 1)
int main (void)
{
    static char satz[RECLEN];
    FILE * fpin,
         * fpout;
    if ((fpin = fopen ("original", "r")) == NULL)
    {
        fprintf (stderr,
                 "original: Datei existiert nicht!\n");
        return 2;
    }
    if ((fpout = fopen ("kopie", "w")) == NULL)
    {
        fprintf (stderr,
                 "kopie: Öffnen nicht möglich!\n");
        fclose (fpin);
        return 1;
    }
    while (fgets (satz, RECLEN, fpin)!= NULL)
        if (fputs (satz, fpout) == EOF)
        {
            fprintf (stderr, "Schreibfehler!\n");
            fclose (fpin);
            fclose (fpout);
            return 3;
        }
    fclose (fpin);
    fclose (fpout);
    printf ("'original' kopiert nach 'kopie'\n");
    return 0;
}
```

14

Man beachte: Auch dann, wenn eine Textzeile zu lang ist, um in den Vektor satz zu passen, wird dennoch die gesamte Zeile kopiert, allerdings mit mehreren aufeinanderfolgenden fgets()- und fputs()-Aufrufen. Dabei schreibt fputs() nur dann ein Newline, wenn es zuvor mit fgets() eingelesen wurde.

Wollte man zusätzlich die Anzahl kopierter Textzeilen ausgeben, müsste das Programm so erweitert werden:

```
.....
int main (void)
{
    .....
    int c;
    long count = 0L;
    .....
    while (fgets (satz, RECLEN, fpin)!= NULL)
    {
        if ((c = fputs (satz, fpout)) == EOF)
        {
            fprintf (stderr, "Schreibfehler!\n");
            fclose (fpin);
            fclose (fpout);
            return 3;
        }
        if (c == '\n')
            count++;
    }
    .....
    printf ("'original' kopiert nach 'kopie' (%ld Zeilen)\n",
            count);
    return 0;
}
```

14.6 Formatiertes Lesen und Schreiben

14.6.1 int fscanf (FILE * fp, const char * format, ...);

Liest aus der Datei fp Daten, die aufgrund des Formatstrings, auf den format zeigt, interpretiert, umgewandelt und in Speicherbereichen gespeichert werden, deren Anfangsadressen als zusätzliche Argumente übergeben werden müssen. Die Ellipse ... ist die ANSI-gemäße Form, um den Zugriff auf beliebig viele weitere Argumente anzuzeigen. Der Mechanismus, mit dem eine Funktion beliebig viele weitere Argumente verarbeiten kann, wird auf der Webseite ausführlich beschrieben. Die Funktion fscanf() arbeitet genauso wie scanf(), nur mit dem Unterschied, dass die Daten nicht nur von der Standardeingabe sondern aus einer beliebigen Datei gelesen werden können.

Der Returnwert ist die Anzahl derjenigen Eingabe-Datenfelder, die erfolgreich gelesen, mit Formatbeschreibern konvertiert und gespeichert wurden. Der Returnwert ist 0, wenn keine Eingabefelder gespeichert wurden. Und er ist EOF beim Lesen am Dateiende.

14.6.2 int fprintf (FILE * fp, const char * format, ...);

Wandelt die durch die Ellipse bezeichneten Zusatzargumente aufgrund der in format angegebenen Formatbeschreiber in Strings um und schreibt sie in die Datei fp.

Auch diese Funktion arbeitet genauso wie printf(), mit dem Unterschied, dass die Ausgabe nicht nur auf die Standardausgabe sondern in eine beliebige Datei erfolgt.

Der Returnwert ist die Anzahl ausgegebener Bytes, im Fehlerfall aber EOF.

Das Zusammenspiel von fscanf() und fprintf() soll an folgendem Programm demonstriert werden:

```
# include <stdio.h>
int main (void)
{
    int x;
    double z;
    FILE * fpout;
    if ((fpout = fopen ("zahlen.dat", "a")) == NULL)
    {
        fprintf (stderr, "Cannot open output file.\n");
        return 1;
    }
    printf ("Eingabe: Ganzzahl Dezimalzahl: ");
    while (fscanf (stdin, "%d %lf", &x, &z) == 2)
    {
        fprintf (fpout, "%6d:%10.2lf", x, z);
        printf ("Eingabe: Ganzzahl Dezimalzahl: ");
    }
    fclose (fpout);
    return 0;
}
```

Die Datei zahlen.dat wird zum anhängenden Schreiben geöffnet. In der Schleife wird mit fscanf() eine Ganzzahl und eine Dezimalzahl

Nitty Gritty • Start up!

in die Variablen x und z eingelesen. Der FILE-Pointer, der als erstes Argument angegeben wird, heißt stdin, ist in stdio.h als Konstante definiert und bezeichnet die Datei: Standardeingabe. Sie braucht nicht vorher geöffnet zu werden, denn sie ist automatisch geöffnet. Dazu ein kleiner Exkurs:

14.7 Die Umlenkung der Standarddateien

Die Betriebssysteme öffnen automatisch (unter UNIX: für jeden Prozess) zumindest drei Standarddateien. Diese Standarddateien sind mit Geräten verbunden, und es ist in stdio.h für jede dieser Dateien eine FILE-Pointer-Konstante definiert (s. Tabelle 14.1).

Standarddatei	verbunden mit Gerät	FILE-Pointer
Standardeingabe	Tastatur	stdin
Standardausgabe	Bildschirm	stdout
Standardfehleraus-gabe	Bildschirm	stderr
(Nur unter MS/DOS)	1. parallele Schnittstelle (Drucker)	stdprn
(Nur unter MS/DOS)	1. serielle Schnittstelle	stdaux

Tabelle 14.1: Die Standarddateien

M.a.W. die Geräte Tastatur und Bildschirm werden als Dateien angesprochen. Das passiert auch bei allen Funktionen, die auf die Standarddateien zugreifen, selbst wenn man es ihnen nicht ansieht. So ist obiger Aufruf

```
fscanf (stdin, "%d %lf", &x, &z)
```

identisch mit

```
scanf ("%d %lf", &x, &z)
```

Ebenso lässt sich printf ("...", ...) ersetzen durch fprintf (stdout, "...", ...). Und bei der Ausgabe von Fehlermeldungen haben wir auch schon benutzt:

```
fprintf (stderr, "Fehler!\n");
```

Der Vorteil des Konzepts der Standarddateien besteht darin, dass diese, statt mit den Geräten, auch mit anderen Dateien verbunden werden können: "**Umlenkung der Standarddateien**". Eine solche Umlenkung kann auf Betriebssystemsebene vorgenommen werden. Nehmen wir an, obiges Programm hätte den Namen `zahlen`, dann könnte es auch so aufgerufen werden:

```
$ zahlen <zahlen.neu   (Aufruf unter UNIX)
```

Hier entnimmt der Kommandointerpreter, der die eingegebene Kommandozeile liest, aus der Angabe: `<zahlen.neu` die Aufforderung, dass die Datei `zahlen.neu` zum Lesen zu öffnen ist, die Standardeingabe mit dieser Datei zu verbinden ist und dann das Kommando `zahlen` zu starten ist. Das Programm `zahlen` liest mit `fscanf (stdin, ...)` von der Standardeingabe, also aus der Datei `zahlen.neu`, und nicht von der Tastatur - ohne es zu wissen! Die aus `zahlen.neu` gelesenen Zahlen werden dann durch das Programm an die Datei `zahlen.dat` angehängt. Nach Beendigung des Programms wird die Datei `zahlen.neu` vom Kommandointerpreter wieder geschlossen.

Das Schreiben der Zahlen in die Ausgabedatei `zahlen.dat` erfolgt durch den Aufruf:

```
fprintf (fpout, "%6d:%10.2lf", x, z);
```

Hier wird ein anderes Format verwendet als beim Lesen der Zahlen von der Standardeingabe. Wichtig ist: Sollen die so gespeicherten Zahlen - durch ein anderes Programm - wieder aus der Datei eingelesen werden, so empfiehlt es sich, das gleiche Format zu verwenden. Also z.B.:

```
fscanf (fpin, "%6d:%10lf", &x, &z);
```

Man beachte aber, dass die `scanf()`-Funktionen - im Gegensatz zu den `printf()`-Funktionen - keine Genauigkeitsangaben in den Formatbeschreibern kennen. Es muss beim Lesen also heißen: `"%10lf"` und nicht `"%10.2lf"`!

Die Funktionen `fscanf()` und `fprintf()` dienen also dem formatierten Lesen von bzw. Schreiben in Dateien. Die beim formatierten Schreiben entstehende Datei ist eine Textdatei, deren Inhalt man sich mit dem UNIX-Kommando `cat` bzw. dem MS/DOS-Kommando `type` sinnvoll ansehen kann. Auf diese Weise kann man Druckdateien er-

14

stellen, die später auf einem Drucker ausgedruckt werden und Listen mit druckaufbereiteten, numerischen Daten erzeugen.

14.8 Lesen und Schreiben von Binärdaten

Aber nicht jede Datei, in der numerische Daten gespeichert werden, soll als Druckdatei benutzt werden. Oftmals sollen die Daten einfach nur bleibend gespeichert werden, um später von anderen Programmen weiter verarbeitet zu werden. In diesem Fall ist eine Konvertierung aus dem numerischen Datenformat in Strings nicht notwendig. Man kann die numerischen Daten, so wie sie im Speicher stehen, direkt in eine Datei schreiben. Davon handeln die nachfolgenden Funktionen `fread()` unf `fwrite()`.

Diese Funktionen arbeiten relativ elementar, d.h. sie kommen den Low-Level-Systemaufrufen `read()` und `write()` (s.u.) am nächsten. Das drückt sich darin aus, dass es jetzt nur noch darum geht, wie große Byte-Blöcke gelesen bzw. geschrieben werden sollen. Weder kennen diese Funktionen durch Newline abgeschlossene Textzeilen, noch nehmen sie irgendeine Formatierung vor. Was gelesen wird, steht hinterher genauso im Haupspeicher wie es vorher auf der Platte stand, und umgekehrt beim Schreiben. Dateien, die mit diesen beiden Funktionen verarbeitet werden, sollten - mit begründeten Ausnahmen - als Binärdateien geöffnet werden, soweit das betreffende Betriebssystem diese Unterscheidung zu Textdateien macht.

Dass man trotz des elementaren Charakters dieser Funktionen einer solchen Datei dennoch eine Struktur geben kann, nämlich der von Datensätzen fester Länge, werden wir noch sehen.

14.8.1 size_t fread (void * p, size_t size, size_t n, FILE * fp);

Liest aus der Datei `fp` maximal `n` Datenblöcke der Länge `size` in den Hauptspeicherbereich, auf den `p` zeigt. (Der Datentyp `size_t` ist in `stdio.h` mit `typedef` meist als `unsigned int` definiert.)

Der Returnwert ist die Anzahl tatsächlich gelesener Datenblöcke. Diese Anzahl kann kleiner als `n` sein, wenn nämlich ein Lesefehler auftritt oder am Ende einer Datei. Ein Wert $<$ `n` oder sogar o muss deshalb kein Fehler sein, sondern kann durch das Ende der Datei bedingt sein.

14.8.2 size_t fwrite (void * p, size_t size, size_t n, FILE * fp);

Schreibt n Datenblöcke der Länge `size` aus dem Hauptspeicher ab Adresse p in die Datei fp.

Der Returnwert ist die Anzahl tatsächlich geschriebener Datenblöcke. Diese Anzahl kann kleiner als n sein, wenn nämlich ein Schreibfehler aufgetreten ist.

Das folgende Programm soll die Verwendung von `fread()` und `fwrite()` demonstrieren. Dabei soll die Headerdatei `datum.h` folgenden Inhalt haben: (S. auch Aufgabe 1 aus Kapitel 11!)

```
# ifndef _DATUM_H_
# define _DATUM_H_
   typedef struct
   {
      char tag;
      char mon;
      int jahr;
   } DATUM;
   int get_datum (DATUM * dp);
   void put_datum (DATUM * dp);
# endif _DATUM_H_
```

Und hier das Programm:

```
# include <stdio.h>
# include "datum.h"
int main (void)
{
   DATUM datum;
   int anz;
   FILE * fpin;
   FILE * fpout;

   if ((fpout = fopen ("datum.bin", "ab")) == NULL)
   {
      fprintf (stderr,
            "Fehler beim Öffnen der Ausgabedatei!\n");
      return 1;
   }
   for (anz = 0 ; get_datum (&datum) ; ++anz)
      if (fwrite (&datum, sizeof(DATUM), 1, fpout) < 1)
      {
         fprintf (stderr,
```

Nitty Gritty • Start up!

```
                    "datum.bin: Schreibfehler!\n");
        fclose (fpout);
        return 2;
    }
    fclose (fpout);
    if ((fpin = fopen ("datum.bin", "rb")) == NULL)
    {
        fprintf (stderr,
            "Fehler beim Öffnen der Eingabedatei!\n");
        return 1;
    }
    while (fread (&datum, sizeof(DATUM), 1, fpin) > 0)
    {
        put_datum (&datum);
        putchar ('\n');
    }
    fclose (fpin);
    return 0;
}
```

Zunächst wird die Datei datum.bin zum anhängenden Schreiben geöffnet. Für Betriebssysteme wie MS/DOS ist es wichtig, dass die Datei als Binärdatei geöffnet wird.

Mit get_datum() wird wiederholt eine Datumsangabe von der Standardeingabe in die Variable datum eingelesen und danach mit
fwrite() in die Datei geschrieben. Man beachte, dass immer nur
eine Strukturvariable bei jedem fwrite()-Aufruf geschrieben wird,
der Returnwert also 1 sein müsste. Wenn nicht, liegt ein Schreibfehler
vor. Beendet der Anwender seine Datumseingaben, wird die Datei
geschlossen, aber sofort wieder geöffnet, diesmal zum Lesen.

In der Leseschleife wird mit fread() jeweils eine Datumsangabe aus
der Datei in die Variable datum eingelesen und mit put_datum() auf
der Standardausgabe angezeigt. Auch hier muss der Returnwert 1
sein. Wenn nicht, liegt ein Lesefehler vor oder das Ende der Datei
wurde erreicht, und es wurden 0 Sätze gelesen. Die Schleifensteue-
rung kann diese zwei Fälle, Lesefehler oder EOF, anhand des Returnwerts nicht unterscheiden. Eigentlich müsste man nach der Schleife
abfragen, ob man wirklich EOF erreicht hat oder nicht. Wie man das
macht, werden wir noch erfahren (s.u. Funktionen: feof() bzw. fer-
ror()).

/ 14

14.9 Die Manipulation des internen Dateizeigers

Um die Kontrolle über alle Dateizugriffe zu behalten, wird von allen Dateifunktionen ein **interner Dateizeiger** benutzt, der immer auf das nächste zu lesende bzw. zu schreibende Byte in der Datei verweist. Bei jedem lesenden bzw. schreibenden Zugriff auf eine Datei wird dieser interne Dateizeiger automatisch um die Anzahl gelesener bzw. geschriebener Bytes aktualisiert. Das gilt für alle Funktionen, die bisher besprochen wurden.

Nun gibt es aber die Möglichkeit, abweichend von der automatischen Aktualisierung, den internen Dateizeiger auf beliebige Positionen innerhalb einer geöffneten Datei zu setzen bzw. den aktuellen Stand des internen Dateizeigers zu ermitteln. Davon handeln die folgenden Funktionen.

14.9.1 int fseek (FILE * fp, long offset, int whence);

Setzt den internen Dateizeiger der Datei fp auf offset Bytes ab dem Bezugspunkt whence. Für Letzteren sind in stdio.h drei define-Konstanten definiert (s. Tabelle 14.2).

Wert für whence	define-Konstante	Bedeutung
0	SEEK_SET	Dateianfang
1	SEEK_CUR	Aktuelle Position des internen Dateizeigers
2	SEEK_END	Dateiende

Tabelle 14.2: Bezugspunkte der Dateiposotionierung

Der Wert SEEK_CUR erlaubt eine relative Verschiebung des internen Dateizeigers, die anderen beiden Werte eine absolute Positionierung. Der Parameter offset ist vom Datentyp long, damit auch sehr große Dateien verarbeitet werden können. Weiterhin kann offset negativ sein.

Der Returnwert ist 0 bei erfolgreichem Positionieren, ungleich 0 im Fehlerfall.

Nitty Gritty • Start up!

Der folgende Programmauszug

```
/* Positionierung auf den Dateianfang */
fseek (fp, 0L, SEEK_SET);
/* Lesen des ersten Satzes */
fread (&datum, sizeof(DATUM), 1, fp);
/* Positionierung auf den Anfang des letzten Satzes */
fseek (fp, -1L * sizeof(DATUM), SEEK_END);
/* Schreiben des gelesenen Satzes */
fwrite (&datum, sizeof(DATUM), 1, fp);
```

überschreibt den letzten Satz der Datei datum.bin durch ihren ersten. Dazu muss die Datei datum.bin allerdings zum Lesen und Schreiben (Modus: "r+") geöffnet worden sein.

Dieser Programmauszug weist auf ein Problem hin, das bei Dateien, die zum Lesen und Schreiben geöffnet wurden, besteht. Lese- und Schreibaufrufe dürfen sich nur abwechseln, wenn sie durch einen fseek()-Aufruf voneinander getrennt sind. Wollte man einen Satz lesen und den gelesenen Satz sofort dahinter schreiben, müsste man programmieren:

```
fread (&datum, sizeof(DATUM), 1, fp);
fseek (fp, 0L, SEEK_CUR);
fwrite (&datum, sizeof(DATUM), 1, fp);
```

Man darf mit fseek() nicht vor den Anfang einer Datei positionieren (Fehlerfall), wohl aber hinter das Dateiende! Werden in letzterem Fall Daten geschrieben, besteht zwischen den alten und den neu geschriebenen Daten eine Lücke, die zum Datenbestand der Datei zählt, deren Inhalt aber undefiniert ist.

14.9.2 void rewind (FILE * fp);

Setzt den Dateizeiger an den Anfang der Datei. Diese Funktion ist in der Wirkung (fast) identisch mit:

```
fseek (fp, 0L, SEEK_SET);
```

14.9.3 long ftell (FILE * fp);

Ermittelt die aktuelle Position des internen Dateizeigers. Der Returnwert ist der Offset des internen Dateizeigers vom Dateianfang. Im Fehlerfall liefert ftell() den Wert -1L. Ein solcher Fehler kann ei-

Nitty Gritty • Start up!

gentlich nur dann auftreten, wenn fp nicht mit einer geöffneten Datei verbunden ist.

Das folgende Anwendungsbeispiel demonstriert das Zusammenspiel von fseek() und ftell():

```c
# include <stdio.h>
# include <dir.h>
# include "my.h"
int main (void)
{
    long pos;
    static char fn[MAXPATH];
    FILE * fp;
    printf ("Dateiname: ");
    if (getline (fn, MAXPATH) <= 0)
        return 1;
    if ((fp = fopen (fn, "r")) == NULL)
    {
        fprintf (stderr, "%s: Datei nicht vorhanden!\n", fn);
        return 2;
    }
    fseek (fp, 0L, SEEK_END);
    pos = ftell (fp);
    fclose (fp);
    printf ("Datei: %s - Länge: %ld Byte\n", fn, pos);
    return 0;
}
```

Die mit getline() eingelesene Datei wird zum Lesen geöffnet, der interne Dateizeiger wird mit fseek() an das Ende der Datei gesetzt, und mit ftell() wird dann die Position des Dateizeigers ermittelt und in pos gespeichert. Diese Information ist zugleich die Länge der Datei und wird zusammen mit dem Dateinamen auf der Standardausgabe angezeigt.

Auf zwei Probleme im Zusammenhang mit fseek() und ftell() soll noch eingegangen werden:

1. Unter MS/DOS zeigt der Returnwert von fseek() nicht immer dann einen Fehler an, wenn er es müsste. Das liegt daran, dass die dem fseek()-Aufruf zugrundeliegende Interruptfunktion das Positionieren nicht verifiziert. (s. Anmerkung zu Aufgabe 6 im Trainingsteil!)

2. Unter manchen Betriebssystemen werden Dateiformate verwen-

det, die für den Offset einen anderen Datentyp als long erfordern. Aus diesem Grund hat der ANSI-Standard zwei neue Funktionen anstelle von fseek() und ftell() eingeführt:

- int fsetpos (FILE * fp, const fpos_t * pos);
- int fgetpos (FILE * fp, fpos_t * pos);

Darin stellt pos immer einen Zeiger auf einen Offset, vom Dateianfang berechnet, dar. Der Datentyp fpos_t kann vom Compilerhersteller in stdio.h mit typedef, entsprechend den Anforderungen des Betriebssystems, definiert werden.

14.10 Die Erkennung des Dateiendes

14.10.1 int feof (FILE * fp);

Überprüft, ob das Ende einer Datei erreicht wurde.

Der Returnwert ist ungleich 0, wenn EOF vorliegt, 0 sonst.

Man könnte meinen, dass diese Funktion überflüssig wäre, da doch alle Lesefunktionen EOF erkennen. Eine Ausnahme bildet aber das Lesen von Strukturen mit fread(). In unserem Beispielprogramm zu fread() / fwrite() hieß es:

```
while (fread (&datum, sizeof(DATUM), 1, fpin) > 0)
{
    put_datum (&datum);
    putchar ('\n');
}
```

Wir haben angenommen, dass fread() normalerweise mit dem Returnwert 1 zurückkehrt, weil es einen Datensatz der Länge sizeof(DATUM) gelesen hat. Dementsprechend muss der Returnwert 0 zurückkommen, wenn EOF erreicht ist und kein Datensatz mehr zu lesen war. Was ist aber, wenn aufgrund eines Dateistrukturfehlers beim letzten fread()-Aufruf z.B. nur noch drei Bytes zu lesen sind, nicht aber eine ganze DATUM-Struktur? Auch in diesem Fall kehrt fread() mit 0 zurück. Um diesen Fehlerfall vom EOF zu unterscheiden, könnte man die obige Schleife mittels eines feof()-Aufrufs ergänzen:

```
while (fread (&datum, sizeof(DATUM), 1, fpin) > 0)
{
```

```
   put_datum (&datum);
   putchar ('\n');
}
if (! feof (fp))
{
   fprintf (stderr,
            "Abbruch wegen Dateistrukturfehlers!\n");
   fclose (fp);
   return 2;
}
```

Darüber hinaus kann feof() aber generell zur Steuerung von Leseschleifen verwendet werden, also z.B.:

```
c = fgetc (fp);
while (! feof (fp))
{
   putchar (c);
   c = fgetc (fp);
}
```

Mit den bisher besprochenen High-Level-Funktionen dürften die meisten Probleme der Dateiverarbeitung lösbar sein. Was noch fehlt, soll nach der Behandlung der Low-Level-Systemaufrufe nachgetragen werden.

Damit die nachfolgenden Trainigsaufgaben gelöst werden können, soll hilfsweise noch eine Funktion vorgestellt werden.

Unsere Fähigkeiten, Programme zur Dateiverarbeitung zu schreiben, leiden z.Zt. noch unter dem Manko, dass wir noch nicht wissen, wie wir einem Programm beim Aufruf die Namen der Dateien übergeben können, die dieses Programm verarbeiten soll. Auf der Webseite können Sie sehen, wie ein Programm auf seine Kommandozeilenargumente zugreift.

Vorläufig müssen wir evtl. Dateinamen nach dem Start des Programms im Dialog einlesen. Da wir nicht wissen können, ob der Anwender das Programm mit Umlenkung der Standarddateien aufruft, der Dialog aber unbedingt auf dem Terminal (Tastatur / Bildschirm) stattfinden muss, können wir die folgende Funktion fdialog() dazu verwenden, die in einem eigenen Modul fdialog.c gespeichert und zu jedem Programm hinzugebunden werden sollte.

Zunächst eine Headerdatei:

Nitty Gritty • Start up!

```
/* ---- fdialog.h ---- */
# define F_INP_ 1
# define F_OUT_ 2
void fdialog (char * fn, int len, int mode);
```

Und hier die Programmdatei:

```
/* ---- fdialog.c ---- */
# include <stdio.h>
# include <stdlib.h>
# include <string.h>
# include "fdialog.h"
# define _UNIX_ /* UNIX-Variante */
/* # define _MS_DOS_ */ /* MS/DOS-Variante */
# if defined (_MS_DOS_)
# include <io.h>
# endif
void fdialog (char * fn, int len, int mode)
{
   FILE * fp;
   FILE * fptemp = stdin;
   char * mesg = "Eingabedatei: ";
   char * fntty;
   if (mode == F_OUT_)
   {
      fptemp = stdout;
      mesg = "Ausgabedatei: ";
   }
# if defined (_UNIX_)
   fntty = "/dev/tty";
# elif defined (_MS_DOS_)
   fntty = "CON";
# else
# error No Operating System defined!
# endif
   /* Wenn fptemp mit einem Terminal verbunden ist ... */
   if (isatty (fileno (fptemp)))   /* s. Kapitel 17 */
   {
      if ((fp = fopen (fntty, "r+")) == NULL)
      {
         fprintf (stderr, "%s: Failed to be opened!\n",
                  fntty);
         exit (1);
      }
      fprintf (fp, mesg);
      rewind (fp); /* wegen Wechsels vom Schreiben zum Lesen */
      fgets (fn, len, fp);
      fn[strlen (fn) - 1] = '\0';
      fclose (fp);
   }
}
```

Der in obiger Funktion verwendete Aufruf `isatty` (`fileno`
(`fptemp`)) prüft, ob `fptemp` mit einer Terminal-Gerätedatei verbunden ist. Sowohl `isatty()` als auch `fileno()` werden auf der Webseite erklärt.

Die Betriebssystemsabhängigkeit dieser Funktion liegt im jeweiligen Namen der Terminal-Datei begründet, die durch Präprozessor-Anweisungen gesteuert wird.

Der `FILE`-Pointer `fptemp` wird mit `stdin` bzw. `stdout` initialisiert, je nachdem ob es um das Einlesen eines Eingabe- oder Ausgabedateinamens geht. Nur dann, wenn `fptemp` mit einem Terminal verbunden ist (und nicht beim Aufruf des Programms in eine Datei umgelenkt wurde), findet das Einlesen des Namens statt. Zu dem Zweck wird die Terminalgerätedatei zum Lesen und Schreiben geöffnet, und der Dialog findet statt. Diese Aussage scheint widersprüchlich zu sein. Wieso muss die Terminalgerätedatei geöffnet werden, wenn die Standardein- bzw. Standardausgabe sowieso mit dem Terminal verbunden ist?

Nehmen wir an, ein Programm `prog` lese von der Standardeingabe, die Ausgabe soll aber in eine Datei erfolgen, deren Namen durch einen `fdialog()`-Aufruf eingelesen werden soll. Dieser Dialog findet nur statt, wenn die Standardausgabe mit dem Terminal verbunden ist. Wenn nicht, hat nämlich der Anwender mit dem Aufruf `prog >prog.out` selber einen Ausgabedateinamen angegeben.

Wenn der Dialog zur Bestimmung der Ausgabedatei aber stattfindet, könnte der Benutzer dennoch aufgerufen haben: `prog <prog.inp`!

Während die Ausgabe der Dialogmeldung (`mesg`) auf `stdout` stattfinden könnte, darf jetzt auf keinen Fall der Dateiname von `stdin` eingelesen werden, er würde dann ja aus der Datei `prog.inp` gelesen!

Beim Einlesen des Namens einer Eingabedatei ist das Problem umgekehrt. Da die Funktion `fdialog()` für beide Fälle vorgesehen ist, wird der Einfachheit halber der Dialog generell mit der zum Lesen und Schreiben geöffneten Terminaldatei abgewickelt.

Die Funktion `fdialog()` kann dann etwa so verwendet werden:

```
# include "fdialog.h"
int main (void)
```

Nitty Gritty • Start up!

```
{
   static char fn[100];
   FILE * fp;
   dialog (fn, 100, F_OUT_);
   if (*fn == '\0')
      fp = stdout;
   else
      if ((fp = fopen (fn, "w")) == NULL)
      {
         fprintf (stderr, "... Fehler ...\n");
         exit (1);
      }
   ....
   .... (Ausgabe auf fp)
   ....
   if (fp!= stdout)
      fclose (fp);
   return 0;
}
```

14.11 Training

1. Ändern Sie das Programm fahr.c aus Aufgabe 4, Kapitel 1, so dass dessen Ausgabe in eine Datei erfolgt, deren Namen mit fdialog() eingelesen wird. Gibt der Anwender keinen Dateinamen ein, ist stdout zu verwenden!

2. Ändern Sie das Programm crypt.c aus Aufgabe 3, Kapitel 2, so dass sowohl eine Eingabe- als auch eine Ausgabedatei mit fdialog() eingelesen wird. Wird für einen der Dateinamen nichts eingegeben, ist die entsprechende Standarddatei zu verwenden!

Testen Sie das Programm auch einmal mit folgendem Aufruf:

```
cat <datei |crypt
```

und begründen Sie, wieso dann nur ein Ausgabedateiname angefordert wird!

3. Ändern Sie das Programm hex.c aus Aufgabe 5, Kapitel 12, so dass sowohl eine Eingabe- als auch eine Ausgabedatei mit fdialog() eingelesen wird. Wird für einen der Dateinamen nichts eingegeben, ist die entsprechende Standarddatei zu verwenden!

Auf jeden Fall soll aber die Eingabedatei immer als Binärdatei geöffnet werden (soweit Sie unter MS/DOS arbeiten)!

Testen Sie das Programm auch einmal mit folgendem Aufruf:

hex <hex |more   (unter UNIX)

bzw.

hex <hex.exe |more   (unter MS/DOS)

und begründen Sie, wieso dann kein Dateiname angefordert wird!

4. Diese Aufgabe befasst sich mit der Speicherung von Terminen in einer Datei. Zu diesem Zweck soll das Programm aus Aufgabe 2 des Kapitels 13 erweitert werden:

■ Definieren Sie im neuen Modul termfile.c global einen FILE-Pointer fp.

■ Definieren Sie in termfile.c die int-Funktion read_termin(), die mit fread() aus der Datei fp einen TERMIN-Datensatz einliest.

  ■ Parameter: Pointer auf die TERMIN-Struktur, in die einzulesen ist.

  ■ Returnwert: Der Returnwert von fread().

■ Definieren Sie in termfile.c die int-Funktion write_termin(), die mit fwrite() einen TERMIN-Datensatz in die Datei fp schreibt.

  ■ Parameter: Pointer auf die TERMIN-Struktur, die zu schreiben ist.

  ■ Returnwert: Der Returnwert von fwrite().

■ Definieren Sie in termfile.c die int-Funktion readtermfile(), die eine TERMIN-Datei (binär) zum Lesen öffnet, mit Hilfe von read_termin() Satz für Satz aus dieser Datei liest und mit new_entry() in der verketteten Liste der Termine speichert.

  ■ Parameter: Der Name der TERMIN-Datei. Sollte die Datei nicht geöffnet werden können, ist eine entsprechende Fehlermeldung auszugeben und die Funktion mit dem Returnwert: 0 zu verlassen. Im Erfolgsfall ist 1 zurückzugeben. Sollte ein Lesefehler auftreten (ferror()!), ist eine entsprechende Fehlermeldung auszugeben und das Programm mit dem exit-Code: 2 abzubrechen.

■ Definieren Sie in termfile.c die int-Funktion writetermfile(), die eine TERMIN-Datei (binär) zum Schreiben öffnet, mit Hilfe von `write_termin()` Satz für Satz der Liste mit `get_entry()` beschafft und mit `write_termin()` in die Datei schreibt.

■ Parameter: Der Name der TERMIN-Datei. Sollte die Datei nicht geöffnet werden können, ist eine entsprechende Fehlermeldung auszugeben und die Funktion mit dem Returnwert 0 zu verlassen. Im Erfolgsfall ist 1 zurückzugeben. Sollte ein Schreibfehler auftreten (`ferror()`!), ist eine entsprechende Fehlermeldung auszugeben und das Programm mit dem `exit`-Code: 1 abzubrechen.

■ Definieren Sie im Modul `tterml f.c` eine `main()`-Funktion als Kopie von `tterml.c` aus Aufgabe 2 / Kapitel 13. Erweitern Sie diese `main()`-Funktion:

■ Tragen Sie die Prototypen von `readtermfile()` und `writetermfile()` hier (oder in die Headerdatei `terml.h`) ein!

■ Lesen Sie am Anfang der `main()`-Funktion mit `fdialog()` den Namen einer TERMIN-Datei ein. Wurde ein Name eingegeben, sind mit `readtermfile()` alle Termine dieser Datei in die verkettete Liste einzulesen. War `readtermfile()` nicht erfolgreich, ist nur eine Meldung über die (noch) nicht existierende Datei auszugeben, aber auf keinen Fall das Programm abzubrechen!

■ Am Ende der `main()`-Funktion sind alle in der Liste gespeicherten Termine durch einen Aufruf von `writetermfile()` in der TERMIN-Datei wieder zu speichern, aber natürlich nur, wenn am Anfang ein Dateiname angegeben wurde.

Kehrt `writetermfile()` erfolglos zurück, ist die Fehlermeldung:

`"Termine konnten nicht gespeichert werden!"`

auszugeben!

5. Erstellen Sie im Modul `ilc.c` eine `main()`-Funktion, die für beliebig viele Dateien, deren Namen nacheinander mit `fdialog()` eingelesen werden, die Anzahl der Zeilen anzeigt, aus denen jede Datei besteht! Gehen Sie davon aus, dass die Zeilen beliebig lang sein können, dennoch soll mit `fgets()` gelesen werden!

Wird beim ersten `fdialog()`-Aufruf kein Dateiname eingegeben, soll von der Standardeingabe gelesen werden!

Beispiele für einen Programmaufruf:

```
C:\> ilc
Eingabedatei: fdialog.c
fdialog.c: 50 Zeilen
Eingabedatei: hueppel
hueppel: Datei existiert nicht!
Eingabedatei: iihex.c
iihex.c: 73 Zeilen
Eingabedatei: <Strg>Z
C:\> ilc
Eingabedatei: <Return>
Zeile 1
Zeile 2
Zeile 3
<Strg>Z
stdin: 3 Zeilen
C:\>
```

6. Erstellen Sie im Modul irevfile.c eine main()-Funktion, die mit fdialog() einen Dateinamen einliest und diese Datei zeichenweise rückwärts auf die Standardausgabe wieder ausgibt!

Dieses Programm läuft unter UNIX, wegen der bekannten fseek()-Einschränkungen aber nicht unter MS/DOS! DOS-Programmierer brauchen mit dieser Aufgabe gar nicht erst anzufangen!

Warnung

Nitty Gritty • Start up!

TEIL 11

Nitty Gritty

TAKE THAT!

15 Die Fehlerbehandlung der mathematischen Funktionen

In diesem Kapitel soll vorgeführt werden, welche Möglichkeiten der Fehlerbehandlung bei mathematischen Funktionen es gibt, und zwar anhand des BORLAND- C-Compilers, da es dafür keinen ANSI-Standard gibt.

15.1 Die Funktion matherr()

Nehmen wir als Beispiel die Funktion `log()`, die folgendermaßen beschrieben wird:

double log (double x);

```
log berechnet den natürlichen Logarithmus von x.
Rückgabewert:
  Bei fehlerfreier Ausführung:
    Liefert log den natürlichen Logarithmus von x.
  Im Fehlerfall: Wenn x gleich 0 ist, setzt diese Funktion
                 errno auf ERANGE.
                 log liefert den negativen Wert HUGE_VAL.
  Im Fehlerfall: Wenn x < 0 ist, setzt log
                 errno auf EDOM (domain error)
Die Fehlerbehandlung für log kann durch matherr verändert
werden.
```

Zunächst einmal weiß man, dass die Logarithmus-Funktion bei x = 0 eine Singularität besitzt, und dass Werte x < 0 ungültige Argumente sind. Oder wie der Mathematiker sagt: Die (reelle) Logarithmus-Funktion ist für x <= 0 nicht definiert.

In der Beschreibung wird `errno` erwähnt. Das ist eine global vordefinierte Variable, die in `stdlib.h` mit

```
extern int errno;
```

deklariert ist. Sie ist dafür da, bei einem fehlerhaften Systemaufruf eine Fehlernummer aufzunehmen, die den konkreten Fehler identifiziert.

Für alle möglichen Systemfehlernummern sind `define`-Konstanten mit mnemotechnischen Namen definiert. Weiterhin ist in `stdlib.h` mit

```
extern char * sys_errlist[];
```

ein Vektor von `char`-Pointern definiert, dessen Elemente auf die originalen Fehlermeldungen des Betriebssystems zeigen.

Wird die Variable `errno` auf einen bestimmten Wert gesetzt, kann sie als Index in diesen Vektor verwendet werden, um sich die offizielle Systemfehlermeldung anzeigen zu lassen.

Der Zusammenhang zu den mathematischen Standardfunktionen ist jetzt der, dass mindestens zwei der `errno`-Werte für mathematische Fehler reserviert sind. Bei BORLAND-C sind es:

```
# define EDOM    33    /* Ungültiges Argument */
# define ERANGE  34    /* Ergebnis zu groß */
```

Wir entnehmen der Beschreibung von `log()`, dass `errno` für den Aufruf `log(0.)` auf `ERANGE` und für ein Argument < o auf `EDOM` gesetzt wird. Das entspricht den mathematischen Resultaten: -Unendlich und Nicht definiert.

Des weiteren wird die schon unter `atof()` erwähnte Konstante `HUGE_VAL` für die größte speicherbare `double`-Zahl als Returnwert von `log(0.)` angegeben (genauer ihr negativer Wert).

Hier unterscheidet sich z.B. der BORLAND-C-Compiler vom GNU-C-Compiler unter Linux, der für diesen Aufruf `-Inf` zurückgibt.

Letztlich wird folgende mathematische Fehlerbehandlungs-Funktion erwähnt:

```
int matherr (struct exception *e);
```

mit folgender Strukturtyp-Vereinbarung (in `math.h`):

```
struct exception
{
  int    type;
  char   *name;
  double arg1,
```

```
          arg2,
          retval;
};
```

Diese Fehlerbehandlungs-Routine wird von den mathematischen Standardfunktionen im Fall mathematischer Fehler aufgerufen.

Zunächst einmal kümmern wir uns nicht um die Funktion matherr() und die Struktur exception, sondern beobachten die Wirkung von matherr() beim Aufruf einiger mathematischer Funktionen. Dazu das folgende Demonstrationsprogramm:

```
# include <stdio.h>
# include <math.h>
# include <stdlib.h>
int main (void)
{
   printf ("log (0.): %lf\n", log (0.));
   if (errno)
   {
      perror ("log");
      errno = 0;
   }
   putchar ('\n');
   printf ("log (-1.): %lf\n", log (-1.));
   if (errno)
   {
      perror ("log");
      errno = 0;
   }
   putchar ('\n');
   printf ("exp (-1000.): %lf\n", exp (-1000.));
   if (errno)
   {
      perror ("exp");
      errno = 0;
   }
   putchar ('\n');
   printf ("sin (1e70): %lf\n", sin (1e70));
   if (errno)
   {
      perror ("sin");
      errno = 0;
   }
   putchar ('\n');
   return 0;
}
/* Programmlauf:
log: SING error
```

15

Nitty Gritty • Take that!

```
log (0.): -1.7976931348623157100000000000000000000000e+308
log: 33 (Math argument)

log: DOMAIN error
log (-1.): -NAN
log: 33 (Math argument)

exp (-1000.): 0.000000

sin (1e70): +NAN

*/
```

In diesem Programm werden viermal insgesamt drei mathematische Funktionen einigermaßen sorglos aufgerufen. Die Sorglosigkeit bezieht sich auf die z.T. ungültigen Argumente.

Sicherheitshalber aber wurde nach jedem Aufruf die globale Variable `errno` abgefragt. In ihr könnte beim Aufruf von der jeweiligen mathematischen Funktion ein Fehlercode abgelegt worden sein. Wenn das der Fall ist, wird die Standardfunktion `perror()` (eine Standardfunktion zur Ausgabe von Systemfehlermeldungen) aufgerufen, die den übergebenen String, den Wert von `errno` sowie den String, auf den `sys_errlist[errno]` zeigt, ausgibt.

Man sieht leicht, dass bei den ersten beiden Aufrufen etwas schiefgelaufen sein muss. Nicht so leicht zu erkennen ist, dass auch die letzten beiden Aufrufe nicht ganz in Ordnung sind, dass also auch hier `matherr()` aufgerufen wurde.

Betrachten wir zunächst den ersten Aufruf:

```
printf ("log (0.): %lf\n", log (0.));
```

Man erinnere sich daran, dass die Argumente von `printf()` von rechts nach links bewertet werden, bevor `printf()` ausgeführt wird (s. Kapitel 9)!

Es muss also zuerst `log(0.)` ausgeführt werden, bevor `printf()` seine Ausgabe machen kann.

Nun stellt das Argument `0.` eine Singularität für die Logarithmus-Funktion dar. Entsprechend wird von `log()` (!) die Fehlermeldung:

```
log: SING error
```

ausgegeben, und zwar, nachdem `log()` die Funktion `matherr()` aufgerufen hat. Die Funktion `log()` gibt nämlich nur dann eine Fehlermeldung aus, wenn ein zuvor erfolgter `matherr()`-Aufruf den Returnwert 0 liefert. Und auch nur dann setzt sie `errno` auf einen Fehlercode, in diesem Fall auf `EDOM`, was von der `main()`-Funktion ja auch mit Hilfe von `perror()` angezeigt wird.

Trotz dieser Fehlermeldungen liefert `log()` aber auch noch einen Returnwert zurück, der von `printf()` angezeigt wird und den wir unschwer als den Wert `-HUGE_VAL` erkennen. Dieser Wert wurde von `log()` für diesen Fehlerfall bestimmt. Er ist natürlich mathematisch nicht korrekt, aber für viele praktische Fälle nicht so sehr entfernt von der Wahrheit, nämlich vom mathematischen Grenzwert -Unendlich. Man hätte auch `-INF` zurückgeben können, aber der Wert `-HUGE_VAL` hat den Vorteil, dass man mit ihm rechnen kann!

Beim zweiten Aufruf:

```
printf ("log (-1.): %lf\n", log (-1.));
```

liegt das Argument von log() außerhalb des gültigen Definitionsbereichs der Funktion. Während der `matherr()`-Aufruf mit demselben Resultat wie oben endet (Returnwert: 0), gibt `log()` jetzt den Wert `-NAN` zurück, gibt die Fehlermeldung:

```
log: DOMAIN error
```

aus, setzt aber errno dennoch wieder auf EDOM.

Der dritte Aufruf:

```
printf ("exp (-1000.): %lf\n", exp (-1000.));
```

erzeugt eine ganz vernünftig erscheinende Ausgabe:

exp (-1000.): 0.000000

Es dürfte klar sein, dass in diesem Fall die Abweichung von 0 so klein ist, dass sie im Rahmen der Genauigkeit von `double`-Werten nicht mehr darstellbar ist, der Funktionswert 0.0 in diesem Rahmen also als genauer Funktionswert zu betrachten ist.

Dennoch hat die Funktion `exp()` dieses Problem, das sie als Verlust der Genauigkeit (Underflow) betrachtet, erkannt und deshalb `matherr()` aufgerufen. `matherr()` hat, auf Anweisung von `exp()`, für

15

Nitty Gritty • Take that!

den Returnwert 0. von exp() gesorgt und ist selber mit dem Returnwert: 1 (!) zurückgekehrt. Bei einem Returnwert ungleich 0 verzichtet
exp() darauf, eine Meldung auszugeben und auch darauf, errno zu
setzen. Der Fehler Verlust der Genauigkeit gilt jetzt als von math-
err() korrigiert!

Beim vierten Aufruf:

```
printf ("sin (1e70): %lf\n", sin (1e70));
```

könnte man sich wundern, wieso man als Ergebnis bekommt:

```
sin (1e70): +NAN
```

Mathematisch dürfte hier kein Problem vorliegen. Hier ist aber zu be-
denken, dass der Sinus eine periodische Funktion ist. Es reicht, die
Funktionswerte für den Definitionsbereich von 0. bis 2. * M_PI zu berechnen. Für alle größeren Argumente x lässt sich der Funktionswert
durch:

```
sin (fmod (x, 2. * M_PI)) /* x modulo ( 2 * Pi) */
```

berechnen. Die Zahl Pi aber ist eine irrationale Zahl, hat also unendlich viele Nachkommastellen, und ihr Wert kann durch die define-
Konstante M_PI (21 Nachkommastellen) nur angenähert dargestellt
werden. Diese geringe Abweichung schaukelt sich aber bei einer solchen Modulooperation für große Argumente zu so großen Abwei-
chungen auf, dass von einem korrekten Ergebnis der Sinus-
Berechnung nicht mehr die Rede sein kann. Man spricht bei diesem
Fehler von einem totalen Verlust der Genauigkeit. Es ist nur sach-
gerecht, wenn sin() in diesem Fall +NAN zurückgibt.

Ebenso wie beim dritten Aufruf liefert matherr() in diesem Fall einen
Returnwert ungleich 0, so dass keine Fehlermeldung ausgegeben
wird und auch nicht errno gesetzt wird.

Bei der bisherigen Beschreibung blieb doch sehr im Dunkeln, wie die
jeweilige mathematische Funktion matherr() aufruft, und was diese
dann macht.

Die Hersteller der BORLAND-C-Standardbibliothek haben zu ihrem
Compiler den Quellcode ihrer matherr()-Funktion zur Verfügung gestellt. Anhand dieses Quellcodes können wir uns jetzt die Interna ansehen:

Nitty Gritty • Take that!

```
int matherr (struct exception * e)
{
   if (e->type == UNDERFLOW)
   {
      /* flush underflow to 0 */
      e->retval = 0;
      return 1;
   }
   if (e->type == TLOSS)
   {
      /* total loss of precision, but ignore the problem */
      return 1;
   }
   /* all other errors are fatal */
   return 0;
}
```

Um diese Funktion zu verstehen, müssen die Komponenten der Struktur exception (s.o.) erläutert werden:

type: ist der Typ des Fehlers. Als mögliche Werte kommen nur die Komponenten des folgenden enum-Typs in Frage:

```
typedef enum
{
   DOMAIN = 1,   /* argument domain error -- log (-1)        */
   SING,         /* argument singularity -- pow (0,-2))      */
   OVERFLOW,     /* overflow range error -- exp (1000)       */
   UNDERFLOW,    /* underflow range error -- exp (-1000)     */
   TLOSS,        /* total loss of significance -- sin(10e70) */
   PLOSS,        /* partial loss of signif. -- not used      */
   STACKFAULT    /* floating point unit stack overflow       */
} _mexcep;
```

name: ist ein Zeiger auf den Namen der Funktion,

arg1: enthält das erste Argument der Funktion,

arg2: enthält evtl. ein zweites Argument der Funktion,

retval: nimmt einen von der mathematischen Funktion zurückzuge-benden Returnwert auf.

Bei einem Aufruf von matherr() aus einer mathematischen Funktion heraus muss die Anfangsadresse einer exception-Variablen über-geben werden, nachdem vorher alle Komponenten dieser Variablen (ev. mit Ausnahme von retval) initialisiert worden sind.

15

Nitty Gritty • Take that!

Wie man sieht, gibt die Funktion `matherr()` nur im Fall von UNDER-FLOW und TLOSS den Returnwert 1, sonst aber 0 zurück. Dass ausgerechnet UNDERFLOW und TLOSS durch den Returnwert 1 als von `matherr()` behobene Fehler gelten, während alle anderen durch den Returnwert 0 zu fatalen Fehlern erklärt werden, begründet BORLAND mit dem ANSI-Standard, der das so vorsieht.

(Die UNIX-Variante von `matherr()`, die im BORLAND-Quellcode auch angegeben ist, gibt bei allen Fehlern eine Fehlermeldung aus und beendet das Programm (genauer: den Prozess). Sie ist damit nicht ANSI-kompatibel!)

Bei BORLAND liegt natürlich die Funktion `matherr()` als Objektfunktion in der mathematischen Bibliothek vor. Sobald aber ein Programmierer eine eigene Funktion mit demselben Prototyp definiert, wird diese, und nicht die Standard-`matherr()`-Funktion, im Programm verwendet! Der Quellcode der Standardversion wurde gerade als Muster für Veränderungen und Erweiterungen zu einer eigenen `matherr()`-Version veröffentlicht.

Genau das soll jetzt hier vorgeführt werden. Es soll eine neue mathematische Funktion `yarc()` definiert werden, die die Ordinaten y eines Kreises mit dem Mittelpunkt xm / ym und dem Radius r für beliebige Abszissen x berechnet. Da bei einem Kreis nicht alle x-Werte gültig sind, sollen mit einer eigenen, gegenüber dem BORLAND-Standard erweiterten, `matherr()`-Funktion ungültige Argumente behandelt werden. Es folgt das gesamte Programm:

```
# include <stdio.h>
# include <stdlib.h>
# include <string.h>
# include <math.h>
int matherr (struct exception * e)
{
   if (e->type == DOMAIN)    /* Beginn der Erweiterung */
   {
      if (strcmp (e->name, "yarc") == 0)
      {
         e->retval = atof ("+NAN");
         return 0;         /* Bedeutet: Fataler Fehler! */
      }
   }                       /* Ende der Erweiterung */
   if (e->type == UNDERFLOW)
   {
```

Nitty Gritty • Take that!

```
                e->retval = 0;
                return 1;
    }
    if (e->type == TLOSS)
    {
                return 1;
    }
    return 0;
}
double yarc (double xm, double ym, double r, double x)
{
    struct exception e;
    /* Wenn x außerhalb des Definitionsbereichs ... */
    if (x < xm - r || x > xm + r)
    {
        e.name = "yarc";
        e.type = DOMAIN;
        e.arg1 = x;
        e.arg2 = 0.;        /* Sicherheitshalber */
        if (! matherr (&e))
        {
            errno = EDOM;
            fprintf (stderr, "%s: DOMAIN error\n", e.name);
        }
        return e.retval;
    }
    return ym + sqrt (r * r - (x - xm) * (x - xm));
}
# define ANZ 7
double val[ANZ] = { -2., -1., 0., 1., 2., 3., 10. };
int main (void)
{
    double y;
    int i;
    for (i = 0 ; i < ANZ ; ++i)
    {
        y = yarc (3., 0., 5., val[i]);
        printf ("y(%lg): %lf\n", val[i], y);
        if (errno)
        {
            perror ("yarc");
            errno = 0;
        }
    }
    return 0;
}
/* Programmlauf:
y(-2): 0.000000
y(-1): 3.000000
y(0): 4.000000
```

15

Nitty Gritty • Take that!

```
y(1): 4.582576
y(2): 4.898979
y(3): 5.000000
yarc: DOMAIN error
y(10): +NAN
yarc: Math argument
*/
```

Der erweiterte Teil von matherr() nimmt eine Behandlung des DO-MAIN-Fehlers auf, aber nur für den speziellen Fall der Funktion yarc()! Wie man sieht, macht matherr() auch einen Vorschlag für den Returnwert von yarc(), indem er +NAN in retval speichert.

An der entsprechenden Anweisung sieht man übrigens, wie man den Wert +NAN bzw. -NAN oder auch +INF bzw. -INF in eine double-Variable übertragen kann, nämlich nur durch:

```
e->retval = atof ("+NAN");
```

oder auch:

```
e->retval = strtod ("+NAN", NULL);
```

Der Returnwert o bedeutet: Fataler Fehler, und yarc() nimmt darauf Bezug, indem es eine Fehlermeldung ausgibt und errno setzt.

In der main()-Funktion wird yarc() in einer Schleife für eine Reihe von Argumenten aufgerufen, wovon der letzte den DOMAIN- Fehler auslöst.

Der DOMAIN-Zweig der matherr()-Funktion lässt sich leicht um andere Funktionen erweitern, die sich durch ihren Returnwert unterscheiden. Wenn wir z.B. Herr der log()-Funktion wären, was wir aber nicht sind, hätten wir diesen Zweig so erweitern können:

```
if (e->type == DOMAIN)
{
   if (strcmp (e->name, "yarc") == 0)
   {
      e->retval = atof ("+NAN");
      return 0;
   }
   if (strcmp (e->name, "log") == 0 && e->arg1 == 0.)
   {
      e->retval = atof ("-INF"); /* statt: -HUGE_VAL */
      return 0;
   }
}
```

Auf die mathematische Standardfunktion `log()` von BORLAND hat eine solche Erweiterung von `matherr()` aber keinen Einfluss. Offensichtlich ignoriert Borlands Funktion den Vorschlag von `matherr()` und gibt für `log (0.)` stur `-HUGE_VAL` zurück.

(Allgemeiner Hinweis: Die obige Abhandlung über matherr() bezieht sich auf BORLAND-C, Version 3.1! Schon ab Version 4.0 wurde diese Funktion umgetauft in: _matherr().)

15.2 Training

Erstellen Sie in `xp1_xm1.c` eine Funktion `xp11_xmin1()`, die für ein `double`-Argument x den Funktionswert der mathematischen Funktion:

$y(x) = (x + 1) / (x - 1)$

berechnet und zurückgibt.

Die Singularität bei x = 1.0 soll den Returnwert `+NAN` bewirken.

Sollten Sie über einen C-Compiler verfügen, der es - so wie der BORLAND-Compiler - gestattet, eine `matherr()`-Funktion zu redefinieren, bauen Sie in Ihre Funktion einen `matherr()`-Aufruf mit dem `Exception-type SING` ein. Erweitern Sie `matherr()` um einen entsprechenden Zweig, der - aber nur für diese Funktion (!) - für den Returnwert `+NAN` sorgt und weiterhin nicht zum Abbruch des Programms führt.

Erstellen Sie im selben Modul eine `main()`-Funktion, die die Funktionswerte für die Argumente: -10., -9., ... bis +10. anzeigt!

15

Nitty Gritty • Take that!

TEIL III

Nitty Gritty

GO AHEAD!

16 Anhang

16.1 Die Standardfunktionen

Die nachfolgende Übersicht ist zum schnellen Nachschlagen für die Programmierpraxis gedacht. Ihr kann man mit einem Blick in Form der Prototypen die Aufrufsyntax entnehmen. Dabei sind auch Standardmakros nicht gesondert gekennzeichnet, sondern so dargestellt, als wären es C-Funktionen (was sie manchmal auch zusätzlich sind).

In diese Übersicht wurden auch Systemaufrufe aufgenommen. Sie - wie auch manche C-Funktionen, die nicht zum ANSI-Standard gehören - wurden mit (NON ANSI!) markiert.

Bei jeder Funktion ist die notwendig einzubindende Headerdatei sowie das Kapitel, in der Sie näher beschrieben oder erwähnt wird, angegeben.

Diese Übersicht erhebt keinen Anspruch auf Vollständigkeit, es sind nur die Routinen aufgeführt, die im Buch und auf der Webseite verwendet werden.

math.h   Kapitel 12
int abs (int x);
math.h   Kapitel 12
double acos (double x);
math.h   Kapitel 12
double asin (double x);
math.h   Kapitel 12
double atan (double x);
math.h   Kapitel 12
double atan2 (double y, double x);
stdlib.h   Kapitel 5
double atof (const char * s);

stdlib.h   Kapitel 5
int atoi (const char * s);
stdlib.h   Kapitel 12
long atol (const char *s);
stdlib.h   Kapitel 9
void *bsearch (const void *key, const void *base, size_t nelem,
size_t width, int (*fcmp)(const void*, const void*));
math.h   Kapitel 12
double cabs (struct complex z);
stdlib.h   Kapitel 13
void * calloc (size_t nitems, size_t size);
math.h   Kapitel 12
double ceil (double x);
stdio.h
int clearerr (FILE * fp);
sys/types.h, sys/stat.h, fcntl.h   Webseite (NON ANSI!)
int close (int fd);
math.h   Kapitel 12
double cos (double x);
math.h   Kapitel 12
double cosh (double x);
sys/types.h, sys/stat.h, fcntl.h   Webseite (NON ANSI!)
int creat (const char * fn, int mode);
math.h   Kapitel 12
double exp (double x);
math.h   Kapitel 12
double fabs (double x);
stdio.h   Kapitel 14
int fclose (FILE * fp);
stdio.h   Kapitel 14
int feof (FILE * fp);
stdio.h   Webseite
int ferror (FILE * fp);
stdio.h   Webseite
int fflush (FILE * fp);
stdio.h   Kapitel 14
int fgetc (FILE * fp);
stdio.h   Kapitel 12
int fgetpos (FILE * fp, fpos_t * pos);

stdio.h   Kapitel 14
char * fgets (char * s, int n, FILE * fp);
stdio.h   Webseite (NON ANSI!)
int fileno (FILE * fp);
math.h   Kapitel 12
double floor (double x);
math.h   Kapitel 12
double fmod (double x, double y);
stdio.h   Kapitel 14
FILE * fopen (const char * fn, const char * mode);
stdio.h   Kapitel 14
int fprintf (FILE * fp, const char * format, ...);
stdio.h   Kapitel 14
int fputc (int c, FILE * fp);
stdio.h   Kapitel 14
int fputs (const char * s, FILE * fp);
stdio.h   Kapitel 14
size_t fread (void * p, size_t size, size_t n, FILE * fp);
stdlib.h   Kapitel 13
void free (void * block);
stdio.h   Webseite
FILE * freopen (const char * fn, const char * mode, FILE * fp);
math.h   Kapitel 12
double frexp (double x, int *exponent);
stdio.h   Kapitel 12
int fscanf (FILE * fp, const char * format, ...);
stdio.h   Kapitel 12
int fseek (FILE * fp, long offset, int whence);
stdio.h   Kapitel 12
int fsetpos (FILE * fp, const fpos_t * pos);
stdio.h   Kapitel 12
long ftell (FILE * fp);
stdio.h   Kapitel 14
size_t fwrite (void * p, size_t size, size_t n, FILE * fp);
stdio.h   Webseite
int getc (FILE * fp);
stdio.h   Kapitel 12
int getchar (void);
stdlib.h   Webseite
char * getenv (const char * name);

16

Nitty Gritty • Go ahead!

`stdio.h`   Kapitel 12
char * gets (char * s);
`ctype.h`   Kapitel 12
int isalnum (int c);
`ctype.h`   Kapitel 12
int isalpha (int c);
`ctype.h`   Kapitel 12 (NON ANSI!)
int isascii (int c);
`Borland-C: io.h, UNIX: termios.h`   Webseite (NON ANSI!)
int isatty (int fd);
`ctype.h`   Kapitel 12
int iscntrl (int c);
`ctype.h`   Kapitel 12
int isdigit (int c);
`ctype.h`   Kapitel 12
int isgraph (int c);
`ctype.h`   Kapitel 12
int islower (int c);
`ctype.h`   Kapitel 12
int isprint (int c);
`ctype.h`   Kapitel 12
int ispunct (int c);
`ctype.h`   Kapitel 12
int isspace (int c);
`ctype.h`   Kapitel 12
int isupper (int c);
`ctype.h`   Kapitel 12
int isxdigit (int c);
`stdlib.h`   Kapitel 12 (NON ANSI!)
char * itoa(int value, char * string, int radix);
`math.h`   Kapitel 12
long labs (long x);
`math.h`   Kapitel 12
double ldexp (double x, int exponent);
`math.h`   Kapitel 12
double log (double x);
`math.h`   Kapitel 12
double log10 (double x);
`sys/types.h, sys/stat.h, fcntl.h`   Webseite (NON ANSI!)
long lseek (int fd, long offset, int whence);

16

Nitty Gritty • Go ahead!

stdlib.h   Kapitel 12 (NON ANSI!)
char * ltoa(long value, char * string, int radix);
stdlib.h   Kapitel 13
void * malloc (size_t size);
math.h   Kapitel 15
int matherr (struct exception *e);
mem.h   Kapitel 12
void * memchr (const void * s, int c, size_t n);
mem.h   Kapitel 12
int memcmp (const void * s1, const void * s2, size_t n);
mem.h   Kapitel 12
void * memcpy (void * dest, const void * src, size_t n);
mem.h   Kapitel 12
void * memmove (void * dest, const void * src, size_t n);
mem.h   Kapitel 12
void * memset (void * s, int c, size_t n);
math.h   Kapitel 12
double modf (double x, double *ipart);
sys/types.h, sys/stat.h, fcntl.h   Webseite (NON ANSI!)
int open (const char * fn, int flag);
math.h   Kapitel 12
double pow (double x, double y);
stdio.h   Webseite
int putc (int c, FILE * fp);
stdio.h   Webseite
int putchar (int c);
stdlib.h   Webseite (NON ANSI!)
int putenv (const char * vardef);
stdio.h   Kapitel 12
int puts (const char * s);
stdlib.h   Kapitel 9
void qsort (void * base, size_t elem, size_t size,
int (*vf)(const void *, const void *));
stdlib.h   Kapitel 6
int rand (void);
sys/types.h, sys/stat.h, fcntl.h   Webseite (NON ANSI!)
int read (int fd, void * buf, unsigned int n);
stdlib.h   Kapitel 13
void * realloc (void * block, size_t size);
stdio.h   Kapitel 14
void rewind (FILE * fp);

16

Nitty Gritty • Go ahead!

```
stdio.h                                Webseite
```
void setbuf (FILE * fp, char * buf);
```
fcntl.h                                Kapitel 12 (NON ANSI!)
```
int setmode (int fd, int mode);
```
stdio.h                                Webseite
```
int setvbuf (FILE * fp, char * buf, int type, size_t size);
```
math.h                                 Kapitel 12
```
double sin (double x);
```
math.h                                 Kapitel 12
```
double sinh (double x);
```
stdio.h                                Kapitel 9
```
int sprintf (char * s, const char * format, ...);
```
math.h                                 Kapitel 12
```
double sqrt (double x);
```
stdlib.h                               Kapitel 6
```
void srand (unsigned seed);
```
stdio.h                                Kapitel 9
```
int sscanf (const char * s, const char * format, ...);
```
string.h                               Kapitel 12
```
char * strcat (char * t, const char * s);
```
string.h                               Kapitel 12
```
char * strchr (const char * s, int c);
```
string.h                               Kapitel 12
```
int strcmp (const char * s1, const char * s2);
```
string.h                               Kapitel 12
```
char * strcpy (char * t, const char * s);
```
string.h                               Kapitel 12
```
size_t strlen (const char * s);
```
string.h                               Kapitel 12
```
char * strncat (char * t, const char * s, size_t n);
```
string.h                               Kapitel 12
```
int strncmp (const char * s1, const char * s2, size_t n);
```
string.h                               Kapitel 12
```
char * strncpy (char * t, const char * s, size_t n);
```
string.h                               Kapitel 12
```
char * strnset (char * s, int c, size_t n);
```
string.h                               Kapitel 12
```
char * strrchr (const char * s, int c);
```
string.h                               Kapitel 12
```
char * strset (char * s, int c);

string.h   Kapitel 12
char * strstr (const char * s1, const char * s2);
stdlib.h   Kapitel 12
double strtod (const char * s, char ** endptr);
string.h   Kapitel 12
char * strtok (char * s1, const char * s2);
stdlib.h   Kapitel 12
long strtol (const char *s, char ** endptr, int radix);
stdlib.h   Kapitel 12
unsigned long strtoul (const char *s, char ** endptr, int radix);
math.h   Kapitel 12
double tan (double x);
math.h   Kapitel 12
double tanh (double x);
stdlib.h   Kapitel 12
char * ultoa(unsigned long value, char * string, int radix);
stdio.h   Webseite
int ungetc (int c, FILE * fp);
stdarg.h   Webseite
type va_arg(va_list ap, type);
stdarg.h   Webseite
void va_end(va_list ap);
stdarg.h   Webseite
void va_start(va_list ap, lastfix);
sys/types.h, sys/stat.h, fcntl.h   Webseite (NON ANSI!)
int write (int fd, void * buf, unsigned int n);

16.2 Die Formatbeschreiber

16.2.1 Ausgabe mit printf()

Im einfachsten Fall hat ein Formatbeschreiber folgendes Aussehen:

%<typ>,

wie z.B. %d, um einen int-Wert in eine Dezimalzahl umzuwandeln und auszugeben. Uns begegneten aber auch Formatbeschreiber wie %7.4d, woraus hervorgeht, dass außer dem %-Zeichen und einem Typensymbol weitere Angaben gemacht werden können.

Im allgemeinsten Fall besteht ein Formatbeschreiber aus folgenden Bestandteilen:

Nitty Gritty • Go ahead!

%[schalter][länge][.präzision][modifizierer]<typ>

Darin ist:

<typ>	Auszugebender Wert	Ausgabe
d	Ganzzahl	Dezimale Ganzzahl mit Vorzeichen
i	Ganzzahl	Dezimale Ganzzahl mit Vorzeichen
u	Ganzzahl	Dezimale Ganzzahl ohne Vorzeichen
o	Ganzzahl	Oktale Ganzzahl ohne Vorzeichen
x	Ganzzahl	Hexadezimale Ganzzahl ohne Vorzeichen (Ziffern: 0-9, a-f)
X	Ganzzahl	Hexadezimale Ganzzahl ohne Vorzeichen (Ziffern: 0-9, A-F)
f	Gleitkommazahl	Dezimale Zahl mit Nachkommastellen und Vorzeichen
e	Gleitkommazahl	Dezimale Zahl mit Nachkommastellen und Vorzeichen in der Form [-]9.99e[+l-]99
E	Gleitkommazahl	Dezimale Zahl mit Nachkommastellen und Vorzeichen in der Form [-]9.99E[+l-]99
g	Gleitkommazahl	Dezimale Zahl im e- oder f-Format, je nach Größe bzw. Präzision
G	Gleitkommazahl	Dezimale Zahl im E- oder f-Format, je nach Größe bzw. Präzision
c	Zeichen	Einzelzeichen
s	char *	Zeichenkette
%	./.	das Zeichen: %
p	Pointer	Hexadezimale Speicheradresse
n	int *	speichert im int-Wert, auf den der Pointer zeigt, die Anzahl bisher ausgegebener Zeichen

Ein Beispiel zu %n und %%:

```
int no;
printf ("Hello%n, world!\n", &no);
printf ("Mit %%n gespeichert wurde: %d\n", no);
```

Ausgabe:

```
Hello, world!
Mit %n gespeichert wurde: 5
```

[länge]: Optionale Längenangabe für ein Ausgabefeld

länge	Wirkung
<n>	(Standardmäßig rechtsbündige) Ausgabe in einem n Zeichen langen Ausgabefeld
o<n>	Wie <n>, nur werden führende Blanks durch o ersetzt
*	Die Längenangabe steht in der Argumentenliste, durch Komma getrennt, vor (!) dem auszugebenden Argument

Beispiele:

```
int x = 24;
float z = 3.5f;
printf ("12345678901234567890\n");   --->   12345678901234567890
printf ("%15s\n", "Otto");           --->              Otto
printf ("%6d\n", x);                 --->            24
printf ("%06d\n", x);                --->   000024
printf ("%12f\n", z);                --->       3.500000
printf ("%012f\n", z);               --->   00003.500000
printf ("%*f\n", 10, z);             --->     3.500000
printf ("%0*d\n", 10, x);            --->   0000000024
```

[.präzision]: bestimmt die Mindestzahl auszugebender Ziffern (%d), bzw. die Maximalzahl auszugebender Nachkommastellen (%f) oder Zeichen (%s)

.präzision	Wirkung
.<n>	Mindestens n Zeichen werden als Ziffern ausgegeben (%d, %i, %o, %x, %X)
	Maximal n Nachkommastellen werden ausgegeben (%f), notfalls wird gerundet
	Maximal n Zeichen werden ausgegeben (%s), notfalls wird abgeschnitten
.*	Die Präzisionsangabe steht in der Argumentenliste, durch Komma getrennt, vor dem auszugebenden Argument

16

Nitty Gritty • Go ahead!

Beispiele:

```
int x = 37;
float f = 8.6f;
printf ("12345678901234567890\n");        ---> 12345678901234567890
printf ("%7.5d\n", x);                     --->   00037
printf ("%7.3f\n", f);                     --->   8.600
printf ("%.5d\n", x);                      ---> 00037
printf ("%.3f\n", f);                      ---> 8.600
printf ("%.1d\n", x);                      ---> 37
printf ("%.0f\n", f);                      ---> 9
printf ("%15.6s\n", "Otto");               --->             Otto
printf ("%15.2s\n", "Otto");               --->               Ot
printf ("%.2s\n", "Otto");                 ---> Ot
printf ("%*.*d\n", 7, 5, x);               --->   00037
printf ("%*.*f\n", 7, 3, f);               --->   8.600
```

[schalter]: bestimmt Vorzeichen bzw. die Ausrichtung in einem Ausgabefeld

schalter	Wirkung
-	Linksbündige Ausgabe
+	Positive numerische Werte werden mit Vorzeichen (+) ausgegeben
Blank	Positive numerische Werte werden mit einem führenden Leerzeichen ausgegeben
#	Voranstellung einer führenden o (bei %#o) Voranstellung eines ox bzw. oX (bei %#x bzw. %#X) Ausgabe eines Dezimalpunkts (bei %#.of bzw. %#.oe bzw. %#.oE). Zusätzlich werden abschließende Nullen nicht unterdrückt (bei %#g bzw. %#G)

Beispiele:

```
int x = 25;
float f = 3.81f;
printf (">%6d<\n", x);          ---> >    25<
printf (">%-6d<\n", x);         ---> >25    <
printf (">%6.2f<\n", f);        ---> >  3.81<
printf (">%-6.2f<\n", f);       ---> >3.81  <
printf (">% 6d<\n", x);         ---> >    25<
printf (">%+6d<\n", x);         ---> >   +25<
printf (">% 6d<\n", -x);        ---> >   -25<
printf (">%15s<\n", "Otto");    ---> >           Otto<
printf (">%-15s<\n", "Otto");   ---> >Otto           <
```

Beispiele zu %#:

```
int x = 13;
float f = 9.f;
printf ("%#o\n", x);          ---> 015
printf ("%#5o\n", x);         --->   015
printf ("%#X\n", x);          ---> 0XD
printf ("%#x\n", x);          ---> 0xd
printf ("%.0e\n", f);         ---> 9e+00
printf ("%#.0e\n", f);        ---> 9.e+00
printf ("%12.0f\n", f);       --->            9
printf ("%#12.0f\n", f);      --->            9.
f = 4e-22;
printf ("%G\n", f);           ---> 4E-22
printf ("%#G\n", f);          ---> 4.00000E-22
```

[modifizierer]: bestimmt Größenangaben der auszugebenden Datentypen

modifizierer	Auszugebender Datentyp
h	short (bei %d, %o, %u, %x, %X)
l	long (bei %d, %o, %u, %x, %X)
	double (bei %f, %e, %E, %g, %G)
L	long double (bei %f, %e, %E, %g, %G)

(Die folgenden Modifizierer gibt es nur bei C-Compilern unter dem 16-Bit-Betriebssystem MS/DOS:)

modifizierer	Auszugebender Datentyp
F	far-Pointer (bei %p, %s, %n)
N	near-Pointer (bei %p, %s, %n)

16.2.2 Eingabe mit scanf()

Die Funktion scanf() liest zeichenweise von der Standardeingabe, teilt den gelesenen Datenstrom in Eingabefelder ein, interpretiert jedes Eingabefeld aufgrund eines Formatbeschreibers, wandelt es in den entsprechenden Datentyp um und speichert es in einer Variablen, deren Anfangsadresse als Zusatzargument an scanf() übergeben worden sein muss.

16

Nitty Gritty • Go ahead!

Enthält ein Formatstring normale Zeichen (außerhalb von Angaben für einen Formatbeschreiber), so müssen diese Zeichen in der Eingabe vorkommen.

Ein Beispiel:

```
int x;
double z;
scanf ("%d:%lf", &x, &z);      /* Eingabe: 123:45.678 */
printf ("%d - %lg\n", x, z);   /* Ausgabe: 123 - 45.678 */
```

Im allgemeinsten Fall besteht ein Formatbeschreiber aus folgenden Bestandteilen:

%[*][länge][modifizierer]<typ>

Auffallend ist, dass es im Gegensatz zu printf() keine Präzision gibt und als Schalter nur * möglich ist. Im Einzelnen:

<typ>: bestimmt die Interpretation und die Umwandlung der gelesenen Zeichen und muss dem Datentyp des jeweiligen Parameters entsprechen.

<typ>	Interpretation als	Datentyp des Parameters
d	Ganzzahl (dezimal)	int *
D	Ganzzahl (dezimal)	long *
o	Ganzzahl (oktal)	int *
O	Ganzzahl (oktal)	long *
x	Ganzzahl (hexadezimal)	unsigned int *
X	Ganzzahl (hexadezimal)	unsigned long *
i	Ganzzahl (dezimal, oktal oder hexadezimal)	int *
I	Ganzzahl (dezimal, oktal oder hexadezimal)	long *
u	Ganzzahl (dezimal)	unsigned int *
U	Ganzzahl (dezimal)	unsigned long *
f	Gleitkommazahl	float *
e	Gleitkommazahl	float *
E	Gleitkommazahl	float *

<typ>	Interpretation als	Datentyp des Parameters
g	Gleitkommazahl	float *
G	Gleitkommazahl	float *
s	String	char * (Zeigt auf char-Vektor)
[...]	String (Ausgewählte Zeichen)	char * (Zeigt auf char-Vektor)
c	Zeichen	char *
n	(Keine Eingabe)	int * (Hier wird die Anzahl bis jetzt gelesener Zeichen gespeichert)
p	Adresse (hexadezimal!)	typ ** (Beliebiger typ)

Bei scanf() gibt es einen Unterschied zwischen %d und %i. Der letztere Formatbeschreiber erlaubt die Eingabe von Oktalzahlen (bei Eingabe einer führenden o) bzw. einer hexadezimalen Zahl (bei Eingabe eines führenden 0x bzw. 0X).

Beispiele zu %[...]:

```
char s[100];
scanf ("%[abcdefghij]", s);      /* Eingabe: gefahrlos */
puts (s);                        /* Ausgabe: gefah */
scanf ("%[a-z]", s);             /* Eingabe: asc2int */
puts (s);                        /* Ausgabe: asc */
scanf ("%[A-Z]", s);             /* Eingabe: ASCtoint */
puts (s);                        /* Ausgabe: ASC */
scanf ("%[A-Za-z]", s);          /* Eingabe: ASCtoint/long */
puts (s);                        /* Ausgabe: ASCtoint */
scanf ("%[0-9]", s);             /* Eingabe: 104B5(hex) */
puts (s);                        /* Ausgabe: 104 */
scanf ("%[0-9A-F]", s);          /* Eingabe: 104B5(hex) */
puts (s);                        /* Ausgabe: 104B5 */
/* Kein (!) Zeichen aus der Menge ... */
scanf ("%[^A-Z]", s);            /* Eingabe: 104B5(hex) */
puts (s);                        /* Ausgabe: 104 */
```

[länge]: Optionale Längenangabe für die maximal zu lesende Anzahl Zeichen. Wird vor Erreichen von länge Zeichen ein für den Formatbeschreiber ungültiges Zeichen gelesen, wird die Konvertierung abgebrochen und nur der bis dahin gelesene Teil in der entsprechenden Variablen gespeichert. Zu den ungültigen Zeichen gehören auch die Trennzeichen: Blank, Tabulator und Newline.

Ein Beispiel:

```
int x;
scanf ("%4d", &x);      /* Eingabe: 12AB */
printf ("%d\n", x);     /* Ausgabe: 12 */
```

Eine Besonderheit besteht bei %c. Mit einer Längenangabe können mehr als ein Zeichen, dann aber in einen Vektor, eingelesen werden. Ein Trennzeichen bricht die Eingabe dann nicht ab!

Ein Beispiel:

```
char s[100];
scanf ("%6c", s);       /* Eingabe: ab cdefg hij */
puts (s);               /* Ausgabe: ab cde */
/* Aber: ... */
scanf ("%6s", s);       /* Eingabe: ab cdefg hij */
puts (s);               /* Ausgabe: ab */
```

[modifizierer]: Es gelten die gleichen Modifizierer wie bei printf().

modifizierer	Datentyp des Parameters
h	short * (bei %d, %i, %o, %u, %x, %X)
l	long * (bei %d, %i, %o, %u, %x, %X)
	double * (bei %f, %e, %E, %g, %G)
L	long double * (bei %f, %e, %E, %g, %G)

(Die folgenden Modifizierer gibt es nur bei C-Compilern unter dem 16-Bit-Betriebssystem MS/DOS:)

modifizierer	Datentyp des Parameters
F	far-Pointer (bei %p, %s, %n)
N	near-Pointer (bei %p, %s, %n)

[*]: Der Schalter %* erlaubt das Lesen und Interpretieren von Zeichen, die aber nicht gespeichert werden.

Ein Beispiel:

```
int x;
scanf (%*d:%d", &x);    /* Eingabe: 123:45 */
printf ("%d\n", x);     /* Ausgabe: 45 */
```

16.3 Die Modifizierer *const* und *volatile*

16.3.1 Der Modifizierer *const*

Zusätzlich zu einer optionalen Speicherklasse und einem Datentyp kann bei der Definition einer Variablen ein "Modifizierer": const angegeben werden.

In der Anweisung:

```
const double pi = 3.141592;
```

wird die double Variable pi als Variable definiert und mit dem Wert 3.141592 initialisiert. Das Schlüsselwort const besagt nichts weiter, als dass der Inhalt dieser Variablen konstant ist. Es ist also nicht möglich, nach dieser Definitionsanweisung etwa die Anweisung:

```
pi /= 2.;       /* Ungültig!!! */
```

auszuführen. Wohlgemerkt, pi ist nicht etwa - wie z.B. in FORTRAN - nur ein symbolischer Name für die double-Konstante 3.141592, sondern pi ist eine konstante Variable, so widersprüchlich dieser Begriff auch sein mag. Das zeigt sich schon daran, dass man mit &pi ihre Speicheradresse ermitteln kann, was bei der Konstanten 3.141592 ja nicht möglich ist. Man bezeichnet eine solche Variable deshalb auch besser als eine Read-only-Variable, also eine Variable, deren Inhalt schreibgeschützt ist.

Daraus folgt logisch, dass eine solche const-Variable sofort bei der Definition initialisiert werden muss, soll sie überhaupt einen definierten Wert enthalten. Die folgende Definition ist also unsinnig:

```
const double pi; /* pi enthält einen Zufallswert! */
```

Wohl aber möglich ist:

```
const pi = 3.141592; /* ---> const double pi = 3.141592; */
const f = 134;       /* ---> const int f = 134; */
```

Hier entnimmt der Compiler den Datentyp der Variablen dem der Konstanten, mit der die Variable initialisiert wird.

Eine doppelte Bedeutung kann der Modifizierer const bei Pointern haben: Entweder ist die Pointervariable konstant, oder der Inhalt des Speicherbereichs, auf den der Pointer zeigt.

16

Nitty Gritty • Go ahead!

Als Beispiel:

```
char s[] = "ABCDEFGHIJ";
const char * pc; /* Braucht nicht initialisiert zu werden */
char * const cp = s; /* muss initialisiert werden */
```

Darin ist pc ein Pointer auf char-Werte, die als konstant betrachtet werden, wenn man mit Hilfe von pc auf sie zugreift. Dagegen ist cp ein konstanter Pointer, der bis ans Ende seiner Tage immer nur auf s zeigen kann.

Danach sind folgende Ausdrücke erlaubt bzw. verboten:

```
++pc;   /* Erlaubt */
putchar (*pc); /* Erlaubt. Ausgabe: B */
++*pc;  /* Verboten!!! */
/* Aber: ... */
++s[1]; /* Erlaubt */
putchar (*pc); /* Erlaubt. Ausgabe: C */

++cp;   /* Verboten!!! */
putchar (*cp); /* Erlaubt. Ausgabe: A */
/* Aber: ... */
putchar (*(cp + 3)); /* Erlaubt. Ausgabe: D */
/* ... dennoch: ... */
putchar (*(cp += 3)); /* Verboten!!! */
```

Es ist auch möglich, konstante Pointer auf konstante Werte zu definieren:

```
char s[] = "ABCDEFGHIJ";
const char * const cpc = s;
++cpc;  /* Verboten!!! */
++*cpc; /* Verboten!!! */
/* Wohl aber: ... */
putchar (*(cpc + 3));       /* Erlaubt. Ausgabe: D */
putchar (*(cpc + 3) + 2); /* Erlaubt. Ausgabe: F */
```

Ein besonderes Problem ist der Zusammenhang mit normalen Pointern. Während man einen konstanten Pointer ohne Probleme einem normalen Pointer zuweisen kann, gilt dasselbe nicht für einen Pointer auf const-Werte:

```
char s[] = "ABCDEFGHIJ";
char * const cp = s;
const char * pc = s;
char * p;
```

```
p = cp;        /* Keine Probleme */
p = pc;        /* Warnung des Compilers!!! */
```

Die Warnung des Compilers erfolgt zurecht. Mit der Verwendung von pc erlegt man sich ja gerade das Verbot auf, schreibend auf die Elemente des Vektors s zuzugreifen. Mit der Zuweisung von pc an p hat man dieses Verbot umgangen, denn über p kann man doch wieder schreibend auf die Elemente von s zugreifen. Man kann den C-Compiler beruhigen, indem man einen Cast-Operator verwendet:

```
p = (char *)pc; /* Keine Warnung */
```

Dennoch sollte man solche erzwungenen Umwandlungen vermeiden, denn in C++ sind sie nicht mehr erlaubt. Dort reagiert der C++-Compiler mit einer satten Fehlermeldung.

Der umgekehrte Fall, die Zuweisung eines normalen Pointers an einen Pointer auf const-Werte ist natürlich erlaubt. Praktisch macht man das etwa bei folgendem Funktionsaufruf:

```
char s[] = "ABCDEFGHIJ";
char str[11];
char * p = s;
strcpy (str, p);
```

Hier wird der normale Pointer p an einen Pointer auf const char übergeben. (s. strcpy(), Kapitel 12) Damit legt sich strcpy() selber das Verbot auf, mit seinem zweiten Parameter schreibend auf die Elemente des Vektors s zuzugreifen, während man mit p genau das machen könnte.

16.3.2 Der Modifizierer *volatile*

Normalerweise kann der Inhalt einer Variablen nur durch Funktionen eines Programms manipuliert werden, in dem die Variable definiert ist. Soll der Inhalt einer Variablen aber von außerhalb des Programms geändert werden, muss die Variable mit dem Modifizierer volatile definiert werden.

Ein Beispiel:

```
volatile unsigned int x = 1;
```

16

Nitty Gritty • Go ahead!

Die Variable x kann sowohl durch das Programm als auch z.B. durch Interrupts von außen geändert werden. Das erreicht man, indem Funktionen auf x zugreifen, die als Interrupt-Routinen installiert werden.

Soll eine Einflussnahme auf x ausschließlich von außen erfolgen, kann man volatile mit const kombinieren:

```
volatile const unsigned int x = 1;
```

Im Grunde bedeutet das Schlüsselwort volatile nur, dass der C-Compiler zur Übersetzungszeit keine Annahmen über den Inhalt der Variablen macht. In folgendem Programmauszug

```
unsigned int x = 1;
while (x > 0)
    ;
```

würde ein stark optimierender Compiler die Bedingung x > o aus der Schleife herausnehmen, da x in der Schleife nicht verändert wird. Durch Verwendung des Schlüsselworts volatile lässt sich der Compiler von dieser Optimierung abhalten.

Da die Interrupt-Programmierung nicht Gegenstand dieses Buches ist, wird die praktische Verwendung von volatile-Variablen hier nicht weiter verfolgt.

16.4 Der alte Sprachstandard von Kernighan und Ritchie

Die Darstellung des alten K&R-Sprachstandards erscheint mir deshalb notwendig, weil es aus den Anfangstagen von C, als es noch keinen ANSI-Standard gab, eine Reihe verdammt guter Bücher gibt, deren Lektüre sich auch heute noch lohnt. (So z.B. die Bücher [7], [9], [10] und [11], s. Anhang 1.5)

Ein C-Programmierer sollte die in altem Stil geschriebenen Programme lesen können und in die ANSI-Form umwandeln können. Das alles ist kein großes Problem. Nachfolgend werden die wesentlichen Unterschiede gegenübergestellt:

Nitty Gritty • Go ahead!

ANSI	K&R
Definition einer Funktion	Definition einer Funktion
	Parameter werden im Kopf der Funktion aufgezählt und an schließend, aber vor dem Funktionsblock, nachträglich definiert.

`int getline (char * s, int lim)`
`{`
`   ...`
`}`
	`int getline (s, lim)`
	`char * s;`
	`int lim;`
	`{`
	`   ...`
	`}`

Deklaration einer Funktion (Prototyp)	Deklaration einer Funktion
	Keinerlei Angaben über Parameter

`int getline (char * s, int lim);`
oder:
`int getline (char *, int);`
	`int getline ();`

Der Aufruf einer Funktion ist in beiden Sprachstandards gleich.

Im K&R-Standard wird bei Funktionsdefinitionen mit Vorliebe von der Tatsache Gebrauch gemacht, dass es einen Default-Datentyp, nämlich `int`, gibt. Kermighan und Ritchie definierten ihre Funktion `getline()` z.B. etwa so:

```
getline (s, lim)
char * s;
int lim;
{
   ...
   return i;
}
```

Hier nimmt der C-Compiler wegen des Fehlens eines Datentyps an, dass die Funktion den Datentyp `int` besitzt.

16

Nitty Gritty • Go ahead!

Auch ist es möglich, eine Funktion mit dem Defaultdatentyp `int` zu definieren, die darauf verzichtet, einen Returnwert zurückzugeben. Dann wird von der Funktion ein Zufallswert zurückgegeben. So schrieben Kernighan und Ritchie in [1] ihr Hello-world-Programm:

```
main ()
{
    printf ("Hello, world!\n");
}
```

Der Defaultdatentyp `int` existiert auch im ANSI-Standard. (In meinem Buch wurde niemals ein Defaultdatentyp verwendet. Alle Funktionen haben einen explizit angegebenen Datentyp und geben, wenn es sich nicht um `void`-Funktionen handelt, immer einen definierten Returnwert zurück.)

16.5 Literaturnachweis

Nr.	Titel
[1]	Kernighan, Brian, Ritchie, Dennis: Programmieren in C München, Wien, Carl Hanser Verlag 1983
[2]	Wirth, Niklaus: Algorithms and Data Structures Englewood Cliffs, NJ, Prentice Hall 1976
[3]	Sedgewick, Robert: Algorithms, 2nd Edition Reading, Mass., Addison-Wesley 1988
[4]	Bentley, Jon: Programming Pearls, 2nd Edition Reading, Mass., Addison-Wesley 1999 Deutsche Übersetzung: Bentley, Jon: Perlen der Programmierkunst, München, Adison-Wesley, 2000
[5]	Dworatschek, Sebastian: Grundlagen der Datenverarbeitung Berlin, New York, Walter de Gruyter 1986
[6]	Axel T. Schreiner: Objektorientierte Programmierung mit ANSI-C München, Wien, Carl Hanser Verlag 1994
[7]	Axel T. Schreiner: System-Programmierung in UNIX, Teil 1 Stuttgart, B.G. Teubner, 1984

Nr.	Titel
[8]	Bach/Domann/Weng-Beckmann: UNIX. Handbuch zur Programmentwicklung München, Wien, Carl Hanser Verlag 1987
[9]	Kernighan, Brian, Pike, Rob: Der UNIX-Werkzeugkasten München, Wien, Carl Hanser Verlag 1987
[10]	Marc J. Rochkind: UNIX Programmierung für Fortgeschrittene München, Wien, Carl Hanser Verlag 1991
[11]	Leendert Ammeraal: Programmdesign und Algorithmen in C München, Wien, Carl Hanser Verlag 1989
[12]	Stevens, W. Richard: Programmierung in der UNIX-Umgebung Bonn, Paris, Addison-Wesley 1995

16

Nitty Gritty • Go ahead!

Stichwortverzeichnis

S